002vi Foto: mh

Weitere KulturSchock-Titel:

Afghanistan, Ägypten, Argentinien, Australien, Brasilien, VR China/Taiwan, Cuba, Ecuador, Finnland, Frankreich, Großbritannien, Indien, Indonesien, Irland/Nordirland, Italien, Japan, Jemen, Kambodscha, Kleine Golfstaaten/Oman, Laos, Madagaskar, Marokko, Mexiko, Mumbai (Bombay), Pakistan, Peru, Polen, Portugal, Rumänien, Russland, Slowenien, Spanien, Tansania, Thailand, Thailands Bergvölker und Seenomaden, Tuareg, Türkei, Ukraine, Ungarn, USA, Vorderer Orient, KulturSchock – Familienmanagement im Ausland

Monika Heyder
KulturSchock Vietnam

Đi lâu mới biết đường dài.
Erst nach längerer Reise erkennt man, wie weit der Weg ist.

(vietnamesisches Sprichwort)

Impressum

Monika Heyder
KulturSchock Vietnam

erschienen im
Reise Know-How Verlag Peter Rump GmbH
Osnabrücker Str. 79
33649 Bielefeld

8., aktualisierte Auflage 2011

Gestaltung
Umschlag: Günter Pawlak (Layout),
Klaus Werner (Realisierung)
Inhalt: Günter Pawlak (Layout),
Klaus Werner (Realisierung)
Karten: der Verlag
Abbildungen: s. Bildnachweis S. 333

Lektorat: amundo media GmbH

Druck und Bindung: Wilhelm & Adam, Heusenstamm

ISBN 978-3-8317-1629-6
Printed in Germany

Dieses Buch ist erhältlich in jeder Buchhandlung Deutschlands, der Schweiz, Österreichs, Belgiens und der Niederlande.
Bitte informieren Sie Ihren Buchhändler über folgende Bezugsadressen:

Deutschland
Prolit GmbH, PF 9, D-35461 Fernwald
sowie alle Barsortimente
Schweiz
AVA Verlagsauslieferung AG, Postfach 27,
CH-8910 Affoltern
Österreich
Mohr Morawa Buchvertrieb GmbH,
Sulzengasse 2, A-1230 Wien
Niederlande, Belgien
Willems Adventure,
www.willemsadventure.nl

Wer im Buchhandel trotzdem kein Glück hat, bekommt unsere Bücher auch über unseren **Büchershop im Internet: www.reise-know-how.de**

Wir freuen uns über Kritik, Kommentare und Verbesserungsvorschläge, gern per E-Mail an info@reise-know-how.de

Alle Informationen in diesem Buch sind von der Autorin mit größter Sorgfalt gesammelt und vom Lektorat des Verlages gewissenhaft bearbeitet und überprüft worden.

Da inhaltliche und sachliche Fehler nicht ausgeschlossen werden können, erklärt der Verlag, dass alle Angaben im Sinne der Produkthaftung ohne Garantie erfolgen und dass Verlag wie Autorin keinerlei Verantwortung und Haftung für inhaltliche und sachliche Fehler übernehmen.

Der Verlag sucht Autoren für weitere KulturSchock-Bände.

Monika Heyder

KulturSchock Vietnam

Inhalt

Vorwort 8

Glaubensvorstellungen und ethische Lehren 11

Alternativ-Denken und Kategorisieren 11
Älteste vietnamesische Glaubensvorstellungen 13
Adaptierte Religionen: Buddhismus, Daoismus, Konfuzianismus 26
Synkretistische Glaubensrichtungen 41
Christentum und Islam 45
Religion im Alltag 48
Religion und Staat 50
Tabus, Wahrsagerei und Magie 55

Bevölkerung, Mentalität und Geschichte 65

Bevölkerung 65
Mentalität 70
Mentalitätsunterschiede in den Landesteilen 78
Historischer Rückblick auf den Vietnamkrieg 92
Kommunismus in Vietnam: Geschichte und Gegenwart 102

Familie 119

Clan und Familie 119
Männer und Frauen 127
Eltern und Kinder 141
Vietnamesische Namen 154

Alltag 157

Bekleidung und Körperpflege 157
Essen und Trinken 166
Leben in der Stadt 175
Leben auf dem Land 188
Überleben im Alltag 192
Rassismus im Alltag 195
Kriminalität und soziale Missstände 196

Feste und Feiern 213

Der vietnamesische Kalender 213
Tet - das Fest der Feste 216
Regionale Feste 225

Vietnamesen und nichtasiatische Ausländer 233

Reaktion der Vietnamesen auf die Tây 233
Reaktion der Tây auf die Vietnamesen 244
Kleines Verhaltens-ABC 257

Vietnam und Deutschland „hautnah“ 295

Vietnamesen in Deutschland 295
Ehen zwischen Vietnamesen und Deutschen 300

Anhang 311

Vietnamesische Geschichte im Überblick 312
Lesetipps 315
Quellennachweis 316
Internettipps 318
Register 327
Bildnachweis 333
Übersichtskarte 334
Die Autorin 336

Vorwort

Reisen in Vietnam ist immer ein aufregendes und schönes Abenteuer. Die Auseinandersetzung mit der vietnamesischen Lebensweise kann jedoch sehr anstrengend werden, besonders dann, wenn man zwar mit gutem Willen, aber ohne Kenntnisse über ethische Werte, Verhaltensnormen und kulturelle Traditionen anreist.

Mancher Besucher kommt mit einer guten Portion Vorfreude, Neugier und einem Stapel Reiseführern nach Vietnam. Anfangs ist er begeistert, man behandelt ihn freundlich und Kontakte werden scheinbar mühelos geschlossen. Über kurz oder lang macht sich jedoch Enttäuschung breit, weil er merkt, dass er keinen wirklichen Zugang zu dem Land findet. Er weiß nicht, woran es liegt, war er doch mit dem festen Willen gekommen, sich mit den Gegebenheiten zu arrangieren und die Menschen verstehen zu lernen. Er kann bereits leidlich mit Stäbchen essen, grüßt jedermann höflich und klopft dem Hotelboy freundschaftlich auf die Schulter. Trotz-

Exkurse zwischendurch

Verehrung „Heiliger Mütter" – Mütterkulte 17
Buddha 33
Buddha und die Prüfungsnoten 57
Beispiele für Ge- und Verbote 58
Wie arm ist arm in Vietnam? 75
Mentalitätsunterschiede zwischen Süd- und Nordvietnam 84
Familienhierarchie in der Sprache 124
Innere und äußere Familie 126
Der Klub der feigen Ehemänner 132
Verhältnis zum Alkohol 173
Heimarbeit einer Familie 186
Umweltbewusstsein 198
Vietnams bekannteste Prostituierte 209
Der (vietnamesische) Tierkreis des Mondkalenders. 215
Herkunft der Tet-Kuchen 218
Weitere regionale Feste 229
Kleiderordnung – Worauf zu achten ist. 274
Der DDR-Bonus 280
Auseinandersetzungen zwischen Vietnamesen und Ausländern . . . 282
Zweckehen 298
Die Kosten einer Heimreise 305

dem lacht man ständig hinter ihm her, getroffene Zusagen werden nicht eingehalten. Immer wieder kommt sein Zeitplan aus dem Takt, man stellt ihm indiskrete Fragen, auf der Straße spuckt man direkt vor ihm aus und seine Geschenke werden ohne den geringsten Anflug von Freude entgegengenommen. Seine Versuche, die Situation durch ein offenes Wort zu verbessern, haben katastrophale Folgen. Mehr und mehr hat er das Gefühl, dass er nicht willkommen ist und dass ihn deshalb niemand verstehen will ...

Dem Leser solche Irritationen zu ersparen und ihm die Auseinandersetzung mit der vietnamesischen Kultur zu erleichtern, ist das Anliegen dieses Buches. Es gibt Auskunft über Alltagsfragen, grundlegende Verhaltensnormen und weist auf historische und kulturelle Wurzeln für eben diese Normen hin.

Das Buch wurde aus eigenem Erleben geschrieben und die Autorin verhehlt nicht ihre tiefe Zuneigung zu Vietnam und seinen Bewohnern. Insofern erhebt es keinerlei Anspruch auf Objektivität oder Vollständigkeit, denn jeder Mensch erschließt sich ein Land aus seinem individuellen Blickwinkel und verarbeitet so seinen ganz persönlichen Kulturschock.

Wer sich dem „Kulturschock Vietnam" wachen Sinnes und mit offenem Herzen stellt, wird die Begegnung mit diesem einzigartigen Land als große Bereicherung für sein Leben erfahren.

Monika Heyder

004vi Foto: ph

GLAUBENSVORSTELLUNGEN UND ETHISCHE LEHREN

„Religion ist für den Reisbauern ein Mittel, die Erscheinungen der unfasslichen Natur zu erklären und der Bedrohung des Alltags zu widerstehen. Die vietnamesische Gesellschaft hat daher auch fremde Götter und Lehren übernommen, wenn sie zu dem eigenen Leben und den Wünschen in Beziehung zu setzen waren."

(Wulf)

Alternativ-Denken und Kategorisieren

Die religiösen und weltlichen Vorstellungen der Vietnamesen wurden aus vielen Quellen gespeist. Daher bietet Vietnam heute in dieser Hinsicht ein vielschichtiges Bild. Das **Neben- und Miteinander der verschiedenen Einflüsse** auf das geistige und religiöse Leben der Vietnamesen kann nicht mit wenigen Worten transparent gemacht werden. Reisenden aus nicht-asiatischen Ländern fällt es oft schwer, das scheinbare Gewirr von Begriffen und Bildern der vietnamesischen Realität in ihr eigenes System des Denkens und Fühlens einzupassen. Auch deshalb ergeben sich immer wieder folgende Fragen: Gibt es überhaupt Religion in Vietnam? Ist das nicht ein kommunistisches Land? Sind die Vietnamesen nun Kommunisten, Konfuzianer oder Buddhisten? Wer sich mit solchen Fragen beschäftigt, wird früher oder später feststellen, dass man sich mit europäischen

Die Anordnung der Gaben auf dem Altar folgt immer einem Grundmuster: Kerzen links und rechts symbolisieren Sonne und Mond, die Räucherstäbchen stehen in der Mitte

Denkschemata Probleme konstruieren kann, die für Vietnamesen so überhaupt nicht bestehen. Zwei Aspekte sollen das deutlich machen:

Im vietnamesischen Denken ist das Bemühen um **Ausschlusslösungen** („entweder x oder y" bzw. sogar „wenn nicht x, dann unbedingt y") viel weniger ausgeprägt als bei uns. Das *und* spielt in der vietnamesischen Kultur eine ungleich größere Rolle als das *oder.* In Vietnam existierten seit mindestens 2000 Jahren verschiedene Glaubensvorstellungen gleichzeitig, neben- oder miteinander, vermischten sich oder auch nicht. Es war dort niemals üblich, von den Menschen religiöse Bekenntnisse zu verlangen. Nie haben **unterschiedliche religiöse Vorstellungen** in Vietnam zu solch harten Auseinandersetzungen oder gar Glaubenskriegen wie in Europa geführt. Ein Vietnamese, der mit der Denkweise der Europäer wenig vertraut ist, weiß deshalb z. B. mit einer Frage wie: „Bist du Kommunist oder Buddhist?" wenig oder gar nichts anzufangen. Vieles, was für unser Empfinden oder unsere Denkgewohnheiten einen unvereinbaren Gegensatz darstellt, ist für Vietnamesen schlicht eine Frage der Praktikabilität. Entweder es funktioniert – dann fragt niemand nach der Theorie, oder es funktioniert nicht – dann hilft auch die theoretische Aussage „Es müsste gehen, weil ...!" nicht weiter.

Einen weiteren Fallstrick – für uns, nicht für die Vietnamesen – stellt die Neigung dar, alle Erscheinungen der Welt **nach westlichen Maßstäben kategorisieren** zu wollen. Für jede Erscheinung hält die westliche Zivilisation gewachsene Begriffe parat: Demokratie, Diktatur, Kommunismus, Freiheit, Markt- oder Planwirtschaft, Armut, Reichtum, Unterentwicklung, Fortschritt usw. Sie werden oft bedenkenlos auch auf Kulturen angewandt, die im Westen noch nicht genug erforscht wurden, um sie mit Berechtigung in ein Begriffssystem einordnen zu können.

So haben z. B. **-ismen aller Art** in der vietnamesischen Geschichte und Ideologie eine viel geringere Rolle gespielt, als uns mancher westliche Zeitgeschichtler oder Asienspezialist weismachen will. Der Vietnamese, der während des Vietnamkriegs auf B-52-Bomber der USA schoss, verteidigte weniger den Kommunismus als einfach seine Familie, das Reisfeld und den Wasserbüffel.

Zum Eingewöhnen seien hier die folgenden **logischen Unmöglichkeiten** als Beispiele dafür genannt, was dem Besucher in Vietnam begegnen kann. Für Vietnamesen ist es nämlich kein Problem,

- Mitglied der Kommunistischen Partei und gleichzeitig „kapitalistischer Unternehmer" zu sein,
- als Exilvietnamese gegen die Regierung in Hanoi zu wettern und gegen Entwicklungshilfe für ein kommunistisches Regime zu protestieren und gleichzeitig selbst große Summen in die alte Heimat zu investieren,

- als Schulmediziner moderne Pharmaka und jahrtausendealte Kräutermedizin in schönster Eintracht einzusetzen,
- als Physikstudent vor der Prüfung erst die Ahnen und danach Buddha um Beistand zu bitten,
- in einer buddhistischen Pagode, in der nur vegetarische Opfergaben üblich sind, einer daoistischen Gottheit ein Fleischopfer darzubringen.

In Vietnam bzw. im Verhalten der Vietnamesen – und das gilt wohl nicht minder für andere asiatische Länder und Völker – wird dem nichtasiatischen Besucher sicher ab und zu etwas unerklärlich oder unlogisch erscheinen. Dann erleichtert vielleicht die Erinnerung an die Und-/Oder-Problematik und die nur bedingte Anwendbarkeit westlicher Kategorien das Verstehen.

Älteste vietnamesische Glaubensvorstellungen

„Die eigentliche Volksreligion (der Annamiten M. H.) ist der Kult der Schutzgeister (Nats), eine über alle Maßen groteske Dämonologie, verbunden mit einer rohen Idololatrie. Welcher Art diese zahlreichen Geister sind, erkennt man am besten daraus, daß ihr oberster Herr der Kaiser selbst ist, der je nach der Wirksamkeit der Schutzkraft, die sie zum Guten oder Bösen äußern, sie bestraft (Durchprügeln ihrer Thronsitze) oder belohnt (Rangerhöhung mittels kaiserlicher Dekrete) – ein Possenspiel für große Kinder, wie es auch in China noch allenthalben in Blüte steht."

(Wencker/Geichen-Rußwurm)

Götter und Geister

Animismus und Ahnenverehrung sind die ältesten, seit mindestens drei, wahrscheinlich aber mehr Jahrtausenden gepflegten Glaubensvorstellungen der Vietnamesen. Lange vor dem Eindringen anderer Lehren, wie Daoismus, Konfuzianismus oder Buddhismus, prägte der Glaube an die Beseeltheit der Natur, an ein enges Miteinander von Göttern, Geistern, Lebenden und Verstorbenen das religiöse Leben der Vietnamesen.

Naturgottheiten

Gottheiten oder Geister werden im Vietnamesischen sämtlich als *thần* bezeichnet. Eine festgelegte Zahl solcher übermenschlichen Kräfte gibt es nicht. Immer wieder können neue *thần* hinzukommen, während andere ihre Wirkung verlieren und in Vergessenheit geraten. Es gibt Gottheiten von lokaler Bedeutung, z. B. Dorfschutzgeister, und andere, die an vielen

012vi Foto: mh

Orten im Land verehrt werden. Man unterscheidet zwischen Naturgottheiten (z.B. Schlangengeist, Tigergeist, Geist des Tausendfüßlers) und Personengottheiten.

Die Mächte, die die Vietnamesen in grauer Vorzeit am meisten fürchteten, waren die **Naturgewalten,** da die Existenz der Menschen von diesen Einflüssen abhing. Die vietnamesische Ackerbaukultur bildete sich in einer Region heraus, deren tropische Natur ihre Macht oft auf gewaltsame, schreckliche Weise zeigte. Wind und Regen tobten sich ungezügelt aus. Kaum war eine gewisse Regelmäßigkeit erkennbar, da machten Taifune, Überschwemmungen, Regenfälle oder Trockenperioden zur Unzeit wieder alle Planungen der Menschen zunichte. Die Vietnamesen verehrten diese undurchschaubaren Gewalten und hofften, sie sich gewogen zu machen. Die ersten Objekte der Anbetung waren deshalb Regen, Wolken, Blitz und Donner. Diese und viele andere Gottheiten waren übrigens weiblich. Auch die verschiedensten Tiere, z.B. Schlange, Tiger, Wal, ebenso wie Steine, Bäume, Flüsse, das Meer, wichtige Kulturpflanzen wie Reis und Maulbeerbäume und andere Objekte der belebten und unbelebten Natur, sah man als beseelt an. Drohte von ihnen Gefahr, brachte man Opfer dar, um sie zu besänftigen.

Insbesondere **Steinen bzw. Felsen** und Bäumen sagt man bis heute nach, Gutes tun und schicksalsgeschlagenen Menschen zu Wohlstand und Glück verhelfen zu können. Berühmt dafür ist die Höhle *Hương Tích*, bekannter unter dem Namen **Duftpagode** *(Chùa Hương)*, 60 km von Hanoi entfernt. In ihr befinden sich Tropfsteine, von denen man eine gute Ernte, Reichtum oder Kindersegen erbitten kann. Alljährlich wallfahren auch heute noch Hunderttausende Vietnamesen zu dieser Höhle und beschwören die Tropfsteingeister um Beistand und Hilfe.

Noch weiter verbreitet als die Verehrung von Steinen ist die von **Bäumen.** In vielen Gegenden des Landes sind bis heute besonders schöne Bäume „heilig" bzw. „beseelt". Ihr Holz und Laub werden als Glücksbringer angesehen. Daher stammt auch der Brauch, zum Neujahr glückbringende Zweige ins Haus zu holen. Bäume können magische Kräfte durch ihre Größe, ihre Schönheit oder ihren Standort erhalten. Sie können diese Kräfte von allein und ohne den Einfluss eines Geistes gewinnen. Man geht davon aus, dass „beseelte" Bäume einen Körper wie ein Mensch haben und dass sie empfindlich auf Schläge mit der Axt oder auf eine Säge reagieren. Man erzählt sich, aus manchen Bäumen sei sogar Blut geflossen, als sie auf höheren Befehl gefällt wurden.

Personengottheiten

Personengottheiten waren vor allem Menschen, die sich schon zu ihren Lebzeiten durch große **Stärke, Macht, Reichtum** oder besondere Fähigkeiten, wie z.B. Heilungskraft, ausgezeichnet hatten. Mit der Verehrung solcher Personen brachten die Menschen ihren Dank zum Ausdruck. Außerdem wünschte man sich, dass die Gaben dieser jetzigen Gottheiten auf die eigene Kraft, Gesundheit und das Gedeihen des Viehs ausstrahlen mögen.

In alten Zeiten verehrten die Vietnamesen sehr oft auch **merkwürdige Heilige,** d.h. Personen, die zu ihren Lebzeiten ganz und gar keine Helden waren, deren Schicksal jedoch als besonders bedauernswert angesehen wurde. Das waren vor allem Menschen, die eines unnatürlichen, frühen Todes weit entfernt von der Familie gestorben waren, durch einen Unfall ums Leben gekommen, ertrunken oder auf dem Schlachtfeld geblieben waren. Diese Unglücklichen mussten fern der Heimat begraben werden und ihre Angehörigen konnten keine Totenehrung durchführen. Die Seelen dieser bedauernswerten Verstorbenen liefen deshalb Gefahr, ruhelos, hungrig und durstig umherzuirren und in ihrem Groll unermessliches Unheil anzurichten. Indem man diese Unglücklichen verehrte, wollte man ihre Seelen (vgl. auch Seelenvorstellungen) zunächst friedlich stimmen. Im Laufe der Zeit kam dann der Wunsch nach Beistand hinzu und man begann, sie um ein sicheres Leben, Gesundheit und Wohlergehen zu bitten.

Der vietnamesische Staat bzw. dessen **konfuzianische Sittenwächter** vertraten seit dem 16. Jh. eine äußerst rigide Haltung gegenüber solchen „Heiligen". Sie teilten die Götter in Stufen und Ränge ein. Personengötter, die sich große Verdienste um das Land erworben hatten, wurden in hohe Ränge erhoben. Einem Mann, der sich als Dorfgründer oder beim Bau von Deichanlagen hervorgetan hatte, wurde ebenfalls ein – wenngleich niedrigerer – Rang verliehen. Übel erging es jedoch den Geistern der Unglücklichen und Pechvögel. Aus Sicht der konfuzianischen Gelehrten waren sie wertlos. Die Verehrung von Steinen, Tieren oder Pflanzen, von Bettlern, Dungräumern oder gar in Schande geratenen jungen Mädchen war für die Herren Gelehrten wider jede Vernunft. Für sie galt auch in Glaubensfragen ein strenges Hierarchiedenken. Ein Feldherr durfte verehrt werden, ein armer Schlucker jedoch nicht und eine Frau erst recht nicht. Der tiefe Humanismus, der in der Verehrung gerade solcher unglücklicher Seelen zum Ausdruck kam, spielte für sie keine Rolle. Die meisten „unwürdigen" Heiligen wurden solange verboten und durch andere Personengottheiten ersetzt, bis sie schließlich in Vergessenheit gerieten. Vietnamesische Kulturhistoriker sind heute der Ansicht, dass durch diese Verächtlichmachung des Mitleids mit Unglücklichen ein Gutteil des natürlichen Mitgefühls der Menschen mit ihresgleichen und damit eine wichtige Tugend des vietnamesischen Volkes verloren gegangen sei.

Ebenso verbissen wie gegen die „Pechvogel-Heiligen" gingen die konfuzianischen Sittenwächter gegen **Fruchtbarkeitsgottheiten** vor, Geister der Unzucht und der Wollust *(tà thần, dâm thần)*, wie sie abwertend bezeichnet wurden. In manchen Gegenden besaßen die Menschen nämlich so viel unkonfuzianische Sittenlosigkeit, Symbole männlicher und weiblicher Geschlechtsteile zu verehren. Deren Verehrung erforderte die Aufführung ritueller Tänze, bei denen hölzerne Phallus- und Vulvasymbole vereint wurden. Für einen Konfuzianer waren dies durchaus keine uralten Fruchtbarkeitsriten, denen der verständliche Wunsch nach Gedeihen für Mensch, Pflanze und Tier zugrunde lag, sondern lediglich Ausdruck für primitive Begierden, die es abzutöten galt.

Widerstand gegen Ausrottungsversuche

Die Ausrottung solcher „unanständigen" Gottheiten wurde zwar unerbittlich, jedoch mit zweifelhaftem Erfolg betrieben. Einfache Leute verstanden kaum, worüber sich die Gelehrten ereiferten. Da diese jedoch die offizielle Linie in Sachen Religion verfochten, empörte man sich nicht offen dagegen, sondern ging vielmehr zu **typisch vietnamesischen Varianten des Widerstands** über: Man verschmolz die eigenen, „unanständigen" Gottheiten durch Geschichten und Legenden mit den Göttern von

Verehrung „Heiliger Mütter" – Mütterkulte

Eine Besonderheit des vietnamesischen Volksglaubens ist die Verehrung zahlreicher (Thánh) Mẫu – (Heiliger) Mütter. Seit sich vietnamesische Wissenschaftler eingehender mit der Geschichte von Tempeln und Schreinen und den dort ausgeübten Kulten beschäftigen und die Ursprünge zahlreicher Volksfeste erforschen, wird erst deutlich, wie außerordentlich stark der Einfluss dieser sehr alten Glaubensvorstellungen auch auf den Daoismus (s. dort) und Buddhismus (s. Volksbuddhismus) in Vietnam ist.

Noch bis vor wenigen Jahren neigte man dazu, Mütterkulte (ebenso wie andere religiöse Handlungen) mit dem Begriff „Aberglaube alter Weiber" ausreichend beschrieben zu haben. Inzwischen betrachten Kulturhistoriker das Pantheon an weiblichen Gottheiten und die damit verbundenen Kulte als eigene, in dieser Ausprägung nur in Vietnam existierende Glaubensrichtung und als kulturelles Erbe, das es zu bewahren gilt. Man zeichnet die Gesänge und Tänze auf, mit deren Hilfe sich Menschen bei Mütterkulten in Trance versetzen, man untersucht Standort und Bauweise von Tempeln und Pagoden und findet Zusammenhänge mit dort verehrten „Müttern".

Rang und Namen (Hùng-Könige, Schwestern *Trung* und andere). Auf diese Weise verehrte man seine alten Götter weiter, auch wenn diese nun sozusagen eine Tarnkappe trugen. So haben z.B. Baumgeister, der Geist der Reispflanze, Fluss- und Berggeister vielerorts überlebt – unter den Namen von Generälen, Feldherren, Mandarinen oder anderen historischen Persönlichkeiten.

Eine weitere Methode war die der **doppelten Verehrung.** Zu den festgesetzten Zeiten wurde offiziell den legalen Göttern gehuldigt und sei es auch nur, um der Vorschrift zu genügen. Nebenher und heimlich tat man das, was wirklich für das Gedeihen des Dorfes wichtig war: Man brachte den alten Göttern in gewohnter Weise Opfergaben und befolgte die entsprechenden Rituale.

Dem Überleben mancher Heiligen kam die Tatsache zugute, dass das vietnamesische Dorf zu allen Zeiten eine relativ **große Autonomie** besaß. Hier galten eigene Gesetze und die konnten zum Teil sehr verschieden von dem sein, was der König anordnen mochte. Nicht umsonst heißt es im Sprichwort: „Die Bräuche des Dorfes gelten mehr als das Gesetz des Königs". Man konnte Weisungen von oben verwässern, ihre Durchführung verzögern oder sogar verhindern. Notfalls gab es Mittel und Wege, einen Mandarin auf Kontrollreise dazu zu bewegen, den „schlechten" Tempel zu übersehen.

Auf diese Weise wurden manche „unwürdige" oder „unanständige" Heilige vor dem Vergessen bewahrt, konnten sich zahlreiche Bräuche zu ihrer Verehrung bis heute erhalten. Nur deshalb wissen wir, welche eigenartigen **Rituale** dabei eine Rolle spielen: Dem Dorfschutzgeist, der ein Dungräumer war, werden z.B. zerquetschte Bananen auf den Opfertisch gestellt; für den Geist des Schweinehändlers veranstaltet man ein Schweinetreiben. War der Geist durch Köpfen ums Leben gekommen, so muss nun ein Schwein das gleiche Schicksal erleiden usw. Alle diese Handlungen *(hèm)* erinnern an den Charakter der jeweiligen Gottheit. Werden besonders negative Seiten hervorgehoben, so wird die Zeremonie im Dunkeln durchgeführt. In den Dörfern existieren noch heute zahlreiche dieser Bräuche, doch sind sie Dorffremden oder gar Touristen nicht zugänglich.

Ahnenverehrung

Bedeutung

Die Ahnenverehrung spielte in den Glaubensvorstellungen der Vietnamesen schon in sehr frühen, d.h. vorchinesischen Zeiten eine Rolle. Seit mindestens 3000 Jahren ist sie aus dem Leben der Menschen nicht wegzudenken. Für nicht wenige Vietnamesen ist die Ahnenverehrung heute sogar die einzige Form religiösen Glaubens, die sie nicht nur akzeptieren, sondern auch praktizieren.

Die große Bedeutung der Ahnenverehrung ist zu einem Teil mit den **Seelenvorstellungen** der Menschen, aber auch mit dem Familienzusammenhalt und der Achtung vor dem Alter zu erklären. Man geht davon aus, dass der Mensch nach seinem Tod in die Welt der Ahnen eingeht. Während sein Körper zerfällt, lebt seine **Seele** weiter. Dadurch kann der Verstorbene am Leben der Familie teilnehmen und dieses Leben in gewisser Weise auch mit beeinflussen. In schwierigen Situationen bittet man die Ahnen um ihre Unterstützung. Im Gegenzug sorgen die Lebenden durch Speiseopfer und Berichte über das Geschick der Nachkommen für das Wohlbefinden der Seelen.

Natürlich sind solche Vorstellungen auch der unbewusste Versuch, dem Phänomen Tod zu begegnen. Nicht weniger bedeutsam scheint die Dankbarkeit zu sein, die man den vorangegangenen Generationen schuldet. Die Ahnenverehrung ist also eng mit der hohen **Achtung vor dem Alter,** einer Grundtugend in der vietnamesischen Moral, verbunden. Die Achtung vor dem Lebenden erfährt nach dessen Hinscheiden ihre Fortsetzung in der Verehrung des Toten.

Versorgung der Toten

Die vietnamesische Familie besteht aus **Lebenden und Verstorbenen,** denn die zwischenmenschlichen Beziehungen enden nicht mit dem Tod. Sie müssen auf eine solche Weise aufrechterhalten werden, dass die Toten hilfreich, nicht aber schädigend in das Leben ihrer Nachkommen eingreifen. Das geschieht durch Beweise der Verehrung, in deren Zentrum die Versorgung der Toten steht.

Die dargebrachten Gaben bestehen in erster Linie aus **Nahrung und symbolischem Geld,** denn so wird der Verstorbene vor Hunger und Durst bewahrt. Damit es dort, an der „goldenen Quelle", also im Totenreich, nicht zu traurig wird, opfern die Hinterbliebenen die Lieblingsspeisen des Verstorbenen und Reisschnaps, Süßigkeiten, Obst oder sogar Zigaretten.

Neben dem leiblichen spielt auch das **seelische Wohl der Ahnen** eine Rolle. Sie sollen am Leben der Kinder und Enkel teilhaben können. (Man bedenke, welch große Rolle das familiäre Glück für den Vietnamesen spielt.) Deshalb hält man die Toten über die weitere Entwicklung der Familie auf dem Laufenden, alle wichtigen Ereignisse werden ihnen berichtet. Es kommt auch vor, dass die Ahnen um Verzeihung für begangene Fehler gebeten werden. Ist ein schwieriges Vorhaben zu bewältigen, so wird natürlich mit der Hilfe der Verstorbenen gerechnet. Man informiert sie über das Vorhaben (Hausbau, Abschlussprüfung) und bittet sie um ihre Unterstützung.

Den Ahnen wurde und wird teilweise bis heute zu folgenden Anlässen **Bericht erstattet:**

- Bei der Geburt von Kindern sieben (Junge) oder neun (Mädchen) Tage nach der Geburt,
- wenn das Kind einen Monat alt ist und nach dem ersten Lebensjahr,
- wenn das Kind zur Schule kommt,
- wenn sich der Schüler auf die Prüfung vorbereitet und nach bestandener Prüfung,
- wenn ein Kind verheiratet wird,
- wenn einem ein Rang oder ein Würdentitel verliehen wurde,
- wenn man ein neues Haus gebaut hat oder auch nur Teile davon (neue Mauer gezogen, den Hof gepflastert u. Ä.),
- wenn man an einem Wettbewerb, beispielsweise auf dem Dorffest teilnehmen möchte.

Ebenso werden Krankheiten, Sterbefälle, Pech im Alltag, wie Verluste im Geschäft, Ärger mit Behörden, schlechte Ernte oder Viehsterben, und andere kleine und große Sorgen mitgeteilt.

Ahnenaltar und Ahnentempel

Früher gab es in jeder Familie einen besonderen Ahnenaltar. **Wohlhabende Familien** besaßen sogar einen eigenen Ahnentempel, der dann vom ganzen Clan genutzt wurde. Vereinzelt kann man solche Tempel auch heute noch in den Dörfern sehen. Ein traditionsgemäßer Ahnenaltar ist mannshoch, aus wertvollem Holz hergestellt und mit Schnitzereien und Einlegearbeiten reich verziert. In den meisten Häusern war der Ahnenaltar zugleich der größte und kostbarste Einrichtungsgegenstand. Er wurde über Generationen vererbt und sorgsam gepflegt. Viele Familien konnten sich jedoch einen solch **kostbaren Altar nicht leisten,** sie stellten ein bescheidenes Buffet oder sogar nur einen kleinen Tisch speziell für diesen Zweck auf.

In Gebieten des Landes, die stark unter den amerikanischen Bombardements (1965–1973) zu leiden hatten, findet man heute nur noch wenige der alten, wertvollen Ahnenaltäre in den Häusern. Sie verbrannten oder wurden unter den Trümmern begraben und sind unwiederbringlich verloren. In zahlreichen Familien nutzt man heute den Wohnzimmerschrank, ein verglastes Buffet oder ein Wandbord, um Lampen, Räucherstäbchen, Fotos der Ahnen und Opfergaben aufzustellen. Ein Tisch, an eine Wand unter die Bilder der Eltern und Großeltern geschoben, erfüllt denselben Zweck. Auf vielen Ahnenaltären wird neben den Verstorbenen gleichzeitig dem *Thổ Công*, dem daoistischen Erdgeist, geopfert. Dieser ist für den Flecken Erde, auf dem das Haus steht, zuständig. Er wird häufig in Personalunion mit *Ông Táo*, dem Herdgeist, gesehen.

Ahnenkult

Der Ahnenkult unterlag seit Beginn unserer Zeitrechnung starken chinesischen Einflüssen. Zu den **Opfergaben** auf dem Ahnenaltar gehören seither Räucherstäbchen, Licht (Lampen), Tee, Früchte, Alkohol, klares Wasser, Betelblatt und Arekanuss (eine oder drei Nüsse, eingewickelt in ein Betelblatt), Geld und Papiergold. Die Lampen bzw. Kerzen werden rechts und links an der Seite höher als alle anderen Objekte aufgestellt. Sie symbolisieren die Sonne und den Mond. Die genannten Gaben werden nicht täglich, sondern nur zu bestimmten Anlässen wie Totengedenktage und Neujahrsfest dargebracht bzw. dann, wenn man mit den Ahnen in Kontakt treten will. Alle Gaben, ob ärmlich oder nicht, müssen **in gutem Zustand** und unversehrt, also ungebraucht sein. Sie dürfen auch nicht vor-

Der Ahnenaltar ist auf dem Wohnzimmerschrank eingerichtet

013vi Foto: jb

her schon einmal als Opfergabe verwandt worden sein. Verschwendung leisten sich Vietnamesen jedoch nicht einmal den Ahnen gegenüber: Nach gewisser Zeit werden die Gaben ehrerbietig wieder herabgeholt und von der Familie verbraucht.

Die **Räucherstäbchen** in der Vase müssen immer von ungerader Zahl sein. Sie gehören zum Yang (vietn.: *dương*), dem positiven, männlichen Prinzip, das gleichzeitig den Himmel, das Klare, den Beginn usw. symbolisiert (Einfluss des Daoismus). Meist nimmt man drei Stäbchen pro Vase. Sind diese fast heruntergeglüht, zündet der Hausherr noch einmal welche an. Danach bittet er um die Erlaubnis, das Papiergold verbrennen zu dürfen. Ist dieses vollständig verbrannt, goss man früher eine Schale Alkohol in die Asche, weil man glaubte, die Ahnen könnten das Geld oder Gold nur so erhalten. Heute gibt es diesen Brauch kaum noch. Zum Anzünden nimmt man ein extra Feuer, nicht die Kerzen auf dem Altar. Die glühenden Räucherstäbchen werden bis in Stirnhöhe geführt, dann werden mit den Stäbchen in den Händen drei *vái* (Gruß mit vor der Brust zusammengelegten Händen) vollführt und danach werden sie möglichst gerade in die Vase oder Schale gesteckt. Die Zahl Drei symbolisiert die Wechselwirkung von Himmel, Erde und Mensch.

Danach folgt der **verbale Teil,** der sich etwa so anhören kann: „Heute, am ... (Datum), in... (genaue Adresse) gestatte ich mir, ... gemeinsam mit der ganzen Familie, anlässlich ... (Feiertag wird genannt) hochachtungsvoll Weihrauch, Licht, Tee ... (Aufzählung) zusammen mit einigen unbedeutenden Kleinigkeiten, die von Herzen kommen, ehrerbietigst darzubringen (Aufzählung der weiteren Gaben). Ich gestatte mir, Euch zu berichten, dass ... (jetzt folgt der Bericht, die Bitte ...)."

Selbst, wenn man nur klares Wasser als Opfer darbringen kann oder sehr in Eile ist, erfordert die Ahnenverehrung **Würde, Ruhe und Ehrfurcht.** Fehlt der nötige Ernst, so werden die Ahnen nicht reagieren.

Früher war in den konfuzianischen Vorschriften genau festgelegt, in welcher Weise die Hände zum Gruß gehalten und wie viele Verbeugungen gemacht werden mussten. Auch durfte nur das Familienoberhaupt die Rituale durchführen. Heute wird das in vielen Familien nicht mehr so streng gesehen. Jedes Familienmitglied, das verständig genug ist, sich an die Ahnen zu wenden, darf die Räucherstäbchen anzünden, sich vor dem Altar verneigen und seine Bitten oder Wünsche vorbringen.

Ahnengedenktag

Der Ahnengedenktag *(ngày giỗ)* wird bis heute von kaum einem Vietnamesen vergessen. Wer keine eigene Zeremonie durchführt, schickt zumindest seinen Anteil an Opfergaben an das Familienoberhaupt, in dessen Haus die Feierlichkeiten stattfinden. Der *ngày giỗ* wird jedes Jahr am **Todestag des Verstorbenen** begangen.

Am Vorabend wird die **Zeremonie der Ankündigung** des Gedenktages durchgeführt. Man informiert den jeweiligen Vorfahren, er könne am folgenden Tag in den Kreis der Familie zurückkehren, um die Opfergaben zu genießen. Dieses „Informieren" findet sowohl am Grab als auch in der Wohnung statt. Gleichzeitig wendet man sich auch an den Erdgeist der jeweiligen Grabstelle. Man bittet ihn um die Erlaubnis, dass die Seele des Verstorbenen heimkehren und die Gaben empfangen darf. Bei dieser Gelegenheit wird auch gleich das Grab in Ordnung gebracht. Die Vernachlässigung einer Grabstätte wäre eine große Pietätlosigkeit, die man sich nicht vorwerfen lassen möchte. Oft erfolgt die Zeremonie der Ankündigung am Vortag nur dann, wenn es sich bei den Verstorbenen um Eltern, Großeltern oder Ehegatten handelt. Beim Anrufen der Seele des Toten wird darauf geachtet, dass auch dessen Vorfahren nicht vergessen werden. Ist der Verstorbene nicht der älteste in der Reihe der drei Generationen zu verehrender Ahnen, so werden seine Vorfahren zuerst angerufen.

Jährt sich der **Todestag von Groß- oder Urgroßeltern,** wird ein Huhn geschlachtet und zusammen mit gekochtem Klebreis (*ăn xôi* = „Klebreis essen" ist eine Umschreibung für sterben), eventuell einigen weiteren Gerichten, zum Opfer dargebracht. Anschließend setzen sich die Nachkommen zusammen, essen und trinken. Der **Todestag der eigenen Eltern** wird prächtiger begangen. Nach der schon kostspieligen Beerdigung folgt eine Reihe von Feiern, bei denen viel Geld für Speisen und Getränke ausgegeben wird. Dabei darf auch die Nachbarschaft nicht zu kurz kommen, wenn der Tote seine Ruhe finden soll.

Die beiden ersten Todesjahrestage werden am aufwendigsten gefeiert. Danach geht es bescheidener weiter – **drei Generationen lang.** Früher wurde der Gedenktag sogar fünf Generationen hindurch begangen. Man glaubte, nach fünf Generationen würde die Seele ins Nirwana eingehen oder aber in einer anderen körperlichen Hülle wiedergeboren werden und nicht mehr umsorgt werden müssen. Diese Vorstellung ist auf den Einfluss des buddhistischen Glaubens zurückzuführen. Wenn die ersten beiden Jahrestage des Todes noch voller Trauer sind, werden die weiteren in vielen Familien mehr als fröhliche Feiern verstanden. Die Verwandtschaft trifft sich, man tafelt, was das Zeug hält und leert – natürlich auf das Wohl des Verstorbenen! – auch das eine oder andere Glas.

Interessanterweise ist die **rechte Art der Totenehrung** seit vielen Jahrhunderten ein Streitpunkt. Viele Vietnamesen vertreten die Auffassung, dass man den Verstorbenen sehr wohl ehren kann, indem die Familie beisammensitzt und tüchtig isst und trinkt. Die Seele des Toten, dem doch auch am Wohl seiner Nachkommen liegt, wird beruhigt und zufrieden sein, wenn diese vergnügt und wohlauf sind! Strengen Konfuzianern und selbst fortschrittlichen vietnamesischen Gelehrten war das in den letzten Jahrhunderten stets ein Dorn im Auge. Sogar *Phan Kế Bính*, ein patriotischer Gelehrter, der zu Beginn des 20. Jh. mit beeindruckender Objektivität Sitten und Bräuche der Vietnamesen beschrieb, konnte sich des Moralisierens nicht enthalten. Empört berichtete er über die Neigung seiner Landsleute, ihre „Totengedenktage häufig zu fröhlich zu begehen und das Vergnügen, Essen und Trinken über die eigentlich angebrachte Trauer zu stellen". Dass sich hier selbst unter dem Druck des konfuzianischen Einflusses Reste uralter vietnamesischer Traditionen erhalten konnten, ist *Phan Kế Bính*, der sich sehr für die Anerkennung der vietnamesischen Kultur einsetzte, entgangen.

Die **Konfuzianer,** die sonst stets Haltung und das Verbergen der Gefühle propagierten, verlangten bei Beerdigungen demonstratives Weinen und Wehklagen. Der hörbare Schmerz wurde dann in der Regel von gemieteten Klageweibern dargeboten. Die Pietät erforderte es nach konfuzianischem Verständnis, dass Kinder angesichts des Todes ihrer Eltern drei Jahre lang völlige Gebrochenheit zeigten.

Die **ursprüngliche vietnamesische Tradition,** die Totenehrung bei einer festlichen Tafel mit gutem Essen und Trinken, kam den meisten Menschen offenbar mehr entgegen als verordnete Trauer nach chinesischem Vorbild. Das ist aus vietnamesischer Sicht auch leicht zu erklären, denn schließlich lebten die Toten auch nach ihrem Dahinscheiden weiter. Sie waren – wenn auch unsichtbar und gestaltlos – nach wie vor ein Teil der Familie. Nach einem harten Leben mit viel Arbeit und Mühen, Hunger und Krankheiten hatten sie nun endlich die „goldene Quelle" erreicht, waren dem irdischen Jammertal tatsächlich entronnen. Die Lebenden sorgten mit gutem Essen und mit Gedenkfeiern für sie. Worüber sollte man also jammern und wehklagen?

Seelenvorstellungen

„Ich brenne die Seele, ich brenne den Mann mit der harten Leber, die Frau mit den harten Eingeweiden, damit die guten Seelen bleiben und die schlechten sich entfernen mögen!"

(Dies ist eine von Händlern benutzte Beschwörungsformel, um „verhexte" Ware, die sich nicht verkauft, doch noch loszuwerden.)

Der lebende Vietnamese hat **zwei Gruppen von Seelen:** die drei *hồn* und die sieben *vía* oder *phách* bei Männern bzw. drei *hồn* und neun *vía* bei Frauen. Die Seelen wohnen alle im Körper. Nach dem Volksglauben erhält ein Mensch seine Seelen bei der Geburt oder bei seiner Zeugung. Sie verlassen ihn erst bei seinem Tod durch die Körperöffnungen.

Die **Ankunft der Seele** im Moment der Geburt wurde bei berühmten Personen angeblich durch einen wohlriechenden Lufthauch oder durch eine auffallende Lichterscheinung angekündigt.

Die *hồn* sind geistige, die *vía* materielle Seelen. Die **materiellen vía** vergehen allmählich mit dem toten Körper, während die *hồn* im Totenreich weiterexistieren. Die **geistigen hồn** sind „heiliger" als die *vía*. Nur sie werden am Totengedenktag zur Familie zurückgerufen. Sie allein werden verehrt und sind diejenigen, die den Lebenden helfen können. Bei Lebenden vermeidet man, von den *hồn* zu sprechen (Sprachtabu).

Die **vía** tragen verschiedene Züge – je nach den Charaktereigenschaften ihres Trägers: Es gibt Leute, die haben gute Seelen *(vía tốt, vía lành)*, andere haben *vía xấu, vía dữ* (schlechte, grausame Seelen). Gute Seelen sind Glück bringend, schlechte haben einen unheilvollen Einfluss. Deshalb soll z. B. der erste Gast am Neujahrsmorgen ein Mensch mit einer **guten Seele** sein. Daher schickt man ein Familienmitglied, dem eine leichte Seele nachgesagt wird, in der Silvesternacht in die Pagode, um Glücksbringer *(lộc)* nach Hause zu holen. Ebenso vermeidet man es, Menschen mit einer **schwierigen Seele** zur Teilnahme am Hochzeitszug einzuladen.

Der **Volksglaube** geht davon aus, dass eine Frau schwanger werden kann, wenn ihr Fuß einen Stein berührt, in dem die Seele eines Wunderkindes, eines besonderen Talentes verborgen ist, oder durch ein Bad in einem Gewässer, in das sich solch eine Seele geflüchtet hatte.

Auch bei den Vorstellungen von der Seele treffen die Vietnamesen **keine scharfen Abgrenzungen zwischen Lebenden und Toten.** Man glaubt, dass die bösen Seelen eines Lebenden ebenso Unheil stiften können wie die *ma quỷ* – die bösen Geister, in die sich solch eine Seele nach dem Tode verwandeln kann. Umso wichtiger ist es, gerade einen schlechten Menschen sehr sorgfältig zu bestatten, damit dessen schlechte Seelen möglichst Ruhe finden, langsam vergehen und kein Unglück mehr anrichten. Das schließt jedoch nicht aus, dass auch die Seelen eines guten Menschen nach dessen Tod **Unheil stiften,** nämlich dann, wenn ihm nicht die nötigen Ehren zuteil wurden. Stirbt eine Frau kinderlos, dann kann es vorkommen, dass ihre *vía* vor lauter Kummer und Gram als *ma* (Geist) oder *quỷ* (Dämon) wieder in Erscheinung treten, Kinder krank machen, verunglücken lassen, stehlen oder anderen Kummer über das Dorf bringen.

Es gibt verschiedene **zu bösen Geistern gewordenen Seelen,** z. B.:

- *ma cà lồ* blutsaugender Geist
- *ma da* böser Geist unter Wasser; liebt es, Menschen, die den Fluss durchwaten müssen, an den Füßen unter Wasser zu ziehen und so zu ertränken
- *ma gà* Geist, der in Gestalt eines Huhnes erscheint und Ursache für Beschwerden und Schmerzen bei Menschen ist
- *ma xó* Geist der Ecken und Winkel, man verehrt ihn in den Ecken des Hauses
- *ma trơi* Irrlicht (Sumpflicht)

Wie familiär man mit der Geisterfrage umgeht, zeigt sich übrigens auch daran, dass *ma* gern als Schimpfwort benutzt wird:

- *ma xó* Eckenteufel. Wir würden vielleicht „alte Neugierde" sagen, wenn jemand ständig seine Nase in anderer Leute Angelegenheiten steckt.
- *ma lem* Schmutzteufelchen schimpft man ein Kind, das sich beschmutzt hat.
- *ma lanh* ist ein Pfiffiger, Gewiefter, einer, der es „faustdick hinter den Ohren" hat.

Nebenbei: *Ma-cô* („Zuhälter") ist nun nicht der „Mädchen-Geist", sondern eine Entlehnung aus dem Französischen *(maquereau).*

014vi Foto: ph

Adaptierte Religionen: Buddhismus, Daoismus, Konfuzianismus

Anpassung an die vietnamesischen Gegebenheiten

Von außen nach Vietnam getragene Lehren und Glaubensvorstellungen mussten sich stets mit den im Land bereits vorhandenen auseinandersetzen. So erhielt der Buddhismus eine **vietnamesische Färbung,** passten sich Daoismus und Konfuzianismus, wenn auch in ganz unterschiedlicher Weise, den vietnamesischen Gegebenheiten an.

Das Leben der vietnamesischen Bauern, die vom Nassreisanbau leben, wird seit Jahrtausenden von ganz bestimmten Notwendigkeiten geprägt. Dazu gehört u.a. die Arbeit in größeren Gruppen, denn kein Bauer kann die nötigen Deiche und Dämme allein aufschütten. Für das Überleben ist der feste **Zusammenhalt des Familienverbandes** nötig, der die einzig mögliche Form der sozialen Sicherung darstellt. Damit sind Ein- und Unterordnung in der Gemeinschaft, d.h. Hierarchiedenken, Achtung des Alters, Gruppendenken, Duldsamkeit und das Zurückstellen der eigenen Interessen zugunsten aller, untrennbar verbunden.

Nur Lehren oder Religionen, die in wesentlichen Punkten mit diesen Forderungen übereinstimmten bzw. ihnen nicht widersprachen, konnten Eingang in das Denken und Fühlen der Vietnamesen finden.

Daoismus

wer andere kennt, ist klug
wer sich kennt, ist weise
wer andere bezwingt, ist kraftvoll
wer sich selbst bezwingt, ist unbezwingbar
wer sich zu begnügen weiß, ist reich
wer sich durchsetzt, willensstark
wer sein wesen nicht verliert, währt lang
wer dahingeht, ohne zu vergehen, lebt ewig
(Laudse)

Daoistische Philosophie

Schon um die abendländische Zeitenwende gelangten daoistische Vorstellungen mit den Chinesen nach Vietnam. Die Lehre des Daoismus basiert auf dem Gedanken, dass der Mensch **Bestandteil der universellen Ordnung** sei. Die vorhandene Ordnung wird als eine Harmonie der Gegensätze aufgefasst. Dieses Prinzip, genannt *đạo* („der Weg") durchdringt alles. Es ist gleichzeitig der Ursprung allen Seins. Himmel und Erde sind die zwei grundlegenden Manifestationen einer Dualität, die durch das Zusammenwirken von Ruhe bzw. Konzentration (chin. *Yin,* vietn. *âm*) und Bewegung bzw. Ausdehnung (chin. *Yang,* vietn. *dương*) ausgedrückt wird. Alles, was zwischen Himmel und Erde existiert, hat vom *Yin* die materielle Gestalt, vom *Yang* den Geist, den Lebenshauch. Die gesamte materielle Welt ist von solchem Geist durchdrungen. Wer diesen Atem in Aktion setzen kann, der kann die Welt nach seinem Willen lenken. Unsterblich wird, wer sich davon nährt. Der menschliche Körper ist auf dieselbe Art konzipiert wie die Welt: Dem runden Kopf (Himmel) stehen die eckigen Füße (Erde) gegenüber, Sonne und Mond finden sich wieder im linken und rechten Auge, die Venen sind die Flüsse, die Harnblase der Ozean, die Haare sind die Sterne und Planeten ... und ein Knirschen der Zähne ist das Grollen des Donners. Um diesen philosophischen Kern herum gruppieren sich die verschiedensten Glaubensvorstellungen und Zauberkunststücke.

Vielerorts entstehen neue Sakralgebäude

Wichtig ist vor allem das **daoistische Pantheon,** das aus 36 Himmelsgöttern und 72 Erdgeistern besteht. Im vietnamesischen Volksglauben erfuhren einige dieser Gottheiten Veränderungen. So wurden aus den acht Unsterblichen (in China) gleich 27 Unsterbliche, andere Götter wurden dafür weniger beachtet. An der Spitze steht der **Jadekaiser** *(Ngọc Hoàng)* der in seinem Palast, umschmeichelt von den süßesten Düften und der herrlichsten Musik, im Zentrum des Himmels residiert. Ihm zur Linken befindet sich das **Sternbild des Südens** *(Nam Tào),* zu seiner Rechten das **Sternbild des Nordens** *(Bắc Đẩu).* Während *Nam Tào* für die Lebenden zuständig ist, hat *Bắc Đẩu* die Verantwortung für die Dahingeschiedenen. Beide überwachen das Tun und Lassen der Menschen und zum Ende des Jahres erstattet der Herdgott ihnen Bericht. Entsprechend diesen Informationen werden Verdienste und Fehler aufgerechnet und wird das Leben der einzelnen Menschen verlängert oder verkürzt. Der Jadekaiser herrscht über Sonne, Mond, Sterne, Wind, Wolken, Blitz und Regen. Die Geister der Berge, des Waldes und der Flüsse sind ihm ebenso wie Mensch und Tier untertan.

Der Jadekaiser greift nie direkt ein, sondern stets **in Gestalt der verschiedenen Gottheiten** oder Geister. Zu Urzeiten, als die Menschen sich noch in Felle kleideten und vom Blut wilder Tiere lebten, schickte der Jadekaiser *Phục Hi* auf die Erde, der die Instrumente der Zivilisation mit sich brachte. *Thần Nông* unterwies die Menschen im Ackerbau, *Hiên Viên* lehrte sie Stoffe weben. Mithilfe des *Vũ Vương* lernten sie, die Flüsse einzudeichen, *Cao Đào* brachte das Rechtswesen auf die Erde, *Tiết* legte die fünf großen sozialen Beziehungen fest, *Khổng Tử (Konfuzius)* schließlich verfasste die fünf kanonischen Bücher. Alle Weisen, die die menschliche Geschichte kennt, wurden ebenfalls vom Jadekaiser auf die Erde geschickt. Die genannten Gottheiten und viele andere mehr werden ebenso wie *Lão Tư (Laozi,* andere Schreibweisen: *Lao Dse, Laudse, Laotse),* der als Vater des Daoismus gilt, in Tempeln und Schreinen verehrt.

es folgt der mensch der erde
die erde folgt dem himmel
der himmel folgt dem Dau
das Dau folgt sich selbst
(Laudse)

Während eines daoistischen Tempelfestes

016vi Foto: mh

Volkstümlicher Daoismus

Die philosophische Seite des Daoismus spielte in Vietnam nur für wenige Menschen – vor allem für die kleine Schicht vietnamesischer Gelehrter, für Heilkundige und chinesische Beamte – eine Rolle. Die meisten Vietnamesen interessierten sich hauptsächlich für die **religiösen** und **magischen Aspekte** des Daoismus. Neben Beschwörungen mit Zauberformeln spielten bei diesem volkstümlichen Daoismus die Austreibung böser Geister (Verbindung zu Animismus!) und der Einsatz von Zaubermitteln eine wichtige Rolle. In früheren Jahrhunderten waren daoistische Praktiken in Vietnam überaus verbreitet. Es gab sogar Zeiten, in denen selbst buddhistische Mönche daoistische Zaubermittelchen verteilten. Die daoistische Magie zog viele Menschen an, nicht zuletzt deshalb, weil Beschwörungen und andere Zaubereien oft jenen Kulthandlungen ähnelten, die auch zur Verehrung der seit Jahrtausenden verehrten Naturgottheiten gepflegt wurden. Viele dieser **alten vietnamesischen Götter** fanden Zuflucht in daoistischen Tempeln, wo sie mit größter Selbstverständlichkeit aufgenommen wurden. Im Laufe der Zeit haben die Vietnamesen so ziemlich alle Götter oder Geister, die weder in der buddhistischen Lehre noch in der des *Konfuzius* Platz hatten, in den daoistischen Glauben integriert. Sogar verschiedene buddhistische Gottheiten und *Bodhisattvas* (Erleuchtete) fanden Aufnahme in das daoistische Pantheon.

Die **Frauenfreundlichkeit** des Daoismus trug ebenfalls zu seiner schnellen Verbreitung und großen Akzeptanz bei. Während Konfuzianismus und Buddhismus (s. dort) eine mehr oder weniger starke Geringschätzung der Frauen postulierten, war der Daoismus ebenso wie der Animismus frei von diskriminierenden Tendenzen.

Weibliche Gottheiten wurden bereits seit mutterrechtlichen Zeiten verehrt. Das sind z. B. *Âu Cơ* (Mutter des ersten Hùng-Königs und damit Urmutter des vietnamesischen Volkes), die vier Mütter – *Tứ Phủ: Thiên Mẫu* („Mutter Himmel"), *Địa Mẫu* („Mutter Erde"), *Thánh Mẫu Thoải Phu* („Mutter Wasser") und *Thiên Ngàn Thánh Mẫu* („Mutter Wald"), aber auch Frauen, die historisch belegt sind, z. B. Mütter von Königen und Prinzessinen. Ihre Existenz neben den männlichen Göttern war ebenso selbstverständlich, wie die Tatsache, dass daoistische Magie nicht nur von „Meistern", sondern auch von „weisen Frauen" betrieben wurde. Viele rituelle Handlungen zur Verehrung daoistischer bzw. zur Beschwörung von uralten animistischen Geistern wurden und werden vor allem oder ausschließlich von Frauen *(bà đồng)* durchgeführt.

Buddhismus

„Welche Person ist gut?

Da nimmt eine bestimmte Person vom Mord Abstand, nimmt vom Diebstahl Abstand, nimmt von üblem Wandel in Liebesdingen Abstand, nimmt vom Lügen Abstand, nimmt von verleumderischer Rede Abstand, nimmt von grober Rede Abstand, nimmt vom Geschwätz Abstand, ist nicht gierig, ist nicht böswillig gesinnt, ist ein Anhänger der rechten Lehre. Diese Person wird als gut bezeichnet."

(Die vier edlen Wahrheiten)

Geschichte und Verbreitung in Vietnam

Der Buddhismus *(đạo Phật)* kam spätestens im 2. Jahrhundert u. Z. und etwa zeitgleich mit Daoisimus und Konfuzianismus nach Vietnam. Aus China gelangte der **Mahayana-Buddhismus** *(Phật giáo đại thừa)* nach Nordvietnam. Der Süden wurde stärker von dem aus Thailand, Laos und Kambodscha kommenden **Theravada-Buddhismus** *(Phật giáo tiểu thừa)* beeinflusst.

Buddhistische Mönche sind nicht weltabgewandt – sie gestalten die Entwicklung des Landes mit

015vi Foto: jb

In den letzten 2000 Jahren machte die buddhistische Lehre in Vietnam Zeiten der Blüte und des Niedergangs durch. Bis zum 15. Jahrhundert genoss sie das Wohlwollen der vietnamesischen Herrscher und spielte die entscheidende Rolle für die Bildung, denn Klöster waren die einzig vorhandenen Lehreinrichtungen. Wer die chinesischen Zeichen erlernen wollte, kam hierher. Die buddhistischen Mönche waren gebildet, sie schrieben Chroniken, waren als Heilkundige und sogar als Berater des Königshofes tätig.

Erst im 16. Jahrhundert setzten sich schließlich die Vertreter der konfuzianischen Lehre (siehe dort) durch. Nicht zuletzt durch deren exzellente Eignung zur Disziplinierung der Menschen ergab sich, dass der **Konfuzianismus dem Buddhismus als Staatsdoktrin vorgezogen** wurde. Nichtsdestotrotz hatte das vietnamesische Volk immer eine große Affinität zur buddhistischen Lehre. Durch ihre Duldsamkeit gegenüber den alten vietnamesischen Göttern und ihre tröstlichen Inhalte ging sie den Menschen leichter ein als der strenge, von oben verordnete Konfuzianismus.

Sehr schnell wurde der **Buddhismus vietnamisiert.** Er wurde zum Teil vereinfacht und mit lokalen Glaubensvorstellungen, wie der Verehrung von Naturgöttern, ja sogar mit daoistischen Kulten verschmolzen. So wurden aus den weiblichen Gottheiten für Wolke, Regen, Donner und Blitz im Volksglauben kurzerhand (weibliche!) Buddhas: *Phật Mây* („Wolkenbuddha"), *Phật Mưa* („Regenbuddha"), *Phật Sấm* („Buddha des Donners"), *Phật Chớp* („Buddha der Blitze"). *Mẫu Man Nương*, die Mutter dieser vier Gottheiten, wurde ebenfalls ein Buddha: *Phật Man Nương*. Dieser Glaube, in dem uralte animistische mit buddhistischen und sogar daoistischen Elementen zusammenflossen, wird auch als **Volksbuddhismus** bezeichnet. Er war leicht verständlich, raubte den Menschen nicht ihre alten Götter und ließ Raum für vertraute Traditionen.

Die Symbiose, die der Buddhismus mit älteren Glaubensvorstellungen in Vietnam einging, wird nicht nur anhand der Gottheiten, die unter den Pagodendächern Platz fanden, deutlich. Sie lässt sich allein schon aus dem Standort vieler Pagoden erahnen. Diese wurden vorzugsweise an solchen Plätzen errichtet, wo die Vietnamesen zuvor bereits anderen Göttern und Geistern gehuldigt hatten – auf Anhöhen, an Berghängen, in oder neben Felsenhöhlen oder unter großen Bäumen. In der Umgebung dieser Pagoden finden sich garantiert weitere heilige Stätten, an denen bis heute die verschiedensten Geister und Götter verehrt werden. Wer sich aufmerksam umsieht, wird bald Beweise für den Geisterglauben finden – in Form der Räucherstäbchen, die versteckt an Bäumen, Felsvorsprüngen oder Wasserquellen zu finden sind.

Buddhistische Lehrinhalte

Der Kern der buddhistischen Lehre besteht in der Erkenntnis, **Leben ist Leiden.** Die fünf Nöte des Menschen *(ngũ khổ)* sind: Leben, Alter, Tod, Krankheit und Trennung.

Leidenschaft, Verblendung und Begehren führen zu Taten, die Ursache für später folgendes Leid des Menschen sind. Dieser ist in einen **Kreislauf der Wiedergeburten** und damit immer neuen Leidens eingebunden, aus dem er nur vermittels der Wahrheit von der Überwindung des Leidens ausbrechen kann. Dazu muss der Mensch festgelegte Verhaltensweisen üben, die vor allem der Abtötung der Begierden dienen. Das Verhalten des Menschen, seine Taten, **Karma** genannt, können Ergebnis eines früheren Lebens, aber auch Ursache für die nächste Existenz sein. Am Ende der Wiedergeburten steht das **Nirvana,** das Nichts, das Aufhören des Werdens, das Ende der Begierde, wo es kein Leiden mehr gibt.

Laien und Mönche

Buddhisten können ihrem Glauben in zwei Varianten folgen. **Laien** leben weiter in der Familie. Sie verzichten nicht auf Geld und Güter dieser Erde, versuchen jedoch, sich innerlich davon zu lösen. Sie müssen vergleichsweise wenig Gebote beachten.

Wem das nicht genug ist, der kann die Familie verlassen und **Mönch** werden. Im Ur-Buddhismus wurden Mönche, Nonnen und Laien beiderlei

Buddha

Der historische Buddha (Sanskrit: „der Erwachte", „der Erleuchtete") war ein indischer Fürstensohn namens Siddharta Gautama, der 560 bis 480 v. u. Z. lebte. Der Überlieferung zufolge wuchs er in Luxus auf, wurde sich mit 29 Jahren der Sinnleere seines Lebens bewusst und verließ seine Heimat, um durch Askese zur Erleuchtung zu gelangen. Nach sieben Jahren vergeblichen Bemühens wurde ihm schließlich durch Meditation unter einem Feigenbaum die Erleuchtung zuteil. Gott Brahma selbst überzeugte ihn, dass er seine Erfahrungen weitergeben solle. Siddharta gründete einen Orden von Bettelmönchen und lehrte seine „vier edlen Wahrheiten". Seine Predigten wurden zunächst mündlich, seit dem 1. Jh. v. u. Z. auch schriftlich überliefert.

Geschlechts noch gleichermaßen als befähigt angesehen, dem Kreislauf der Existenzen zu entkommen. Erst später entwickelte sich die Lehre zu einer Mönchsreligion.

Der **Theravada-Buddhismus** geht davon aus, dass nur Mönche so vorbildlich leben können, dass sie eines Tages aus dem Kreislauf des Leidens erlöst werden können. Allen anderen Menschen, also Laien und Frauen, bleibt das Nirvana unerreichbar. Die Anhänger des Theravada-Buddhismus im Süden des Landes sind zu einem großen Teil Angehörige der Khmer-Nationalität.

Der **Mahayana-Buddhismus** verspricht dagegen allen Menschen, die sich darum bemühen, die Erlösung. *Bodhisattvas* (Erleuchtete) verzichten darauf, in das Nirvana einzugehen, um den leidenden Menschen und Tieren auf dem Weg zur Erlösung beizustehen. Das war für die Vietnamesen, für die es kaum etwas Schlimmeres geben konnte als die Trennung von der Familie, eine Perspektive, mit der sie leben konnten. Wenn der Mahayana-Buddhismus heute in Vietnam mehr verbreitet ist als der Theravada-Buddhismus, so ist das nicht allein dem Fakt zuzuschreiben, dass er aus China kam, sondern vor allem seiner „Familienfreundlichkeit", d.h. der Tatsache, dass man nicht unbedingt Mönch werden musste, um irgendwann einmal dem Kreislauf des Leidens zu entrinnen.

Regeln für Laien, Mönche und Nonnen:

Laien haben die folgenden Fünf Verbote *(ngũ giới)* einzuhalten:

- nicht töten
- nicht stehlen
- keinen Intimverkehr außer mit dem eigenen Mann, der eigenen Frau

- nicht lügen
- keinen Alkohol trinken (In manchen Gegenden ist diese Regel dahingehend modifiziert, dass man sich nicht betrinken soll.)

Der Buddhist soll sich **10 gute Taten** *(thập thiện)* vornehmen:
- drei gute Taten hinsichtlich des Körpers: nicht töten, nicht stehlen, keine Wollust zeigen
- vier gute Taten hinsichtlich des Mundes: nicht lügen, nicht mit zwei Zungen reden, keine Schlechtigkeiten äußern, nicht übertreiben
- drei gute Taten hinsichtlich des Geistes: keine Gier, keinen Zorn, keine falschen Gedanken in sich aufkommen lassen.

Mönche *(sư bác)* und **Nonnen** *(sư bà)* müssen außer den genannten Grundregeln mindestens **weitere fünf Vorschriften** beachten:
- sich nicht schmücken oder schminken, kein Parfüm, kein duftendes Öl benutzen
- nicht auf einem Bett mit schöner dicker Matratze oder auf einem breiten Bett schlafen
- keine Musik- und Tanzveranstaltungen besuchen, selbst weder singen noch tanzen
- kein Geld oder Gold aufbewahren oder anhäufen
- nicht außerhalb der festgelegten Zeiten (später als Mittag) essen.

An buddhistischen Feiertagen müssen **auch Laien** diese fünf Vorschriften befolgen. Die Regeln für Mönche und Nonnen in höheren Rängen nehmen an Zahl und Schwierigkeit zu. Sie ordnen alle Einzelheiten des Lebens von der Bekleidung über das Wohnen, die Fortbewegung, das Schlafen, Sprechen, bis hin zu den Beziehungen zur Familie, zu anderen Mönchen ... und natürlich die Religionsausübung.

Pagoden und Klöster

Buddhistische Sakralbauten sind vor allem die Pagoden *(chùa)*, in denen Buddha-Statuen in den verschiedenen Erscheinungsformen verehrt werden. Am häufigsten ist die Darstellung Buddhas in drei Generationen: *Amithaba* (Vergangenheit), *Sakyamuni* (Gegenwart) und *Maitreya* (Zukunft). Andere Dreiergruppen von Buddhas verkörpern die Einheit von Lehre, Buddha und Mönchsgemeinde oder die drei mysthischen Körper Buddhas. In vietnamesischen Pagoden werden meist auch daoistische Götter oder lokale Gottheiten verehrt. Pagoden dienen oft auch als Klöster.

Die **fünf buddhistischen Opfergaben** *(ngũ cung)* sind: Wasser, Blumen, Weihrauch, Reis und Kerzen.

Der **Tagesablauf** von Mönchen ist streng geregelt. Zweimal im Monat findet eine Art **Bußfeier** in einer Pagode oder im Kloster zum gemeinsamen Lesen der Verbotsregeln statt. Diese Feier wird *lễ bà-tát (uposatha)* genannt. Sie findet jeweils am 15. und 29. oder 30. des Mondmonats statt. Bei dieser Gelegenheit werden auch Übertretungen der Verbote bestraft. Die Durchführung einer Bestrafung erfolgt unter Zustimmung des ganzen Ordens.

Die **Zeremonien** waren ursprünglich äußerst bescheiden und einfach. Sie bestanden darin, Buddha zu verehren und die Lehre zu verbreiten. Erst allmählich wurden sie aufwendiger.

Konfuzianismus

„Konfuzius sprach: ‚Wollten alle das Gute, dann gäbe es nichts Böses mehr.'"

Entstehung und Lehrinhalte

Der Konfuzianismus entstand um 500 v. u. Z. in China als eine Art **Morallehre und Verhaltenskodex.** Seinem Schöpfer *Kung Fu Tse,* vietn. *Khổng Tử,* ging es in einer Periode staatlicher Zerrüttung und moralischen Niedergangs um die Wiederherstellung der Ordnung. Diese Ordnung glaubte er dadurch zu erreichen, dass jedermann, vom König bis zum letzten Untertan, seinen Platz und seine Pflicht kennen, sich dementsprechend verhalten, die Riten (Ahnen- und Heldenverehrung) pflegen und durch maßvolles, ruhiges, kluges und friedfertiges Verhalten das gemeinsame Zusammenleben ermöglichen sollte.

Zur menschlichen Ordnung gehörte für ihn eine streng **hierarchisch aufgebaute Gesellschaft.** Erziehung und Selbstdisziplin spielten dabei eine große Rolle. *Konfuzius* verfocht eine gesellschaftliche Ordnung, die durch **fünf grundlegende soziale Beziehungen** gekennzeichnet wurde:

- Güte des Herrschers – Loyalität des Untertanen
- Liebe des Vaters – Pietät des Sohnes
- Wohlwollen des Älteren – Ehrfurcht des Jüngeren
- Gerechtigkeit des Mannes – Gehorsam der Frau
- Treue des Freundes – Treue des Freundes

Die hierarchische Struktur der Familie wurde auf die gesamte Gesellschaft übertragen: Der König hatte die Funktion eines Familienoberhauptes auf nationaler Ebene. Die überlieferten „Gespräche des *Konfuzius*" – ob sie nun jemals stattfanden oder nicht – sind heute noch lesens- und bedenkenswert. Auch die Gedanken des *Mo Dse,* eines Schülers des *Konfuzius,* sind von tiefem Humanismus und der schönen Idee der Fürstenerziehung geprägt.

Nach dem **Tode des Konfuzius** wurde seine inzwischen erstarrte Lehre weniger verstanden als vielmehr benutzt, um den Menschen einzuprägen, sie hätten sich ihrer Stellung entsprechend zu verhalten. Jeglicher Versuch, sich gegen bestehende Zustände aufzulehnen, war unbotmäßig, pietätlos und wurde als moralisch verwerflich betrachtet.

Verbreitung in Vietnam

Nach Vietnam kam der Konfuzianismus **im Zuge der chinesischen Herrschaft** (2. Jh. v. u. Z. bis 939 u. Z.). Lange Zeit blieb er auf jenen kleinen Kreis von Vietnamesen beschränkt, der Zugang zu chinesischen Bildungsinhalten hatte. Paradoxerweise trat der Konfuzianismus seinen eigentlichen Siegeszug an, nachdem die Chinesen aus dem Lande gejagt waren und Vietnam im 10. Jahrhundert die nationale Unabhängigkeit erreicht hatte.

Es dauerte allerdings noch weitere 500 Jahre, bis der Konfuzianismus den Buddhismus soweit verdrängt hatte, dass er als **Staatsdoktrin** und **Grundlage sämtlicher Bildung** etabliert war. Die Durchsetzung des Konfuzianismus dürfte hauptsächlich der Tatsache geschuldet sein, dass er wie kaum eine andere Morallehre vorzüglich dazu geeignet war, bestehende Machtverhältnisse zu konsolidieren. Dies erkannten auch die vietnamesischen Könige recht schnell. Einige wesentliche Forderungen des Konfuzianismus stimmten zudem mit der Lebensweise der Menschen überein. Ahnenverehrung, Ein- und Unterordnung, Zusammenhalt in der Familie und Gemeinschaftssinn waren für jeden vietnamesischen Bauern direkt nachvollziehbar.

Die Lehre wurde planmäßig verbreitet. Regelmäßig reisten Beamte des Herrschers durch das Land und ließen auf Dorfversammlungen, zu denen alle Bewohner kommen mussten, die **Moralvorschriften** verkünden. Diese wurden in kurze, leicht fassbare Merksätze – oft in Versform – gebracht, die sich auch Analphabeten leicht einprägen konnten.

Die einfachen Vietnamesen haben zu keiner Zeit über die Ideen des *Konfuzius* philosophieren können. Sie sollten sich ohne großes Nachdenken in die gegebene Ordnung fügen. Dieses **Sich-Fügen** wurde bis zur Perfektion trainiert.

Innerhalb der Familie stand die **Kindespflicht** *(đạo hiếu)* an erster Stelle der 100 guten Eigenschaften, die zu entwickeln waren. Kinder hatten ihre Eltern innig zu lieben und ihnen vorbehaltlos zu gehorchen und zu dienen.

Solange die Eltern noch lebten, hatte sich ein Kind nicht von ihnen zu entfernen, also auch nicht auf weite Reisen zu gehen. Da der eigene Körper inklusive Haut und Haar ein Geschenk der Eltern war, galt Selbstverstümmelung oder gar Selbsttötung als schwere Verletzung der Kindespflicht. Eine zentrale Aufgabe im Rahmen der Kindespflichten bestand in der Sorge für männliche Nachkommen. Nur so war die Ahnenverehrung auch in den nächsten Generationen gesichert.

Was es konkret hieß, ein gehorsames Kind zu sein, wurde bis ins Detail festgelegt. Dazu dienten besonders die aus China stammenden „Geschichten von den 24 vorbildlichen Kindern" *(nhị thập tứ hiếu)*. In ihnen ging es z.B. darum, sich im Winter nackt auf das Eis zu legen, bis es schmilzt und man an frischen Fisch kommt, den man den Eltern serviert; in der kalten Jahreszeit in den Wald zu gehen und solange zu weinen, bis der Bambus zu sprießen beginnt, damit man den Eltern junge Bambustriebe anbieten und sie so von Krankheit heilen kann; seine 80-jährigen, vergreisten Eltern glauben machen, sie seien noch jung und ihnen dazu in Kinderkleidung törichte Kinderspiele vorführen usw. Vergleichsweise harmlos ist daneben noch die Forderung, dass Kinder sich nackt neben die Eltern zu legen haben, um ihnen nachts die Mücken vom Leib zu halten.

Prinzip der Familienbeziehungen

Allgemein galten für die Beziehungen innerhalb der Familie folgende Prinzipien: Als Vater trägt man die Verantwortung, die Mutter muss gutherzig und sanft sein, der ältere Bruder soll gegenüber dem jüngeren Bruderliebe zeigen, der jüngere Bruder Ehrerbietung und Achtung vor den älteren Geschwistern, das Kind muss die Kindespflichten gegenüber den Eltern erfüllen.

Die **Geschlechterbeziehungen** wurden im konfuzianischen Moralkodex nach folgendem Grundsatz geregelt: Der Mann ist geachtet, die Frau geringgeschätzt *(trọng nam khinh nữ)*.

Allgemeine **Tugenden des Mannes** wurden in den Fünf Grundsätzen *(ngũ thường)* formuliert:

- *nhân* Menschlichkeit
- *nghĩa* Verantwortungs- bzw. Pflichtbewusstsein
- *lễ* Höflichkeit (Einhaltung der Konventionen)
- *trí* Verstand
- *tín* Vertrauenswürdigkeit

Die wichtigsten **Pflichten in Familie und Gesellschaft** fasste man in vier Begriffen zusammen:

- *hiếu* der Sohnespflicht Genüge tun
- *đễ* Älteren Respekt erweisen
- *trung* Treue zum König zeigen
- *tín* sich des Vertrauens der Freunde würdig erweisen

Vier Tugenden der Frau *(tứ đức):*
- *công* Fleiß und Geschick bei jeder Arbeit
- *dung* untadeliges Betragen („Reinheit")
- *ngôn* eine sanfte Sprache und Zurückhaltung
- *hạnh* Wohlerzogenheit (Ehrerbietung gegen Höhergestellte, Nachsicht zu Unterstellten)

Drei Abhängigkeiten der Frau *(tam tòng):*

Solange eine Frau im Hause der Eltern wohnt, hat sie dem Vater gehorsam zu sein, nach der Heirat ihrem Ehegatten und nach dessen Tode dem Sohn *(tại gia tòng phụ, xuất gia tòng phu, phu tử tòng tử).*

Gesellschaftliche Auswirkungen

„Hier in Vietnam scheint alles zeremoniell, gemessen, beherrscht und geplant. Ich sehne mich danach, dass einmal jemand aus sich herausgeht, über sein persönliches Leben, seine Empfindungen spricht, sich von seinen Gefühlen hinreißen lässt. Statt dessen ist jeder ausgesucht höflich, höflich auf eine glatte, undurchschaubare Weise."

(Sontag)

Der von oben verordnete Konfuzianismus durchdrang die Gesellschaft von oben nach unten. An der Spitze der Gesellschaftspyramide war sein Einfluss am umfangreichsten und stärksten, während er an der Basis nur noch in Teilen der Lehre und lange nicht so intensiv wirkte.

Sämtliche **Bildungsinhalte** waren stark konfuzianisch geprägt. Die Naturwissenschaften spielten bis ins 19. Jahrhundert hinein keine Rolle. Wer Bildung erstrebte, durfte sich den konfuzianischen Inhalten nicht verschließen. Die Aneignung dieser Inhalte und die Identifizierung mit ihrem Moral- und Verhaltenskodex war eines der wenigen Mittel sozialen Aufstiegs in der vietnamesischen Gesellschaft.

Wissen und Bildung hatten und haben bis heute für Vietnamesen einen hohen sozialen Wert. Die **Literaturprüfungen** bildeten einen der wenigen Aufstiegskanäle in der Gesellschaft. Bei Nachweis entsprechender Kenntnisse konnte auch ein Armer einen Posten als Mandarin (Staatsbeamter) erhalten. Gelehrte, die ohne Amt in ihre Heimatorte zurückkehrten, gaben dort den Kindern Unterricht und bereiteten sich auf die nächste Staatsprüfung vor. Da man viele Jahre brauchte, um sich das für die Literaturprüfungen nötige Wissen anzueignen, verbrachten künftige Mandarine meist lange Jahre ihres Lebens in den Dörfern, in unmittelbarer Nachbarschaft mit den einfachen Leuten. Diese wiederum sahen mit eigenen Augen, wie mühsam, langwierig und unsicher eine Gelehrtenlaufbahn war. Die Gebildeten beeinflussten durch ihre Anwesenheit das Dorfklima und wurden ihrerseits durch das Leben der einfachen Menschen geprägt. Es lagen keine Welten zwischen Bauern und Gelehrten. Das mag übrigens dazu beigetragen haben, dass in Vietnam Erscheinungen des **Proleten- bzw. Bauernkultes** und des Misstrauens gegenüber Intellektuellen nie solche Ausmaße annehmen konnten wie in den Ländern Osteuropas und in China. Wohl auch deshalb blieb Vietnam weitgehend immun gegen Stalinismus, chinesische Kulturrevolution und andere Erscheinungen, die alle in ihrem Kern davon ausgingen, die Faust sei revolutionärer als das Hirn.

Der **Literaturtempel** in Hanoi (*Văn Miếu*, erbaut 1070), der häufig als die erste vietnamesische Universität bezeichnet wird, ist ein Tempel zur Verehrung des *Konfuzius* und seiner berühmtesten Schüler. Hier fanden die Staatsprüfungen statt, die von den Kandidaten vor allem die Auslegung bzw. Lobpreisung vorgegebener konfuzianischer Lehrsätze verlangten. Nur wer auf diesem Gebiet sattelfest war, konnte auf ein Amt am Königshof, z.B. als Minister oder auch als Mandarin, hoffen. In Bezug auf die vietnamesischen **Bauern** war der Konfuzianismus vor allem ein **Mittel der Disziplinierung** und wurde auch als solches empfunden. Der Masse der Bauern bot er keinerlei Aufstiegsmöglichkeiten, da sie sich die Ausbildung ihrer Kinder sowieso nicht leisten konnten. Der stärkste Anreiz, den die konfuzianische Lehre haben konnte, fiel demnach für sie weg. Was blieb, war eine dem vietnamesischen Naturell fremde Strenge und Starrheit. Deshalb sah sich der Konfuzianismus in den Jahrhunderten seines Bestehens als Staatsdoktrin stets der Konkurrenz südostasiatischer Toleranz und Versöhnlichkeit gegenüber.

Obwohl die verschiedenen Schichten der vietnamesischen Bevölkerung unterschiedlich stark von der konfuzianischen Lehre durchdrungen waren, hinterließ diese im Laufe der Jahrhunderte **tiefe Spuren im Denken,** Verhalten und vor allem im Moralempfinden der Vietnamesen.

Konfuzianische Verhaltensmuster

Schließt man heute in Vietnam Bekanntschaften, so hat man immer wieder das Gefühl, konfuzianistische Verhaltensmuster sind **wie eine Patina um die Seele der Menschen** gelagert. Bei dem einen ist diese Schicht stärker, bei dem anderen schwächer. Kratzt man an dieser Patina, stößt man früher oder später auf das eigentliche Wesen der Vietnamesen.

War z.B. **das Lächeln** offiziell, d.h. in den Augen konfuzianischer Sittenwächter, eine ständig zu tragende Maske mit streng festgelegten Funktionen im gesellschaftlichen Umgang, so blieb es intern für die Vietnamesen doch immer Ausdruck für ehrliches Gefühl. Bis heute kann man Masken des Lächelns gegenüber Fremden, bei offiziellen Anlässen, bei gebildeten Vietnamesen in jeder Lebenslage und sogar bei gut erzogenen Kindern armer Bauern sehen. Sobald man aber näher miteinander bekannt wird und nicht mehr „Objekt diplomatischen Protokolls", sondern willkommener Gast oder gar ein guter Freund ist, werden uns die Vietnamesen ihr wirkliches Lächeln zeigen – oder sogar ein herzhaftes Lachen (streng verboten aus konfuzianischer Sicht!) hören lassen.

Bestimmte Verhaltensweisen der Vietnamesen werden uns immer wieder an den Einfluss des Konfuzianismus erinnern. Das beginnt bei den **Beziehungen innerhalb vietnamesischer Familien** (s. dort), deren Struktur noch heute relativ streng hierarchisch ist, und setzt sich bis in die Sprache hinein fort.

Selbst die **Wortwahl** wirkt manchmal auf Ausländer förmlich, wenn nicht sogar formelhaft. Das heißt nicht unbedingt, dass Vietnamesen in den Stereotypen, mit denen sie sich artikulieren, auch denken würden. Wem diese Zusammenhänge nicht bewusst sind, kommt allerdings schnell in die Gefahr, die Vietnamesen misszuverstehen.

Nicht zuletzt an vielen Kleinigkeiten des Alltags wird das Weiterwirken konfuzianischer Verhaltensweisen deutlich: Wenn in Vietnam die **Kleiderordnung** (s. dort) so überaus wichtig ist, wenn wir verzweifelt versuchen, in den versteinerten Zügen eines Vietnamesen zu lesen, wenn uns der junge Mann an der Hotelrezeption immer wieder „Yes, Sir" sagt, obwohl er „No" meint, wenn uns lächelnd der Tod eines nahen Verwandten mitgeteilt wird ..., dann haben wir dafür nun eine Erklärung.

„Die Schwierigkeit, die Leute als Individuen zu sehen, wird noch dadurch verstärkt, dass hier offenbar alle im gleichen Stil reden und auch das Gleiche sagen."

(Sontag)

Konfuzianismus heute

Spätestens seit Beginn des 21. Jh. erfährt *Konfuzius* wieder offizielle Anerkennung und Würdigung. Die vietnamesische Führungsriege profitierte selbst in den Jahrzehnten „als *Konfuzius* noch im Schuppen stand" (wie der Intellektuelle *Huu Ngoc* im Jahr 2004 vor den Mikrofonen des Südwestfunks formulierte), sehr wohl von der konfuzianisch geprägten Ethik der Menschen. Ein diszipliniertes Volk, in dem jeder seinen Platz kannte, die Obrigkeit achtete und darauf bedacht war, die Formen zu wahren; ein Volk, in dem kaum eine Kriegswaise, kaum ein Greis ohne Hilfe blieb, weil sich meist wenigstens ein Rest von Familie fand, der sich verantwortlich fühlte ..., das war in 40 Kriegs- und Nachkriegsjahren in einem Land ohne soziales Netz ein wichtiger Faktor zur Wahrung der inneren Stabilität. Inzwischen ist man souverän genug, auch die konfuzianisch begründeten Tugenden wieder bei ihrem Namen zu nennen – und sich ihrer zu bedienen, wenn gegen unerwünschte Nebenwirkungen des Konsumzeitalters argumentiert wird. Offenbar hat man sich ja der Worte des *Konfuzius* erinnert, der vor 2500 Jahren meinte: „Wenn du Fehler machst, schreck nicht davor zurück, sie zu berichtigen." *(Schwarz)*

Synkretistische Glaubensrichtungen

Cao Đài

Entstehung

„Das Ziel der Cao-Đài-Lehre besteht darin, alle Religionen auf der Welt zu studieren und das Beste und Edelste aus ihnen zu verinnerlichen." Die Cao-Đài-Religion (*Cao Đài* = „Großer Palast") entstand in den **1920er Jahren.** Sie wurde von einer Gruppe patriotischer Grundbesitzer, Privatunternehmer und Beamter ins Leben gerufen. Ihr Entstehen ist im Zusammenhang mit den damaligen gesellschaftlichen und politischen Zuständen im Süden Vietnams zu sehen. Die direkte Herrschaft der Franzosen, die Diskriminierungen, der sich nicht nur die armen Volksmassen, sondern fast alle Vietnamesen ausgesetzt sahen und die Krise von Buddhismus und Konfuzianismus trugen dazu bei, dass man neue Ideen begierig aufnahm. Nicht ohne Grund gab es zu Beginn des 20. Jahrhunderts eine Welle von Selbstmorden unter jungen Leuten der gebildeten Kreise. Die geistige und moralische Krise hatte dramatische Ausmaße angenommen.

Lehre und Organisation

Cao Đài war etwas Neues und dabei den Menschen so eingängig „wie dem Pferd ein altbekannter Pfad". Insbesondere die **Verehrung der Ahnen** und die Einbeziehung der drei Lehren *(Tam giáo)* Buddhismus, Daoismus und Konfuzianismus *(Phật, Lão, Nho)* machten es den Menschen leicht, sich mit der neuen Lehre zu identifizieren.

Die Cao-Đài-Glaubensinhalte sind sämtlich aus vorhandenen Religionen und Lehren entlehnt. Sie setzen sich zusammen aus den **drei Lehren**

(Buddhismus, Konfuzianismus, Daoismus) und den **fünf Wegen:** Humanismus (Konfuzianismus), Gott-Glaube (Christentum), Glaube an Schutzgeister und Feen (Daoismus), Glaube an Buddha und Lehre vom *Đại đạo* („Großer Weg"), der Vermischung aller dieser Richtungen. Neben *Buddha, Jesus Christus* und *Konfuzius* werden die verschiedensten Persönlichkeiten verehrt, so *Victor Hugo, Sun Yat Sen, Jeanne d'Arc, Trân Vu* (der daoistische Gott der Finsternis), *Johannes der Täufer, Li Tai Po* und *Winston Churchill.*

Das **Symbol** der *Cao Đài* ist ein riesiges Auge – „das Auge, das alles sieht". Es ist vom „Heiligen Meer", einem Dreieck und neun Strahlen umgeben. Die **Kirchengebäude** sind bunt und prächtig ausgestaltet. Kaum eine Bodenfliese, die nicht gemustert wäre und keine Säule, um die sich nicht ein Drache oder anderes Getier winden würde.

Die *Cao Đài* sind **wie ein kleiner Staat organisiert,** haben eigene Schulen, Kindereinrichtungen und Werkstätten. Das religiöse Leben und der Alltag sind streng geregelt. Wer Mitglied werden will, muss mindestens zwei Bürgen aus den Reihen der *Cao Đài* haben. Innerhalb der *Cao Đài* gibt es verschiedene Sekten, die nach besonderen Regeln leben. Viermal am Tag wird Gottesdienst abgehalten, am 1. und 15. Tag jeden Mondmonats ist ein Festtag. Außerdem gibt es eine Reihe weiterer Feiertage.

Für den **Kult** werden fünf Räucherstäbchen (als Symbol für die fünf Wurzeln der Lehre), Alkohol, Tee und Blumen verwendet. Zur Messe werden Gewänder getragen, die nach dem Muster der vietnamesischen Königskleider geschnitten sind. Einfache Gläubige tragen Weiß, Funktionsträger sind in Gelb, Blau oder Rot gekleidet. Damit werden die drei Lehren (Buddhismus, Daoismus und Konfuzianismus) symbolisiert.

Heiligtum der Cao Đài in Tay Ninh

Hòa Hảo

Geschichte

Hòa Hảo oder auch der Hòa-Hảo-Buddhismus entstand im Jahre 1939 im Dorf *Hòa Hảo, Châu Đốc* (An Giang). Dort wirkte ein gewisser *Huỳnh Phú Sổ*, der viele Menschen in seinen Bann zog. Er wurde zum **Gründer** der Hòa-Hảo-Sekte.

Huỳnh Phú Sổ wurde 1920 im Dorf *Hòa Hảo* als Sohn einer Grundbesitzerfamilie geboren. Er absolvierte die französische Elementarschule mit Leichtigkeit, konnte jedoch aufgrund seiner schwachen Gesundheit keine höhere Schule besuchen. Er litt an Malaria und Spermatorrhö. Die Gründung einer eigenen Familie war ihm deshalb nicht möglich. Seine Eltern versuchten alles, um ihn zu heilen. Nachdem auch die berühmtesten Heilkundigen machtlos waren, schickte man den jungen Mann in die Berge. Dort konnten ihm zwar die Kräutermeister auch nicht helfen, aber er schaute sich einige ihrer Kunstgriffe ab.

Als *Huỳnh Phú Sổ* nach Hause zurückkam, verkündete er, Buddha und der Jadekaiser seien ihm erschienen. Sie hätten ihn ausersehen, den Buddhismus neu zu beleben. Er begann, seine Kenntnisse zur Behandlung von Kranken anzuwenden und gleichzeitig seine Lehre zu verbreiten. Durch seine Heilerfolge wurden die Menschen auch für seine in Verse gefasste Lehre empfänglich. Nicht wenig Zulauf brachte ihm auch die Tatsache, dass er den Kampf gegen äußere Feinde, besonders gegen die Franzosen, guthieß. 1940 gründete *Huỳnh Phú Sổ* offiziell eine **neue Sekte des Buddhismus.**

Ein Jahr später brach der **Volksaufstand im Süden** *(Nam kỳ khởi nghĩa)* aus und wurde von den Franzosen noch im selben Jahr blutig niedergeschlagen. Der ganze Süden war von einem Klima des Schreckens erfüllt. Viele Menschen suchten in der Hòa-Hảo-Sekte Beruhigung und Rettung. Die **Zahl ihrer Anhänger** wuchs daher schnell an. *Huỳnh Phú Sổ* hatte u. a. den Krieg, die Niederlage der Franzosen und die Ankunft der Japaner, für die er gewisse Sympathien hegte, vorausgesagt. Als die Japaner nach Indochina kamen, fürchteten die Franzosen deshalb, er könnte sich auf deren Seite schlagen, und steckten den „verrückten Bonzen" vorsichtshalber in eine Nervenklinik. Die japanische Kempeitei wiederum versuchte, alle antifranzösischen Kräfte zu sammeln. Sie entführte *Huỳnh Phú Sổ* und brachte ihn nach Saigon. Hier bewegte er eine Reihe von Persönlichkeiten verschiedener projapanischer Organisationen und Parteien dazu, der Hoa Hao-Sekte beizutreten. 1945 zog er sich aufs Land zurück, um die Zahl seiner Anhänger im Mekongdelta zu erhöhen. Es gab auch Versuche, sich landesweit zu organisieren und politisch tätig zu werden.

Eine **politische Partei** und **eigene Streitkräfte** wurden aufgebaut. Diese bestanden aus 20.000 Kämpfern. Hinzu kamen 300.000 Mitglieder der Sicherungstruppen (eine Art Miliz).

Nach dem Tode des *Huỳnh Phú So* im Jahre 1947 zersplitterten sich die bewaffneten Kräfte der *Hòa Hảo* schnell. Es entstanden **verschiedene Gruppen,** die jeweils ein bestimmtes Territorium für sich in Anspruch nahmen. Die Gruppen kämpften - teils mit-, teils gegeneinander - für die „Verteidigung des Glaubens", vor allem aber gegen die Streitkräfte der vietnamesischen Volksarmee. Ab 1955 beschränkten sich Revierkämpfe und Rivalitäten nicht mehr nur auf die eigenen Reihen: Getragen von ehrgeizigen politischen Ambitionen und geschürt von der Diem-Regierung, bekämpften sich nun *Hòa Hảo, Cao Đài* und *Bình Xuyên.* Im Verlaufe dieser Auseinandersetzungen zerfielen die Streitkräfte der *Hòa Hảo.* Die Mehrheit ihrer Kämpfer ließ sich in die Armee Südvietnams eingliedern.

Seit 1964 verfolgten die Amerikaner (die zuvor vergeblich um die *Cao Đài* gebuhlt hatten) eine **Restauration** der *Hòa Hảo.* Eine straffe vierstufige Organisation wurde aufgebaut; man erweckte sogar die politische Partei wieder zum Leben. Ein umfassendes Netz von religiösen, kulturellen und sozialen Zentren entstand. Es dauerte jedoch nur wenige Jahre, bis sich die Führungsriege der *Hòa Hảo* wieder entzweite. (Zur aktuellen Situation der *Hòa Hảo* siehe unter Religion und Staat, Verhältnis zu den einzelnen Religionen.)

Lehre und Kult

Die **Glaubensgrundsätze** der *Hòa Hảo* setzen sich aus buddhistischen Regeln und der Lehre von den Tugenden zusammen. Letztere beinhaltet und fordert vor allem Dankbarkeit gegenüber den Eltern. Die **Kindespflicht** ist die erste und höchste Tugend. Die Dankbarkeit gegenüber dem Vaterland ist eng verbunden mit der Kindespflicht. Jeder Mensch muss seiner Heimat verbunden sein, denn diese Erde hat schon seine Vorfahren ernährt. Das schließt die Pflicht zur Verteidigung der Heimat ein. Schließlich schuldet man auch seinen Mitmenschen Dankbarkeit, ungeachtet ihres Standes oder ihrer Hautfarbe. *Huỳnh Phú Sổ* glaubte, durch die Verbindung buddhistischer Grundsätze mit der Lehre von der Tugend sei es viel mehr Menschen möglich, irgendwann dem Kreislauf des Leidens zu entkommen und in das Nirvana einzugehen.

Aufwendiger Lebensstil und ebensolche Rituale zu Ehren der Gottheiten werden abgelehnt. Damit befinden sich die *Hòa Hảo* im direkten Gegensatz zu den *Cao Đài.* Die *Hòa Hảo* bauen weder Pagoden noch verehren sie Statuen oder andere Abbilder von Buddha. Ihr Motto lautet: „Buddha ist im Herzen, dein Herz ist Buddha" *(phật tại tâm, tâm tức phật).*

Buddha, die Ahnen und Helden, die sich Verdienste um das Vaterland erworben haben, werden **in der Familie verehrt.** Gottheiten, deren historische Wurzeln unklar sind, lehnt man ab. Opfergaben sind Weihrauch, Blumen und kaltes Wasser. Nachts brennen Kerzen auf dem Altartisch. Man liest keine buddhistischen Regeln, sondern nur die Orakelsprüche des *Huỳnh Phú Sổ.* Außerdem werden die sechs Silben *Nam mô A di đà phật* („Gepriesen sei Buddha *Amitabha*") rezitiert. Die Männer tragen das Haar zum Gedenken an die Ahnen zum Knoten gebunden. An bestimmten Tagen wird vegetarische Kost gegessen. Zweimal täglich verbeugen sich die Gläubigen vor dem Hausaltar, rufen die Götter an und beten für eine friedliche Welt.

Christentum und Islam

Christentum

Missionierung

Christliche (katholische) Missionare wurden seit Beginn des 17. Jahrhunderts in Vietnam aktiv. Ihr Wirken war nicht unproblematisch, denn mit dem Katholizismus gelangte zum ersten Mal eine Lehre nach Vietnam, die sich nicht so harmonisch wie die bisherigen in das gewohnte Neben- und Miteinander verschiedener Glaubensrichtungen einfügen wollte. Das Christentum vertrat den Anspruch, **der einzig rechte Glaube** zu sein. Weder die ethischen Normen des Konfuzianismus oder die Lehre des Buddhismus noch gar der traditionelle Glaube der Vietnamesen an die verschiedenen Götter und Geister wurden von der Kirche geduldet.

Das Christentum passte nicht so recht in das für Vietnam gewohnte Bild der Toleranz in Glaubensfragen. Die katholische Kirche **kritisierte den Ahnenkult,** verlangte von ihren Anhängern, sie sollten ihre alten Götter vergessen, nur Katholiken heiraten und sich als Sünder fühlen. Das waren für die toleranten Vietnamesen schwer fassliche Forderungen. Warum um alles in der Welt sollten sie sich nicht vor dem Ahnenaltar verbeugen dürfen, wenn doch die Kirche gleichzeitig forderte, Vater und Mutter zu ehren?! Auch würde ein Vietnamese nie einem anderen Menschen vorschreiben, welche Götter oder Geister er um Hilfe anflehen dürfe. Er würde ihn nicht einmal fragen, welchen Göttern er huldigt! Nie würde ein Buddhist einen Menschen, der nicht in die Pagode geht, deshalb als *Ungläubigen* bezeichnen und nie würde eine buddhistische Familie auf den Gedanken kommen, ihre Kinder unbedingt nur mit Buddhisten verheiraten zu wollen ...

019vi Foto: jb

Erschwerend für die Akzeptanz der Missionstätigkeit kam hinzu, dass die christliche Kirche stets danach strebte, in Asien **Einfluss auf die Politik zu nehmen** und möglichst einen christlichen Staat zu errichten. Immer wieder versuchten Missionare, zutiefst überzeugt von der Überlegenheit der christlichen Lehre und der abendländischen Zivilisation, ihre vietnamesischen Schäfchen zum Ungehorsam gegen die jeweilige Obrigkeit anzustacheln. Solche Bestrebungen sahen die Herrscher nicht nur in Vietnam, sondern auch in Japan, China und Korea mit Sorge. Priester und christliche Gläubige hatten deshalb keinen leichten Stand.

Gläubige im Zwiespalt

Wer zum Christentum übertrat, sah sich einer **zweifachen Isolierung** ausgesetzt. Er musste sich von sämtlichen nationalen Traditionen abkehren und sich damit in gewisser Weise von seinem Volk distanzieren. Gleichzeitig wurde er als Christ von seinen Landsleuten mit Misstrauen betrachtet. Diese Isolierung führte dazu, dass sich christliche Glaubensgemeinden noch enger zusammenschlossen und damit emotional noch stärker von den Missionaren abhängig wurden.

Natürlich wurde der Katholizismus immer auch im Zusammenhang mit der kolonialen Unterwerfung durch die Franzosen gesehen und war schon allein deshalb stigmatisiert.

Daneben führten aber vor allem die **Strenge und Intoleranz der christlichen Lehre** dazu, dass sie nie wirklich populär werden konnte. Dabei half nicht einmal die Tatsache, dass Katholiken sowohl von den Franzosen als auch später von den Amerikanern protegiert wurden. (Wer karrierebewusst war, konnte unter den Franzosen ebenso wie unter den Amerikanern durch die Taufe eher ein Studium im Mutterland oder einen Posten in der Verwaltung bekommen.)

Nicht zuletzt traf der Katholizismus in Vietnam keineswegs auf ein „spirituelles Vakuum". Immerhin hatten sich Naturreligionen und Ahnenkult ebenso wie Daoismus, Konfuzianismus und Buddhismus als durchaus geeignet erwiesen, den Menschen **geistige Richtschnur** und seelischen Trost zu bieten.

Attraktivität für die einfachen Menschen strahlte die katholische Kirche allerdings durch ihren Kult und die **Neigung zur Prachtentfaltung** aus. Riesige Kirchen mit prachtvoller Ausstattung –, die viel zu pompös zwischen den Hütten und Reisfeldern emporragten – feierliche Messen, Priester im kostbaren Ornat, weihrauchschwenkende Ministranten, salbungsvolle Predigten und gemessene Bewegungen trafen den Nerv der Menschen. Vietnamesen waren von jeher solche rituellen Feierlichkeiten gewöhnt. Ob Tempelfest oder Buddhas Geburtstag – ein Teil der Festlichkeit war erfüllt von der gleichen Atmosphäre, die sie nun im Kirchenschiff vorfanden.

Die evangelische Kirche

Die Protestanten begannen ihre Missionstätigkeit erst Ende des 19. Jahrhunderts in Vietnam und fanden keine große Verbreitung. Trotzdem wurden sie von der katholischen Kirche stets misstrauisch „im Auge behalten". Man versuchte sogar, ein Verbot zu erwirken, was jedoch misslang. Relativ zahlreiche Anhänger konnten die evangelischen Missionare unter den Angehörigen einiger Bergvölker gewinnen. Im Jahr 2003 ging man von ca. **180.000 Protestanten in Vietnam** aus. Abgesehen davon, dass bei der Aufteilung der Welt unter den Kolonialmächten nun einmal das katholische Frankreich das „Tortenstück" Indochina abbekommen hatte und schon daher der Einfluss der evangelischen Kirche gering bleiben musste, dürfte auch das Fehlen jeglichen äußeren Glanzes dazu beigetragen haben, dass die evangelische Kirche keinen großen Anreiz für die Vietnamesen bot.

Die Kathedrale Notre Dame in Saigon mit „Glückwünschen zum Osterfest"

Islam

Der Islam ist in Vietnam nur **unter Angehörigen der Cham-Bevölkerung** verbreitet. Wahrscheinlich kam er erst nach der Zerschlagung des Champa-Reiches (1471) nach Vietnam. Nach Kambodscha geflohene Cham, die später wieder nach Vietnam zurückkamen, dürften ihn mitgebracht haben.

Heute unterscheidet man zwei Gruppen von Islam-Anhängern: Die *Cham Ba Ni* im südlichen Mittelvietnam *(Ninh Thuan, Binh Thuan)* und die *Cham Islam* im Süden (*Châu Đốc*, Hồ-Chí-Minh-Stadt, *Tay Ninh, Dong Nai*). Während letztere einen Islam praktizieren, der dem indonesischen ähnelt, hat sich bei den *Cham Ba Ni* eine Form des Islam herausgebildet, die wohl kein Muslim in arabischen Raum als den „rechten Glauben" anerkennen würde: Es gibt Priesterinnen (!), *Mohammed* wird auf eine Stufe mit himmlischen Jungfrauen gestellt, Mekka als himmlisches Paradies verstanden, teilweise werden *Mohammed* und Allah als eine Gesamtgottheit aufgefasst, die das Cham-Volk hat entstehen lassen ... Priester und Laien der *Cham Ba Ni* **verstehen weder Arabisch noch kennen sie den Inhalt des Koran.**

Beide Gruppen bewahren neben den von ihnen als muslimisch empfundenen Sitten und Bräuchen, noch Reste aus vorhinduistischer und hinduistischer Zeit. Die Frauen der *Cham Ba Ni* gehen nicht verschleiert und sie dürfen sich selbst einen Ehemann wählen, der nach der Heirat mit in ihrer Familie wohnt und seiner Frau und deren Eltern zu gehorchen hat ...

Religion im Alltag

„In religiösen Fragen hat der Osten niemals jenen kämpferischen Fanatismus gekannt, der seinerzeit im Westen herrschte. Vielmehr galt hier als Grundsatz Duldsamkeit gegenüber jedem anderen Kult."
(Fiedler)

Vietnam war nie ein Land der „reinen Lehre". Immer existierten verschiedene Lehren und Glaubensrichtungen gleichzeitig, entweder nebeneinander oder sich wechselseitig beeinflussend.

Fragt man Vietnamesen nach ihrer Religion, reagieren sie häufig irritiert bzw. geben an, „keine" zu haben. Das liegt nur zu einem Teil daran, dass **Glaubensfragen als Privatsache** empfunden werden und man auf solch eine unschickliche Frage nicht gefasst ist. Das Hauptproblem liegt eher darin, dass sich die Komplexität ihrer Glaubensvorstellungen nicht mit ei-

017vi Foto: jb

nem Wort erfassen lässt. Dabei sind Vietnamesen auf ihre ganz eigene Weise zutiefst gläubige Menschen. Das beweisen der Ahnenkult, dem sich alle Vietnamesen verpflichtet fühlen, die Ehrfurcht und Demut gegenüber dem Schicksal, die unbedingte Achtung vor heiligen Stätten und vor rituellen Handlungen.

Die Religiosität der meisten Vietnamesen spiegelt den für Vietnam charakteristischen Synkretismus, aber auch den sprichwörtlichen **Pragmatismus der Menschen** wider. Man verehrt zu Hause die Ahnen, geht zu Neujahr in die Pagode und nimmt an den Versammlungen der Parteigruppe teil, ohne mit sich oder anderen in seelische Konflikte zu geraten. Wenn die Nachbarin dem Dorfschutzgeist ein Fleischopfer bringt, damit das Schweinchen besser gedeiht, so ist das Sache der Nachbarin. Und wer weiß – die eigenen Hühner legen in letzter Zeit schlecht –, vielleicht hat die Frau gar nicht so unrecht?

So groß die Ehrfurcht der Vietnamesen vor dem Schicksal ist, so pragmatisch ist ihr Verhältnis zu den Göttern. In aller Regel verlässt man sich zuerst einmal auf seiner Hände Arbeit. Erst wenn der erhoffte Erfolg aus-

Die Thien-Hau-Pagode in Chợ Lớn ist der Patronin der Fischer und Seeleute geweiht. Sie ist die älteste Pagode Vietnams im chinesischen Stil.

bleibt, wenn die Familie ständig vom Pech verfolgt wird, wendet man sich schließlich hilfesuchend an höhere Mächte. Erweist sich die eine Gottheit als machtlos, Krankheit, Missernte oder anderes Unglück abzuwenden, so wendet man sich an eine andere. Wer ganz sichergehen will, bittet nacheinander die Ahnen, den Herdgott, Buddha und alle sonstigen erreichbaren Mächte der umliegenden Pagoden, Tempel und Schreine um Hilfe. Es ist auch schon vorgekommen, dass Dorfbewohner kurzerhand ihren Dorfschutzgeist „entthront" und durch einen anderen ersetzt haben, wenn er keinen ausreichenden Beistand gewährte.

Vietnam war zu allen Zeiten von **zahllosen männlichen und weiblichen Göttern,** Geistern und Dämonen bevölkert. Jeder Baum konnte magische Kräfte haben. In jedem Fluss und jedem Felsen lebten unsichtbare Wesen, die das Leben der Menschen beeinflussen konnten. Daoistische Götter, Magie und Volksbuddhismus vermischten sich zum Teil und selbst die konfuzianischen Riten blieben nicht unbeeinflusst vom Götter-, Geister- und Seelenglauben. Jahrtausende hindurch war es selbstverständlich, dass Ahnen-, Helden- und Geisterverehrung, der Glaube an Buddha, daoistische Magie und konfuzianische Familienerziehung gleichermaßen zum Leben der Menschen gehörten. Keine dieser Lehren erhob Anspruch auf Ausschließlichkeit. Erst das Christentum stellte dem friedlichen Neben-, Mit- und Durcheinander der verschiedenen Glaubensrichtungen eine Lehre mit Alleinvertretungsanspruch entgegen.

Religion und Staat

Schwierigkeiten mit den Göttern ...

Der vietnamesische Staat garantiert nicht nur in seiner Verfassung (1992) das **Recht auf Konfessions- und Religionsfreiheit** (Art. 70), sondern steht heute Fragen des Glaubens auch in der Praxis im Allgemeinen sehr tolerant gegenüber.

Das war nicht immer so. Bis in die 1970er Jahre hinein war die Auffassung verbreitet, Religion sei „Opium für das Volk" und einer modernen vietnamesischen Gesellschaft nicht mehr gemäß. Also wurden Pagoden mit Brettern vernagelt oder als Reisspeicher benutzt und viele traditionelle Volksfeste und damit verbundene Bräuche als schädlicher Aberglaube bewertet und kurzerhand aus dem örtlichen Kulturleben „gestrichen". Wen das aus heutiger Sicht empört, der bedenke bitte, dass auch in den europäischen Volksdemokratien in der 2. Hälfte des 20. Jh. das Verhältnis von Staat und Kirche nicht eben entspannt war. In Vietnam herrschte zudem lange Krieg. Argumente, man dürfe den feindlichen Bombern keine Zielscheibe bieten, indem man z.B. Prozessionen oder Bootsrennen veranstaltet, man solle nicht unnötig die knappen Nahrungsmittel verschwenden, indem man sie den Göttern als Opfer darbringt, usw. sind noch nicht einmal von der Hand zu weisen.

Wie wenig die damalige Religionspolitik den Gefühlen der Menschen entsprach, lässt sich ahnen, wenn man hört, wie z.B. in Thai Binh heute – 40 Jahre später – über diejenigen gesprochen wird, die sich damals vor Ort als **politische Eiferer** betätigt hatten und Pagoden regelrecht schleifen ließen: Die Leute erzählen sich, dass Kinder und Enkel eines dieser Funktionäre von rätselhaften Nervenleiden heimgesucht würden, die auch durch eifrige Opfergaben seitens der Betroffenen bisher nicht geheilt werden konnten. Damalige „Mittäter" beeilten sich daraufhin, mit riesigen Spenden für einen Pagoden-Neubau der Rache der Götter an ihren Familien zuvorzukommen, während die Bevölkerung auf das nächste Gerücht über rätselhafte Erkrankungen in gewissen Familien wartet ...

Die einzige religiöse Betätigung, die zu keiner Zeit problematisch war, ist die **Ahnenverehrung.** Sie ist so tief in der vietnamesischen Seele verankert, dass niemand jemals auf den Gedanken gekommen wäre, sie zu bekämpfen. Selbst eingefleischte Kämpfer gegen die Religion haben einen Weg gefunden, den ihnen so heiligen Kult der Ahnen vor sich selbst zu rechtfertigen. Sie gehen davon aus, er sei „nichts Religiöses", da schließlich kein Gott im Zentrum der Lehre stehe. Vietnamesischen Schätzungen zufolge gibt es heute, zu Beginn des 21. Jahrhunderts, in 90% der Familien einen Ahnenaltar (und sei es auch nur in bescheidenster Form). Es ist anzunehmen, dass fast alle Vietnamesen nach wie vor ihre Ahnen verehren. Selbst den Menschen, die rein verstandesmäßig nicht wirklich vom Weiterleben der Vorfahren überzeugt sind, dient der Kult dazu, sich innerlich zu sammeln, Ruhe und Kraft zu finden.

Selbst unter widrigsten Umständen werden die entsprechenden Kulthandlungen praktiziert. So ist überliefert, dass in den Zeiten, da die katholische Kirche die Ahnenverehrung noch streng verbot, fromme Katholiken Räucherstäbchen für ihre Verstorbenen mit auf den Altar der Nachbarn stellten oder anderswo versteckten. Später, während des „Kampfes gegen den Aberglauben", fanden sich anstelle eines Ahnenaltars sogenannte „Rote Ecken", in denen ein Bild von *Hồ-Chí-Minh* (!) stand, mit bunten Lämpchen beleuchtet und duftenden Räucherkerzen davor ... (dagegen konnte schließlich niemand etwas sagen!). Heute hat man keine Umwege mehr nötig. Ganz offen werden in Firmen und Büros kleine Altäre für die Hausgeister geschmückt und wohl in keinem Haushalt fehlt ein Ahnenaltar. (Ich selbst habe verschiedentlich in Häusern von KP-Mitgliedern vor

Ahnenaltären mit den Fotos der Verstorbenen die drei obligatorischen Verbeugungen vollführt und Räucherstäbchen angezündet ...) Selbst vietnamesische Zigarettenverkäufer in Deutschland sichern sich den Schutz der Geister: mit Bündeln von Räucherstäbchen, die man in der Nähe des Verkaufsplatzes in Astgabeln von Bäumen gesteckt findet!

... und wachsende Toleranz

Spätestens seit den 1980er Jahren hat sich die offizielle Einstellung des Staates zur Religion zwar langsam, aber stetig gewandelt.

Pagoden und Tempel sind gut besucht und werden mit großem Aufwand instandgesetzt. Es existiert ein zentrales Register des Ministeriums für Kultur, in dem inzwischen ein Großteil der Pagoden und Tempel sowie zahlreiche Schreine, Grabstätten und *Đình* (Versammlungs- und Kultgebäude in Dörfern) verzeichnet sind. Mit der Aufnahme in dieses Register wird eine solche Stätte als kulturhistorisch wertvoll anerkannt und genießt den offiziellen Schutz des Staates. Dessen Mittel sind begrenzt, daher kann er nur die Restaurierung ausgewählter Projekte, wie z. B. des Literaturtempels in Hanoi, finanzieren. Die Gelder für die Wiederherstellung der meisten Pagoden und Tempel werden von der Bevölkerung aufgebracht. Inzwischen errichtet man sogar vielerorts neue Pagoden, oft mit Spendenmitteln aus den buddhistischen Nachbarländern. Es scheint, als habe der Staat in dieser Beziehung zu genau jener löblichen Tradition der Toleranz zurückgefunden, die die vietnamesische Kultur seit Jahrhunderten auszeichnet und die in anderen Fragen die Politik der DRV bereits seit Jahrzehnten positiv von der anderer Volksdemokratien unterschied.

Zwei Aspekte der gewandelten Haltung des Staates zur Religion sind ganz offensichtlich:

- Man besinnt sich zunehmend auf die traditionellen Werte der vietnamesischen Kultur und sieht die Problematik nicht mehr einseitig aus ideologischer Sicht, sondern vielmehr unter dem Blickwinkel der **nationalen Identität.** Man erinnert sich der eigenen kulturellen Wurzeln, eine Entwicklung, die insbesondere nach dem Zusammenbruch der sozialistischen Staatengemeinschaft und angesichts des massiven Einbruchs westlicher „Konsumkultur" nur verständlich ist.
- Zusätzliche Ermutigung erhalten die Vietnamesen durch das **Echo,** das **aus dem Ausland** kommt. Touristen besuchen in hellen Scharen die alten Heiligtümer und Kulturdenkmäler. Sie sind begeistert, nach den Jahren, da Vietnam immer nur mit dem Begriff Krieg verbunden wurde, nun ein Land voller Kulturschätze kennenzulernen, die ihrer Entdeckung harren.

Verhältnis zu den einzelnen Religionen

Die gewandelte Einstellung des Staates zu Fragen der Religion ist nicht zuletzt auch eine indirekte Anerkennung des Beitrages, den Gläubige der verschiedensten Religionsgemeinschaften während der Kriegsjahre leisteten, um die Heimat zu verteidigen. **Buddhistische Mönche und Nonnen** waren angesichts des Grauens, das südvietnamesische Truppen und US-Bomben anrichteten, vom Standpunkt der Kontemplation abgewichen. Sie, die als die „friedlichsten Menschen der Welt" galten, konnten und wollten sich nicht mehr aus den politischen Geschehnissen im Lande heraushalten. Sie mussten nicht nur mit ansehen, wie die Zivilbevölkerung ohne Ansehen der Religionszugehörigkeit litt, sondern wurden auch Zeugen sinnloser Zerstörung von Pagoden und anderer heiliger Stätten.

„Ein Mönch führt uns durch die Pagode, die von Geschossen getroffen wurde. Die Decke ist zum Teil eingestürzt, die Buddhastatuen sind zerbrochen. Man versucht, sie wieder zusammenzufügen, aber was soll man mit der Hälfte eines Buddhakopfes machen, wenn die andere Hälfte in tausend Stücke zertrümmert ist?"
(Lidman)

Die südvietnamesische Regierung war buddhismusfeindlich. Immer wieder wurden Pagoden und Klöster überfallen, Mönche verhaftet, eingekerkert und zu Tode gequält.

„Unter den Augen von Tausenden bestürzter Gefangener öffnen die mit Prügeln und Eisenstangen ausgerüsteten Rohlinge gewaltsam die Zellentüren ... stürzen sich auf die Priester und schlagen sie brutal zusammen. Acht Bonzen werden schwer verletzt auf Tragbahren ... abtransportiert ... Ein Priester hat eine Schädelverletzung davongetragen, einem anderen sind beide Arme gebrochen. Zwei Tage lang warten sie auf eine Ambulanz, die sie abholen soll ..."
(Debris/Menras)

Der Protest gegen solche Verfolgungen äußerte sich in Einzelaktionen wie der Selbstverbrennung von Mönchen, aber auch in einer starken buddhistischen Widerstandsbewegung. Sie war, ganz unabhängig von den Kommunisten, eine wichtige Kraft im Kampf gegen das proamerikanische Regime im Süden.

Mit dem **Christentum,** speziell der katholischen Kirche, hat die Regierung zugegebenermaßen bis heute noch ihre Probleme. Die katholische

Bevölkerung hatte in den Kriegsjahren ganz unterschiedliche Haltungen eingenommen. Sehr viele Katholiken und auch ein Teil der wenigen Priester, die im Norden geblieben waren, beteiligten sich mit großer Selbstverständlichkeit an der Verteidigung des Landes, besonders nachdem die Bombardements auch die katholischen Gemeinden nicht verschonten. Auch im Süden waren keineswegs alle Gläubigen so regimetreu und proamerikanisch, wie *Diem* und *Thieu* sich das gewünscht hätten. Auch dort gab es Katholiken, die sich als Patrioten der Vereinnahmung widersetzten, sich neutral verhielten oder die NBF unterstützten.

Trotzdem sind es bis heute neben der historisch bedingten Stigmatisierung nach wie vor die Institution Kirche und die **Instrumentalisierung des Glaubens** zur Durchsetzung von Machtansprüchen, die man in Hanoi mit Misstrauen betrachtet. Auch wenn der einzelne vietnamesische Katholik nichts dafür kann, ist es ein Fakt, dass Katholiken von Franzosen bzw. Amerikanern ganz bewusst im Kampf gegen die Volksmacht benutzt wurden. Katholische Priester scheuten sich nie, in politische Geschehnisse einzugreifen. So wurde 1954 die Parole „Die Gottesmutter ist in den Süden gezogen" ausgegeben. Zur Bekräftigung dieser Aussage verließen fast sämtliche katholischen Priester den Norden. Etwa 800.000 Katholiken aus der DRV wurden dazu bewogen, in den Süden auszuwandern. Dort herrschte der katholische *Ngo Dinh Diem* mit seinem Clan, der Buddhisten misstraute und ebenso wie die Amerikaner fest auf die Unterstützung seiner Brüder in Christo baute. Katholiken hatten auch während der Thieu-Regierung in der Republik Südvietnam die besten Chancen auf beruflichen Aufstieg und begehrte Regierungsposten. Im Laufe der Jahre kam es zwangsläufig zur **Verquickung von Glaubensfragen und politischen Interessen.** Von mancher Kanzel herab predigte man Antikommunismus, amerikanische Kriegsausrüstungen wurden gesegnet und von Christen verübte Bluttaten als „gottgefällig" gerechtfertigt. Kein Wunder, dass der vietnamesische Staat der Institution Kirche bis heute noch nicht die gleiche Nonchalance entgegenzubringen vermag wie anderen Glaubensgemeinschaften und daher eine gewisse Kontrolle ausübt.

Spätestens seit Mitte der 1990er Jahre führte besonders ihr Engagement auf sozialem Gebiet zu **wachsender Akzeptanz der Kirche.** Nicht nur die Bevölkerung, sondern auch die staatlichen Behörden erkennen die Arbeit sehr wohl an, die in katholischen Waisenhäusern, Einrichtungen für Behinderte und Aidskranke usw. geleistet wird. Während im Ausland seit Jahr und Tag kritisiert wird, in Vietnam bestehe keine Religionsfreiheit, scheinen die ca. 6,5 Mio. Christen weniger Furcht vor Repressionen zu haben, als man denken sollte: Zu Heiligabend, am Palmsonntag und anderen hohen Feiertagen können die Kirchen die Menschenmengen kaum fassen.

Nicht nur Gläubige, sondern auch viele Nicht-Christen nehmen an der Messe teil und niemand lässt sich von dem Gedanken schrecken, dass die Polizei vielleicht alle notieren könnte, die in der Kirche waren ...

Auch die *Hòa Hảo* waren von der Volksmacht in den vergangenen Jahrzehnten mit einem gewissen Misstrauen betrachtet worden. Das ist vor allem dem fatalen Hang der Hòa-Hảo-Führung zur Militanz geschuldet. Die wechselnden politischen Engagements dieser Sekte, die noch nach 1975 militärische Präsenz zeigte, taten ein Übriges dafür, dass manche ihr den religiösen Charakter nie so recht abnehmen wollten. In den letzten 25 Jahren ist es ruhig um die *Hòa Hảo* geworden. Die meisten ihrer Anhänger (1975 waren es ca. 2 Mio., aktuellere Zahlen sind nicht bekannt) leben zurückgezogen in Dörfern der Provinz *An Giang*.

Offiziellen vietnamesischen Angaben zufolge sind heute ca. 70% der Bevölkerung Buddhisten, 8% Katholiken und 1,2% Protestanten.

Tabus, Wahrsagerei und Magie

Tabus, Wahrsagerei und Magie spielen bis heute eine gewisse Rolle im Leben vieler Vietnamesen. Nicht immer ist dabei eindeutig festzustellen, auf welche Ursprünge bestimmte Vorstellungen zurückgehen, ob es sich um daoistische, animistische oder andere Kulte handelt, ob Bruchstücke chinesischer Philosophie oder die Erfahrungen und Instinkte der bäuerlichen Bevölkerung dafür verantwortlich sind. Der eine glaubt an Horoskope, der andere ist geneigt, magischen Vorkehrungen eine gewisse Bedeutung beizumessen. **Beliebte „Zauber"** sind z.B. Zettelchen mit – oft völlig entstellten – chinesischen Zeichen. Sie dienen zum Vertreiben von bösen, krankmachenden Geistern. Das Zettelchen wird verbrannt, die Asche mit Wasser verdünnt und getrunken. Wer nicht gesund wird ... der hat mit dem Honorar immerhin zum Unterhalt des „Meisters" beigetragen.

Der **Staat** steht diesen Dingen heute weitgehend gleichmütig gegenüber. Nur noch selten wird von offizieller Seite gegen Erscheinungen des Aberglaubens *(mê tín)* gewettert. In der Praxis sind die Grenzen zwischen Glaube und Aberglaube, volkstümlichen Heilmethoden und Kurpfuscherei nicht immer leicht zu erkennen und die Behörden haben ganz andere Sorgen. Für puren Hokuspokus allein wird deshalb noch niemand bestraft. Erst wenn Vergehen im Sinne des Strafgesetzbuches (Betrug, Schädigung fremden Eigentums, Verleumdung oder Körperverletzung) vorliegen bzw. wenn sich Geschädigte an die Behörden wenden, wird eingegriffen. Dann ist man auch mit Haftstrafen nicht kleinlich, vor allem bei Körperverletzung und schwerem Betrug.

Wahrsagerei

Der Glaube an magische Fähigkeiten des einen oder anderen „Meisters" ist nicht immer so harmlos wie „dreimal auf Holz klopfen". Immer wieder gibt es **tragische Vorkommnisse,** die sogar Menschenleben kosten. So hetzte ein verschmähter Liebhaber seinen Vater, einen Wahrsager, auf, für die geplante Heirat zwischen der Angebeteten und dem erfolgreichen Nebenbuhler eine schaurige Weissagung zu treffen: Sollten die beiden jungen Leute heiraten, so werde unweigerlich ein Familienmitglied sterben! Unglücklicherweise starb kurze Zeit nach der Hochzeit tatsächlich der Vater des Bräutigams. Daraufhin machte die Dorfgemeinschaft in törichtem Glauben an den Wahrsager den beiden jungen Leuten das Leben zur Hölle. Die junge Frau war schließlich den Schikanen nicht mehr gewachsen und brachte sich mit Rattengift um (1993, Provinz *Trà Vinh*).

Nun mag man meinen, das sei lange vorbei, doch auch im 21. Jahrhundert ist die Bereitschaft, an böse Omen, Geister oder andere mit der Wissenschaft nicht zu erklärende Phänomene zu glauben, unter der Bevölkerung noch groß. 2005 gab es in der Provinz *An Giang* wieder ein typisches Beispiel: Eine Bäuerin wurde tot im Schweinestall aufgefunden. Die Obduktion ergab eindeutig, dass ein Stromschlag (durch eine unsachgemäß verlegte Leitung) den Tod herbeigeführt hatte. Da die Frau erst Stunden nach dem Unfall entdeckt worden war, wies sie bereits Fraßspuren der Schweine auf. Ungeachtet der kriminaltechnischen und forensischen Untersuchungsergebnisse kam das Gerücht auf, die Bäuerin sei „vom Himmel durch einen Blitz getroffen" und die Schweine seien „Menschenfresser" geworden. Das Gerücht breitete sich wie ein Lauffeuer aus. Aus Angst, von ihren eigenen Schweinen gefressen zu werden, schlachteten nun viele Bauern der Umgebung ihre Tiere und verkauften sie zu Schleuderpreisen. Die Fleischpreise sanken ins Bodenlose und zahlreiche Fleischhändler wurden an den Rand des Ruins getrieben.

Zauberheilungen

Gegen Dummheit ist kein Kraut gewachsen; Eifersucht und blinde Liebe wird es wohl immer geben. Schlimmer aber ist, dass heute wieder mehr Menschen aus finanziellen Gründen zum nächsten „Meister" anstatt in die Klinik gehen. Seit die medizinische Versorgung nicht mehr unentgeltlich ist, haben **unseriöse Billigheiler** Hochkonjunktur.

Im günstigsten Falle wird am Wegrand abgesicheltes Gras als Medizin verkauft, wird die Krankheit mithilfe von drei Hundehaaren „aus dem Körper gezogen". Auch die Schmerzbekämpfung mit Hühnereiern, Weih-

Buddha und die Prüfungsnoten

Seit den 1990er Jahren ist unter städtischen Oberschülern und Studenten die „Bet- und Wallfahrt-Manie" ausgebrochen. Zur Prüfungszeit ziehen ganze Schulklassen in die Pagoden und bitten Buddha um Beistand. Besorgte Mütter klappern tagelang die „heiligsten" Pagoden ab, damit das Kind nur ja das Abitur schafft. Als eine Hanoier Seminargruppe ihren Dozenten bat, eine Stunde ausfallen zu lassen, damit man in die Pagode gehen könne, muss dieser so entsetzt gewesen sein, dass die Geschichte Wellen schlug und schließlich in der Presse diskutiert wurde. Es stellte sich heraus, dass der Vorfall keine Einzelerscheinung war. Eigentlich kein Wunder, denn für die allermeisten Schüler und Studenten hängt von guten Prüfungsergebnissen sehr viel ab. Der psychische Druck, der auf den jungen Leuten lastet, wird von Jahr zu Jahr stärker. Was liegt also näher, als sich an die Mächte zu halten, zu denen schon die Großeltern Vertrauen hatten? Während gerade in der Generation der Großväter mancher alte Kämpfer empört in seinen weißen Bart brummt, das sei alles Aberglaube, sieht es der Kommunistische Jugendverband gelassen: Wer wolle, der solle ruhig in die Pagode gehen - es könne allerdings nicht schaden, außerdem für die Prüfung zu lernen!

rauch und Beschwörungsformeln mag noch als harmloser Unfug gelten. Wenn aber Epilepsie nach der Teufelsaustreibungsmethode behandelt wird, indem man dem Kranken Verbrennungen zufügt und der so Gefolterte qualvoll stirbt, dann kann weder von Religionsausübung noch von nationalem Kulturerbe die Rede sein. Solche Tragödien sind nicht vietnamesischen Traditionen, sondern der Armut, Unwissenheit und mangelnder medizinischer Versorgung der Landbevölkerung zuzuschreiben.

Erst 2006 wurden wieder Fälle bekannt, in denen selbsternannte „Heiler" vorgaben, Krebserkrankungen durch pures Handauflegen heilen zu können. Diese „Heiler" *halten* natürlich erst einmal die Hand *auf*, bevor sie sie auflegen. Wie Polizeireporter berichteten, hätten die Beträge, die die Familien an solche Scharlatane zahlten, gut und gerne auch für eine Chemotherapie gereicht ...

Tabus

Ge- und Verbote im Zusammenhang mit übermenschlichen Kräften sind in der vietnamesischen Tradition sehr **zahlreich.** Viele dieser Vorschriften

Beispiele für Ge- und Verbote

- *Beim Hausbau vermeide man eine gerade Anzahl von Zimmern, sonst ist darin kein gutes Wohnen möglich.*
- *Baumstämme sollen beim Hausbau nie entgegen ihrer Wuchsrichtung, also mit der Spitze nach unten, in die Erde gerammt werden.*
- *Die Tür zur Gasse hinaus liege niemals direkt gegenüber einer anderen Haustür.*
- *Wenn man auf die Straße hinaustritt und als erstes eine junge Frau sieht, kann das geplante Vorhaben misslingen. (Hier lässt die konfuzianistische Frauenverachtung grüßen ...)*
- *Beim Alkoholtrinken darf man nie die Schale umdrehen oder die Flasche zum Leeren „auf den Kopf stellen", da man sonst betrunken wird.*
- *Bevor beim Kartenspiel nicht alle Mitspieler da sind, dürfen die Karten nicht ausgeteilt werden, da sonst das Spiel nicht gelingt.*
- *Kleine Kinder sollen nicht gelobt werden, sie seien schön oder gut entwickelt, denn ein böser Geist, der das hört, könnte dem Kind schaden.*
- *Am Monatsanfang soll man kein Hundefleisch essen, denn das bringt Unglück. (Hintergrund: Am 1. und 15. Tag des Mondmonats ging man in die Pagode und an diesen Tagen galt prinzipielles Fleischverbot.) Hat man jedoch am Monatsanfang besonderes Pech gehabt, treibt man gern „den Teufel mit dem Beelzebub" aus, indem man nun gerade Hund essen geht!*

stehen im Zusammenhang mit daoistischen Vorstellungen (Unglückstage, Bedeutung von Zahlen, Geomantik). Bei anderen sind Einflüsse des Konfuzianismus (Frau = böses Omen in bestimmten Situationen: Frauen durften z. B. früher keinen Pflug berühren) zu erkennen. Manche scheinen jeder Grundlage zu entbehren und klingen einfach nur unsinnig: So soll ein Schüler beispielsweise vor dem Unterricht kein Hühnerbein essen, sonst schreibt er krakelige Zeichen. Bei anderen ist der Sinn nur verdunkelt und weckt die Neugier. So äße man angeblich deshalb keinen schwarzen Hund, weil dessen Fleisch schlecht schmecke. Ich habe diese Erklärung akzeptiert – bis ich erfuhr, dass in manchen Tempeln die dortige Gottheit unbedingt einen schwarzen Hund als Opfergabe verlangt! (Das Tabu könnte sich also darauf beziehen, dass ein Mensch nicht die für die Götter reservierte Gabe essen darf.) Man kann davon ausgehen, dass hier noch viele Fragen offen sind und der Aufklärung harren.

Die meisten Vietnamesen stehen zu diesen Dingen nicht anders als wir in unseren aufgeklärten Industriegesellschaften. Man lächelt, sagt „Alles Quatsch – wissenschaftlich nicht bewiesen!" und klopft – ganz zufällig – dreimal auf Holz!

Vietnam ist für den Fremden auch in dieser Hinsicht nicht kompliziert, er muss nicht fürchten, auf Schritt und Tritt böse **Omen** für die Gastgeber zu provozieren. Trotzdem halte ich es unbedingt für richtig, Tabus bzw. Regeln zu beachten, soweit man sie denn kennt. Tritt man doch einmal in den Fettnapf, kann man darauf hoffen, dass die Vietnamesen als echte Pragmatiker eher sagen „Der ist Ausländer, was der macht, zählt nicht", als dass sie uns unseren Fehler nachtragen.

Wenn es ihnen wirklich sehr wichtig ist, dass ein Brauch eingehalten wird, wissen sie sich aber auch zu behaupten, wie das folgende Beispiel belegt: Eine Gruppe junger Ausländer feiert das Tet-Fest in Hanoi. In der Neujahrsnacht bummelt man durch die Straßen, um den Kleinen See herum, geht in die Pagode, um sich Glücksbringer schenken zu lassen und kehrt schließlich nach Mitternacht zum Gästehaus zurück. Das ist zwar hell erleuchtet und der Mann von der Rezeption schaut auch freundlich durchs geschlossene Scherengitter, öffnen will er aber nicht. Nein, die Gäste könnten jetzt nicht hinein, man warte auf die Chefin. Das sei so Brauch. In Ordnung, gehen wir noch eine Runde, meint die Gruppe. Bis auf einen jungen Mann, der jetzt sofort in sein Bett will. Für die vier Dollar, die er pro Nacht bezahlt, habe er das Recht, auf der Stelle hinein zu dürfen, erklärt er, dabei zunehmend aus der Rolle fallend. Der Nachtpförtner bietet dem Gast als „Entschädigung" für das Warten eine Flasche Bier an und erklärt immer wieder, das ganze Jahr werde schlecht verlaufen, wenn er nicht auf die Chefin warte. Sie müsse die Erste sein, die das Haus im neuen Jahr betreten dürfe ... Der Gast schimpft weiter, der Vietnamese hält lächelnd die Flasche durch das Gitter, bis der Rest der Gruppe den „Rechthaber" endlich zu einer weiteren Runde durch die Stadt bewegen kann. Eine Stunde später dürfen alle ins Haus ... und der Rezeptionist wünscht seinen Gästen mit dem breitesten Lächeln der Welt ein glückliches neues Jahr!

Sprachtabus

Eine große Zahl von Vorschriften steht deutlich in Verbindung mit der **Furcht vor bösen Geistern.** Schon durch eine vorsichtige Wortwahl soll vermieden werden, deren Aufmerksamkeit zu wecken:

- Früher wie heute spricht man nicht gern über betrübliche, schmerzliche Ereignisse.

- Bis vor wenigen Jahrzehnten unterließ man es, im Gespräch die Namen der Eltern, Groß- und Urgroßeltern zu nennen. Auch heute noch spricht man aus Gründen des Respekts kaum einmal die Namen älterer Verwandter aus. Lieber nennt man diese, entsprechend ihrem Verwandtschaftsgrad und Platz in der Reihe ihrer Geschwister, „Großvater Zwei" *(ông Hai)* oder „Onkel Drei" *(chú Ba)* usw.
- Kindern wurden früher oft hässliche Rufnamen gegeben, um übelwollende Geister abzuschrecken. Heute sind die in den Geburtsurkunden eingetragenen Namen keineswegs hässlich, sondern häufig sehr poetisch. Trotzdem werden Kinder in der Familie eher mit Necknamen oder auch mit der Zahl, die sie in der Reihe der Geschwister einnehmen, gerufen.
- Es ist absolut unüblich, Kindern den gleichen Namen zu geben, den ein älteres Mitglied der Familie oder der Verwandtschaft innehat.
- Besonders gefährliche Tiere wurden ehrfürchtig mit „Herr" *(ông)* angesprochen und erhielten eine euphemistische Bezeichnung: „Herr Dreißig" *(ông ba mươi)* meint den Tiger und „Herr Kräftig" *(ông vàm)* ist der Elefant.
- Die einzelnen Berufsstände haben ebenfalls ihre eigenen Tabus. Eine ganze Tabusprache haben z. B. die mittelvietnamesischen Fischer entwickelt: Ob etwas ins Meer fällt oder das Netz sich irgendwo verfängt, man darf auf keinen Fall das Wort verloren *(mất)* aussprechen. Namen von Fischen, die ungewollt ins Netz gehen, und der Maus, die oft die Netze zerknabbert, werden nie direkt ausgesprochen. Gibt das Meer nichts von seinem Reichtum her, so darf man auf keinen Fall sagen: „Im Meer sind keine Fische". War der Fang gut, wird auch das nicht direkt geäußert.

Unglückstage

Eine große Rolle spielten früher Unglückstage, **an denen besser gar nichts getan wurde,** weil alles schiefgehen konnte. So waren in jedem Monat der 5., der 14. und der 23. Tag denkbar ungeeignet, jedwelches Vorhaben glücklich auszuführen. Ganz bestimmt daneben ging auch eine Arbeit, die an folgenden Tagen unternommen wurde (einige Beispiele):

13.01.	07.04.	08.07.	25.09.
12.02.	05.05.	29.07.	23.10.
09.03.	03.06.	27.08.	21.11.

Für den Bau eines Hauses und für Hochzeiten und Begräbnisse suchte man nach Tagen, die bestimmte glückverheißende Kriterien erfüllten (Tierkreis in Kombination mit den Erdzweigen und Himmelsstämmen). Wer ganz vorsichtig war, der ließ sich sein ganz persönliches Horoskop stellen, um den glücklichsten Termin für sein Vorhaben herauszufinden.

„Es war einmal ein sehr abergläubischer Mann. Er tat keine Arbeit, ohne vorher zu prüfen, ob es ein Glücks- oder ein Unglückstag sei. Eines Tages stürzte seine Hütte über ihm zusammen. Die Nachbarn liefen herbei und wollten ihm helfen, sein Haus wieder aufzurichten. Er aber steckte den Kopf durch die Trümmer und rief warnend: „Wartet, wartet! Seht bitte erst nach, ob heute ein guter Tag ist. Wenn nicht, warten wir lieber noch ab!"
(Schwank)

Horoskope

Bis heute sind in den Städten alte Frauen zu sehen, die Horoskopbücher verkaufen oder selbst Horoskope stellen. Ihr Risiko ist dabei gering. Um eine genaue Voraussage machen zu können, wird nicht nur das genaue Geburtsdatum, sondern auch die Stunde der Geburt gebraucht. Da kaum ein Vietnamese dazu konkrete Angaben machen kann, wird geschätzt. Die sich daraus ergebenden **Abweichungen** müssen notfalls als Begründung für falsche Prognosen herhalten.Vor allem gebildete Vietnamesen haben oft eine große Affinität zu Horoskopen, während man sich in weniger gebildeten Kreisen eher vom Wahrsager *(thầy bói)* aus Stäbchen, Karten oder Hühnerfüßen die Zukunft lesen lässt.

Auch im 21. Jahrhundert schaut man vorsichtshalber in das Horoskop, um den günstigsten Tag für die Hochzeit oder die Geschäftseröffnung auszuwählen.

Kleine Farbenlehre

Auch Farben werden mit bestimmten Ereignissen und Gelegenheiten in Verbindung gebracht.

- **Weiß:** Gilt als Farbe der Trauer. Bei Kleidern, Oberhemden und Blusen ist sie natürlich auch unabhängig von Trauer erlaubt. Weiße Blumen schicken Vietnamesen sich selten oder nie. Einem sehr jungen Mädchen kann man zum Geburtstag schon mal eine einzelne weiße Rose schenken – sie symbolisiert in diesem Fall Reinheit. Vorsicht jedoch mit Tuberosen *(hoa huệ):* Die weißen Blüten werden nur zu religiösen Zwecken verwandt, das heißt als Opfergabe in Pagoden und Tempeln. Geschenke für Vietnamesen bitte nicht in weißes Papier einwickeln oder mit weißen Schleifen verzieren!

021vi Foto: jb

- **Schwarz:** Symbol für Unglück, Trauer, Begräbnisse. Diese Farbe verbietet sich am Neujahrstag ebenso wie grau, graublau, braun und andere „traurige“ Farbtöne. Während den Herren ein dunkler Anzug erlaubt ist, sollte man als Frau zum Tetfest auch das eleganteste Kleid lieber im Schrank lassen, wenn es zu dunkel ist. Schwarz ist die typische Farbe der traditionellen Kleidung der Bauern des Südens. Diese schwarze Tracht wurde von den Amerikanern häufig als „Viet-Cong-Kleidung“ bezeichnet, was als Hinweis dafür gelten darf, dass viele Bauern allein ihrer Kleidung wegen der Zugehörigkeit zur Befreiungsfront verdächtigt wurden.
- **Rot und gelb oder gold:** Sie symbolisieren Glück, Wohlstand und Gedeihen. Gelb war früher die allein dem König vorbehaltene Kleiderfarbe. Rote Blumen sind stets willkommen, nicht nur zum Tetfest, sondern zu jeder Gelegenheit. Gelb ist die passende Blumenfarbe zum Neujahr und zu Hochzeiten. Zu Geburtstagen sollte sie besser gemieden werden. Rotes und rot-buntes Geschenkpapier ist immer geeignet. Orange als leuchtende Frühlingsfarbe ist ebenfalls ein Glück bringendes Symbol.

Palast in Hue: Rot ist die Farbe für Glück und Gedeihen ...
und die Farbe der Herrscher

Die Früchte, die der Farbe ihren Namen gaben, sind übrigens ein gutes „Allzweck-Geschenk" für alle Ge- und Verlegenheiten.

- **Rosa:** Ist ebenfalls als Frühlingsfarbe ein willkommenes Symbol für das neue Jahr, gleichzeitig aber auch die Farbe der Verliebten.
- **Pastelltöne** (hellblau, zartgrün, zitronengelb usw.) sind beliebte Farben für die festlichen Kleider *(áo dài)* der vietnamesischen Frauen. Sie werden besonders von Mädchen und jüngeren Frauen getragen. Ältere Damen schätzen eher Violett- und Brauntöne, sehr dunkles Grün oder Nachtblau.
- **Braun:** Traditionelle Farbe der bäuerlichen Kleidung im Norden.

022vi Foto: mh

BEVÖLKERUNG, MENTALITÄT UND GESCHICHTE

Bevölkerung

Zusammensetzung

In Vietnam (329.566 km²) leben gut 86 Mio. Menschen (Stand 2008), davon rund 61 Mio. auf dem Lande und knapp 23 Mio. in den Städten. Mit 253 Einwohnern/km² (doppelt so viel wie z. B. in Thailand oder Indonesien) gehört Vietnam zu den Ländern mit **hoher Bevölkerungsdichte** in Südostasien. Die meisten Menschen konzentrieren sich in den Tiefebenen des Roten Flusses und des Mekong sowie entlang der Küste des Südchinesischen Meeres.

Vietnam ist ein **Vielvölkerstaat** mit den ethnischen Vietnamesen (Viêt, Kinh) als Majorität (ca. 87 %) und 53 kleinen Völkerschaften bzw. ethni-

Fleiß ist keine Frage des Alters: Durch den Verkauf von Räucherstäbchen tragen diese Mädchen zum Familieneinkommen bei

schen Gruppen. Die Angaben variieren, da in einigen Zählungen die Viêt mitgezählt werden, in anderen nicht. Zudem ist die Klassifizierung der einzelnen Gruppen zu einer bestimmten Ethnie schwierig und unterliegt immer wieder Korrekturen. Die zahlenmäßig größten Gruppen sind mit ca. 700.000 bis 1 Mio. Menschen die Hoa (Chinesen), Tay, Thai, Khmer und Muong. Die meisten **nationalen Minderheiten** *(dân tộc ít người)* leben vor allem in den Bergregionen des Landes. Sie unterscheiden sich hinsichtlich Herkunft, Sprache, Kultur und Lebensweise zum Teil sehr stark von den Vietnamesen. Der vietnamesische Staat bemüht sich um die Förderung der Bergvölker, lässt ihre Kultur und Sprachen erforschen und billigt ihnen verschiedene Sonderrechte zu (z.B. keine Politik der Geburtenbeschränkung wie bei den Kinh, ganz behutsames Abgehen vom Brandrodungsbau und spezielle Förderprogramme für Jugendliche, um ihnen einen Hochschulzugang zu ermöglichen).

Der Großteil der **ethnischen Vietnamesen** hat keine besondere Beziehung zur Minderheitenproblematik. Man weiß zwar, dass die Leute in den Bergen arm sind, und wenn in der Presse von den konkreten Schwierigkeiten eines Bergdorfes berichtet wird, bleiben spontane Hilfsangebote und Geldspenden auch nie aus. Zur Lebensweise der kleinen Ethnien sind viele **Kinh** jedoch der Ansicht, die Bergvölker täten besser daran, sich an der vietnamesischen Kultur zu orientieren, um dem Elend zu entrinnen. Es gibt allerdings auch Beispiele dafür, dass einzelne Lehrer, Krankenschwestern oder Ärzte aufopferungsvoll um die Bewohner abgelegener Bergdörfer bemüht sind. Ethnologen, Kulturwissenschaftler und Linguisten beschäftigen sich mit den Minderheiten, publizieren ihre Forschungsergebnisse und lenken damit auch die Aufmerksamkeit der örtlichen Behörden auf brennende Probleme der einzelnen Ethnien.

Seit der Jahrtausendwende verstärkt der Staat seine Förderungspolitik gegenüber den Minderheiten. Investitionen in Schulbildung, Gesundheitswesen und Infrastruktur (Straßenbau, Elektrifizierung) haben das Leben in vielen Dörfern und Gemeinden in den Bergen schon deutlich verbessert.

Trotzdem liegen allgemeines Lebensniveau, Bildungsstand und Gesundheitszustand der Angehörigen der meisten Minderheiten deutlich unter dem der Vietnamesen. Ursachen sind vor allem **Armut** und Rückständigkeit, aber auch Schwierigkeiten im Zugang zu den verstreut und abgelegen siedelnden Bergvölkern. Die Fülle der Probleme, die vor der vietnamesischen Gesellschaft insgesamt stehen, und die sehr begrenzten finanziellen Mittel des Staates sorgen dafür, dass die Schwierigkeiten der kleinen Völkerschaften nicht im Mittelpunkt des allgemeinen gesellschaftlichen Interesses stehen.

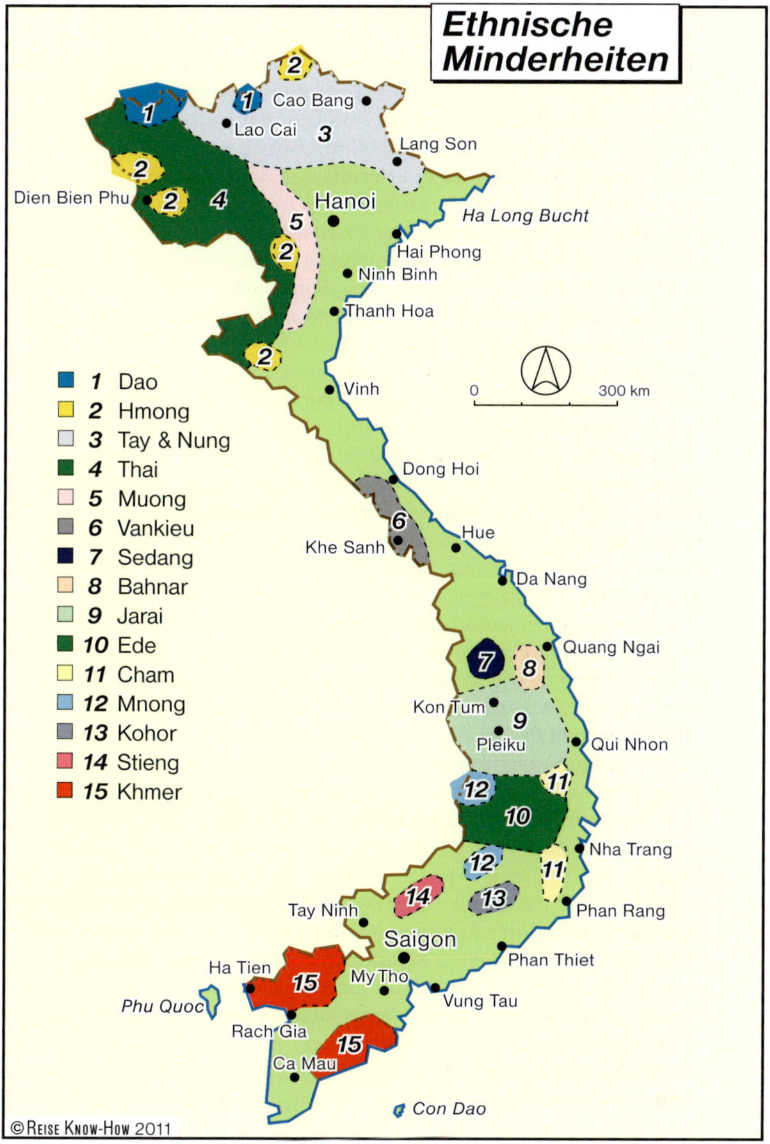

Ethnische Minderheiten
1 Dao
2 Hmong
3 Tay & Nung
4 Thai
5 Muong
6 Vankieu
7 Sedang
8 Bahnar
9 Jarai
10 Ede
11 Cham
12 Mnong
13 Kohor
14 Stieng
15 Khmer
Cao Bang
Lao Cai
Lang Son
Dien Bien Phu
Hanoi
Ha Long Bucht
Hai Phong
Ninh Binh
Thanh Hoa
Vinh
0
300 km
Dong Hoi
Hue
Khe Sanh
Da Nang
Quang Ngai
Kon Tum
Pleiku
Qui Nhon
Nha Trang
Phan Rang
Tay Ninh
Saigon
Phan Thiet
Ha Tien
My Tho
Vung Tau
Phu Quoc
Rach Gia
Ca Mau
Con Dao
©Reise Know-How 2011

Sprache

Vietnamesisch ist die Muttersprache von etwa 75 Millionen Vietnamesen im In- und Ausland. Seit 1945 offizielle **Amtssprache** des Landes, dient Vietnamesisch auch als Verkehrssprache für die nationalen Minderheiten, von denen jede ihre eigene Sprache hat.

Die **verwandtschaftliche Zuordnung** der vietnamesischen Sprache ist nicht abschließend geklärt. Zu Beginn des 20. Jahrhunderts wurde sie noch den Mon-Khmer-Sprachen zugeschlagen, später als eine Mischform aus Thai- und Mon-Khmer-Elementen angesehen. Eine Zeit lang ordnete man Vietnamesisch auch unter die Thai-Sprachen ein. Heute geht man davon aus, dass es mit der Sprache der Muong-Nationalität eine eigene Gruppe bildet, die der Viet-Muong-Sprachen.

Das Vietnamesische gehört zu den Sprachen des **isolierenden Typs.** Das bedeutet, die Wörter sind in ihrer Form unveränderlich, werden also nicht dekliniert oder konjugiert.

Der **Satzbau** folgt der S(ubjekt)-P(rädikat)-O(bjekt)-Regel. Die vietnamesischen Wörter lassen sich grob in Vollwörter (Wörter mit lexikalischer Bedeutung) und Leerwörter (grammatische Funktions- oder auch Hilfswörter) einteilen. Neben der relativ starren Wortfolge im Satz dienen vor allem die Funktionswörter dazu, grammatische Beziehungen zwischen den Wörtern zu markieren.

Vietnamesisch ist eine **Tonsprache.** Je nach dem Ton, den eine Silbe trägt, erhält sie eine andere Bedeutung. Es gibt sechs solcher „Töne", die sich durch Höhe, Verlauf und Intensität voneinander unterscheiden lassen.

Es gibt drei große **Dialektgruppen** – die des Nordens, die zentralvietnamesische und die des Südens.

Die **Literatursprache** entwickelte sich auf der Grundlage der nördlichen Dialekte. Die Vietnamesen des ganzen Landes verstehen die Normsprache ohne Probleme, während es für einen Bewohner Nord- oder Südvietnams durchaus schwierig sein kann, beispielsweise den Sprecher eines zentralvietnamesischen Dorfes auf Anhieb einwandfrei zu verstehen. Selbst innerhalb Zentral- und Südvietnams gibt es Gegenden, wo sich die Aussprache von Dorf zu Dorf stark unterscheidet. Die **Dialekte** zeichnen sich vor allem durch Unterschiede in der Phonetik, zu einem gewissen Teil aber auch im Wortschatz aus. So hat sich z. B. in Mittelvietnam archaisches Wortgut erhalten, das teilweise sogar Verbindungen zu Minderheitensprachen aufweist. Solche Wörter betreffen vor allem die Bezeichnung von Realia, z. B. Speisen, Haushalts- oder Ackergerät.

Die enge Beziehung zur Literatur, besonders zur **Poesie,** hat in der vietnamesischen Kulturgeschichte eine lange Tradition. In deren Verlauf haben die Vietnamesen ein erstaunliches Bewusstsein für ihre eigene Sprache entwickelt. Das heißt nicht, dass jeder unbedingt sicher in der Grammatik wäre. Nach wie vor gibt es Leute, die ohne Punkt und Komma schreiben und keine Vorstellung davon haben, was ein Prädikat sein könnte. Aber auch die Menschen, denen nur wenig Bildung vergönnt war, kennen zahllose Verse – aus Volksliedern, beliebten modernen Gedichten und natürlich aus dem Nationalepos *Truyện Kiều* („Geschichte des Mädchens *Kiều*"). Schon kleine Kinder sind imstande, lange Passagen daraus vorzutragen.

Schrift

Die erste Schrift, über die die Vietnamesen verfügten, brachten die Chinesen mit, die **Han-Schrift.** Han-Chinesisch war sowohl während der tausendjährigen Herrschaft der Chinesen als auch im unabhängigen Vietnam seit dem 10. Jh. Amts- und Schriftsprache. Bis heute ist der Einfluss von **Han-Wörtern** auf den vietnamesischen Wortschatz sehr groß. Die Administration und die gebildeten Schichten benutzten die chinesische Sprache und Schrift, während die vietnamesischen Bauern nur Vietnamesisch verstanden.

Mit den Han-Zeichen ließen sich jedoch nicht alle Besonderheiten der vietnamesischen Sprache erfassen. Deshalb entwickelten vietnamesische Gelehrte, wahrscheinlich im 8. Jahrhundert, die **Nôm-Schrift.** (Die Silbe *nôm* ist eine phonetische Abwandlung von *nam* = „Süden". *Nôm* ist also die Schrift der südlich der Chinesen lebenden Vietnamesen.) Die Nôm-Schrift basierte auf den Han-Zeichen, war aber mit zusätzlichen Zeichen für die vietnamesische Aussprache versehen. Die ältesten überlieferten Sprachdenkmäler in dieser Schrift stammen aus dem 13. Jahrhundert.

Die Nôm-Schrift spielte eine große Rolle bei der Herausbildung einer eigenständigen vietnamesischen Literatur. Ihre Verwendung war stets auch ein patriotisches Bekenntnis. So groß die Bedeutung des *nôm* war, die meisten Vietnamesen haben es ebenso wenig lesen können, wie sie Chinesisch sprachen. Basierend auf der chinesischen Silbenschrift und beinahe noch etwas komplizierter als diese, musste auch die Nôm-Schrift auf die Eliten, auf die kleine Schicht derer, die Zugang zu Bildung hatten, beschränkt bleiben.

Der entscheidende Schritt zu einer leicht erlernbaren Schrift kam ausgerechnet von jenen Menschen, die ihrerseits keineswegs die Volksbildung, sondern vielmehr die Verbreitung ihres Glaubens zum Ziel hatten. Portugiesische und französische Missionare bemühten sich seit Beginn des 17. Jahrhunderts um Zugang zur einheimischen Bevölkerung. Sie erlernten die Landessprache und versuchten, die vietnamesischen Wörter mit lateinischen Buchstaben wiederzugeben. Den größten Erfolg hatte *Alexandre de Rhodes,* ein französischer Jesuit, der über 20 Jahre seines Lebens in Vietnam verbrachte und eine Methode fand, die vietnamesischen Töne grafisch durch einfache Symbole über oder unter dem Vokal der jeweiligen Silbe darzustellen. 1651 wurde sein berühmtes Annamitisch-Portugiesisch-Lateinisches Wörterbuch *(Từ điển – An Nam – Bồ Đào – La Tinh)* veröffentlicht. Das von ihm geschaffene Schriftsystem war so übersichtlich, dass es – mit einigen Ergänzungen und Verbesserungen – innerhalb kurzer Zeit erlernbar war.

Trotzdem blieb die vietnamesische Lateinschrift, *Quốc Ngữ* (Nationalschrift) genannt, bis Ende des 19. Jahrhunderts auf die Kreise der Christen beschränkt. Während der Kolonialzeit war natürlich Französisch offizielle Amts-, Schrift- und Unterrichtssprache. Daneben existierten immer noch die Han- und die Nôm-Schrift. *Quốc Ngữ* fand erst seit Beginn des 20. Jahrhunderts größere Verbreitung. Im Kampf um die nationale Unabhängigkeit nutzten patriotische Gelehrte und Revolutionäre *Quốc Ngữ*, um ihre Schriften auch den einfachen Vietnamesen, die weder Nom noch Französisch lesen konnten, zugänglich zu machen. Seit 1945 ist *Quốc Ngữ* das offizielle Schriftsystem des Vietnamesischen.

Mentalität

Das Leben der Vietnamesen wurde seit Jahrtausenden vor allem durch den **Anbau von Nassreis** bestimmt. Der Reisanbau ist an sich schon sehr arbeitsintensiv. Der Anbau von Nassreis erfordert darüber hinaus ein diszipliniertes, planvolles Zusammenwirken sehr vieler Menschen beim Bau von Deichanlagen. Diese Lebensweise unterstützte die Ausprägung bestimmter Eigenschaften, Verhaltensweisen und Normen, um das Überleben der Gemeinschaft zu ermöglichen. Heute werden manche dieser Eigenschaften als typisch für die Vietnamesen bezeichnet. Typisch ist dabei meiner Ansicht nach weniger die einzelne Eigenschaft, denn Fleiß, Nationalstolz oder Sparsamkeit wird man wohl bei 90 % der Menschheit antreffen. Es ist vielmehr die Kombination aller Verhaltensweisen, die in ihrer Gesamtheit das ausmachen, was man „vietnamesische Mentalität" nennen könnte. Einige der wichtigsten Stichworte in diesem Zusammenhang seien hier genannt.

Steineklopfer: Vietnamesen sind als fleißige Arbeiter bekannt

023vi Foto: jb

Arbeitsethos

không làm thì đừng có ăn („Wer nicht arbeitet, soll auch nicht essen.")

Fleiß ist ein Talent, das die einfachen Menschen überall und zu allen Zeiten brauchten, um zu überleben. In Vietnam scheint diese Eigenschaft aber zum nationalen Hobby kultiviert worden zu sein. Nicht ganz ohne Grund sehen die Nachbarvölker mit einer gewissen Verwunderung auf die **Emsigkeit der Vietnamesen.** Diese wiederum halten Laoten und Khmer schlichtweg für faul. Selbst die in Vietnam lebenden kleinen Völkerschaften müssen sich diese Kritik gefallen lassen. Im günstigsten Fall sind Vietnamesen bereit, ihren Nachbarn und Mitbürgern zu bescheinigen, diese hätten eben „noch keine Erfahrung im Wirtschaften". Das ist natürlich ebenso wenig zutreffend wie die Ansicht von Khmer und Laoten, Vietnamesen hätten „keine Kultur".

Obwohl fast im ganzen Land (dort, wo Kinh leben) beinahe das ganze Jahr hindurch tropische Temperaturen herrschen, ist von deren dämpfender Wirkung auf den Arbeitselan nichts zu spüren. Man hetzt sich zwar nicht so ab wie im kalten Mitteleuropa, aber der **Arbeitstag** ist dafür länger als bei uns. Für die Landbevölkerung gilt so gut wie keine Arbeitszeitbegrenzung: Vom frühen Morgen bis zum Einbruch der Dunkelheit wird gearbeitet. Kaum, dass man sich eine kurze Mittagsruhe gönnt. Selbst nach dem zeitigen Abendessen wird noch weitergewerkelt.

Wenn die Kraft für schwere Arbeit nicht mehr ausreicht, dann repariert man eben hier noch etwas und sieht dort nach dem Rechten, bis eine andere vietnamesische Eigenschaft ihr Recht fordert: die **Sparsamkeit.** Diese verbietet die Verschwendung von Lampenöl ebenso wie von Strom. Deshalb (und nur deshalb) geht man schließlich zu Bett. Fleiß ist eines der wichtigsten Kriterien für die Wertschätzung durch die Vietnamesen. (Fleiß und guter Charakter stehen an der Spitze der Eigenschaften, die ein potenzieller Ehepartner haben muss.)

Gemeinschafts- und Gruppendenken

Blutsbande *(quan hệ máu mủ)* sind entscheidend für Zusammenhalt und gegenseitigen Beistand. Das **Zusammengehörigkeitsgefühl,** das Mitglieder einer Familie auszeichnet, wird schnell auch auf andere Menschen erweitert. Der Dorfbursche, der in der Kreisstadt in einen Streit, einen Unfall oder eine andere Katastrophe verwickelt wird, kann davon ausgehen, dass „seine Leute", d.h. die zufällig Anwesenden aus seinem Dorf, ihm unbedingt zur Seite stehen werden. Sie werden ihm helfen und Fürsprache einlegen, Gelder vorstrecken und seine Angehörigen benachrichtigen.

024vi Foto: mh

Unter **Vietnamesen im Ausland** wird eine solche prinzipielle Hilfsbereitschaft auf eigentlich alle Landsleute erweitert. Grundsätzlich kann jeder Vietnamese erwarten, dass andere Vietnamesen ihm helfen. Gleichzeitig muss er jederzeit damit rechnen, von seinen Landsleuten um Hilfe gebeten zu werden. Selbst wenn er dadurch in Gewissenskonflikte, materielle Bedrängnis oder Schwierigkeiten mit Behörden gerät (ganz zu schweigen von Streit mit dem deutschen Ehepartner), ist es für einen Vietnamesen fast unmöglich, die Bitte eines Landsmannes abzuschlagen! In der Regel gilt: Gegenüber Fremden (Weißen, überhaupt Angehörigen anderer Nationen) hält man doch lieber zusammen, egal, welche „Hühnchen" man miteinander zu rupfen hat. Vietnamesen im Ausland appellieren häufig an das Verständnis ihrer Landsleute, indem sie daran erinnern, dass der andere schließlich auch ein Mensch mit rotem Blut und gelber Haut sei ... Solche Appelle verfehlen ihre Wirkung selten.

Patriotismus

„Die Vietnamesen sind keine phlegmatische Rasse; seit Jahrhunderten haben sie sich gegen ihre Unterdrückung aufgelehnt. Sie sind intelligente, scharfsinnige und traditionelle Krieger; eine Herrschaft von Ausländern haben sie niemals akzeptiert."
(Halberstam)

Das geflügelte Wort *trên vì nước, dưới vì nhà* („nach außen seine Pflicht für das Vaterland tun, nach innen für seine Familie da sein") drückt treffend aus, was die Vietnamesen als ihre höchsten Pflichten ansehen. Der **Patriotismus** der Vietnamesen ist keineswegs verordnet oder eine medienwirksame Demonstrativhandlung. Er ist ein tiefes, romantisches Gefühl, das die Vietnamesen ihr Leben lang bewahren, ganz egal, wo sie leben und völlig unabhängig von ihrer Meinung über die jeweilige Regierung. Vietnamesen sind sehr stolz auf ihr Land, seine Geschichte und Kultur. Sie lieben die Landschaft, die ihr Gefühl für Poesie anspricht. Im Grunde sind die meisten Vietnamesen davon überzeugt, dass ihre Heimat das Paradies auf Erden ist – oder sein könnte, wenn der wirtschaftliche Aufschwung erst einmal bis in das letzte Dorf und in jede Familie hinein wirken würde!

Vietnamesen brauchen keinen speziellen Anlass, um sich zusammenzufinden und Zeit miteinander zu verbringen

Die Verbundenheit mit der Heimat drückt sich auch darin aus, dass man Besucher gern und ausführlich über ihre **Meinung zu Vietnam** befragt. Man möchte die Eindrücke der Gäste erfahren und ist sogar bereit, über Probleme wie Armut und Rückständigkeit offen zu sprechen. Überheblich oder abfällig geäußerte Kritik an ihrem Land verletzt jedoch das Ehrgefühl der Vietnamesen.

Der **Stolz, Vietnamese zu sein,** ist sogar hörbar. Wer Gelegenheit hat, Gespräche zwischen Vietnamesen zu erleben, der wird mühelos zwei Silben mit sehr hoher Frequenz heraushören: *Việt Nam.* Das Wort steht nicht nur für das Land, sondern bedeutet auch „vietnamesisch", zusammen mit der Silbe Mensch *(ngư ời)* auch „Vietnamese". Man kann sich kaum vorstellen, wie oft dieses Wort fällt, egal, ob gerade zwei kleine Zigarettenverkäufer in Berlin einen Schwatz halten oder eine Gruppe Marktfrauen in Hanoi.

Maßhalten und Bescheidenheit

„Es ist kein übel ärger als begehren, kein unheil böser als sich nichtbegnügen, kein fehler größer als erwerbenwollen. Nur wer sich in genügsamkeit begnügt, hat stets genug."

(Laudse)

„Konfuzius sprach: ‚Verschwendung ruft Unordnung hervor, Sparsamkeit führt zur Einfachheit. Einfachheit ist besser als Unordnung.' "

Die Redewendung *trên chăn, dưới nệm* („oben eine Decke, unten eine Matratze") ist in der vietnamesischen Sprache eine Umschreibung für Wohlstand und Glück. Es gehört zur vietnamesischen Tradition, bescheiden und genügsam zu leben. Nun mag man denken, das sei für die meisten Vietnamesen keine Tugend, sondern ein durch Armut verursachter Zwang. Dem ist nicht ganz so, denn auch die Reichen, bis hin zum Herrscher, haben stets nach der **konfuzianischen Maxime der Genügsamkeit** gelebt. Maßhalten ist Bestandteil einer Lebenseinstellung, die Extreme meidet und in der die Fähigkeit, sich auf Wesentliches zu beschränken, hochgeschätzt wird. Der Weise versteht es, mit Wenigem zufrieden zu sein. Er weiß, dass man Glück nicht kaufen kann, dass man inneren Frieden nur in dem Maße findet, wie man Harmonie zwischen sich, seinen Mitmenschen und der umgebenden Natur herstellt.

Auch deshalb mag mancher Besucher von den Zeugnissen vietnamesischer Architektur enttäuscht sein: Sakral- ebenso wie Profanbauten fügten sich stets **unauffällig** in die Landschaft ein. Man wollte gar nicht, dass ein

Wie arm ist arm in Vietnam?

Nach den bisherigen schnellen Erfolgen in der Armutsbekämpfung hat der Staat 2006 die Armutsgrenze angehoben: Für die Landbevölkerung gilt seitdem als arm, wer weniger als 200.000 Dong/Monat verdient. Für die städtische Bevölkerung liegt diese Marke bei 260.000 Dong/Monat. Nach diesen Richtlinien wären dann 26 % der Haushalte „arm", nach den bisherigen Kriterien galten ca. 7,3 % der Bevölkerung als arm.

Palast prächtig oder eine Pagode großartig sei. Alles musste sein Maß haben und sich in die Umgebung einfügen – wie auch der Mensch seinen Platz kennen und sich in die Gemeinschaft einordnen sollte.

Wer einmal beobachten konnte, wie aufgeputzte Schicki-Micki-Saigonerinnen die knallroten, tödlich scharfen Fingernägel in Gucci-Handtaschen krallen, wird jetzt vielleicht den Kopf schütteln. Doch der Neureichenprotz, den man in den großen Städten zu Gesicht bekommt, sagt gar nichts über das Leben, die Träume und Wünsche der Mehrheit der Vietnamesen. Trotz aller Fortschritte gehört Vietnam mit einem Bruttoinlandsprodukt von 550 US-Dollar pro Kopf (2004) noch immer zu den armen Ländern dieser Erde. Die meisten Vietnamesen verstehen unter **Wohlstand** nach wie vor gesicherte Mahlzeiten, Schulbildung für die Kinder, ausreichend Bekleidung, ein regenfestes Häuschen mit einem Fernseher darin und ein bis zwei Mopeds davor!

Pragmatismus

Man sagt den Vietnamesen oft Pragmatismus nach. Dieser Begriff wird ganz unterschiedlich und nicht immer positiv verstanden. Ab und an wird er mit dem Mangel an moralischen Prinzipien verbunden. Wenn es um die Vietnamesen geht, ist es daher vielleicht besser, von **Orientierung an der Praxis** zu sprechen, von der Fähigkeit, sich auf gegebene Situationen einzustellen. An ethischen Normen und Verhaltensvorschriften mangelt es den Vietnamesen, nicht zuletzt dank der Einflüsse von Konfuzianismus und Buddhismus, durchaus nicht.

Die Praxisorientiertheit der Vietnamesen kommt in den verschiedensten Bereichen immer wieder zum Ausdruck. So scheint in ihrem **Verhältnis zu Ausländern** keine Rolle zu spielen, dass die letzten 150 Jahre der vietnamesischen Geschichte vor allem negativ durch Ausländer beeinflusst wurden. Der Krieg ist zwar nicht vergessen, doch man nährt weder Hass noch

Trauer, sondern geht mit Takt und Selbstbeherrschung über schlimme Erinnerungen hinweg. Wer glaubt, die Aufgeschlossenheit den Amerikanern oder Franzosen gegenüber sei allein der Tatsache geschuldet, dass man auf deren Dollars rechnet, der hat die Vietnamesen noch nicht verstanden. Sicher gibt es Leute, die den Zeiten nachtrauern, als sie im Dienst der US-Truppen gut verdienten. Man wartet nunmehr seit 35 Jahren darauf, dass die USA ihre Verpflichtungen aus dem Pariser Abkommen erfüllen und materielle Hilfe beim Wiederaufbau des Landes leisten. Entscheidend für das Verhalten der Vietnamesen ist jedoch etwas ganz anderes – die Bereitschaft und die Fähigkeit, die Vergangenheit ad acta zu legen und nach vorn in die Zukunft zu sehen.

Mancher Vietnam-Sympathisant kann sich nur schwer mit dieser Haltung abfinden. Sie lässt sich aber zu einem gewissen Grad aus der Geschichte erklären. Jahrtausende hindurch konnten die Vietnamesen ihre Identität oft nur unter starkem Druck bewahren. Prinzipienreiterei konnte sich dieses Volk ebenso wenig leisten wie Selbstmitleid. Die Fähigkeit der Vietnamesen, **„sich zu biegen, ohne zu brechen"**, hat sie davor bewahrt, in der chinesischen Kultur auf- bzw. unterzugehen. Diese Flexibilität half, vietnamesische Traditionen zu bewahren und eine nationale Identität herauszubilden. Das Einstellen auf gegebene Situationen und die Fähigkeit Leid zu ertragen, haben sich als wirksame Überlebensstrategien erwiesen.

Optimistische Fatalisten oder stolze Dulder?

Vietnamesen haben eine ganz eigene Art entwickelt, angesichts von Schwierigkeiten und Katastrophen ihr **seelisches Gleichgewicht** zu bewahren. Lange Zeit habe ich mich gefragt, was die Menschen bewegt, wenn sie Unglücksfälle, Leid und Tod ebenso ruhig wie vermeidbare Ungerechtigkeiten und Alltagspech hinnehmen. Ist es Gleichgültigkeit, Demut oder ergeben sie sich in das Schicksal? Gleichgültigkeit kann man den Vietnamesen nicht nachsagen, aber sie fügen sich tatsächlich oft in Dinge, die uns zu endlosen Grundsatzdiskussionen provoziert hätten.

Wir wurden von klein auf dazu angehalten, unser Leben selbst zu bestimmen, unser Schicksal in die eigenen Hände zu nehmen. Das hat sicher auch etwas mit der unterschiedlichen Bedeutung zu tun, die dem Individuum in unseren Gesellschaften beigemessen wird. Für Vietnamesen ist **Schicksal** eine Kategorie, die von Kräften bestimmt ist, die weitgehend

Hôi An nach dem Taifun: Das Leben geht weiter

025vi Foto: ph

außerhalb menschlicher Eingriffsmöglichkeiten liegen. Sie sagen nicht umsonst: *mưu sự tại nhân, thành sự tại thiên* – „Pläne werden von Menschen gemacht, ihre Verwirklichung aber hängt vom Himmel ab."

Hier macht sich auch der **Einfluss religiöser Vorstellungen** bemerkbar: Erfolg wird nicht allein vom menschlichen Streben bestimmt, sondern kann sehr wohl durch das Wirken der Ahnen, durch das Eingreifen von Geistern und Gottheiten oder durch andere Faktoren (Sterne) beeinflusst sein. Nicht zuletzt spielt die buddhistische Lehre vom Karma (vgl. dort) ebenfalls eine gewisse Rolle: Das Unglück, das mir widerfährt, ist offenbar den schlechten Taten in meiner früheren Existenz geschuldet, ich kann ihm nicht ausweichen. Könnte ich es, hätte das nur zur Folge, dass ich auch in meiner nächsten Existenz noch für die schlechten Taten zu zahlen habe.

Im Nationalepos *Truyện Kiều* **„Die Geschichte des Mädchens Kieu"** von *Nguyễn Du* wird diese Einstellung in Verse gefasst:

„Der Himmel hat uns verurteilt, als Menschen mit einem Schicksal zu leben. Zwingt er uns in Wind und Staub, so müssen wir es ertragen. Nur wenn er es wünscht, können wir rein und edel sein."

Auch nach konfuzianischen Prinzipien steht es dem Menschen kaum zu, mit seinem Los zu hadern. Jeder Mensch hat seinen Platz zu kennen und an diesem auszuharren. Dort hat er seine Pflicht als Bruder, Sohn, Herrscher usw. zu erfüllen. Alles zu ertragen, was ihm an diesem seinem Platz geschieht, ist Teil seiner Pflicht.

In der Geschichte hat sich jedoch immer wieder gezeigt, dass **Geduld und Fügsamkeit** der Vietnamesen auch eine Grenze haben. Sie ist spätestens dann erreicht, wenn es nicht mehr um den Einzelnen geht. Wohl und Wehe, Fühlen und Streben des Individuums standen nie im Mittelpunkt des Denkens, denn die Gemeinschaft war stets die wichtigste Kategorie. Ist diese jedoch betroffen oder in Gefahr, so gibt es kein Pardon: Hartnäckig, erbittert und schonungslos wird die Gemeinschaft, d.h. die Überlebensgrundlage aller, verteidigt. Wer sich diesen Zusammenhang verdeutlicht, der versteht, warum Vietnamesen immer wieder zu unerbittlichen, gefürchteten Kämpfern wurden, **wenn Feinde das Land bedrängten.** Wenn es um die Familie oder um die Nation geht, gibt es keine Demut vor dem Schicksal mehr, dann siegt die diesseitige, lebensbejahende und praktische Seite der vietnamesischen Seele. Man besinnt sich auf die eigene Kraft und handelt nach dem Motto: ***nhân định thắng thiên*** – „Mit Entschlossenheit ist sogar der Himmel zu besiegen!"

Mentalitätsunterschiede in den Landesteilen

„Da ich mich per Fahrrad auf einem Dschungelpfad, in Gesellschaft von Partisanen wohler fühle als auf einem offiziellen Empfang, erinnerte ich mich plötzlich, dass die Vietnamesen im Norden höflicher, aber verschlossener sind, dass man viele magische Kreise durchschreiten muss, ehe man zu der Unbefangenheit und Vertraulichkeit gelangt, die einem im Süden viel schneller gewährt werden."

(Riffaud)

„Ein paar Straßen weiter lande ich im Park an der Flusspromenade des Saigon ... Den Menschen, die hier vorbeischlendern, fehlt der tiefe Ernst und die Unnahbarkeit, die mir im Norden immer wieder begegneten. Ihre Unterhaltungen sind gestenreich und werden oft durch ein herzliches Gelächter unterbrochen. Die Frauen riskieren schon mal einen Blick hinter den Männern her und schweben dann mit wehendem Rock davon ..."

(Illner)

Die Mentalität der Vietnamesen in den drei Landesteilen *Miền Bắc*, *Miền Trung* und *Miền Nam* (Nord-, Mittel- und Südvietnam) weist in mancher Hinsicht **unterschiedliche Züge** auf. Das ist nicht verwunderlich, wenn man bedenkt, dass das Land mit mehr als 1750 km eine Nord-Süd-Ausdehnung hat, die etwa der Entfernung Oslo – Genua entspricht.

Verwunderlich scheint bei näherer Betrachtung eher die Tatsache, dass die **gemeinsamen Eigenschaften** und Verhaltensweisen aller Vietnamesen trotzdem bei Weitem schwerer wiegen als die Unterschiede. Vielleicht sollte man sogar eher von Nuancierungen typischer Verhaltensweisen als von Unterschieden sprechen? Darüber gehen die Meinungen möglicherweise auseinander. Wer sich intensiver mit Vietnam beschäftigt, stellt bald fest, dass bei allen Besonderheiten, die jede Region und jede Stadt aufweist, Grundwerte wie Familiensinn (s. dort), Patriotismus oder Fleiß für alle Vietnamesen gelten.

Historische Entwicklung der Mentalitätsunterschiede

Um zu verstehen, wie sich Mentalitätsunterschiede in einem Volk, das auf mindestens 3000 Jahre Kulturgeschichte zurückblicken kann, herausgebildet haben, müssen wir ein wenig zurückblicken. Die vietnamesische Zivilisation entwickelte sich jahrtausendelang vornehmlich im heutigen Norden des Landes. Erst allmählich begann die **Wanderung nach Süden.** Bis ins 15. Jahrhundert hinein gelangte man kaum bis zum Wolkenpass. Die südliche Landesgrenze wurde vom Champa-Reich gebildet.

Die **Cham** siedelten zu Zeiten, als Vietnam noch eine chinesische Provinz namens Giao Chi war, von *Nghe Tinh* bis nach *Thuan Hai.* Sie sind wahrscheinlich indonesischen Ursprungs und haben vom indischen Kulturkreis nicht nur die Religion, sondern auch Handwerk, Architektur und Kunst übernommen. Einst bildeten sie ein mächtiges Reich, von dessen Bedeutung schon in chinesischen Annalen berichtet wurde. Die Cham waren u. a. Seefahrer und trieben einen ausgedehnten Überseehandel. Sie lebten allerdings zerstreut und waren den Vietnamesen zahlenmäßig unterlegen. Trotz ihrer Wehrhaftigkeit und einer gewaltigen Kriegsflotte waren sie den Vietnamesen letztendlich nicht gewachsen. Im Verlaufe verschiedenster Auseinandersetzungen zwischen Viet und Cham, Cham und Khmer usw. wurden die Cham immer mehr nach Süden abgedrängt. Ihr letztes Reich im Gebiet um Phan Rang verloren sie erst 1693. 2005 lebten noch ca. 137.000 Cham in 12 Provinzen im südlichen Vietnam. Um die Hundert, zum Teil nur als Ruinen erhaltene Tempelbauten in Mittel- und Südvietnam erinnern an vergangene Macht und Größe der Cham-Reiche.

Ethnische und soziale Faktoren

In seiner heutigen Ausdehnung existiert Vietnam erst seit ca. 300 Jahren. Die Vietnamesen, die den Süden besiedelten, haben sich zum Teil mit den dort lebenden Cham vermischt und verschiedene **Einflüsse der Cham-Kultur,** aber auch anderer Völker (Khmer, Bergvölker) aufgenommen.

Neben dem ethnischen ist aber noch ein sozialer Faktor zu berücksichtigen. Die Menschen, die den Süden für den Reisanbau erschlossen, fühlten sich zu Recht als Pioniere, als **Eroberer** von Neuland. Nicht die Wohlhabenden, Etablierten zogen in den Süden, sondern die Desperados: landlose Bauern, Verbannte, aber auch flüchtige Verbrecher. Sie ließen mit ihren Heimatdörfern auch einen Teil der dort als ehernes Gesetz geltenden Bräuche zurück. In mancher Hinsicht mag sich ein Neusiedler befreit gefühlt haben – unter anderem von dem Druck allzu starrer **Machtstrukturen** im Heimatdorf, von der Herabsetzung durch Notabeln oder auch von dem Stigma, ein Straftäter zu sein. Auf seinem neuen Stück Land konnte er frei durchatmen. Hier war er der Herr, niemand hatte ihm dreinzureden. Beim Aufbau eines neuen Dorfes kamen Menschen aus verschiedenen Gegenden zusammen. Die Machtstrukturen waren in der neuen Siedlung noch nicht so verfestigt wie in der alten Heimat. Im Kampf um das Überleben des Dorfes konnte sich manch armer Schlucker, der in seiner alten Heimat stets auf der Seite der Verlierer gestanden hätte, durch Mut, Fleiß und Engagement eine neue Existenz aufbauen und sich und seinen Nachkommen zu Ansehen in der neuen Gemeinschaft verhelfen.

Auch der **Einfluss der konfuzianischen Lehre** musste zwangsläufig nachlassen, denn deren Träger, die Gelehrten, waren nicht mit in das neue Land gezogen. Ein vietnamesischer König musste sogar einmal die Chinesen um Amtshilfe bitten, denn es gab nicht genügend Beamte für die neubesiedelten Gebiete. Also wurden Chinesen abkommandiert, um die Verwaltung abzusichern. Eine südvietnamesische Schicht von Gebildeten formierte sich erst allmählich. Noch zu Beginn des 20. Jahrhunderts kamen deutlich mehr Intellektuelle aus Nord- und Mittelvietnam als aus dem Süden.

Der Klimafaktor

Das neue Land hatte ein **wärmeres, angenehmeres Klima.** Das alte vietnamesische Sprichwort *đông chết se, hè chết lụt* – „Im Winter bringt einen die Dürre, im Sommer die Überschwemmung um." – verlor im Süden seine Bedeutung. Taifune, wie sie aus Nord- und Mittelvietnam bekannt sind, hatten für die Bewohner des Südens ihre Schrecken verloren. Boden und Klima gaben freiwillig so viel her, dass man z. B. im Mekongdelta mit einer Reisernte (plus Nebenkulturen wie Bataten, Maniok oder Mais) eine **höhere Nahrungsmittelstabilität** erreichte als im dichtbesiedelten Norden, wo immer wieder Hungersnöte auftraten.

Selbst derjenige, der nicht ganz so fleißig war wie seine Nachbarn, konnte im Süden immer noch eher überleben als im Norden. Was Wunder, wenn die Menschen im Süden etwas gelassener in den Tag sehen konnten, nicht ganz so genau planen und rechnen, nicht ganz so verbissen um die nächste Ernte kämpfen mussten, wie es noch ihre Eltern und Großeltern im Norden hatten tun müssen ...

Der Raumfaktor

Die Dörfer waren noch nicht übervölkert, es gab **genug Boden** für die Siedler. Jeder konnte seine Hütte dort bauen, wo er wollte. Es war nicht nötig, sich zusammen mit anderen Bauern hinter einer Bambushecke zu verschanzen. Wo die Menschen räumlich nicht so eng zusammengedrängt lebten, mussten sie auch nicht ganz so sehr darauf achten, bei den Nachbarn nicht ins Gerede zu kommen. Daher gab es in alltäglichen Verrichtungen **mehr Freiheit** für den Einzelnen als in der alten Heimat, wo die soziale Kontrolle durch die Institution „Dorfmeinung“ einen beträchtlichen Einfluss auf das Handeln der Menschen ausübte und bis heute noch ausübt. Im Süden war man mehr auf sich gestellt, aber gleichzeitig unab-

026vi Foto: jb

hängiger – und konnte dadurch ein neues Gefühl für die eigene Kraft, den eigenen Wert entwickeln.

Der Einfluss der Europäer

Die Besiedler des neuen Landes, deren Vorväter selbst aus dem Norden stammten, entwickelten im Verlaufe vieler Generationen allmählich neue Verhaltensweisen und Wesenszüge. Diese mussten den Menschen im Norden merkwürdig erscheinen, da ihnen die Ursachen für diese Veränderungen unverständlich waren. Doch damit nicht genug: Die **Franzosen,** die Vietnam seit Ende des 19. Jahrhunderts in ihr Kolonialreich eingegliedert hatten, verfolgten ihrerseits eine Politik der Zerstückelung des Landes in drei Teile: Tongkin (Norden), Annam (Mittelvietnam) und Cochinchina (Südvietnam).

Wer von dem einen in den anderen Landesteil reisen wollte, brauchte dazu entsprechende Papiere. Ein freies Fortbewegen war den Vietnamesen in ihrem eigenen Land verwehrt ... Sie empfanden diese Aufteilung als Schmach.

Die **Teile-und-herrsche-Politik** der Franzosen beinhaltete die direkte Herrschaft im Süden und eine indirekte in den anderen Landesteilen. Seit 1862 war Cochinchina annektiert, stand also unter direkter Herrschaft Frankreichs, wohingegen Annam und Tongking erst rund 20 Jahre später Protektorat wurden.

Als die Franzosen nach der Unabhängigkeitserklärung Vietnams (1945) jahrelang ohne Erfolg versuchten, ihr ehemaliges Kolonialland wieder unter Kontrolle zu bekommen, gaben sie dem Süden 1950 aus taktischen Gründen einen neuen Namen: „Republik Südvietnam". Damit sollte der Anschein erweckt werden, dass dem „kommunistischen Norden" eine Alternative entgegengestellt würde. Nebenbei: Schon damals saßen amerikanische Militärberater in Saigon, finanzierten die USA über 80 % der Kriegskosten.

Die Bestimmungen des **Genfer Abkommens** waren auch nicht gerade geeignet, die durch 80 Jahre Kolonialpolitik geförderten Unterschiede auszugleichen: Durch die Umgruppierung der Streitkräfte kamen ca. 200.000 Kämpfer der Viet Minh, teils mit ihren Familien, teils unter Zurücklassung derselben, in den Norden. Zweihunderttausend südvietnamesische Patrioten mussten somit ihre engere Heimat verlassen. Parallel dazu wurden durch gezielte Propaganda 800.000 im Norden lebende Katholiken dazu gebracht, in den Süden abzuwandern. Auf diese Weise wurde natürlich auch eine gewisse politische „Entflechtung" erreicht. Die anschließende Präsenz der Amerikaner bis 1973 und ihr damaliger Einfluss auf das Leben der Südvietnamesen sind hinlänglich bekannt.

Der Süden – ohnehin jüngster und (mit asiatischem Maß gemessen) traditionsärmster Teil des Landes – stand am längsten und stärksten unter der Herrschaft und dem kulturellen **Einfluss von Nicht-Asiaten.** Bei einer Bevölkerung, die aufgrund der Besiedelungsgeschichte (s. o.) bereits offener und weniger in Traditionen verhaftet war, konnte eine entsprechende Wirkung kaum ausbleiben. Hinzu kam die tragische Teilung des Landes mit ihren Konsequenzen in Bezug auf politisches Denken, Wirtschaftsentwicklung und nicht zuletzt auf Normen und Moralvorstellungen.

Jahrzehnte getrennter Entwicklung, des Blutvergießens und des Hungers werfen auch 30 Jahre nach der Wiedervereinigung noch ihre Schatten. Erst die nach 1990 Geborenen wachsen weitgehend unbelastet vom Krieg und seinen Folgen auf. Alle Generationen davor waren direkt oder indirekt betroffen – sei es durch aktiven Dienst in den Streitkräften dieser oder jener Seite, durch den Verlust von Familienangehörigen, durch eine lückenhafte Schul- bzw. Berufsbildung, unzureichende Ernährung und mangelhafte medizinische Versorgung. Auch noch einige Jahre nach Kriegsende ergaben sich Probleme, wenn für die Studienzulassung, die Zuweisung eines Arbeitsplatzes o. Ä. der berüchtigte *lý lịch* (der Lebenslauf) gefordert wurde, in dem auch Angaben zur Herkunft und damit zur Vergangenheit der Eltern(!) gemacht werden mussten.

„Später kommt der ältere Sohn von der Feldarbeit zurück ... Er sei, erzählt er, bis 1975 Offizier gewesen.

Bei den Befreiungstruppen?

Nein, in der Saigoner Armee.

Es entsteht eine Verlegenheitspause, Huong ist vom Eingeständnis seines Cousins überrascht. Der Feind in der eigenen Familie – ein Thema, das vom Vater nie berührt worden ist ...

Der Bürgerkrieg zwischen Nord- und Südvietnam tobte, von Amerikanern, Russen und Chinesen angeheizt, über Jahrzehnte und forderte Millionen Opfer auf beiden Seiten. Es gab Konzentrations- und Umerziehungslager diesseits und jenseits der Demarkationslinie. Der Riß geht noch heute durch Huongs Familie ...“

(Quilitzsch)

An den Unterschieden zwischen dem Norden und dem Süden, die auch dem Vietnam-Neuling sofort ins Auge fallen, hat also die Geschichte der 2. Hälfte des 20. Jahrhunderts einen besonderen Anteil. Diese Unterschiede werden von staatlicher Seite nicht unbedingt betont, ist doch die **nationale Einheit** ein hoher Wert – nicht nur für den Staat, sondern auch für die Identität eines jeden Vietnamesen.

Mentalitätsunterschiede zwischen Süd- und Nordvietnam

Dem Ausländer fällt schnell auf, dass:

Südvietnamesen	***Nordvietnamesen***
• *ein sehr offenenes Wesen haben*	• *nicht so leicht zugänglich zu sein scheinen*
• *leicht Freundschaften schließen*	• *gründlich prüfen, ehe sie ihre Freundschaft anbieten*
• *sehr genau wissen, was Ausländer wünschen, sich der Gast demzufolge ständig umworben fühlt und der Service dadurch besser funktioniert*	• *dem Ausländer abwartender gegenüber stehen, der Gast sich die Gunst der Menschen erst verdienen muss (was dieser manchmal nicht einsieht, wenn er schon teures Geld gezahlt hat ...)*
• *schnell bereit sind, auch einmal größere Summen für ein spontanes Gelage, modische Kleidung usw. auszugeben*	• *ein Talent zur Sparsamkeit haben, das es ihnen ermöglicht, auch bei geringem Einkommen irgendwann „zu etwas zu kommen“*
• *ein unglaubliches Talent besitzen, das Leben zu genießen, alles von der lockeren Seite zu sehen*	• *ein Pflichtbewusstsein und einen Arbeitseifer ausstrahlen, wie man sie sich für tropische Gefilde einfach nicht vorstellt*
	• *eine Art zurückhaltenden Stolz hinter ihrer konfuzianischen Bescheidenheit verbergen, der ganz deutlich sagt: Ich bin Vietnamese, das hier ist Vietnam - wem es hier nicht gefällt, der kann ja gehen*

- *sich „europäischer" zu verhalten scheinen (angefangen von Englischkenntnissen bis hin zu den knallrot lackierten Fingernägeln der Marktfrau)*
- *in Alltag und Freizeit deutlich mehr Wert auf korrekte lange Hosen legen (konfuzianisches Erbe)*

im Süden

- *geschlossene Freundschaften oft nicht sehr tief gehen, sondern auch auf dem Prinzip mau hu mau quên (schnell versprochen, schnell vergessen) basieren können*
- *es im Süden rauchende Frauen gibt*
- *die Kleidung der Bauern schwarz ist*
- *Baseballcap und T-Shirt beliebte Männerkleidung sind*
- *Shorts eine alltäglich gesehene Straßenkleidung für Herren sind*
- *Straßendörfer und Einzelgehöfte vorherrschen (letztere oft von Kakteenzäunen umgeben)*
- *Wellblech oft gesehenes Baumaterial der Armen ist*

im Norden

- *einmal geschlossene Freundschaften in der Regel für lange, oft sogar für das ganze Leben halten und für beide Seiten Verpflichtung bedeuten, die man nicht ohne Ehrverlust vernachlässigt*
- *keine Nordvietnamesin rauchen würde*
- *die traditionelle bäuerliche Tracht braun ist*
- *nach wie vor grüne Uniformblusen und Tropenhelme beliebt sind (und in riesigen Stückzahlen weiter produziert werden!)*
- *überwiegend lange Hosen getragen werden*
- *Haufendörfer, von einer Bambus hecke umgeben, oft abseits der Straße, das typische Bild sind*
- *die Hütten der Armen aus Lehm gebaut und mit Schilf oder ähnlichen Naturmaterialien gedeckt werden*

Nach dem Ende des Krieges 1975 wurden im Süden viele wichtige Positionen mit Funktionären aus dem Norden besetzt. Man war zwar um eine gewisse Parität bemüht und achtete darauf, einem Chef aus dem Norden mindestens einen 1. Stellvertreter aus dem Süden beizugeben. Von den 492 Delegierten der ersten gesamtvietnamesischen Nationalversammlung (1976) stammten 243 aus dem Süden und 249 aus dem Norden.

Trotzdem fühlten sich viele **Südvietnamesen** gegängelt oder auch schlicht in ihrer wirtschaftlichen Existenz bedroht. Das betraf nicht zuletzt viele gebildete Südvietnamesen. Manch hochqualifizierter Mediziner oder Hochschullehrer war nicht entzückt, vor uniformierten Parteikadern aus dem Norden seine patriotische Gesinnung beweisen zu müssen.

Heute, mehr als 30 Jahre nach Kriegsende, hat sich die Lage weitgehend entspannt. Längst hat ein **Generationswechsel** in den Führungsetagen stattgefunden. Der Süden ist heute wirtschaftliches „Zugpferd" für das ganze Land und die Zeiten, da man uniformierte *cán bộ* (Kader) aus dem Norden auf die Chefsessel setzte, ohne nach ihrer fachlichen Eignung zu fragen, sind vorbei. Die Vietnamesen im ganzen Land sind stolz auf die wirtschaftliche Entwicklung seit den 1990er Jahren, den wachsenden Wohlstand und den „Anschluss an die Welt" und sie wissen die Erleichterungen, die mit der Öffnungspolitik einhergehen, sehr wohl zu schätzen.

„Die alte Welt Hanois ist die Welt vergangener Siege. Die neue Welt Saigons ist eine sich wandelnde mit einer verlockenden, noch unsicheren Zukunft. Vietnam ist eine Mischung aus beidem ... Der Wind bläst von Süden in den Norden, sagt man in Saigon. Dieser Wind breitet sich über das ganze Land aus, ein Land voller Energie, voller Geist und voller Kraft für Erneuerung, für eine neue Revolution, dieses Mal eine wirtschaftliche."

(Rossa)

Nord- und Süddialekte

Die unterschiedlichen **Dialekte** hört man sogar dann heraus, wenn man selbst kein Vietnamesisch spricht. Im Süden, dessen Dialekte durch eine Mischung nördlicher und mittelvietnamesischer Dialekte entstanden sind, klingt die Sprache leichter, höher und weicher als in der Mitte und im Norden. Der für das Vietnamesische so typische Knacklaut *(thanh ngã)* verschmilzt im Süden mit dem Frageton *(thanh hỏi)*.

In Rundfunk und Fernsehen wird bis heute darauf geachtet, dass die Nachrichten stets von zwei Sprechern, je einem aus dem Norden und einem aus dem Süden, im Wechsel vorgetragen werden.

„Nordler“ und „Südler“

Wie sehen sich die Vietnamesen selbst? Allgemein wirft man sich gegenseitig mehr oder weniger scherzhaft vor:

- **Nordvietnamesen** seien arbeitswütig, verbissen, rückständig, bäurisch, geizig, nicht flexibel, verstünden nicht zu leben, hätten keinen Charme, keine Kultur (womit materielle Güter wie Nagellack, Tampons usw. gemeint sind ...).
- **Südvietnamesen** wiederum wird häufig nachgesagt, sie seien faul, träge, oberflächlich, verschwenderisch, vergnügungssüchtig, wetterwendisch, dächten nicht an morgen und hätten ihre Traditionen vergessen, um sich der westlichen Kultur in die Arme zu werfen.

Merkwürdigerweise sind sich Bewohner von Nord und Süd ungewöhnlich einig, wenn es darum geht, die **Mittelvietnamesen** zu kritisieren. Diese müssen sich von ihren lieben Landsleuten in Nord und Süd wenig Schmeichelhaftes gefallen lassen. Von Geiz und Hinterwäldlertum ist ebenso die Rede wie von Starrsinn und mangelndem Charme.

„Vietnamesen aus dem Norden sind von dem über Jahrtausende währenden, unermüdlichen Kampf ums Überleben geprägt, dem Kampf gegen Naturgewalten und gegen feindliche Eroberer. Spartanische Lebensweise und Selbstdisziplin sind genauso ein Wesenszug wie Stolz und Hartnäckigkeit ... Mit dem Bevölkerungswachstum im Norden und der Expansion ins Me Kong-Delta übernahmen die Vietnamesen auch Eigenschaften der dort ansässigen Bevölkerung. Die Leichtlebigkeit und Geschäftstüchtigkeit der Kambodschaner und Südchinesen haben immer den Charme des Südens geprägt.“

(Illner)

Mittelvietnam

Wenn hier vor allem Norden und Süden einander gegenübergestellt werden, ist das eher den gängigen Vorstellungen geschuldet, als dass es den geografischen Gegebenheiten Vietnams entspräche. Denn danach werden drei große Landesteile unterschieden. Gerade der Teil mit der größten Nord-Süd-Ausdehnung (1300 km) – Mittelvietnam – wird mit Blick auf die jüngste Geschichte oft vergessen. Die politische Teilung des Landes am 17. Breitengrad verlief genau durch Mittelvietnam. In diesem Teil des Landes drängen die Berge auf weiten Strecken bis ans Meer heran und lassen nur wenig Platz zur wirtschaftlichen Nutzung. Der schmale Küstenstreifen ist vielerorts steinig, der Boden nicht besonders fruchtbar. Die Ernten, die man dem **kargen Boden** abrang, wurden nur zu oft Beute von Taifunen und Überschwemmungen. Der Fischfang half überleben, war jedoch nie geeignet, Reichtum zu gewähren. Von diesem Land sagten die Vietnamesen früher: „Wenn wir es haben, werden wir nicht reicher, wenn wir es nicht hätten, wären wir nicht ärmer." Es ist kein Zufall, dass gerade hier immer wieder Aufstände ausbrachen, wenn die **Not** zu groß und die Unterdrückung zu schwer wurde. Von hier aus ging der begehrliche Blick von Königen und Feldherren ebenso wie von armen Bauern in Richtung Süden. Nur wer nirgendwo anders eine Chance sah, blieb hier.

Gerade in diesem armen Landstrich betrachtet man übrigens **Bildung und Wissen** von jeher als etwas Erstrebenswertes. Jedes Dorf sah es als große Ehre an, wenn sich ein gebildeter Mann dort niederließ. Man war glücklich, seine Kinder wenigstens für einige Zeit zum Unterricht schicken zu können. Die Gelehrten in Mittelvietnam waren mit dem einfachen Volk besonders verbunden, sie teilten Armut und Elend mit den Menschen. So ist es auch nicht verwunderlich, dass viele **berühmte patriotische Gelehrte** aus diesem Teil des Landes stammen, so u. a.: *Phan Bội Châu, Hồ Chí Minh, Nguyễn Du, Nguyễn Công Trứ* oder auch *Nguyễn Trường Tộ.*

Im **Krieg** waren weite Gebiete Mittelvietnams schwersten Bombardierungen ausgesetzt. Weltweit bekannt dürfte die Zerstörung der Städte *Quảng Trị* (Südvietnam) und *Vinh* (DRV, Prov. *Nghệ An*) geworden sein. Auch zahlreiche Dörfer und natürlich Deiche, Straßen, Brücken und Industriebetriebe wurden systematisch zerstört. Jeder Meter Straße, der heute mehr oder weniger gut befahrbar ist, musste nach dem Krieg instand gesetzt werden. Noch heute sieht man links und rechts der Nationalstraße Nr. 1 zahllose Wasserlöcher und Teiche, die merkwürdigerweise alle kreisrund sind ... Diese Löcher, die von vielen ausländischen Besuchern gar nicht mehr als Bombentrichter erkannt werden, sind fast die einzigen Narben in der Landschaft, die nicht von der üppigen tropischen Vegetation zugedeckt wurden. Von Bomben gekürzte Bergkuppen und entlaubte Wälder sind inzwischen von Gräsern und Gestrüpp überwuchert und Fremde ahnen nicht, welche Wunden der Krieg hier geschlagen hat.

Die Menschen, die in Mittelvietnam leben, waren immer arm und sind es auch heute noch. Das **harte Leben** zwang sie, auf Gedeih und Verderb zusammenzuhalten. Eigenschaften, die von jeher typisch für die Vietnamesen waren, mussten hier bis zur Perfektion ausgebildet werden, wenn man überleben wollte. So wird verständlich, warum man den Mittelvietnamesen nachsagt, sie seien besonders zäh, tapfer, arbeitsam, widerstands- und leidensfähig, auch etwas starrköpfig, vor allem aber von einem tiefen Gefühl des Zusammenhalts, der gegenseitigen Solidarität durchdrungen.

Es ist schon richtig: Den meisten Mittelvietnamesen fehlt diese gewisse Leichtigkeit des Seins, von der die Südländer beinah zu viel besitzen. Auch der französische Charme, den die Bewohner Hanois kultiviert haben, geht ihnen ab. Böse Zungen behaupten sogar, Mittelvietnamesen scheuten in ihrem **Kampf ums Überleben** vor nichts zurück. Man müsse deshalb sehr vorsichtig im Umgang mit ihnen sein. Ja, sie seien derart skrupellos, dass sie selbst Frau und Kind verkaufen würden, wenn es denn sein müsste ... Ich weiß nicht, auf welchen Erfahrungen solche Aussagen beruhen. Fakt ist jedoch, dass alle Vietnamesen auf Grund ihrer Geschichte zu einem ständigen Überlebenstraining gezwungen wurden. Wer gar nichts zu verlieren hat, der entwickelt irgendwann eine Art **fatalistischen Mut,** zu dem nur äußerste Not und Verzweiflung den Menschen bringen können. In einem solchen Überlebenskampf geschehen auch Dinge, die mit der Moral der Satten schwer zu erklären sein mögen.

Ich habe die Bewohner Mittelvietnams vor allem als **unerschrockene, fleißige Menschen** mit unheimlichem Durchhaltevermögen und geradem Rückgrat kennengelernt. Sie versuchen tapfer und geduldig, ihr Leben zu meistern. Es sind Menschen, die lernen mussten, auch die geringste Chance zum Überleben beim Schopf zu fassen. Dass sie es tun, anstatt demütig abzuwarten, dass man ihnen zu Hilfe komme, sollte man ihnen nicht zum Vorwurf machen.

Nord und Süd oder Stadt und Land?

Diese Frage betrifft ein Problem, vor dem Reisende, die das Land verstehen lernen wollen, immer wieder stehen. Die Unterschiede in der Lebensart, der Mentalität, die viele Touristen zwischen den Bewohnern der Landesteile feststellen, werden von ihnen als Unterschiede zwischen Nord und Süd eingeordnet. Das ist zwar richtig, aber nur ein Teil der Wahrheit. Die meisten Fremden lernen vor allem vietnamesische **Städte** und das Verhalten der Stadtbewohner kennen.

Oft reisen sie über die südliche Metropole an, um das Land von dort aus in Richtung Norden zu erkunden. Sie bewegen sich also in der dem vietnamesischen Zug nach Süden entgegengesetzten Richtung. Das mag unwichtig erscheinen, ist jedoch nicht ganz ohne Auswirkung. Nach einigen Tagen in **Saigon** empfinden viele Reisende die Atmosphäre der Stadt als angenehm, weil hier nur geringe Anforderungen an die Anpassungsfähigkeit Fremder gestellt werden. Sie machen sich nicht bewusst, dass es die „Westlichkeit" des Lebens ist, die – garniert mit asiatischem Flair – diese Atmosphäre hervorbringt. Viele, allzu viele Dinge des Alltags lassen sich im Süden mit Geld allzu leicht regeln. Dadurch manifestiert sich in man-

027vi Foto: ph

chen Köpfen rasch eine verzerrte Wahrnehmung der vietnamesischen Realität, in der es außer Geld durchaus noch ein paar andere Werte gibt.

Kommen derart vorgeprägte Ausländer dann in die wirklich asiatischen Städte des Nordens und lernen das eigentliche Vietnam kennen, sind sie oft enttäuscht und erschreckt über die Andersartigkeit des Lebens in diesem Teil des Landes. Viele Reisende erleben, aus dem Süden kommend, ihren **„Kulturschock Vietnam"** erst im Norden des Landes. Dann fällt es ihnen oft sehr schwer, sich die Einzigartigkeit des Landes zu erschließen und Zugang zu seinen Bewohnern zu finden. Leichter haben es diejenigen, die Vietnam von Norden nach Süden entdecken und dabei in gewisser Weise einen kulturhistorischen Exkurs erleben, indem sie der Ausdehnung der vietnamesischen Zivilisation nachspüren.

Die Eindrücke in Saigon mögen tatsächlich sehr verschieden von denen in Hanoi sein. Diese Unterschiede sind jedoch kein Maßstab für die Einschätzung des Landes insgesamt. Sie relativieren sich sehr schnell, wenn wir die Städte verlassen und uns auf das Land, in die Dörfer begeben, wo der überwiegende Teil der Vietnamesen lebt. Erst, wenn wir diese entscheidende Größe in die Überlegungen einbeziehen, können wir uns ein reales Bild vom Leben der Vietnamesen schaffen. Der Süden des Landes ist – ausgenommen seine Metropole – viel vietnamesischer, als man glauben möchte, wenn man im Geflimmer der Neonlicht-Reklame durch die Nguyen-Hue-Straße spaziert. **Saigon spielt eine Ausnahmerolle,** keine andere Stadt des Südens ist so westlich wie sie. Das Leben der Landbevölkerung in allen Teilen des Landes dagegen ist einander sehr ähnlich. Es unterscheidet sich in den Nuancen, die im Vortext erklärt wurden.

Wer das weiß, wird den **Ansichten der Stadtbewohner** in Nord und Süd übereinander auch ein geringeres Gewicht beimessen. Die Saigoner Gemüsefrau lackiert sich vielleicht die Fingernägel und meint, die Benutzung von Tampons sei „Kultur". Sie schaut mitleidig auf die Hanoier Lehrerin herab, von der sie glaubt, die hätte von solchen Errungenschaften keine Ahnung. Dabei war unsere Saigonerin nie in Hanoi, sie weiß nicht, dass es dort solche und andere westliche Kulturgüter längst gibt. Sie vergisst, dass noch ihre eigene Mutter zum Gebären in den Wald gehen musste, weil der Volksglaube in manchen Gegenden den Frauen nicht gestattete, ihr Kind im Haus zur Welt zu bringen.

Sie will nicht wahrhaben, dass schon wenige Kilometer außerhalb ihrer Stadt das Leben kaum anders abläuft als in den Dörfern des „bäurischen" Nordens. Die südvietnamesischen **Bauern** schwitzen genauso auf dem Acker wie ihre Brüder im Norden. Sie essen den gleichen Reis, benutzen das gleiche Plumpsklo, waschen ihre Wäsche auch nur mit Kernseife und gehen genauso fahrlässig mit Insektiziden und Düngemitteln um wie die Bauern im ganzen Land.

Der Hanoier Intellektuelle wiederum, der von der „unvietnamesischen" Atmosphäre Saigons angewidert ist, hat vielleicht nicht daran gedacht, wie viel leichter er es hatte, seine schönen Traditionen und seine patriotische Unschuld zu bewahren. Er kam nie auch nur in die Nähe einer Versuchung, denn Hanoi war zur Zeit der Besatzung kein Außenposten der westlichen Konsum- und Glitzerwelt. Hier liefen keine amerikanischen Filme, hier gab es weder Coke noch Jazz oder andere verlockende Einflüsse der fremden Kultur. Hier gab es weder Heroin noch die Wunderdroge Dollar, die den Blick vieler Südvietnamesen trübte und sie manche moralischen Skrupel vergessen ließ.

Knapp 20 Jahre Öffnungspolitik und gesellschaftlicher Wandel haben es mit sich gebracht, dass die westliche Konsumwelt mit all ihrem Glanz (und ihren unerwünschten Nebenwirkungen) nun auch in Hanoi Einzug gehalten hat: Heute stehen die Menschen im Norden vor der Entscheidung, welche Verlockungen es wert sind, moralische Kompromisse einzugehen – oder eben auch nicht. Die Zukunft wird zeigen, inwieweit das traditionelle Wertesystem geeignet ist, vernünftig mit dem Überangebot an Gütern, Meinungen, Vergnügungen und Lebensmodellen umzugehen.

Hektik und Geschäftigkeit prägen das Leben in Saigon

Historischer Rückblick auf den Vietnamkrieg

Gründung der DRV und Widerstand gegen Frankreich

Vietnamkrieg ist noch heute ein Schlagwort, das vielen Menschen spontan in den Sinn kommt, wenn von Vietnam die Rede ist. Welche Rolle spielt dieser Begriff jedoch für die Vietnamesen? Ein kurzer geschichtlicher Rückblick sei an dieser Stelle gestattet.

Als am 2. September 1945 die **Demokratische Volksrepublik Vietnam (DRV)** proklamiert wurde, lagen 80 Jahre kolonialer Unterdrückung durch die Franzosen hinter dem vietnamesischen Volk, mehr als fünf Jahre Besetzung durch japanische Truppen und eine durch diese mitverschuldete Hungersnot (1944–45), der ca. zwei Millionen Vietnamesen zum Opfer gefallen waren. Viel Zeit blieb der jungen Volksmacht nicht, um den weltweit ersten Staat, der sich nach dem 2. Weltkrieg von der Kolonialherrschaft befreit hatte, aufzubauen: Drei Wochen später griffen die Franzosen an, um ihr verlorenes Territorium zurückzugewinnen.

„Die Franzosen glaubten, ihre Annamiten zu kennen. In Cochinchina war eine ganze eingeborene Bourgeoisie entstanden … Doch unterhalb dieser Elite lebte ein Volk, das allenfalls den Ethnologen der Ecole d'Extrême-Orient und manchen Missionaren vertraut war. Diese Nhaques, diese Reisbauern, wie sie verächtlich genannt wurden, waren im Ersten Weltkrieg wegen ihrer angeblichen militärischen Untauglichkeit nur als Train-Soldaten verwendet worden. Die sogenannten Indochina-Experten … hatten den ankommenden Soldaten des Expeditionskorps erzählt, dass die Annamiten niemals in der Dunkelheit kämpften, aus Angst vor den Geistern, den ‚Ba Cui' und den Tigern. Sehr bald stellte sich heraus, dass in Vietnam die härteste Kriegerrasse Asiens lebte und dass die Nacht ihr eigentliches Element war."
(Scholl-Latour)

Der nun folgendende Krieg der ehemaligen Kolonialmacht gegen die Volksrepublik währte acht Jahre und kostete einer halben Million Vietnamesen das Leben (Gesamtbevölkerung 1954: 30 Mio.). Er fand erst 1954 mit der historischen Schlacht von *Điện Biên Phủ* und dem Genfer Abkommen sein Ende.

An dieser Brücke am Ben Hai verlief die Demarkationslinie zwischen Nord- und Südvietnam

030vi, hist. Foto

Genfer Abkommen und Teilung des Landes

Die **Ergebnisse der Genfer Verträge** waren ein großer Sieg für Vietnam. Frankreich erkannte die staatliche Souveränität der DRV an und verpflichtete sich, jegliche Einmischung in deren innere Angelegenheiten zu vermeiden. Dennoch bargen die Verträge gleichzeitig den Keim für kommende Konflikte. Zur Entflechtung der Truppen der Kriegsgegner wurden provisorische Zonen nördlich und südlich des 17. Breitengrades geschaffen. Diese Demarkationslinie sollte rein militärischen Charakter tragen und weder als politische noch als territoriale Grenze verstanden werden.

Es kam jedoch, was kommen musste. Die für 1956 vorgesehenen gesamtvietnamesischen Wahlen, die einen sicheren Wahlsieg für *Hồ Chí Minh* bedeutet hätten, fanden nicht statt. Die **USA,** die bereits in den letzten Kriegsjahren zu 80 % den Kriegshaushalt der Franzosen finanziert und das Genfer Abkommen nicht unterzeichnet hatten, nutzten ihre Möglichkeiten, Südvietnam als Stützpunkt gegen den Kommunismus aufzubauen. Dazu versicherten sie sich, nach mehreren erfolglosen Annäherungsversuchen an andere politische Kräfte im Süden, der Unterstützung des Katholiken *Ngô Đính Diệm* und seines Clans. Diese Kreise waren stark proamerikanisch, antifranzösisch und antikommunistisch orientiert und sahen in der Kooperation mit den USA die Chance, Machtpositionen zu erringen, die sich ihnen durch demokratische Wahlen niemals eröffnet hätten.

Frankreich wiederum wollte mithilfe verschiedener Sekten und Ex-Kaiser *Bảo Đại* verlorene Positionen wiedergewinnen. Jede der beiden Großmächte verfolgte eine neokolonialistische **Teile-und-Herrsche-Strategie,** die die komplizierte innenpolitische Situation im Süden ausnutzte und auf die Schaffung eines Systems hinarbeitete, das sich willig dem großen Bruder aus Übersee unterzuordnen gedachte. Ein solches Regime sah man bei den gegebenen Kräfteverhältnissen als sinnvoll im Kampf um die Erhaltung von Machtpositionen in Südostasien und gegen die Ausbreitung des Kommunismus an.

Das Engagement der USA, die seit Ende der 1940er Jahre zunehmendes Interesse an dem strategisch unvergleichlich wichtigen Vietnam gezeigt hatten, zahlte sich aus. Die **USA** setzten sich gegenüber Frankreich durch und setzten (während *Bảo Đại* noch formell regierender Kaiser war) *Ngô Đinh Diệm* auf den Posten des Ministerpräsidenten. Kaum war *Diệm* im Amt, als er auch schon den Kaiser absetzte, sich zum Staatspräsidenten ernannte und Tausende amerikanischer Berater zum Aufbau seines Militärregimes ins Land holte. Währenddessen schwelten die Unruhen unter der Bevölkerung des Südens weiter.

Die soziale **Basis des Diệm-Regimes** bestand vor allem aus Großgrundbesitzern und Teilen des Großbürgertums. Auch in der katholischen Bevölkerung fand *Diệm* noch am ehesten potentielle Verbündete für seine Politik.

Die Menschen litten nicht nur unter den Kriegsfolgen, sondern zunehmend auch unter der Wirtschaftspolitik. Im Widerspruch zu den Interessen der Bauern wurde nur vietnamesischer und ausländischer Großgrundbesitz unterstützt. Die Bauern, die während des Krieges Land erhalten hatten, wurden nun wieder enteignet. Auf diese Weise wurden die feudalistischen Verhältnisse in den Dörfern aufrechterhalten bzw. restauriert. Die einheimische Leichtindustrie brach unter den Warenimporten aus den USA und dem Kapitaldruck des Auslands (USA, Japan, BRD, Taiwan, Italien) schnell zusammen. Südvietnams Wirtschaft nahm zunehmend neokolonialistische Züge an.

Nationale Befreiungsfront im Süden

Große Teile der Bevölkerung lehnten diese Form der Herrschaft jedoch von Anfang an ab. Zur Stabilisierung des Marionettenregimes von Washingtons Gnaden wurde deshalb mit massiver amerikanischer Hilfe eine südvietnamesische Armee aufgebaut. Trotz der Ausstattung mit Kriegsmaterial, in USA ausgebildeten Offizieren und vom Pentagon vorgegebenen Strategien konnte jedoch die Widerstandsbewegung im Süden nicht niedergeschlagen werden. Im Gegenteil, letztere formierte sich zunehmend, bis 1960 die **NFB (Nationale Front zur Befreiung Südvietnams)** gegründet wurde, in der sich 23 Parteien, Organisationen und religiöse Sekten vereinigten, um gemeinsam für die Durchsetzung der Genfer Beschlüsse zu kämpfen.

Die Aktionen der NFB waren so erfolgreich, dass bis Ende 1961 bereits die Hälfte aller Dörfer im Süden direkt oder indirekt unter ihrer Kontrolle standen. Die politische Landkarte des Südens erhielt das Aussehen eines Tigerfells: Überall gab es Flecken und Streifen, die von der NFB kontrolliert wurden, die **befreiten Gebiete.** Zahlreiche Straßen waren für die Saigoner Truppen quasi unpassierbar. Wälder und Berggebiete konnten, wenn überhaupt, bestenfalls aus der Luft beschossen, jedoch weder betreten noch erobert werden. Besonders im Mekongdelta, im südlichsten Teil des Landes, gab es schon sehr früh viele befreite Gebiete. (Übrigens ein Indiz gegen die These, der Widerstand sei von Hanoi aus exportiert worden.) Andere Gebiete waren tagsüber noch unter Saigoner Kontrolle, wurden nachts jedoch zur befreiten Zone, weil die Armee sich wegen häufiger Anschläge nicht aus ihren Stellungen wagte. Die Truppen der NFB bewegten sich dafür umso freier auf diesem „Saigoner" Territorium, da ihnen der Beistand der Bevölkerung sicher war.

„Wir (Häftlinge der KZ-Insel Puolo Condor - M. H.) waren alle des ‚Kommunismus' beschuldigt, obwohl viele nicht der Partei angehörten. Eine große Anzahl war völlig unpolitisch, sie waren Buddhisten, Mitglieder religiöser Sekten."
(Lidmann)

Mit Terror, der Einrichtung sogenannter strategischer Dörfer und mithilfe der USA-Luftwaffe wollte die Saigoner Armee den **Spezialkrieg gegen die eigene Bevölkerung** zu Ende führen. 1964 zeigt sich jedoch, dass diese Taktik ungeeignet war. Nicht nur auf dem Lande, sondern auch in den Großstädten wurde der Widerstand gegen das herrschende System immer massiver. Der gesamte Süden wurde erschüttert von Massenstreiks und Anschlägen auf die Saigoner Militärs. Die Armee reagierte panisch: Mit Panzern, Flächenbombardements, Napalm, chemischen Kampfstoffen und dem Niederbrennen ganzer Dörfer sowie Terror gegen die Zivilbevölkerung sollte der Widerstand gebrochen werden.

Die dadurch erhoffte Befriedung blieb aus, die Niederschlagung der Widerstandsbewegung gelang nicht und die USA mussten ernsthaft um ihr teures Investitionsgebiet fürchten. In dieser Situation beschloss man im Pentagon, dass der Süden nur dann wieder unter Kontrolle gebracht werden könne, wenn man die Kommunisten im Norden vernichte und damit der südvietnamesischen Widerstandsbewegung den Boden entziehe.

Luftkrieg der USA gegen die DRV

Es ist ein Irrtum zu glauben, die Entscheidung der USA zur **Ausweitung des Krieges** auf die Demokratische Republik Vietnam sei lediglich einer Fehleinschätzung des Charakters der NFB geschuldet. Spätestens seit 1963 war ein Angriffskrieg gegen den Norden geplant. Als am 31. 7. 1964 der amerikanische Zerstörer „Maddox“ in die Hoheitsgewässer der DRV eindrang und Fischereifahrzeuge und Boote des Küstenschutzes beschoss, handelte es sich um eine Aktion nach dem Muster des von der SS fingierten Überfalls auf den Sender Gleiwitz. Bereits seit Wochen lagen in Washington und Saigon zwei Listen – ausgearbeitet durch einen von *Johnson* gebildeten Sonderstab – mit insgesamt 400 Zielen für Bombenangriffe auf dem Territorium der DRV vor. Der nun folgende **Luftkrieg der USA** gegen das vietnamesische Volk währte neun Jahre und war eine der blutigsten Auseinandersetzungen der Menschheit in diesem an Kriegen so reichen Jahrhundert.

„Jedes Kind weiß, dass man auf dem Weg zur Schule mit drei Meter Abstand in einer Reihe hintereinander gehen muss ... Wenn die ‚Johnsons' einen überfliegen, muss man anhalten und sich so zusammenkauern, dass man ganz und gar wie ein kleiner Strauch aussieht ... Jede Schulmappe enthält eine Staubinde, Verbandszeug und ein kleines chirurgisches Besteck für alle Fälle ...“

(Riffaud)

In diesen Jahren verloren zahllose Menschen ihr Leben, wurden unermessliche **Schäden** in der Wirtschaft der DRV verursacht. Niemand kann das **Leid** ermessen, das einem Volk angetan wurde, das sich gerade erst von kolonialer Herrschaft und neokolonialistischem Krieg erholt hatte, das gerade erst dabei gewesen war, sein Land aufzubauen, als erneut die systematische Zerstörung im Namen von Freiheit und Demokratie begann.

So brutal die Aggression auch war, ihr Ziel erreichte sie nicht. Auch durch **jahrelangen Luftterror** ließen sich die Vietnamesen nicht demoralisieren. Im Gegenteil – das offensichtliche Unrecht, in das die USA sich gesetzt hatten, machte selbst jene Vietnamesen zu glühenden Verteidigern ihrer Heimat, die bisher wenig für die Volksmacht übrighatten.

Die sozialistischen Länder, die seit Mitte der 1950er Jahre der jungen Volksrepublik Aufbauhilfe geleistet hatten, verstärkten ihre Unterstützung für Vietnam. Insbesondere China und die Sowjetunion leisteten auch umfangreiche militärische Hilfe. Gleichzeitig rief die Aggression der USA Kriegsgegner auf der ganzen Welt auf den Plan.

Entwicklung in der Republik Vietnam (Südvietnam)

„In dem Bemühen, die Tötungsquoten zu erfüllen ... vereinbarten Südvietnam und die CIA, dass ein Teil Zivilkriminelle, das heißt ... Mörder, Einbrecher und so was, dass die amnestiert wurden ... Aus ihnen bildete man Sechs-Mann-Teams. Sie durchstreiften einen Distrikt und gingen in ein Dorf, ... dort pickten sie sich die zu Vietcong Erklärten heraus und ermordeten sie an Ort und Stelle ...“
(*Heynowski & Scheumann*)

Der Zynismus, mit dem der Bombenkrieg gegen Nordvietnam geführt wurde, wurde nur noch durch die beispiellosen **Grausamkeiten** der Auseinandersetzung im Süden des Landes überboten. Hier trafen die Kriegsparteien direkt aufeinander, hier kämpften – dirigiert und unterstützt von US-Truppen – südvietnamesische Söldner, südkoreanische und australische Einheiten vorgeblich gegen die „vom Norden dirigierten Kommunisten". Tatsächlich richteten sich die Aktionen gegen die südvietnamesische Befreiungsfront. Natürlich wurde diese seit Beginn des Bombenkrieges gegen die DRV auch von regulären Kampfeinheiten aus dem Norden unterstützt. Das rechtfertigte jedoch weder die Anwesenheit der US-Truppen noch den Terror gegen beinahe die gesamte Bevölkerung des Südens. Unter dem Vorwand des Kampfes gegen **„den Viet Cong"**, wie man die vietnamesische Kommunisten verächtlich nannte, wurden nicht nur südvietnamesische Städte bombardiert, sondern auch ganze Dorfgemeinden abgeschlachtet. Dazu genügte allein der Verdacht auf eine Zusammenarbeit mit der Widerstandsbewegung. Oft suchte man nicht einmal nach Begründungen, wenn ein Exempel der Abschreckung zu statuieren oder die vorgegebenen **Tötungsquoten** zu erfüllen waren.

„Meine einzige Pflicht in unserem gesamten Operationsbereich war, den Vietcong zu finden, an ihn heranzukommen und ihn zu vernichten. Und jetzt hatte ich den Vietcong gefunden. Jeder da war ein Vietcong. Die alten Männer, die Frauen, die Kinder, die Babys, sie alle waren Vietcong oder würden es in etwa drei Jahren sein. Und ich schätze, im Bauch der Vietcongfrauen gab es auch noch tausend kleine Vietcongs.“
(*William Calley*, Leutnant der US-Army, durch seine Beteiligung am Massaker in Son My 1968 zu zweifelhafter Berühmtheit gelangt)

Pariser Abkommen und „Vietnamisierung“ des Krieges im Süden

Bereits seit 1968 war der Krieg **aus militärischer Sicht sinnlos** geworden, da keine Seite den endgültigen Sieg mit Waffengewalt erringen konnte, doch erst 1973 wurde das Pariser Abkommen über die Wiederherstellung des Friedens geschlossen. Nach der Beendigung des Luftkrieges gegen die DRV und dem Abzug der US-Truppen aus dem Süden brach das Saigoner Regime schnell zusammen.

15 Jahre lang durch Washington künstlich am Leben erhalten, hatte es seine geringen eigenen Kräfte durch jahrelange Grabenkämpfe zwischen den einzelnen Clans zersplittert. Ein **Putsch** folgte dem anderen, viele überzeugte Kämpfer gegen die kommunistische Bedrohung aus dem Norden verloren ihren Kampfgeist in dem Maße, wie die Geldhähne aus den USA zugedreht wurden.

Die **Armee** zeigte zunehmend Auflösungstendenzen. Generäle retteten Geld und Angehörige ins Ausland. Waffen und Ausrüstungen wurden auf dem Schwarzmarkt verhökert (ein großer Teil davon gelangte auf diesem Weg in die Hände der Befreiungstruppen), Soldaten desertierten zu Tausenden, kehrten in ihre Dörfer zurück oder schlossen sich gar der NFB an.

„Wer Soldat wurde, wurde es durch die Wehrpflicht. Entzog er sich der Einberufung, kam er ins Gefängnis, um nach einiger Zeit von dort gezogen zu werden. Darum war der Kampfgeist sehr schlecht. Beweis dafür sind die vielen Desertionen innerhalb eines Regimentes; es waren jährlich zwei- bis dreitausend Mann ... Die Zahl der Deserteure war oft höher als die Sollzahl einer Truppeneinheit.“

(Heynowski & Scheumann)

Die Widerstandsbewegung, die bereits seit Jahren große Gebiete kontrollierte, brachte nun innerhalb weniger Monate den größten Teil des südvietnamesischen Territoriums unter ihre Kontrolle. Nur so ist es zu erklären, dass die regulären Truppen der DRV Anfang 1975 in kürzester Zeit, kaum noch auf Widerstand treffend, bis nach Saigon durchmarschieren konnten, wo der Krieg 1975 beendet wurde.

Puppen vietnamesischer Soldaten: Wo früher blutige Kämpfe tobten, lebt heute der Touristenkommerz

034vi Foto: jb

Kriegsfolgen

Der offiziellen Wiedervereinigung des Landes (1976) folgten die Jahre des Aufbaus. Die Menschen hatten endlich Frieden, aber ihr Land war fast völlig zerstört. Auf Vietnam, Laos und Kambodscha waren insgesamt 7,5 Mio. Tonnen amerikanischer **Bomben** niedergegangen (knapp zwei Mio. Tonnen waren es im 2. Weltkrieg in ganz Europa gewesen).

Bis heute kann niemand genau sagen, wie viele **Opfer** der Krieg in Vietnam gefordert hat. Offiziellen Angaben der UNO, der SRV und der USA zufolge kamen insgesamt ca. 3,5 Millionen Menschen im Vietnamkrieg um, davon 1,1 Mio. Soldaten der DRV und der NFB, 223.000 Angehörige der Saigoner Armee, 55.000 US-Soldaten und ca. 5000 Söldner aus Südkorea, Australien usw. Über zwei Millionen Tote waren Zivilisten. Die Zahl der Kriegsversehrten belief sich insgesamt auf ca. 3,5 Mio. Menschen.

Städte, Industrieanlagen und Verkehrswege waren zerbombt, die für die Landwirtschaft lebenswichtigen Deichanlagen zum großen Teil zerstört. Eine gigantische Aufgabe lag vor den Vietnamesen, nachdem sie die Jahre des Bombenterrors und der Okkupation überlebt hatten. Noch bis zum heutigen Tage sind die **Folgen des Krieges** nicht völlig beseitigt. Die Trümmer wurden zwar beiseite geräumt, aber es fehlt bis heute an Wohnraum. Mietwohnungen sind fast nicht zu bekommen, weil die vorhandenen oft „auf Lebenszeit!“ an verdienstvolle Funktionäre, Veteranen etc. vergeben sind. Angesichts des geringen Einkommens und des rasanten Bevölkerungswachstums ist das Wohnungsproblem heute aktueller denn je ... oft leben die Menschen auf gerade mal 3 m²/Person.)

Bombentrichter und Luftschutzbunker wurden zugeschüttet, wertvolle Architektur ist jedoch unwiederbringlich verloren. Die Eisenbahn verbindet wieder alle Landesteile, aber sie ist über weite Strecken einspurig. Die Straßen erinnern nicht mehr an Mondlandschaften, doch es fährt sich noch sehr holprig auf ihnen. Die Landschaft schimmert in allen Grüntönen und erweckt den Eindruck eines Paradieses. Der wertvolle Primärwald wurde jedoch durch Kriegseinwirkungen im Bestand drastisch reduziert. Zahlreiche Flächen sind mit chemischen Kampfstoffen verseucht und können bis heute landwirtschaftlich nicht genutzt werden. (Drei Mio. Hektar Ackerland wurden verseucht, 7 Mio. Liter „Agent Orange“ versprüht. Das darin enthaltende Dioxin befindet sich immer noch im Boden, wird beim Pflanzenanbau von den Feldfrüchten aufgenommen und landet schließlich bei den Konsumenten. Folge: Mindestens 100 000 Menschen leiden an Krebserkrankungen, Diabetes, Erbgutschäden und Missbildungen!)

Die Toten sind begraben, aber die Lücken, die sie hinterließen, sind in jeder Familie spürbar. Millionen vietnamesischer Kinder wuchsen unter Bomben auf, ganze Generationen junger Menschen erhielten eine nur lückenhafte Ausbildung, weil stets die Verteidigung der Heimat Vorrang haben musste.

Bewältigung des Krieges

Die Vietnamesen **sprechen von sich aus selten über den Krieg.** Nur durch Zufall erfährt man manchmal – meist von anderen, kaum jemals vom Betreffenden selbst –, dass gesundheitliche Beschwerden von einer Verwundung herrühren, dass man gerade mit einem berühmten General gesprochen hat oder dass ein altes Muttchen den Titel einer „Heldenmutter“ verliehen bekam, da sie alle Kinder im Krieg verloren hat.

In Hanoi sollte man nicht versäumen, das **Armeemuseum** zu besuchen. Nicht nur Fans von Militärtechnik und Kriegsschrott kommen hier auf ihre Kosten. In den Ausstellungsräumen dokumentieren liebevoll zusammengestellte Exponate das Leben eines Volkes, das sich immer wieder gegen äußere Angriffe wehren musste. Angesichts vergilbter Zettelchen, auf denen Partisanen die Reisspenden der Bevölkerung quittierten, selbstgebastelter Bambuswaffen, mit denen die Bauern ihr Dorf verteidigten oder

Hunderter Portraits von Frauen, die bis zu neun Kinder im Krieg verloren haben, beginnt man ein wenig von der menschlichen Dimension des Krieges, von Heldentum und Leid der Vietnamesen zu ahnen.

Befragt man Vietnamesen zum Thema Krieg, dann wird man heute sachliche, ruhige Antworten zu hören bekommen, die wenig von den Gefühlen der Menschen ahnen lassen. Es ist schon viel, wenn jemand zugibt, es sei damals eine schwere Zeit gewesen. Von seinen eigenen Erlebnissen oder gar Heldentaten wird niemand sprechen. Das heißt nicht, dass die Vietnamesen überhaupt nicht nach dem Krieg gefragt werden wollen. Sie zeigen sogar eine gewisse leise Genugtuung, wenn man im Ausland Geschichte und Schicksal ihres Landes nicht vergisst. Es liegt ihnen aber nicht unbedingt, das ganze **Ausmaß des Schreckens** selbst in Worte zu fassen. Das Schweigen über erlebtes Leid, das Nicht-mehr-daran-denken-Wollen soll vielleicht auch verhindern, dass alte Wunden immer wieder aufreißen. Das Besingen der eigenen Heldentaten verbietet sich schon ganz und gar.

Man überlässt es anderen, den Krieg zu schildern. Nicht zuletzt der Pragmatismus der Vietnamesen trägt im Übrigen dazu bei, dass sie nicht in der Erinnerung an Vergangenes leben, sondern ihre Kraft auf die Bewältigung der Gegenwart richten.

Als Ausländer muss man allerdings davon ausgehen, dass die Vietnamesen sehr genau wissen, welche Staaten ihnen während dieser schweren Jahre Beistand leisteten, welche die Politik der US-Regierung unterstützten, in welchen Ländern es große Solidaritätsbewegungen gab oder auch nicht. Für junge Leute mag das keine Konsequenzen haben, sehr wohl aber für die Jahrgänge, die den Vietnamkrieg noch bewusst erlebten und deshalb eine Haltung dazu haben konnten. In Vietnam ist man zwar zu taktvoll, um einen offensichtlich bereits verlegenen Gast zu fragen, was er denn damals gedacht oder getan habe. Dass trotzdem genau zwischen „unserer" und der „anderen Seite" unterschieden wird, kann man höchstens an der unterschiedlichen Bereitschaft, freimütig über den Krieg zu sprechen, merken. In dieser Hinsicht genießen **Gäste aus Osteuropa,** besonders aus der ehemaligen DDR, einen Bonus. Sie werden a priori als Freunde und Verbündete eingeordnet und das nicht ohne Grund. Die Bevölkerung der DDR leistete in den Kriegsjahren so umfangreiche und vielseitige Hilfe, dass deren Spuren auch über 30 Jahre später noch tief in den Herzen der Vietnamesen eingeprägt sind.

Die eigentliche **Verarbeitung der Kriegszeit** mit ihren Schrecken vollzieht sich im Wesentlichen auf zwei Feldern:

- **In öffentlichen Verlautbarungen,** die – oft in Stereotypen („amerikanische Imperialisten", „heldenhafter Kampf") – nicht nur die staatliche Meinung wiedergeben, sondern auch der Bevölkerung als Formulierungshilfe dienen. Dieser offizielle Teil der Kriegsbewältigung wurde und wird vor allem in der Geschichtsschreibung, im Schulunterricht, in Armeemuseen und in Berichten staatlicher Institutionen praktiziert, wie z. B. der Kommission zur Untersuchung amerikanischer Kriegsverbrechen.

- **In der Literatur,** die in den ersten zehn Jahren nach 1975 überwiegend Kriegsthemen behandelte. Vor allem in Gedichten und Kurzgeschichten schrieben sich die Vietnamesen vieles von der Seele. Gefühle, die in einer von konfuzianischer Bescheidenheit und sozialistischer Heldenmoral geprägten Gesellschaft nicht leicht auszusprechen waren, konnten auf diese Weise kanalisiert werden. Wer nicht selbst zum Stift griff, fand bei der Lektüre dieser Literatur oft sein eigenes Schicksal beschrieben und erhielt so Trost für sein persönliches Leid oder Anerkennung für seine Opferbereitschaft.

Schließlich wurde die Bewältigung der Schrecken des Krieges in einem Punkt erleichtert: Die Vietnamesen hatten im Gegensatz zu den Amerikanern nie ein Kriegstrauma. Das lag nicht etwa daran, dass sie „die härteste Kriegerrasse Asiens" *(Scholl-Latour)* wären, sondern daran, dass die Gerechtigkeit auf ihrer Seite war. Sie wurden auf ihrem eigenen Stück Erde angegriffen und sie haben sich gewehrt. In militärischer Hinsicht gab es zwar keine Sieger, aber der Kampf der Vietnamesen führte dazu, dass die USA trotz ihrer technischen und materiellen Überlegenheit letztendlich keine andere Möglichkeit sahen, als sich aus diesem Teil der Erde zurückzuziehen. Die Vietnamesen sind in einer der blutigsten Auseinandersetzungen zwischen neokolonialen Machtansprüchen und nationaler Selbstbestimmung nicht nur faktische, sondern auch moralische Sieger geblieben. Dieses Bewusstsein hat wesentlich dazu beigetragen, mit Leid und Tod, mit den schrecklichen Bildern der Kriegsjahre fertig zu werden.

Kommunismus in Vietnam: Geschichte und Gegenwart

Koloniale Herrschaft und Widerstand

Der **Begriff Kommunismus** wurde in Vietnam – ähnlich wie auch in anderen Volksdemokratien – niemals so inflationär gebraucht wie in den westlichen bürgerlichen Medien.

Im Westen werden nur zu gern die unterschiedlichsten Ideen und Vorstellungen darunter subsumiert. Dazu genügt, dass sie sich nicht mit konservativen bürgerlichen Auffassungen decken. Ob und inwieweit sich diese nichtbürgerlichen Vorstellungen voneinander und von kommunistischen Vorstellungen unterscheiden, wird kaum geprüft. Auch die **nationalen Befreiungsbewegungen** in den Ländern Asiens und Afrikas werden seit ihrem Entstehen oft pauschal in die linke, kommunistische Ecke gestellt. Das geschieht nicht ohne Grund. Auf diese Weise können neokolonialistische und hegemoniale Bestrebungen zur Unterdrückung der Völker in Asien und Afrika als „Kampf gegen die kommunistische Gefahr" gerechtfertigt werden. Damit wird man diesen Bewegungen jedoch nicht gerecht, wie am Beispiel Vietnam deutlich zu sehen ist.

Als die Franzosen 1858 ihren Eroberungszug begannen und zwanzig Jahre später in ganz Vietnam die koloniale Herrschaft etablierten, wurde ihnen seitens der vietnamesischen Monarchie nur **schwacher Widerstand** entgegengebracht, da sich der Staat zu jener Zeit selbst im Stadium des Niedergangs befand. Schon seit Eintreffen der Franzosen hatte es zwar bei den Gelehrten einigen Widerstand gegeben, dieser hatte jedoch die koloniale Einverleibung nicht verhindern können.

Die Verwaltungs- und Ausbeutungsmethoden, die das Mutterland einführte, Steuern, Zwangsarbeit, Verschleppung von Arbeitskräften und ständige Hungerkatastrophen bei wachsenden Reisexporten waren nicht geeignet, die Bevölkerung für Frankreich einzunehmen. Die westliche Überheblichkeit gegenüber Kultur, Sitten und Traditionen der Vietnamesen trug ebenfalls zu einer **antifranzösischen Haltung** sowohl der Massen der Armen als auch der kleinen Schicht der Bessergestellten bei.

Im Laufe der Jahrzehnte mehrten sich die Kräfte, die nach Möglichkeiten zur Beendigung der nationalen Schmach, wie man die Kolonialherrschaft nannte, suchten. Die Orientierungsversuche gingen in die verschiedensten Richtungen und reichten von der Besinnung auf alte konfuzianische Weisheit bis hin zu Bestrebungen, *Sun Yat Sen* in China oder dem Vorbild Japans nachzueifern. Zur gleichen Zeit erstarkte die Arbeiterklasse in Europa; in Russland siegte die **Oktoberrevolution,** in vielen Ländern fanden sozialistische und kommunistische Ideen weite Verbreitung. Zu einer Zeit, da die europäischen kommunistischen Bewegungen noch kaum Anlass sahen, sich zur kolonialen Frage eine Meinung zu bilden, strahlten die revolutionären Kämpfe bis nach Vietnam aus.

Bei vietnamesischen Patrioten, die oft aus gebildeten Kreisen stammten und das Elend ihres Volkes nicht mehr mit ansehen wollten, fiel die Idee von einer Gesellschaft ohne Ausbeutung und Unterdrückung, mit einer gerechten Ordnung, wo die Menschen Gleiche unter Gleichen wären, auf fruchtbaren Boden.

Hồ Chí Minh (1890–1969) war einer dieser Männer, die nicht an die eigene, durchaus mögliche Karriere in der Kolonialverwaltung der Franzosen dachten, sondern ihr Leben dem Dienst am eigenen Volk widmeten. Als Sohn eines hochgebildeten, patriotisch gesinnten Mandarins wurden dem jungen *Hồ Chí Minh* sowohl klassische Bildung als auch die Verbundenheit zum vietnamesischen Volk vermittelt. Darüber hinaus besuchte er die Quốc-Học-Schule in Huế, damals eine der angesehensten höheren Schulen in Vietnam. Dort erlernte er die französische Sprache, Geschichte, Naturwissenschaften und Geografie. Die Erlebnisse seiner Kindheit und Jugend in der Provinz Nghệ An, einer der ärmsten Gegenden des Landes, das alltägliche Elend der Menschen und die brutalen Auswirkungen der Kolonialherrschaft hatten ihn entscheidend geprägt.

Er ging nach **Europa,** um die Erfahrungen der Völker im Kampf gegen Fremdherrschaft und Unterdrückung zu studieren. Erst dort wurde aus dem Patrioten der Internationalist, der nicht nur die Rassen- sondern auch die Klassenfrage sah. Er beschäftigte sich mit den Werken von *Marx* und *Lenin* und nutzte später Grundgedanken ihrer Theorie wie die Bündnisfrage für den Befreiungskampf. Trotz des sowjetischen Vorbilds gehörte *Hồ Chí Minh* aber keineswegs zu den Kräften, für die kein anderer Weg als der Sozialismus in Frage kam. Er studierte die Geschichte der **französischen Revolution,** begeisterte sich für die Idee von Liberté, Egalité, Fraternité und war fasziniert vom amerikanischen Begriff von Freiheit und Demokratie. Er sah aber auch, dass sich die Bedingungen für den Kampf wie

029vi, hist. Foto

auch für den Aufbau einer neuen Gesellschaft in Europa in vielen Punkten (Entwicklungsstand der Gesellschaft, Rolle der einzelnen Klassen, Grad der Industrialisierung, politische Traditionen usw.) von denen in Asien unterschieden.

Die für Vietnam wichtigste Frage, der Kampf um nationale Unabhängigkeit, stand in den sozialistischen Bewegungen Europas überhaupt nicht zur Debatte. In Asien selbst gab es kein alternatives Beispiel für ein vom Kolonialjoch befreites Land. (Vietnam sollte 1945 weltweit das erste Land werden, das nach dem 2. Weltkrieg die nationale Unabhängigkeit errang.)

Als *Hồ Chí Minh* 1940 nach Vietnam zurückkehrte, beteiligte er sich sofort an der **nationalen Widerstandsbewegung,** die sich seit den1930er Jahren sehr verstärkt hatte. Er brachte sein Wissen in die tägliche Arbeit mit ein, versuchte jedoch nie, hochfliegende revolutionäre Theorien der europäischen Arbeiterbewegung unkritisch auf den vor allem von Bauern geführten antikolonialen Kampf seines Volkes zu übertragen.

Sein **Talent als Praktiker** bewies *Hồ Chí Minh*, indem er mit einem untrüglichem Gespür für die jeweilige Kräftelage und sicherem Instikt für die Gefühle der einfachen Vietnamesen genau jene Entscheidung traf, die gerade wichtig war. Die Erfahrung hatte *Hồ Chí Minh* gelehrt, dass eine Volksbewegung immer auch Köpfe braucht, die nicht nur unbeirrt ihr Ziel verfolgen, sondern auch den Weg dorthin kennen. Eine solche Kraft sah er in der Kommunistischen Partei Indochinas, die 1930 gegründet worden war. Seine für die weitere Entwicklung des Landes vielleicht entscheidendste Erkenntnis bestand jedoch darin, dass nur ein **breites Bündnis aller antikolonialen Kräfte** zur Befreiung führen konnte.

Die Kommunisten hatten in diesem Bündnis eine wichtige Aufgabe zu erfüllen. Dazu gehörte vor allem die Analyse des jeweiligen Kräfteverhältnisses und die Ausarbeitung einer sinnvollen Taktik. Das heißt jedoch nicht, dass *Hồ Chí Minh* vordergründig ein kommunistisches Gesellschaftssystem vor Augen hatte. Ihm ging es zuerst und vor allem um die **nationale Unabhängigkeit.** Welche Staatsform das freie Vietnam haben würde, ergab sich erst im Verlauf späterer Jahre und nicht zuletzt unter dem Einfluss der internationalen Weltlage.

Trotz seiner Bewunderung für die Leistungen der Menschen in der Sowjetunion war *Hồ Chí Minh* keineswegs auf eine Entwicklung nach deren Vorbild fixiert. Im Gegenteil, als die Franzosen sich 1944 zwar den Japa-

Hồ Chí Minh (4. v. l.) 1952 im Kreise von Befreiungskämpfern

nern gegenüber schwach, der Widerstandsbewegung gegenüber aber unerbittlich zeigten, suchte er den Kontakt zu den Amerikanern. (Diese Bemühungen hatten bis auf Sondierungsgespräche zu OSS-Vertretern und ein paar geschenkte Handfeuerwaffen keinen Erfolg. Immerhin orientierte sich *Hồ Chí Minh* jedoch bei der Erarbeitung der Unabhängigkeitserklärung von 1945 auch an der Declaration of Independence der USA.) Die Regierung der DRV schließlich wurde 1945 nicht allein von den Kommunisten gebildet, sondern stützte sich auf eine breite Volksfront.

Nie verlor *Hồ Chí Minh* das eigentliche Ziel seiner Arbeit, dem Volk zu dienen, aus den Augen. Er war ein **asketischer Weiser,** um Macht oder Ruhm ging es ihm nicht. Deshalb fiel es ihm leicht, feinfühlig auf die Menschen einzugehen und ihnen fast unmerklich seine Absichten zu vermitteln. Er, der polyglott Gebildete mit 30 Jahren Auslandserfahrung, dessen Wortschatz von chinesischen Lehrsätzen bis zur international üblichen „revolutionären Lexik" reichte, bewahrte sich Zeit seines Lebens eine leicht verständliche Sprache. Permanent kämpfte er gegen die Unsitte mancher Funktionäre, ihr hohes revolutionäres Niveau mit hohl tönenden Phrasen beweisen zu wollen. Auch für die kompliziertesten Themen fand er einfache Worte und ging so behutsam auf die Menschen ein, dass sie sich akzeptiert und verstanden, aber nie von oben herab dirigiert fühlten.

„... Ich rate Euch auch, keine riesenhaften Pläne zu schmieden, von denen man zwar gerne träumt, die aber unerfüllbar sind. Alles muss man real betrachten: Hast du dein Wort gegeben, so halte es auch.

In jeder Sache muss man vom Kleinen zum Großen gehen, vom Leichten zum Schweren, von den niederen Formen zu den höheren. Ein kleiner, aber erfüllbarer Plan ist besser als hundert gewaltige, aber undurchführbare Projekte."

(Hồ Chí Minh)

Vietnam und das internationale Kräfteverhältnis

Wie auch viele andere große Persönlichkeiten der vietnamesischen Geschichte kam *Hồ Chí Minh* nie dazu, im Elfenbeinturm sitzend, Theorien oder Ideologien zu entwickeln. Das entsprach nicht der geisteswissenschaftlichen Tradition Vietnams. Es galt vielmehr, die **Forderungen des Tages** zu erfüllen. Der Kampf um die Unabhängigkeit und gegen die japanischen Okkupanten, die Gründung der DRV, deren Verteidigung gegen Frankreich, der Aufbau des Landes 1954 bis 1964 und der Widerstandskrieg gegen die USA bestimmten von 1940 bis zu seinem Tod im Jahre 1969 *Hồ Chí Minhs* Leben. Stets waren Entscheidungen gefragt, die vorher noch niemals getroffen worden waren. Kein Land bot eine ähnliche Entwicklung und solche Kampfbedingungen wie Vietnam.

Europa war nach Beendigung des Zweiten Weltkrieges mit sich beschäftigt. Es dauerte Jahre, bis die Welt auf den Kampf der Vietnamesen gegen die Versuche Frankreichs, die verlorene Kolonie zurückzuerobern, aufmerksam wurde. Erst seit Mitte der 1950er Jahre begannen China, die Sowjetunion und die europäischen Volksdemokratien, Vietnam beim Aufbau zu unterstützen. In gewisser Weise war die **geringe Bindung an Europa** und die Sowjetunion während der ersten Jahre des Widerstandes auch von Vorteil. Vietnam blieb vom stalinistischen Personenkult, von dem die osteuropäischen Staaten betroffen waren, verschont.

Der Kalte Krieg und die Aufteilung der Welt in zwei große Lager wirkten sich letzten Endes aber auch auf Vietnam aus. Allein durch ihren Unabhängigkeitskampf gegen Frankreich sah sich die junge Volksrepublik auf die Seite derer gestellt, die gegen koloniale Unterdrückung auftraten. Das waren nun einmal die Sowjetunion, die Volksrepublik China und die osteuropäischen Staaten. Die USA unterstützten Frankreich, die Briten waren selbst eine Kolonialmacht und hatten nicht das geringste Interesse an unabhängigen Nationalstaaten. Ein „dritter Weg" existierte für Vietnam unter den gegebenen Kräfteverhältnissen nicht. So ist es nicht verwunderlich, dass sich das Land zunehmend an jenen Staaten orientierte, die den Aufbau einer sozialistischen Gesellschaft auf ihre Fahnen geschrieben hatten.

Entwicklung der DRV 1954 bis 1975

Von 1954 bis zum Ende der 1950er Jahre erfolgte eine Rekonstruktionsperiode, in der die im Krieg zerstörte Wirtschaft des Landes wieder aufgebaut wurde. Die bereits während des Widerstandes gegen die Franzosen begonnene **Bodenreform** wurde zu Ende geführt. Hinter den Bauern lagen Jahrhunderte der Armut, des Landmangels, der Abhängigkeit von Großgrundbesitzern und drückende Steuerlasten durch den Feudalstaat und schließlich die Kolonialverwaltung. Die Bodenreform brachte acht Millionen Vietnamesen Land und die Chance, aus dem ewigen Teufelskreis von Hunger und Abhängigkeit auszubrechen. Sie hatte eine riesige Bedeutung für die Vertrauensbildung zwischen Volk und Regierung. Ebenso wie die allgemeine Volksbewaffnung seit Beginn des antifranzösischen Widerstandes, der Sieg über die Franzosen und die Erfolge der Alphabetisierungs- und Gesundheitspolitik gab die Landverteilung den Menschen das Gefühl, dass die Regierung wirklich etwas für sie tat.

Mit jeder Verbesserung des Lebens wuchsen das Selbstbewusstsein der Menschen und ihre Verbundenheit mit der **Politik der Volksdemokratie,** die sie als Vertreter ihrer eigenen Interessen erkannten. Deshalb identifizierte sich die Bevölkerung auch weiterhin mit der Regierung, als seit etwa 1957 vom Aufbau des Sozialismus gesprochen wurde.

Bis zum Beginn des USA-Bombenkrieges gegen die DRV 1964 hatten sich bereits grundlegende Veränderungen in der vietnamesischen Gesellschaft vollzogen. Die Menschen lebten immer noch bescheiden, aber die seit Jahrhunderten wiederkehrenden **Hungersnöte gab es nicht mehr.** Der Norden, der sich nie selbst hatte ernähren können, war nun in der Lage, sich aus eigener Kraft mit Nahrungsmitteln zu versorgen.

Die **Lebenserwartung** der Menschen erhöhte sich deutlich. Typische Armenkrankeiten wie Cholera, Tuberkulose usw. wurden zurückgedrängt und die Kindersterblichkeit sank. Ein Netz von Gesundheitsstationen überzog das gesamte Gebiet der DRV.

Die Politik der allgemeinen **Volksbildung** zeigte noch beeindruckendere Erfolge: Millionen Kinder und Erwachsene hatten lesen und schreiben gelernt. Dabei blieb es jedoch nicht. Nun wollten die Menschen ganz allgemein ihren Bildungshunger stillen. In Abendkursen saßen sie in den Schulbänken ihrer eigenen Kinder und holten den Grundschulabschluss (1.–4. Klasse) nach. Sie lasen Zeitungen und Bücher und begannen sich allmählich für Dinge zu interessieren, die ihnen vorher verschlossen geblieben waren. Die Alphabetisierung löste eine regelrechte **Revolution im Denken** der Menschen aus. Sie weckte ihr Selbstvertrauen und den Glauben an ihre Fähigkeiten. In einem Land, da Bildung traditionell einen hohen Wert darstellt, war diese Bildungspolitik ein ganz besonderer Vertrauensfaktor.

Auch die **Kollektivierung des Bodens** brachte trotz der weitgehend fehlenden Mechanisierung in der Landwirtschaft für die Mehrheit der Menschen positive Veränderungen. Die wenigen Zugtiere konnten in der Genossenschaft gezielter eingesetzt werden. Das Erproben neuer Reissorten und anderer Verfahren des Pflügens – für den Einzelbauern ein viel zu großes Wagnis – konnten nun in Angriff genommen werden. Deutliche Ertragssteigerungen und schließlich zwei Reisernten im Jahr – dieses Wunder war im klimatisch ungünstigen Norden nie für möglich gehalten worden.

Nicht vergessen sollte man auch einen Aspekt, der untrennbar mit der vietnamesischen Zivilisationsgeschichte verbunden ist: Das **vietnamesische Dorf war schon immer ein Gemeinwesen,** in dem ein nicht geringer Anteil der Arbeit gemeinsam verrichtet werden musste. Das Aufschütten von Dämmen und Deichen und deren Instandhaltung, der Wegebau und auch der Schutz des Dorfes vor Überfällen waren Angelegenheit aller Dorfbewohner. Auch die Aufteilung eines Teils der Ernteerträge bei Umverteilungsfesten – nämlich anlässlich der Huldigung von Schutzgeistern – war den Vietnamesen seit alters her vertraut. Nicht von ungefähr setzt sich auch der Begriff Genossenschaft *(hợp tác xã)* im Vietnamesischen aus den Silben „Zusammenarbeit" + „Gemeinde" zusammen. Gemeinsamkeit war ein den Vietnamesen sehr vertrauter, für das Überleben zu allen Zeiten wichtiger Faktor.

In gewisser Weise trugen auch die **Bombardements** dazu bei, dass die Bauern die Kollektivierung unterstützten. Die Aufteilung der Arbeit auf drei Schwerpunkte – Feldarbeit, Luftabwehr und ständige Wiederherstellung zerstörter Deichanlagen, Straßen und Gebäude – wurde erst dadurch möglich, dass die Genossenschaft alle nötigen Tätigkeiten gleichermaßen honorierte. Der erfolgreiche Aufbau der Volkswirtschaft wurde durch den 1964 einsetzenden Bombenkrieg zwar gebremst, doch nicht zum Erliegen gebracht. Die Produktion in Landwirtschaft, Handwerk und Industrie stieg weiterhin. Bildungs- und Gesundheitswesen wurden auch unter Kriegsbedingungen verbessert.

Zwar wurden die Vietnamesen aus der Luft bedroht, doch innerhalb der Gesellschaft herrschten **Ruhe und Stabilität.** Bereitwillig und diszipliniert stellten sich die Menschen auf ein Leben unter Bomben ein. Luftabwehr, Evakuierung, Schutz der Zivilbevölkerung, Produktionsverlagerung und nicht zuletzt die Versorgung mit Lebensmitteln wurden von ihnen mit großer Einsatzbereitschaft und viel Improvisationsgeist gesichert. Die vom Pentagon beabsichtigte Demoralisierung der vietnamesischen Bevölkerung blieb aus. Die erfolgreiche Verteidigung des Landes und die siegreiche Beendigung des Krieges 1973 taten ein Übriges, um Volk und Regierung zu einen.

Die Begriffe Volksmacht und Sozialismus wurden von der Mehrzahl der Vietnamesen stets mit dem Kampf gegen koloniale Unterdrückung und um nationale Unabhängigkeit, gegen Hunger, Krankheiten und Unwissenheit verbunden. Wenn man unvorbereitet durch das Land reist und es lediglich aus der Sicht des Mitteleuropäers betrachtet, sind die Leistungen, die **trotz der langen Kriegszeiten** erreicht wurden, kaum richtig zu werten. Zu einer gerechten Beurteilung gehören das Wissen sowohl um den Entwicklungsstand Vietnams 1945 als auch um das Ausmaß der Zerstörungen, die durch den Krieg hingenommen werden mussten.

Wer sich nicht mit der Geschichte Vietnams beschäftigt hat, kann kaum ermessen, wie riesig die Erfolge in den verschiedensten Lebensbereichen sind. Die folgenden Beispiele stehen für zahllose Eindrücke, die uns in Vietnam begegnen und leicht fehlinterpretiert werden können:

- Man sieht vielleicht einen **blinden Bettler** und ist erschüttert. In den 1940er Jahren zogen jedoch Tausende Blinde bettelnd durchs Land, weil damals 11 (!) von 14 Millionen Nordvietnamesen an der infektiösen Augenkrankheit Trachom litten, die letztendlich zur Erblindung führt.

- Immer wieder äußern Besucher heute abfällig-mitleidige Bemerkungen über den **Anblick der Stadt Vinh** (Provinz *Nghệ An*). Die abgeblätterten Farben an den scheinbar lieblos hingeklotzten Häuserblöcken östlich der Quang-Trung-Straße wirken traurig, die Straßen sind zu breit, irgendwie fehlt es an städtischem Charme ... Die DDR habe diese trostlose Ansammlung von Neubauten errichtet? Ach so, kein Wunder ... Vielleicht ist es aber doch eines. Vinh wurde nämlich im vorigen Jahrhundert zweimal bis zur Unkenntlichkeit zerstört. Im Krieg gegen die Franzosen wurde die Stadt in Schutt und Asche gelegt und nach 1954 wieder aufgebaut. Nach systematischen Bombardements der US-Luftwaffe und Direktbeschuss durch die Kriegsflotte war die 300.000-Einwohner-Stadt erneut dem Erdboden gleich. Als 1974 der Wiederaufbau mit finanzieller Unterstützung der DDR begann, lebten die meisten Bewohner Vinhs in Hütten und Erdhöhlen. Es gab keine Straßen, keine Kanalisation, kaum Wasser und Strom. Mit großem Elan begannen die Einwohner, ihre in die Steinzeit zurückgebombte Stadt wieder zum Leben zu erwecken. Viele Arbeiten wurden in freiwilliger Aufbauarbeit und ohne jede Bezahlung geleistet. Es ging darum, so schnell wie möglich Wohnraum für 150.000 Menschen zu schaffen und dieses Ziel wurde auch erreicht. Schönheit war in diesem Zusammenhang ein Luxus, den sich weder Vietnam noch die DDR, deren Bürger diese Hilfe schließlich finanzierten, leisten konnten.

An allen Erfolgen, die Vietnam in den letzten 60 Jahren erreichte, hatte die **Kommunistische Partei,** die sich übrigens von 1951 bis 1976 Partei der Werktätigen nannte, einen wesentlichen Anteil. Unter ihrer Leitung wurden immerhin zwei Weltmächte – Frankreich und die USA – in die Schranken gewiesen. Deshalb war der Begriff Sozialismus für die meisten Vietnamesen immer positiv besetzt.

Bis zur Wiedervereinigung des Landes 1975 hatten es die vietnamesischen Kommunisten stets verstanden, ihren eigenen Weg zu gehen, bei allen äußeren Zwängen durch das internationale Kräfteverhältnis. Ganz sicher hat neben dem vietnamesischen Pragmatismus dabei auch die – in der konfuzianischen und auch daoistischen Lehre begründete – **Tradition des Maßhaltens in allen Dingen** und der Vermeidung von Extremen eine Rolle gespielt. Trotz der Anbindung an China und später an die Sowjetunion haben die Vietnamesen verschiedene Überspitzungen und Fehler vermieden, die in den anderen sozialistischen Ländern gemacht wurden. Weder der Stalinismus noch die „großen Sprünge" der VR China, die so viel zur Diskreditierung der sozialistischen Idee beigetragen haben, fanden in Vietnam ein Echo.

Zehn folgenschwere Jahre

Erst nach der Wiedervereinigung des Landes 1976 begann die Kommunistische Partei Vietnams, sich in ihrer gesamten Gesellschaftsstrategie stark an den europäischen sozialistischen Ländern zu orientieren. Von 1976 bis Anfang der 1980er Jahre versuchte die Regierung, euphorisiert durch das Ende des Krieges und die Wiedervereinigung, die **Wirtschafts- und Sozialpolitik der RGW-Staaten** (RGW: Rat für Gegenseitige Wirtschaftshilfe, auch unter COMECON bekannt – das Gegenstück der sozialistischen Staaten zur EWG) nachzuahmen. Das war nicht nur aus heutiger Sicht keine glückliche Entscheidung, denn die Bedingungen Vietnams waren ganz andere als die in Osteuropa.

Die **Misserfolge** konnten dann auch nicht ausbleiben. Eine voreilig durchgeführte Kollektivierung der Landwirtschaft im Süden hatte zur Folge, dass die Produktion stagnierte. Die Bevölkerung wurde nur unzureichend mit Nahrungsmitteln versorgt und die Bauern waren unzufrieden. Der Lebensstandard wurde nach den langen Jahren der Entbehrung nicht nur kaum besser, sondern sank teilweise sogar ab.

Hinzu kam, dass sich das Land durch die **Konflikte mit der VR China** und den Roten Khmer erneut in bewaffnete Auseinandersetzungen verstrickte, die ihm außenpolitisch schweren Schaden zufügten. Die USA nahmen die Gelegenheit wahr, ein totales Wirtschaftsembargo über Vietnam zu verhängen, dem sich viele westliche Staaten anschlossen.

Zu den genannten objektiven Faktoren kam ein subjektiver Aspekt. Die **Methoden der Kriegswirtschaft,** bei der operativ entschieden und gewirtschaftet wurde, solange der Vorrat eben reichte, und in der jeder ungeachtet der Leistung den gleichen Lohn erhielt, wurden den neuen Bedingungen nicht gerecht. Wirtschaftliche Rechnungsführung, leistungsgerechte Abrechnung und langfristige Planung wollten erst einmal gelernt sein.

Die Fehler in der Gesellschaftsstrategie hatten zur Folge, dass die Idee des Sozialismus in der Wertschätzung der Menschen deutlich sank. In den Kriegsjahren hatte die Bevölkerung immer darauf gehofft, dass ihnen der Frieden auch ein besseres Leben bringen würde. Als dieses auf sich warten ließ, verloren viele Menschen den Mut. Hoffnungslosigkeit und Enttäuschung über diesen Sozialismus, der keinen Weg aus der Armut zu zeigen schien, machten sich breit.

Der Beginn des Umdenkens

Als man erkannte, dass die Planvorhaben des IV. Parteitages (1976) unrealistisch waren, beschloss man bereits 1979 **erste Veränderungen der**

Wirtschaftspolitik. Die Kollektivierung wurde gedrosselt, freie Märkte und private Unternehmen in gewissem Umfang gefördert, das Familienvertragssystem in der Landwirtschaft erprobt und der Stücklohn in den Industriebetrieben eingeführt. Diese ersten Reformschritte waren aus der Not geboren und wurden nur durch harte innerparteiliche Auseinandersetzungen überhaupt möglich. Sie brachten der Bevölkerung zwar noch keine Verbesserungen, waren jedoch der Beginn einer einschneidenden Entwicklung, die schließlich in der Erneuerungspolitik ihren Ausdruck finden sollte. Bis dahin vergingen jedoch noch Jahre des Kampfes für weitere Liberalisierungen

Erst 1986 konnten sich die Reformer in der Partei durchsetzen. Es erfolgte eine Neuorientierung der staatlichen Investitionspolitik auf Landwirtschaft und Leichtindustrie. Verschiedene Eigentumsformen wurden zugelassen. Die bisher zentralistische Leitung der Wirtschaft wurde zugunsten einer dezentralen Verwaltung aufgegeben und eine außenwirtschaftliche Ordnung erarbeitet.

Politik der Erneuerung

Der VI. Parteitag (Dez. 1986) beschloss dann offiziell die **Politik der Erneuerung** *(đổi mới)*. Erste Ergebnisse zeigten sich recht schnell. Bisher tabuisierte Missstände wurden nun in der Presse öffentlich diskutiert. Bei den Parlamentswahlen im Frühjahr 1987 konnten erstmals wieder parteilose Kandidaten gewählt werden. Viele langjährig Inhaftierte wurden aus den Umerziehungslagern entlassen. Die staatliche Zensur erfuhr eine Lockerung und die Massenmedien wurden vielseitiger und interessanter.

Entscheidend für die weitere Entwicklung Vietnams waren jedoch vor allem die Beschlüsse zur **Wirtschaft.** Für staatliche Betriebe wurde die Zahl der Planvorgaben reduziert, Privatfirmen in größerem Umfang zugelassen und rechtlich den Staatsbetrieben und Genossenschaften gleichgestellt. Die bisherigen Beschäftigungsgrenzen für private Unternehmen fielen weg. Ein Investitionsgesetz wurde verabschiedet, die Genossenschaften in der Landwirtschaft aufgelöst und das Pachtsystem verbessert. Der Boden konnte nun langfristig von den Bauern gepachtet und eigenständig bewirtschaftet werden und die Erträge durften selbst verkauft werden. Die Preise in vielen Bereichen wurden freigegeben und der Staat beschloss die Einführung eines zweistufigen Bankensystems.

Das revolutionäre Pathos ertönt auch heute noch:
„Die ruhmreiche Kommunistische Partei lebe 10.000 Jahre"

Schon nach wenigen Jahren zeigte diese Politik **Erfolge.** Die Produktion stieg in allen Bereichen. Erstmals seit vielen Jahren exportierte das Land wieder Reisüberschüsse. Die Inflation wurde entscheidend gebremst (von 700% 1986 auf 7,7% in 2005) und die Warendecke verbessert. Die Lebensverhältnisse stabilisierten sich in vieler Hinsicht deutlich und die Menschen begannen aufzuatmen.

Die Reformpolitik war zwar vordringlich auf die Wirtschaft gerichtet, erfasste aber zunehmend auch andere Bereiche der vietnamesischen Gesellschaft. Zuallererst wurde das im Gesundheits- und im Bildungswesen spürbar, in jenen Bereichen, in denen Vietnam in den Jahrzehnten von 1945 bis 1975 so Vorbildliches geleistet hatte. **Medizinische Behandlung und Schulbildung** sind nicht mehr unentgeltlich und somit trotz aller Förderprogramme für Arme nicht mehr jedem Vietnamesen gleichermaßen zugänglich. Zwei ganz wesentliche Errungenschaften des vietnamesischen Sozialismus wurden damit preisgegeben. Die Analphabetenrate stieg auf 9,7% (2007), wobei 60% der Vietnamesen, die nicht lesen und schreiben können, Frauen und Mädchen sind. 80% der Analphabeten wohnen auf dem Lande.

Die neue Freizügigkeit des Staates gegenüber unternehmerischen Aktivitäten aller Art bei gleichzeitigem **Wegfall sozialer Leistungen** zog eine schnelle Polarisierung der Bevölkerung nach sich. Auf der einen Seite sa-

028vi Foto: jb

hen sich viele Menschen plötzlich auf der Verliererseite, denn durch Bankrotte, Umstrukturierungen in den Betrieben und nicht zuletzt durch die Demobilisierung von einer Million Armeeangehörigen verschärfte sich die Arbeitslosigkeit deutlich. Der Staat hat keine Mittel für umfassende Sozialprogramme. Es gibt bisher weder Arbeitslosenversicherung noch andere tragfähige Systeme, um die tiefgreifenden Veränderungen in der Gesellschaft sozial erträglich zu gestalten. Auf der anderen Seite bieten sich durch die wirtschaftliche Öffnung für manchen Vietnamesen Möglichkeiten, schnellen Reichtum anzuhäufen. Das Einkommensgefälle wird größer. Betrug 1976–1980 das Einkommen der „Reichen" lediglich das Drei- bis Vierfache von dem der „Armen", so wuchs dieser Unterschied 1981–1989 auf das Sechs- bis Achtfache und 1990–1993 auf das Zwanzigfache auf dem Land bzw. auf das Vierzigfache in der Stadt. Bis zum Jahr 2007 hat sich die „Schere" zwischen arm und reich noch weiter geöffnet. Einigen wenigen Dollarmillionären stehen ca. 22 Mio. Menschen gegenüber, deren Einkommen bei 10–13 Dollar im Monat liegt (2006).

Nichtsdestoweniger hat man den Eindruck, dass sich die Menschen recht schnell auf die neue Lage eingestellt haben. Sie klagen nicht, sondern verwenden ihre Kraft darauf, das Beste aus der Situation zu machen. Selbst diejenigen, die die soziale Gerechtigkeit der letzten Kriegsjahrzehnte vermissen, begründen im selben Atemzug die Notwendigkeit der Erneuerungspolitik. In intellektuellen Kreisen betrachtet man allerdings den unkontrollierten Einfluss westlicher Kulturgüter und die großzügige Investitionspolitik des Staates mit Misstrauen. Man fürchtet den Verlust der nationalen Identität und einen Ausverkauf des Landes.

Zwischenstand nach 20 Jahren Erneuerungspolitik

Bei allen Schwierigkeiten scheint es für Vietnam heute keinen anderen Weg zu geben, als die Politik der *đổi mới* fortzusetzen. Die Kurskorrektur kam nicht von oppositionellen Kräften, sondern wurde von den vietnamesischen Kommunisten selbst vorgenommen und erfuhr eine **überwiegend positive** Resonanz in der Bevölkerung. Sie erforderte Mut, denn sie begann, als in der Sowjetunion und den anderen RGW-Ländern von Perestroika noch keine Rede war. Die Anfangsetappe auf dem steinigen Weg zur *đổi mới* mussten die Vietnamesen allein bewältigen, denn damals wurde in der DDR und der UdSSR – den Ländern, die am engsten mit Vietnam kooperierten – das Wort Marktwirtschaft nur hinter vorgehaltener Hand ausgesprochen und das ungarische Modell zum Tabu erklärt. Das US-Embargo wiederum hinderte die meisten anderen Staaten, mit Vietnam zu kooperieren.

Zu Beginn der 1990er Jahre brach der Sozialismus in den RGW-Staaten zusammen und die Sowjetunion zerfiel. Auch in dieser Situation haben es die Vietnamesen verstanden, trotz politischer Isolierung und wirtschaftlicher Schwierigkeiten krisenhafte Entwicklungen zu vermeiden und **innere Stabilität zu wahren.** Das ist angesichts zahlreicher Brandherde in ehemals sozialistischen Ländern ein großes Verdienst, das wir würdigen sollten. Es ist der praktischen Vernunft von vietnamesischen Kommunisten und Nichtkommunisten zu danken, dass Vietnam in dieser Zeit der großen Umbrüche nicht zum Krisengebiet wurde.

Bis heute müssen sich die Vietnamesen vor allem auf die eigene Kraft verlassen. Das sozialistische Lager existiert nicht mehr und die Umarmungen des Westens sind mit Vorsicht zu genießen, denn sie könnten sich nach wie vor verhängnisvoll auf die Unabhängigkeit Vietnams auswirken. Man betrachte nur das Gerangel um den Flottenstützpunkt Da Nang (erst waren die Russen dort, nun sind es schon wieder Amerikaner!) oder das westliche Engagement bei der Erschließung des Erdöls im Schelfmeer vor Vietnams Küste.

Das Land ist weiterhin im **Prozess der Umstrukturierung** begriffen. Auf politischer Ebene besteht nach wie vor das Einparteiensystem. Die Kommunistische Partei sieht als Fernziel die Errichtung einer sozialistischen Gesellschaft. Nahziel ist jedoch erst einmal das Überleben und das wird durch die gegenwärtig bestehende Mehrsektorenwirtschaft gesichert.

Dass die **Politik der behutsamen Reformen** bisher erfolgreich war, zeigt neben hohem Wirtschaftswachstum (jährlich ca. 8 %), gewachsenem Lebensniveau und politischer Stabilität u. a. auch die Einschätzung des Wirtschaftsnobelpreisträgers *Joseph Stiglitz,* der der vietnamesischen Führung indirekt ein Lob ausstellt, wenn er anmerkt: *„... bei der marktwirtschaftlichen Transformation der Zentralverwaltungswirtschaften wurden so viele Fehler gemacht, dass mit Ausnahme von China, Vietnam ... die Armut sprunghaft anstieg ...“.*

Sicher kann der **Spagat** zwischen kapitalistischer Orientierung in der Wirtschaft und sozialistischer staatlicher Lenkung auf die Dauer schmerzhaft werden. Welche Auswirkungen die kapitalistische Entwicklung der Wirtschaft letztendlich auf die vietnamesische Gesellschaft haben wird, bleibt abzuwarten.

Unabhängig davon, wie man zu einem Einparteiensystem steht, sollte man anerkennen, dass in Anbetracht der katastrophalen Ausgangslage nach Kriegsende (1975) in den letzten 30 Jahren **beachtliche Erfolge** errungen wurden. Im Vergleich mit anderen Ländern der Region kann sich Vietnam durchaus sehen lassen. Trotz eines Bevölkerungswachstums um ca. 36 Mio. Menschen (1976–2006) wurde der Hunger besiegt und das völlig zerstörte Land wieder aufgebaut. Vietnam wurde vom Reisimporteur zum zweitgrößten Reisexporteur der Welt (mit knapp 7 Millionen Tonnen im Jahr 2010). Dank des Fleißes der Vietnamesen – und unter der Regierung der Kommunistischen Partei – entwickelte sich das Land zu einem der „kleinen Tiger" Asiens. Die Lebenserwartung liegt bei ca. 70 Jahren (Laos: 55 Jahre, Kambodscha: 54 Jahre), die Säuglingssterblichkeit bei 1,9 % (Laos: 8,2 %, Kambodscha: 9,7 %), die Analphabetenrate beträgt knapp 7 %, das Bevölkerungswachstum liegt bei 1,3 % (Angaben von 2008).

Derzeit bemüht sich das Land vor allem um den **Aufbau eines Rechtsstaates,** d. h. um die Schaffung verlässlicher Rahmenbedingungen für eine erfolgreiche Wirtschaftsentwicklung. Vor allem vom Westen angemahnte Rechte wie Demokratie, Meinungs- und Religionsfreiheit usw. werden durch vorsichtiges Vor- und Zurückrudern allmählich erweitert. Manchem geht das alles nicht schnell genug, weshalb auch die Ergebnisse des Parteitages der KP Vietnams im April 2006 zum Teil Enttäuschung hervorriefen. Während im Westen vor allem das Beharren auf dem Einparteiensystem kritisiert wird, scheinen sich die Vietnamesen selbst eher über Filz und Korruption zu sorgen, die zu Recht als Hemmnisse bei der Durchsetzung sowohl von bürgerlichen Rechten als auch von Reformen in Verwaltung und Politik beklagt werden. *„Wir verurteilen, dass alle moralischen Werte verloren gehen. Während des Krieges war das unsere Stärke, dass wir moralische Werte besaßen. Mit der Korruption und dem Verlust von moralischen Werten verliert das vietnamesische Volk jetzt den Kampf um den Frieden".* (Siebert/Kotte)

Während sich fast alle Vietnamesen in der Einschätzung der Korruptionsproblematik einig sind, gehen die Meinungen über andere Bereiche wie z. B. Spannungen zwischen Katholiken und Regime, Pressezensur, Bestrafung von „Internet-Dissidenten" etc. sehr weit auseinander. Hier fühlen sich jeweils nur (kleine) Teile der Bevölkerung betroffen, während die Mehrheit der Ansicht ist, der Staat habe das Recht, alles zu verhindern, was das Land destabilisieren oder gar ins „nachsozialistische Chaos à la Russland" treiben könne.

Was speziell die **Rolle der Medien** angeht, so sehen die Vietnamesen – bei aller noch vorhandenen Kontrolle durch den Staat – gerade in der Presse eine wirksame Waffe im Kampf gegen die Unzulänglichkeiten der Gegenwart. Wie offen man heute z. B. über mangelndes intellektuelles Niveau in der KP, Unterschlagungen in Ministerien, Korruption und Machtmissbrauch in der Partei diskutiert und dabei Verantwortliche in höchsten Positionen mit Namen und Adresse nennt, ist ein eindeutig positives Signal. Es beweist zumindest Lernbereitschaft und Erneuerungswillen innerhalb der KP Vietnams, ohne die eine Fortsetzung der Erneuerungspolitik in den nächsten Jahren nicht denkbar wäre.

Wollen wir hoffen, dass die Regierenden dabei den folgenden Ausspruch von Konfuzius nicht vergessen: „*Werden aufrechte Männer gewürdigt und unwürdige kaltgestellt, so gehorcht das Volk. Werden unwürdige Männer gewürdigt und aufrechte kaltgestellt, so wird es nicht gehorchen*“.

(Schwarz)

001vi Foto: mh

FAMILIE

Clan und Familie

Familiensinn

giọt máu đào hơn ao nước lã
„Ein Tropfen Blut ist mehr wert als ein Teich voll Wasser."
(Sprichwort)

Der Familiensinn der Vietnamesen ist sprichwörtlich. Der Familie kommt in der vietnamesischen Gesellschaft eine ungleich größere Bedeutung zu als in den westlichen Industrieländern. Sie ist für jeden Vietnamesen die **wichtigste soziale Bezugsgruppe** während seines ganzen Lebens. Unbedingter Familienzusammenhalt, gegenseitige Verantwortung und Fürsorge sind grundlegende Normen und ungeschriebene Gesetze. Ein Vietnamese ist immer zuerst einmal Mitglied seiner Familie (bzw. Sippe),

Für ein Kind mehr ist immer noch Platz ...

dann Patriot und erst danach fühlt er sich als gläubiger Buddhist, als Katholik oder Kommunist. Nach wie vor gilt, dass kein Vietnamese allein oder nur für sich lebt. Keine Familie zu haben, ist in Vietnam das größte Unglück, das man sich vorstellen kann.

Der Einzelne verwirklicht sich in hohem Grade als Mitglied der Familie, d.h., er erfährt nur insofern und in dem Maße Anerkennung, wie er zur Existenz seiner Familie beiträgt. Er ist weniger Einzel- als vielmehr **Mannschaftskämpfer.** Das erfordert ein hohes Maß an Integrationsfähigkeit, Rücksichtnahme und – aus unserer Sichtweise – persönlichem Verzicht. Erfolg, berufliche Karriere und Anerkennung in der Gesellschaft werden zwar nach Kräften angestrebt, dürfen jedoch nicht auf Kosten oder zu Lasten der Familie erreicht werden. Der individuelle Erfolg sollte in irgendeiner Form zu einem höheren Ansehen, im Idealfall auch zum Wohlergehen der ganzen Familie verhelfen.

Die Familie bedeutet für den Vietnamesen materielle Sicherheit, emotionale Geborgenheit und moralischer Rückhalt. Damit erfüllt sie auch eine **soziale Auffang- und Pufferfunktion.** Diese ist in einem Land, in dem kaum ein soziales Netz existiert, überaus wichtig. Nur so können Arbeitslose, Kinder in der Ausbildung und Alte miternährt, Kranke und Pflegebedürftige betreut und Kinder aus der Verwandtschaft mit aufgezogen werden. Solche Aufgaben kann eine Familie nur dann lösen, wenn die einzelnen Mitglieder ihre ganze Kraft für die Gemeinschaft einsetzen. Muss zwischen dem Wohl der Gemeinschaft und individuellen Interessen abgewogen werden, wird stets im Sinne der Familie entschieden.

Die Familie nimmt den zentralen Platz im Fühlen und Denken der Vietnamesen ein. Man ist versucht zu meinen, sie haben ihre religiösen Gefühle nie auf einen Gott konzentriert, weil dessen Platz bereits von der Familie besetzt war. Natürlich ist diese Ansicht nicht wissenschaftlich fundiert. Wer jedoch erlebt hat, wie sehr die Gedanken der Vietnamesen um das Wohl und Wehe der Ihren kreisen, mit welch rührender Besorgtheit man sich selbst um Kleinigkeiten kümmert und wie selbstverständlich die Mitverantwortung auch für die entferntesten Großnichten und Schwippschwager ist, der wird die Überzeugung gewinnen: Der Vietnamese ist ein ausgesprochener Familienmensch.

Clan

„Ausgehend von einer streng patriarchalischen Familienordnung, in der die Frau früher eine sehr untergeordnete Rolle spielte, fühlt sich der Vietnamese im Kreise der Gesellschaft zunächst als Glied seiner Sippe und als Sohn seines Dorfes. Diesen Gemeinschaften ist er verpflichtet. Vor wichtigen Ent-

scheidungen, wie etwa vor einer Operation, befragt auch der Erwachsene erst die Familie und die Sippe."
(Landmann)

Der Clan *(họ, tộc)* war die **traditionelle Basis der sozialen Ordnung** in Vietnam. Er bestand aus verschiedenen Familien *(gia, nhà)*, die ihrerseits zwei, manchmal auch drei, selten mehr Generationen umfassten. Diese Familien hatten gemeinsame **Vorfahren.** Da der Urahn oft nicht mehr exakt nachzuweisen war, beschränkte man sich seit eh und je bei der Zählung der Sippenglieder auf neun Generationen. Fünf Generationen waren die Vorfahren. Diese konnten aufgrund der Familienregister *(gia phả)* relativ leicht nachgewiesen werden. Als sechste Generation wurde die der aktuell Lebenden gezählt, an die sich dann noch Kinder, Enkel und Urenkel anschlossen.

Clanchef *(trưởng tộc)* wurde der älteste Sohn des ältesten Zweiges der Sippe. Auch wenn er vielleicht jünger als seine Cousins oder Onkel war, wurde ihm diese Rolle übertragen. Er war für die Durchführung der Ahnenverehrung zuständig. Der Ahnentempel des Clans befand sich meist dort, wo der Clanchef wohnte. Für den Fall, dass durch seinen Tod plötzlich ein Kind die **Nachfolge** anzutreten hatte, wurde ihm der jeweils in der Rangfolge am höchsten stehende, angesehenste männliche Verwandte *(tôn trưởng)* zur Seite gegeben, damit der Junge seine Aufgabe in Würde erfüllen konnte. Die Rollenverteilung zwischen *trưởng tộc* und *tôn trưởng* war in den drei Landesteilen etwas unterschiedlich.

Im modernen Vietnam hat die **Clan-Hierarchie** viel von ihrer traditionellen Strenge verloren. Trotzdem gibt es bis heute nicht wenige Familien, in denen der älteste Onkel – besonders nach dem Tode des Vaters – eine besondere Stellung im Familienverband innehat. Nichten und Neffen und sogar deren Ehepartner ordnen sich dem Onkel unter, jüngere Cousins hören auf den Rat ihres ältesten bzw. ranghöchsten Cousins. Die Kinder der jüngeren Brüder haben ihren älteren Onkeln größten Respekt zu erweisen. Entsprechendes gilt auch für die Ehefrauen der jüngeren Brüder. Im Zweifelsfalle kann das Wort des älteren Bruders (des Schwagers, des Onkels) mehr als das des eigenen Mannes (oder Vaters) gelten.

In manchen Dörfern gibt es **verfeindete Clans,** die sich über Jahrzehnte hinweg nicht „grün" sind, die miteinander konkurrieren, sich gegenseitig Posten, Bräute oder gute Geschäfte wegschnappen und ihren Kindern verbieten, einen Partner aus der anderen Sippe zu wählen. Gegenseitige Nadelstiche dieser Art müssen immer wieder als Motiv für den nächsten Affront herhalten, obwohl der oft nichtige Anfangsgrund inzwischen viele Jahre zurückliegt.

Gerade auf dem Lande ist es bis heute schwer, ja fast unmöglich, als Einzelner etwas gegen den kollektiven Willen der Sippe zu tun. Andererseits bietet das **Verantwortungsgefühl der Gemeinschaft** einen sicheren Schutz für das Individuum. Wenn jemand Hilfe braucht, wird er nie allein bleiben, sondern stets auf die Unterstützung seiner Leute zählen können. Es ist unmöglich, einem Vietnamesen etwas anzutun, ohne damit die ganze Familie gegen sich aufzubringen.

con người có cố, có ông
như cây có cội, như sông có nguồn
„Der Mensch hat Ahnen und Vorväter,
wie der Baum Wurzeln hat und der Fluss einer Quelle entspringt."
(Sprichwort)

Der **Ahnentempel** war früher das religiöse Zentrum eines Familienverbandes. Hier verehrte man die Verstorbenen und bewahrte Ahnentafeln und Ahnenregister auf. In diesem Register wurden sorgsam Geburts- und Todesdaten der Clan-Mitglieder sowie der Ort ihrer letzten Ruhestätte eingetragen. In einigen Dörfern des Nordens bewahrt man bis heute Register auf, die schon seit zehn Jahrhunderten geführt werden. Das Ahnenregister konnte sogar eine Art privates Gesetzbuch enthalten. Darin wurde detailliert geregelt, wie bei Fehlverhalten eines Clanmitgliedes vorzugehen war, wann jemand aus dem Familienverband ausgestoßen oder in ihn aufgenommen wurde. Da heute die zu einer Sippe gehörenden Familien oft nicht mehr am gleichen Ort leben, hat der Ahnentempel zugunsten des **Ahnenaltars** (s. dort) an Bedeutung verloren.

sẩy cha còn chú, sẩy mẹ bú dì
„Stirbt der Vater, ist noch der Onkel da, stirbt die Mutter, saugt das Kind an der Tantenbrust."
(Sprichwort)

Die **Mitglieder eines Clans** halten auch heute meist fest zusammen. Zwar hat jede Familie ihre eigene Wirtschaft und man wohnt nicht unbedingt im selben Dorf, doch man hilft einander und fühlt sich für alle mitverantwortlich. Cousins und Cousinen, Nichten und Neffen sind häufig so eng verbunden, als wären sie leibliche Geschwister.

Als in den Kriegsjahren von 1945–1975 viele Kinder ihre Eltern verloren, wurden sie in den meisten Fällen von den Familien der Onkel und Tanten aufgenommen. Nur wenige Kinder mussten in Heime gegeben werden, denn die Familienverbände nahmen die kleinen **Waisen** mit großer Selbstverständlichkeit in ihre Obhut. Fanden sich keine direkten Verwandten, dann adoptierte oftmals die Genossenschaft des Dorfes formal die Kinder, sorgte für deren Reisration und übergab sie an Familien, die vielleicht nur über „zehn Ecken" mit den Waisen verwandt waren.

Selbst wenn der Familienverband nicht sehr groß ist oder nicht alle Familien gleichermaßen „an einem Strang ziehen", haben viele Vietnamesen auch heute etwa 20, 30 oder gar 40 **Verwandte,** an die sie sich in Notsituationen wenden können. Gleichzeitig sind sie natürlich all diesen Menschen in gewisser Weise verpflichtet. Wer nicht bereit ist, auf Hilferufe zu reagieren, sondern tut, als gehöre er nicht zur Sippe, der wird sich irgendwann nicht mehr auf diese Verwandtschaft berufen können.

Groß- und Kleinfamilie

„Das Flugzeug geht in fünf Stunden ... in langer Schlange reihen sich Koffer, Taschen und Pakete ... vierzehn an der Zahl. Zwei Koffer sind für den Eigenbedarf, der Rest ist für die Familie in Vietnam bestimmt. Huong hat dort seine Eltern, vier Geschwister und deren Frauen, Männer und Kinder zu versorgen. Es ist bodenlos, stöhnt er. Man könnt die halbe Bundesrepublik einpacken, es reichte trotzdem nicht für alle ..."
(Quilitzsch)

Die **Großfamilie** im eigentlichen Sinne besteht mindestens aus drei Generationen, die unter einem Dach leben und gemeinsam wirtschaften. In Vietnam gab und gibt es bis heute Familien, für die diese Definition zutrifft. Es ist aber nicht so, dass diese Familienform die einzige oder auch nur die häufigste wäre. Vielmehr existierten immer zwei Familientypen: einmal die nach chinesischem Vorbild und von konfuzianischen Regeln geprägte Großfamilie, zum anderen die **Kleinfamilie,** in der auch schon vor Jahrhunderten jeweils nur Eltern und meist sehr viele Kinder unter einem Dach lebten. Dem Idealbild einer Großfamilie nach konfuzianischem Muster entsprachen in Vietnam durch alle Zeiten die wenigsten Familien. Nur in wohlhabenden Kreisen (Staatsbeamte, d.h. Mandarine, reiche Bauern) konnten drei, vier oder sogar fünf Generationen unter einem Dach leben. Bei der damaligen Lebenserwartung der Menschen waren Fünf-Generationen-Familien sehr selten und erfuhren besondere Ehrungen.

In solchen Großfamilien blieben auch die **erwachsenen Kinder** in der elterlichen Familie. Man lebte im Wortsinn „unter einem Dach" oder baute die Wohnräume für die verschiedenen Familienmitglieder nebeneinander, gruppierte sie z.B. um einen gemeinsamen Hof. War der Wohlstand ausreichend, um alle zu ernähren, dann brachten die Söhne ihre Haupt-

Familienhierarchie in der Sprache

Die strenge Hierarchie innerhalb der Familie wirkte sich bis in den Bereich der Sprache aus. Es gibt im Vietnamesischen keine neutralen Formen für die 2. Person (du, Sie). Die Funktion der Personalpronomina wird von Verwandtschaftsbezeichnungen wie Onkel, Tante oder Großvater übernommen. Je nach dem Altersunterschied ordnen sich die Sprecher in eine familiäre Hierarchie ein („Kleine Schwester grüßt älteren Bruder"). Der Sprecher referiert auf sich selbst nicht „ich", sondern „kleiner Bruder", „Neffe" oder „Enkel". Stets bleibt sich der Vietnamese seiner jeweiligen Stellung gegenüber dem Gesprächspartner bewusst und wird gleichzeitig daran erinnert, wie er sich als Sohn oder Enkel zu verhalten hat. Eine zumindest verbale Gleichstellung wie im Deutschen oder Englischen gibt es nicht.

Die Wahl einer bestimmten Anredeform hat aber noch weitere Konsequenzen. Älteren widerspricht man nicht, sondern fügt sich ihren Worten kritiklos. Diese Forderung nach Gehorsam hat zur Folge, dass eine direkte Ablehnung bzw. Verneinung als ungezogen gilt. Es fällt Vietnamesen in der Regel sehr schwer, auf Fragen mit einem klaren Nein zu antworten. Selbst wenn sie sich dadurch in Schwierigkeiten bringen, ziehen sie oft diese dem Vorwurf vor, ungezogen zu sein.

Ebenso schwierig, wenn nicht gar unmöglich ist es, als Neffe einem älteren Onkel eine Weisung zu erteilen oder ihm gegenüber scharfe Kritik zu äußern. Im modernen Arbeitsalltag wirft diese Tatsache viele Probleme auf. Jüngere Mitarbeiter haben es noch schwerer als anderswo, ihre vielleicht bessere Idee durchzusetzen. Unter gebildeten Leuten wird seit Ende des 20. Jh. diskutiert, ob man nicht prinzipiell im Arbeitsleben die Anredeformen anh *(Bruder) und* chị *(Schwester) durchsetzen sollte, ungeachtet dessen, ob der Bruder vielleicht dem Alter nach ein jüngerer Onkel sein müsste, da er 15 Jahre älter ist als die Schwester.*

In der Sprache widerspiegeln sich jedoch gesellschaftliche Realitäten. Die Erfahrung hat gezeigt, dass Sprachregelungen nie gegen das Empfinden der Menschen durchgesetzt werden konnten. Sie haben nur dann eine Chance, wenn die Neuerung ein echtes Bedürfnis erfüllt und die Gefühle der Menschen dabei nicht verletzt werden.

Familienbande: Die russische Schwiegertochter und Enkel Maxim zu Besuch bei den Großeltern

053vi Foto: mh

und Nebenfrauen mit in den Familienverband. Das hatte gleichzeitig den Vorteil, dass das Vermögen zusammengehalten werden konnte. Ein Sohn, der fortzog und sich eine eigene Existenz schaffen musste, hätte das Vermögen der Familie geschmälert. Es waren also nicht nur Gründe der Pietät, die festlegten, dass ein Sohn das Elternhaus nur mit der ausdrücklichen Erlaubnis seiner Eltern verlassen durfte, um anderswo seinen Wohnsitz zu nehmen. Eine Konzentration von materiellem Wohlstand und Reichtum an Menschen ist natürlich ein Machtfaktor.

Durch geschicktes Verheiraten der Töchter und Söhne wurden Beziehungen zu anderen einflussreichen Clans geknüpft. Im Laufe der Zeit konnte ein kompliziertes Geflecht von familiären und verwandtschaftlichen Beziehungen und Abhängigkeiten entstehen, das nicht zuletzt große Einflussmöglichkeiten auf das Dorfleben in sich barg.

Familienordnung

In dem Maße, wie die Zahl der zusammenlebenden Familienmitglieder und Generationen wuchs, nahm auch die Wahrscheinlichkeit von **Konflikten** zwischen diesen Personen zu. Es dürfte nicht leicht gewesen sein, die Interessen von Haupt- und Nebenfrau(en), Schwiegermutter und Schwiegertöchtern in Übereinstimmung zu bringen. Häusliche Kriege wa-

Innere und äußere Familie

Als innere Familie (họ nội) wird die Verwandtschaft väterlicherseits betrachtet. Die äußere Familie (họ ngoai) bildet die Verwandtschaft der Mutter. Dementsprechend heißen auch die Großeltern väterlicherseits ông nội (Vater des Vaters) und bà nội (Mutter des Vaters), die Eltern der Mutter wiederum ông ngoai und bà ngoai.

Nach der Heirat kommt zu der eigenen inneren und äußeren Sippe nun noch die Verwandtschaft des Ehepartners hinzu, die sich ebenfalls in eine innere und eine äußere Komponente aufteilt. Kein Wunder, dass der einzelne Vietnamese auf diese Weise - und angesichts meist zahlreicher Geschwister der Eltern, die ihrerseits durch ihre Ehepartner mit verschiedenen Sippen verwandt sind - leicht auf eine beeindruckende Anzahl von Verwandten und Sippenangehörigen verweisen kann, die für den Gast aus Europa nur mit viel Mühe überschaubar ist.

Im alten Vietnam war die Unterscheidung der Sippenmitglieder nach Zweigen und „Verwandtschaftsrängen" insbesondere für die Trauerriten wichtig. Da gab es differenzierte Festlegungen zu Trauerzeiten, Kleidung und zu den während der Trauerzeit einzuhaltenden Ge- und Verboten. Diese Vorschriften, die im Gia-Long-Kodex (1812) genauestens ausgearbeitet sind, wirken bis in das 21. Jahrhundert nach. So kann es vorkommen, dass ein Vietnamese, dessen Vater gerade verstorben ist, eine geplante Heirat aufgrund der traditionellen Trauerzeit um drei Jahre nach hinten verschiebt.

ren daher nicht selten. Die Frage der Regierbarkeit solch großer Gemeinschaften wurde mithilfe der Familienordnung nach chinesischem Vorbild gelöst:

An der Spitze der Pyramide stand das (männliche) **Familienoberhaupt.** Dieses übte absolute und uneingeschränkte Macht aus. Der Mann traf sämtliche Entscheidungen über seine Frau(en) und seine Kinder, die als sein Eigentum angesehen wurden. Er bestimmte Ehegatten, entschied über den Kauf und Verkauf von Eigentum, durfte Frauen und Kinder züchtigen, misshandeln oder aus der Familie ausstoßen. Das Familienoberhaupt entschied nicht nur über Glück und Unglück, sondern auch über Leben und Tod der ihm unterstellten Menschen.

Der Herr im Hause konnte diese Macht jedoch nur deshalb ausüben, weil sämtliche Familienmitglieder ihrerseits in ein **System der gegenseitigen Unterordnung** eingebunden waren. Eine Gemeinschaft, unter deren Mitgliedern Gleichberechtigung geherrscht hätte, wäre kaum bereit gewesen, sich einem Einzelnen so absolut unterzuordnen. Die Lösung bestand in einer durch die konfuzianische Ethik (s. dort) begründeten „Hackordnung". In dieser Ordnung wusste jeder genau, wem er und wer ihm Gehorsam schuldete. Der Druck, der von höherrangigen Familienmitgliedern ausgeübt wurde, konnte – wenn auch in modifizierter Form – zum größten Teil weitergegeben werden. Alle unterstanden dem Familienoberhaupt und fast alle hatten ihrerseits Befehlsgewalt über andere Familienmitglieder.

Männer und Frauen

Haupt- und Nebenfrauen

Die Polygamie wurde durch den Einfluss der Chinesen in das Land gebracht und im 11. Jahrhundert gesetzlich legitimiert. Da in Vietnam immer ein Brautpreis entrichtet werden musste, konnten sich nur wohlhabende Vietnamesen zwei oder mehr Frauen leisten.

Die **Hauptfrau** *(vợ cả)* des Familienoberhauptes stand an zweiter Stelle der Hierarchieleiter. Ihre vornehmste Pflicht bestand darin, alles zu tun, damit der Göttergatte mit ihr zufrieden war. Ihm schuldete sie bedingungslosen Gehorsam. Gleichzeitig hatte sie weitgehend das Kommando über die Haushaltsführung, die Versorgung und Betreuung der Kinder, über die Nebenfrauen und deren Kinder(!), über die Ehefrauen der Söhne, das Küchenpersonal und die anderen Dienstboten. Ihre wohl schwierigste Aufgabe aber bestand in der **Betreuung der Schwiegereltern.** Diese waren zu umsorgen, hingebungsvoll und aufopfernd zu pflegen. Jede Laune der Schwiegermutter musste widerspruchslos ertragen werden. Der Gehorsam gegenüber den Schwiegereltern hatte sogar vor der Unterordnung unter den eigenen Gatten Vorrang. Dieser war als guter Sohn ebenfalls verpflichtet, seinen Eltern bis zum Tod gehorsam zu sein. Für die erlittenen Kränkungen konnte sich die Hauptfrau vielleicht später an einer Nebenfrau rächen. Viele Frauen, die eine Nebenfrau drangsalierten, taten dies nicht nur aus Eifersucht, sondern auch, weil sie nun endlich ein geeignetes Opfer hatten, an dem sie ihren jahrelang angestauten Kummer über erlittene Demütigungen auslassen konnten.

Nebenfrauen *(vợ lẽ, vợ bé)* hatten in der Regel eine schwierige Position in der Familie. Sie waren jünger als die Hauptfrau, dieser unterstellt und damit von deren Launen abhängig. Waren sie nicht als Gespielin für den Ehemann oder als Dienstmagd eingekauft worden, so sollten sie meist den bisher ausgebliebenen **männlichen Nachwuchs** zur Welt bringen. Manchmal wählte die Hauptfrau selbst eine ihr genehme junge Frau als *vợ lẽ* aus. Das war besonders dann der Fall, wenn der ersehnte Sohn ausblieb und die Familie den Mann drängte, nun endlich eine Nebenfrau zu nehmen, um der Verpflichtung zu genügen, das Geschlecht fortzusetzen. Im Idealfall lebten dann die beiden Frauen wie zwei Schwestern zusammen und achteten einander. Formal war der Ehegatte übrigens verpflichtet, das Einverständnis seiner Hauptfrau einzuholen, wenn er eine Nebenfrau nehmen wollte. In den wenigen Fällen, wo die Hauptfrau tatsächlich ihren Widerspruch geltend machen konnte, war es für einen wohlhabenden Vietnamesen kein Problem, die *vợ lẽ* heimlich zu ehelichen und sie in gewisser Entfernung vom Clan-Sitz unterzubringen.

Die formale Unterstellung der Nebenfrau(en) unter das Kommando der *vợ cả* konnte in bestimmten Kräftekonstellationen kippen: Gebar die *vợ cả* keine Kinder, die Nebenfrau jedoch viele Söhne, oder liebte der Ehemann seine Hauptfrau nicht mehr, vergötterte jedoch die *vợ lẽ*, so konnte es geschehen, dass die Hauptfrau sich mit der Verantwortung für Haus und Hof belastet sah, die *vợ lẽ* keinen Handschlag tat und darüber hinaus noch ihre Stellung als Favoritin herauskehrte. Bei ausreichender Rücksicht und der Bereitschaft aller Beteiligten, Geduld und Nachsicht zu üben, mag auch in einem solch kompliziert strukturierten Gebilde **familiärer Frieden** möglich gewesen sein. Die allgemeine Haltung der Vietnamesen zur Polygamie war jedoch stets eher von Misstrauen und der Angst vor endlosen Konflikten geprägt. Nicht umsonst heißt es: „Hundert Armeen sind leichter zu beherrschen als vier Frauenbeine."

In Volksliedern wird das Schicksal der Frauen, die sich einen Mann mit der Hauptfrau teilen mussten, besungen:

„Nebenfrau sein ist ein trauriges Schicksal.
Setzlinge stecken, das Feld bestellen - der Hauptfrau ist es nie genug."

Viele Frauen zogen ein Leben in Armut dem Schicksal einer Nebenfrau vor:

„Auch wenn du vor Hunger Feigenbaum-Blätter essen musst: Heirate nur einen Mann, den du für dich allein hast, aber werde keine Nebenfrau!"

Die Rolle der vietnamesischen Frau

Bis ins 15. Jahrhundert

Die Rolle der vietnamesischen Frau war in den letzten 2000 Jahren einigen Wandlungen unterworfen. Stets leisteten die Frauen Hervorragendes in der Familie, der Wirtschaft und sogar bei der Landesverteidigung. Unvergessen sind die Zwillingsschwestern *Trưng Trắc* und *Trưng Nhị* (14–43 u. Z.), die einen Volksaufstand gegen die Chinesen (40–43 u. Z.) anführten. Etwa 200 Jahre später erwarb sich *Triệu Thị Trinh* (*Bà Triệu*, 226–248 u. Z.) gemeinsam mit ihrem Bruder *Triệu Quốc Đạt* Verdienste im Kampf um die vietnamesische Unabhängigkeit.

Ungeachtet ihrer tatsächlichen Bedeutung für die Gesellschaft gab es lange Zeiträume, in denen der **konfuzianische Moralkodex** die Nichtachtung der Vietnamesinnen festschrieb. Die offiziell verordnete Geringschätzung des weiblichen Geschlechts wurde jedoch nie so konsequent verwirklicht wie z. B. in Korea oder China. Sie traf in Vietnam auf südostasiatische Traditionen, die deutliche Spuren früherer mutterrechtlicher Zeiten trugen. Chinesische „Lilienfüße" hat es in Vietnam ebenso wie „Hausfrauen" niemals gegeben.

Verschiedene Hinweise deuten auf **mutterrechtliche Traditionen** bei den vietnamesischen Stämmen. In Märchen ist davon die Rede, dass die Mädchen sich ihre Ehegatten wählten und nicht umgekehrt, andere handeln von unheimlich starken Frauen, die Wundertaten vollbrachten. Chinesische Chroniken vermerken nicht ohne Entrüstung, dass sich auf den Frühlingsfesten die Paare ohne Zustimmung der Eltern fanden.

Tatsächlich waren Frauen in Vietnam bis in das 15. Jahrhundert längst nicht so unterdrückt wie in späteren Zeiten. Vietnamesische Prinzessinnen nahmen an Ratssitzungen des Königs teil, bestiegen sogar den Thron und manche Frau übernahm für viele Jahre die Regierungsgeschäfte, wenn der König noch ein Kind war. Es gibt Belege dafür, dass Frauen Mandarinfunktionen auf örtlicher Ebene ausübten und selbstständig über ihr Eigentum verfügen durften.

Konfuzianismus

Erst mit der Etablierung des Konfuzianismus als offizieller Sittenlehre war der Weg zur völligen **Entrechtung der Frau** in Vietnam bereitet. Wurden den Frauen im Hồng-Đức-Gesetz (1470) noch relativ großzügige Rechte zugebilligt, so fand in den folgenden Jahrhunderten ein zunehmend erstarrter und militanter Konfuzianismus Anwendung, der die Freiheit der Frauen immer mehr einschränkte. Im 19. Jahrhundert waren die vietnamesischen Frauen schließlich völlig rechtlos, nicht geschäftsfähig und auf Gedeih und Verderb den Vätern, Gatten und Söhnen ausgeliefert. Die Rechte des Mannes waren im Gegensatz dazu fast unbeschränkt: Ihm gehörte das Vermögen der Familie und er konnte die Frau zwingen, ihr in die Ehe gebrachtes Eigentum zu veräußern. Ungehindert bewegte er sich in der Gesellschaft, während die Frau an Haus und Garten, Ställe und Gemüsefelder gebunden war. Bildung war Männersache, Frauen hatten keinen Anspruch darauf.

„Sie kann so klug sein, wie sie will - sie ist doch nur eine Frau.
Er mag der größte Trottel sein - und ist doch der Herr."
(Volksweisheit)

Französische Kolonialherrschaft

Die Franzosen hüteten sich, an den patriarchalischen Familienverhältnissen der Vietnamesen zu rühren. Sie nutzten das strenge System wechselseitiger Abhängigkeit und Unterordnung geschickt für **eigene Zwecke** aus. Da sie die Macht des Familienoberhauptes nicht antasteten, wurde auch bis zu einem gewissen Grad der soziale Friede gewahrt. In der Gesellschaft hatten sich die Vietnamesen nach den Vorgaben der Kolonialverwaltung zu richten, während im Kreise der Familie alles beim Alten blieb. Auf diese Weise wurden die **Frauen doppelt unterdrückt:** Sie wurden „Sklavinnen von Sklaven". Die Isolierung von jeglicher gesellschaftlicher Aktivität, der weitgehende Ausschluss von Bildung und die Last der Arbeit in Familie und Wirtschaft machte es den Frauen außerordentlich schwer, Selbstbewusstsein und eine aktive Haltung zu gewinnen.

Trotzdem gab es besonders seit Beginn des 20. Jahrhunderts immer wieder Vietnamesinnen, die sich über die Geringschätzung ihrer männlichen Landsleute hinwegsetzten und **gegen die Fremdherrschaft kämpften.** Dabei zeigten sie eine Härte und Leidensfähigkeit, die nicht nur ihren verzagten Schwestern, sondern auch den vietnamesischen Männern Achtung abnötigte und Mut machte. Die Franzosen reagierten auf ihre Weise, indem sie Todesurteile über Vietnamesinnen verhängten, die am Widerstand teilgenommen hatten.

An manche dieser Frauen wie *Võ Thị Sáu* oder *Nguyễn Thị Minh* Khai erinnern heute noch Straßennamen. Viele namenlose **Heldinnen** wurden gefoltert oder starben einen langen, qualvollen Tod in den Zuchthäusern der Franzosen. Andere opferten sich, indem sie – Zugänglichkeit vorspie-

Gleichberechtigung im Kampf: Eine nordvietnamesische Milizionärin nimmt einen abgeschossenen amerikanischen Bomberpiloten gefangen

031vi, hist. Foto

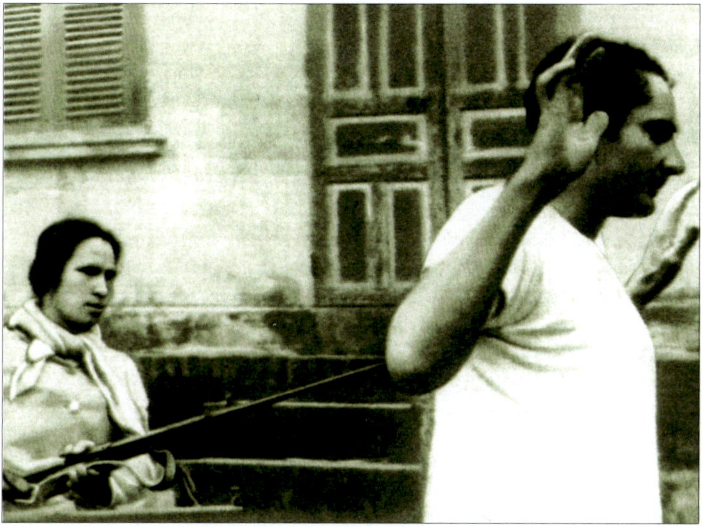

gelnd und eine Sprengladung am Körper – ganze Trupps von Kolonialsoldaten anlockten und sich mit ihnen zusammen in die Luft sprengten. Zahllose solcher Geschichten aufopferungsvoller Frauen leben bis heute im Volk fort.

DRV

Erst mit der Gründung der DRV 1945 begann man Schritt für Schritt, die über ein halbes Jahrtausend immer mehr vervollkommnete Rechtlosigkeit der Frauen zu beenden.

Die **Gleichberechtigung von Mann und Frau** wurde in der Verfassung formuliert. Damit entfiel das vorher den Männern zugebilligte Recht, über Leben, Gesundheit und Vermögen ihrer Ehefrau zu verfügen. Seit 1960 ist auch die Polygamie per Gesetz abgeschafft. Vorher geschlossene Ehen haben allerdings Bestand, sodass es bis heute noch ganz vereinzelte Familien mit Haupt- und Nebenfrau gibt.

Die Zustimmung zu dieser Gesetzesvorlage kann der vietnamesischen Nationalversammlung damals nicht leicht gefallen sein. In der Diskussion ergriff neben vielen Frauen nur ein einziger Mann das Wort – *Hồ Chí Minh*. Die anderen Herren Abgeordneten hüllten sich in eisiges Schweigen, bevor sie schließlich – man wollte ja kein Reaktionär sein – für das Gesetz stimmten.

Der Klub der feigen Ehemänner

Vietnamesen haben trotz aller konfuzianischen Traditionen Respekt vor ihren Frauen, auch wenn sie es nicht direkt zugeben. Geschichten wie die vom „Klub der feigen Ehemänner" lassen tief blicken:

Eine Gruppe von Pantoffelhelden trifft sich, um über die Frauen zu jammern. Als die Herren gerade gemütlich beisammen sitzen, taucht in der Ferne der Schatten einer Frau auf. In Panik springen die „Helden" auf und laufen davon. Aus ihren Verstecken heraus sehen sie, dass einer von ihnen noch sitzen geblieben ist. Einstimmig beschließen sie, diesen Mann zu ihrem Anführer zu erklären. Als die Luft wieder rein ist, gehen sie zu ihm und wollen ihm zu seiner Ernennung gratulieren - doch sie sehen einem Toten ins Gesicht: Den „Mutigsten" von allen hat vor Angst der Schlag getroffen!

Im Süden, d.h. in der Republik Vietnam, wurde die Polygamie nie offiziell abgeschafft. Noch bis in die 1970er Jahre hinein unterschied man z.B. in Geburtsurkunden nach der Stellung der Mutter als Hauptfrau bzw. Nebenfrau. Seit 1975 ist jedoch der Süden politisch und damit auch juristisch dem Norden „angepasst" worden und damit ist die Polygamie nun auch im Süden verboten.

Die letzten 60 Jahre waren für Vietnams Frauen **Jahrzehnte des Aufbruchs.** Teils per Gesetz gefördert, vielmehr aber durch den Krieg gezwungen, wurden sie selbstständiger und selbstbewusster als je zuvor. Millionen Frauen wurden zu Familienoberhäuptern, weil die Männer an der Front oder bereits gefallen waren. Sie, die nach altem Aberglauben keinen Pflug berühren durften, mussten nun die schwere Feldarbeit verrichten. Sie lernten lesen und schreiben, arbeiteten in der Genossenschaft und ergriffen das Wort in den Gemeindeversammlungen. Die **Frauen sicherten das Hinterland.** Sie versorgten die Familie, zogen die Kinder groß, arbeiteten in der Produktion und kämpften in den Volksmilizen. Dabei wuchsen sie oft über sich selbst hinaus und vollbrachten Leistungen, die sie sich nie zugetraut hätten. Die Vietnamesinnen von heute gehören entweder zu diesen Frauengenerationen oder sind deren Töchter. Obwohl in Leitungsposten nach wie vor stark unterrepräsentiert, würde ohne sie in Vietnam nichts gehen.

Fast alle Vietnamesinnen sind berufstätig, wenn auch überwiegend in schlechter bezahlten Tätigkeiten als Männer. Trotzdem sind es in vielen Familien die Frauen, die den größeren Anteil am Einkommen erwirtschaften. Das Talent der Vietnamesin, effektiv hauszuhalten, erfährt auch von den Männern fast ungeteilte Anerkennung: In den meisten vietnamesischen Familien ist sie die Finanzministerin.

Politik der Erneuerung

Seit **Beginn der 1990er Jahre** kamen neue Schwierigkeiten auf die Frauen zu.

Die Politik der Erneuerung brachte Bankrotte und Entlassungen mit sich. Allein 1990–1991 wurde über eine halbe Million Frauen aus staatlichen Betrieben entlassen. Nach einem Bericht der Vietnamesischen Frauen-Union waren 1992 71,6% der aus dem Kultursektor Entlassenen weiblich, außerdem 78,4% der aus dem Gesundheitswesen und 82,1% der im staatlichen Handel Freigesetzten. Die **Situation auf dem Arbeitsmarkt** – von jeher angespannt aufgrund des Bevölkerungswachstums – verschärfte sich. Für Frauen, die oftmals noch geringere Bildung als Männer aufweisen, ist es extrem schwer, Arbeit zu finden. Selbst junge Hochschulabsolventinnen warten oft jahrelang, bis ihnen Arbeit vermittelt werden kann. Die offizielle Arbeitslosenrate beträgt zwar nur 2,9% (2010), doch die Statistik weist lediglich städtische Arbeitssuchende aus. Verschiedene Personengruppen, die eigentlich Arbeit bräuchten (z.b. Dorfbewohner, die von der Landwirtschaft nicht leben können, Schulabgänger, Kleinsthändlerinnen) werden nicht erfasst.

In dieser Situation ist eine **frühe Eheschließung** für viele junge Frauen eine Variante, ihr persönliches Leben zu ordnen, ihre Zukunft zu sichern. Mit einer sehr frühen Heirat, ohne Arbeit, ohne Ausbildung oder wenigstens berufliche Erfahrung, beginnt jedoch ein neuer Teufelskreis. Hat sich eine Frau ohne eigenes Einkommen für eine frühe Heirat entschieden, ist sie ganz besonders abhängig von der Familie des Mannes. Ihr wird es jetzt viel schwerer fallen, eigene Vorstellungen von Familienplanung oder Berufstätigkeit durchzusetzen.

Leistungen im **Bildungs- und Gesundheitswesen** sind seit Beginn der 1990er Jahre nicht mehr unentgeltlich. Vom Kindergarten bis zur Hochschule müssen die Eltern einen nicht geringen Kostenanteil für Betreuung und Ausbildung ihrer Kinder selbst tragen. Medikamente und aufwendigere Untersuchungen müssen selbst bezahlt werden. Nicht wenige Ärzte schonen während der Arbeitszeit in der staatlichen Einrichtung ihre Kräfte und verweisen auf ihre kostenpflichtige Privatsprechstunde nach Feierabend. Die Folgen haben zuallererst die Frauen zu tragen. Sie sind die ersten, die auf den Arztbesuch verzichten und keine Medikamente kaufen, wenn sie krank werden. Damit steht zu befürchten, dass der Gesundheitszustand vieler Frauen (und besonders derer, die sowieso schon durch schwere körperliche Arbeit auf dem Feld gefährdet sind) in den nächsten Jahren schlechter werden wird, zumal Arztkosten privat zu tragen sind. Entsprechendes gilt für den Schulbesuch der Kinder: Bei steigenden **Kosten für die Ausbildung** steht zu befürchten, dass man wieder eher den Söhnen eine weiterführende Ausbildung ermöglicht und die Töchter aus der Schule nimmt, damit sie in der Familienwirtschaft mit zur Hand gehen, kleine Geschwister beaufsichtigen oder die Großeltern pflegen können. Damit würde der Abstand zwischen Männern und Frauen im Bildungsniveau wieder größer werden.

Die gesetzlichen Rahmenbedingungen sind der gesellschaftlichen Realität in Vietnam weit voraus. Vor dem Gesetz sind Mann und Frau gleich, aber Traditionen und überkommene Wertvorstellungen lasten bis heute schwer auf den Frauen. Sie tragen einen wesentlichen Teil der Arbeit in Familie und Wirtschaft und übernehmen zunehmend auch gesellschaftliche Verantwortung. In der eigenen Familie beugen sie sich aber oft noch der Tradition, wohl wissend, dass sie damit weder sich noch ihren Töchtern einen Gefallen tun.

Treue

Treue wurde und wird von beiden Partnern erwartet. Das heißt jedoch nicht, dass der Inhalt dieser Forderung für sie und ihn identisch wäre! Von der **Frau** wird Treue in jeder Hinsicht verlangt. Sie hat all ihre Gefühle und Gedanken nur auf Mann und Kinder zu konzentrieren. Für ungebührliches Betragen, schon ein Lächeln in die falsche Richtung reichte aus, konnte sie früher verstoßen werden.

Selbst nach dem Tode des Mannes hatte sie ihm die Treue zu bewahren, indem sie nicht noch einmal heiratete. Tat sie es doch, so erforderte dieser „weitere Schritt" Mut und alle möglichen Rechtfertigungen. Waren die Kinder noch sehr klein, die Frau nicht in der Lage, sie zu ernähren und drängte die Familie sie zu einer **Wiederverheiratung,** so mochte es vielleicht angehen. Aber auch dann wetzten die Tugendwächter des Dorfes noch ihre Mäuler, denn wahre Treue ging über den Tod des Gatten hinaus. Ein Recht der Frau auf ein wenig eigenes Glück stand dagegen nicht zur Diskussion. Heute darf eine Frau natürlich wieder heiraten, sie kann sich auch scheiden lassen. Ansonsten aber ist der Treuebegriff für sie nach wie vor viel strenger gefasst als für den Mann.

Der **Ehemann** beweist seine Treue, indem er für seine Familie sorgt und sie nicht im Stich lässt. In sexueller Hinsicht gibt es für Männer gewisse Rechte, die einer Frau auch heute nicht zustehen. Ein Bordellbesuch oder die Beziehung zu einer Nebenfrau *(vợ bé)* gehörten spätestens seit dem 11. Jahrhundert zu den traditionellen Freiheiten des Ehemannes.

Bis heute werden solche **Eskapaden** von der Familie meist geduldet und sei es auch nur um des lieben Friedens willen. Eine vietnamesische Ehefrau wird in vielen Fällen schweigen, nach außen hin den Schein wahren und hoffen, dass sich der Mann nach einiger Zeit wieder besinnen wird. Wendet sie sich Hilfe suchend an die Schwiegereltern, kann es sein, dass diese ihr sogar noch Vorwürfe machen: Sie müsse ja eine sehr schlechte Ehefrau sein, wenn sie ihren Mann soweit getrieben habe, dass er sich anderswo Trost holen müsse ...

Natürlich kann es auch anders kommen. Das ist von Temperament und Erziehung der Betroffenen abhängig. In der Gegenwart, da Eifersucht nicht mehr mit dem Verstoßen der Ehefrau bestraft werden kann, gibt es immer mehr Frauen, die **sich zur Wehr setzen.** Das beginnt bei häuslichen Szenen und endet auch einmal mit Mord und Totschlag. Manche Betrogene begibt sich zur Rivalin und schneidet ihr, unterstützt von Schwestern oder Freundinnen, die Haare ab. Das ist eine traditionelle Strafe für Frauen, die eine Beziehung mit einem verheirateten Mann eingehen. Andere Ehefrauen überfallen die Konkurrentin und schlagen sie fürchterlich zusammen oder zünden ihr das Haus an. Auch Säureanschläge aus Eifersucht fordern immer wieder Tote. Vielleicht „verpetzt" die verzweifelte Ehefrau ihren ungetreuen Gatten auch in seinem Betrieb, bei seinem Vorgesetzten oder beim Parteisekretär, damit ihm ganz offiziell die Meinung gesagt werde.

Mancherorts gibt es ehrenamtlich arbeitende Schlichtungskommissionen, die in den Wohngebieten bei sozialen Problemen, Ehekonflikten und Nachbarschaftsstreitigkeiten aktiv werden. Je nach Einsicht der Betroffenen und dem Geschick der Schlichter kann der Besuch einer solchen Kommission vielleicht den Gang zum Scheidungsrichter ersparen.

Häufiger wird jedoch eine andere Methode angewandt: Die Frau verlässt den untreuen Gatten und kehrt mit den Kindern für einige Zeit zu ihren Eltern zurück. Sitzt der Herr Gemahl plötzlich allein da, ohne die gewohnte Wärme und Bequemlichkeit seines Heims, kühlt so manches Strohfeuer etwas schneller ab.

In den Geschlechterbeziehungen trafen die strengen **konfuzianischen Moralvorschriften** auf die toleranteren südostasiatischen Traditionen. Beide Linien leben bis heute fort und führen manchmal zu widersprüchlich scheinenden Phänomenen. Einerseits gab es früher grausame Strafen für Frauen, die unverheiratet schwanger wurden. Die Unglücklichen konnten auf ein Floß gebunden und auf den Fluss hinausgetrieben, ins Meer gestürzt oder aus dem Dorf gejagt werden. Andererseits zeigt die volkstümliche Literatur deutlich, dass die überstrengen konfuzianischen Dogmen den **Gefühlen der Vietnamesen** nur bedingt entsprachen und dementsprechend nicht immer streng eingehalten wurden.

In Volksliedern, Spottversen und Sprichwörtern fanden die wahren Gefühle der Menschen ihren Ausdruck. So sangen junge Mädchen von Liebesabenteuern, die während der Ernte als Ausgleich für die geringe Entlohnung in Aussicht standen. Auch die folgenden Zeilen, in denen sich eine junge Witwe gegen ihr Schicksal auflehnt, sprechen eine deutliche Sprache:

„Dein Vater ist gestorben, mein Kind. In meinem Leib das Verlangen ist noch da.
Deine Mutter befragt die Wahrsagehölzer: Es sind noch Geschwister für dich in diesem Leib.
Lauf hinaus, mein Kind, und rufe den Onkel herein,
Damit deine Mutter dieses Erbe übergeben kann ...“
(Volkslied)

Zeitweilige Ehefrauen

có tiền mua tiên cũng được
„Mit Geld kann man sogar Feen kaufen.“
(Sprichwort)

In den letzten 15 Jahren hat das Dollarfieber für Erschütterungen gesorgt, die auch scheinbar unabänderliche Moralprinzipien betreffen. Die **Verlockungen des Geldes** sind so stark, dass ihr manche Familie erliegt, die bis dahin streng auf Anstand geachtet hatte. Ein Beispiel dafür ist die zunehmende Verbreitung der *vợ hờ*, den zeitweiligen Ehefrauen. Im Süden sind *vợ hờ* ebenso wenig neu wie etwa Prostituierte (s. *G. Greene:* „Der stille Amerikaner“).

In den nördlichen Landesteilen dagegen scheint für viele Menschen der Boden zu wanken, wenn sie auf dieses Thema hin angesprochen werden. Besonders entrüstet viele Vietnamesen die Tatsache, dass nicht etwa „leichtsinnige Mädchen“ oder ordinäre Prostituierte, sondern wohlanständige Familienmütter sich **als zeitweilige Frauen an Geschäftsleute** verdingen. Diese wollen für die Zeit ihres Vietnam-Aufenthaltes auf eine Frau zurückgreifen, anstatt immer wieder mit Nutten und Zuhältern herumhandeln zu müssen. Man ist rationell eingestellt, zahlt lieber ein **festes Gehalt pro Monat** und wird dafür rundum betreut (sexuelle Dienstleistung, gute Küche und ordentlicher Wäscheservice). Oft kommen die Frauen aus

000vi Foto: mh

gebildeten Schichten und fungieren nebenbei als Sekretärin oder Dolmetscherin.

Für solch eine „Perle" wenden Südkoreaner und Taiwanesen gern ein paar Hundert Dollar im Monat auf. Für eine normale vietnamesische Familie ist das eine unvorstellbar große Summe, die Wünsche weckt und Skrupel klein werden lässt. Träume vom eigenen Häuschen, Farbfernseher, Mopeds, schönen Möbeln und schicker Kleidung rücken auf einmal in greifbare Nähe. Es gibt Ehepaare, die gemeinsam beschließen, dass die Frau sich für das Wohl der Familie „opfert" und einen solchen Job annimmt. Den Kindern und Nachbarn erzählt man, die Mama sei auf Dienstreise.

Spätestens seit Beginn des 21. Jahrhunderts erfährt auch das Modell der *vợ hờ* eine Steigerung: Die Frau trennt sich pro forma von ihrem Ehemann und geht nach Europa, um dort zu heiraten. Wenn die „Pflichtzeit" zur Erlangung eines gesicherten Aufenthaltsstatus herum ist (in Deutschland sind das drei Jahre), lässt sie sich von ihrer „Eintrittskarte ins Schlaraffenland" scheiden, um ihren vietnamesischen Ehemann nachzuholen ...

Hochzeiten müssen groß gefeiert werden – Brautkleid und -schmuck werden vom Hochzeitsausstatter gemietet

Unberührtheit der Braut

Die Unberührtheit war eine der Forderungen, die die **konfuzianische Lehre** an eine Braut stellte.

Noch heute gibt es sehr viele Vietnamesen, die Wert darauf legen, dass ihre Ehefrau vorher noch keine andere Beziehung hatte. Andererseits ist es ein Fakt, dass die **bäuerliche Tradition** in Vietnam voreheliche Beziehungen nicht völlig ausschloss, wenn man auch nach außen immer das konfuzianische Mäntelchen darüber hielt. Auf dem Lande galt ein Mädchen nicht unbedingt als schlecht, wenn es einen Geliebten hatte und vielleicht sogar schon ein Kind von ihm erwartete. Man ging davon aus, dass die beiden jungen Leute sowieso heiraten würden und nahm die Geschichte insgesamt nicht besonders tragisch.

Nur **Leichtfertigkeit,** d.h. das unbedachte Einlassen auf einen oder mehrere Partner, machte man einer Frau zum Vorwurf. Eine solche Frau wurde verachtet und man war ängstlich bemüht, die eigenen Söhne von so einer fern zu halten. Brachte sie dann auch noch ein lediges Kind zur Welt, konnte das Leben für sie zur Hölle werden. Nicht nur die Dorfmeinung war gegen sie. Auch in der eigenen Familie durfte sie nicht das geringste Verständnis erwarten. Mitleid und Nachsicht mussten hinter dem Bestreben zurückstehen, den Gesichtsverlust durch besondere Strenge wiedergutzumachen. Ein Vater, der seine verdorbene Tochter im Zorn totschlug, verteidigte damit die Ehre seines Hauses und durfte auf die Milde des zuständigen Mandarins rechnen.

Heute hat ein nicht geringer Teil der Jugend **voreheliche Erfahrungen.** Den Eltern gegenüber gibt man sich so, als sei alles noch im Stadium des Händchenhaltens. Manches junge Mädchen glaubt, den Freund an sich zu binden, wenn es ihm nachgibt. Hält dieser zu ihr, dann ist es auch nicht ganz so schlimm, wenn sich der Nachwuchs zu früh ankündigt. Die Eltern reagieren vielleicht immer noch schockiert, wenden aber dann ihre ganze Kraft an die Ausrichtung der Hochzeit, mit der man nun nicht mehr warten darf. In anderen Fällen geht die Taktik nicht auf.

Ist das Mädchen schwanger und der junge Mann nicht von einer Heirat zu überzeugen, so entscheidet man sich häufig für einen Schwangerschaftsabbruch. Dieser Weg ist der sicherste, um sich nicht „die Zukunft zu zerstören", denn **ledige Mütter** haben es in Vietnam immer noch schwer. Ist es für eine Abtreibung schon zu spät, gibt es noch einen letz-

Die häufig zu sehenden vertrauten Berührungen zwischen Freundinnen bzw. Freunden sind keinesfalls Ausdruck homosexueller Neigungen

ten Ausweg: Die junge Frau geht für eine Weile in eine andere Stadt, bringt dort ihr Kind zur Welt und gibt es sofort zur Adoption frei, ohne dass ihre Umgebung allzu viel von dem „Zwischenfall" bemerkt. Die öffentliche Meinung ist nach wie vor sehr streng. Ein junger Mann, der bereit ist, eine Frau mit Kind zu heiraten, muss mit dem verbissenem Widerstand seiner Familie rechnen. Der beißende Hohn, mit dem ledige Mütter im Sprichwort bedacht werden, hat bis heute nichts von seiner Schärfe verloren:

không chồng mà chửa mới ngoan, có chồng mà chửa thế gian sự thường
„Ohne Mann ein Kind bekommen – ja, das ist brav! Mit Mann kann das schließlich jede!"

Homosexualität

Natürlich gibt es auch Homosexualität in Vietnam. Diese wird jedoch **eher tabuisiert als thematisiert.** In der Regel tut man sie als jugendliche Verirrung (die mit der Hochzeit des jungen Mannes als ausgestanden betrachtet wird) oder aber als Krankheit *(bệnh tính luyến ái)* ab und wertet sie dementsprechend. Strafbar ist sie nicht. Ein Homosexueller darf jedoch nicht auf Verständnis hoffen, da seine Familie erwartet, dass er irgendwann eine Schwiegertochter und natürlich (!) Enkel ins Haus bringt. Bei

035vi Foto: mh

lesbischen Frauen empört man sich insbesondere darüber, dass diese pflichtvergessen nur ihrer Neigung nachgehen, anstatt sich um Mann und Kinder zu kümmern. Außerdem wird an die Familien der verirrten Schafe appelliert, sich energischer darum zu kümmern, durch eine entsprechende Erziehung solche Entwicklungen zu vermeiden.

Im Jahr 2000 schien wieder einmal die Erde zu wanken in Vietnam – als der 500 Seiten starke Roman „Eine Welt ohne Frauen" von *Bui Anh Tan* herauskam. Zum ersten Mal überhaupt wird das Thema Homosexualität in den Mittelpunkt gestellt, ohne es zu kriminalisieren. Mit viel Einfühlungsvermögen und Sympathie werden die handelnden Personen gezeichnet, wenn auch der Autor selbst sich letztendlich auf die Position zurückzieht, man könne mit viel Willenskraft und durch Selbsterziehung homosexuelle Gefühle „überwinden". In Anbetracht der zuvor üblichen totalen Ablehnung von Homosexualität durch die vietnamesische Gesellschaft stellt das Buch einen regelrechten Durchbruch dar. Pikanterweise ist der Autor ein lediger Polizeibeamter in mittleren Jahren, was zu endlosen Nachfragen und Spekulationen Anlass bietet.

Sexuelle Aufklärung

Sexuelle Aufklärung gehört in Vietnam zu den Themen, die Eltern und Lehrern extreme Bauchschmerzen bereiten. Einerseits gibt es massive Aufklärungskampagnen, um gegen AIDS zu kämpfen, andererseits gehörte die Biologie des Menschen bis vor Kurzem noch nicht zum Lehrplan der allgemeinbildenden Schulen. Erst seit Mitte der 1990er Jahre wird das Thema „Fortpflanzung des Menschen" im Unterricht behandelt.

Die **Frauen-Union** engagiert sich sehr auf diesem Gebiet. Das hängt auch mit ihrem Anliegen zusammen, Familienplanung und Geburtenkontrolle zu propagieren. Hier finden aber nur verheiratete Frauen Rat und Hilfe. Selbst Ehemänner bleiben mehr oder weniger „außen vor", da die allermeisten Herren der Schöpfung eine Beratung durch Frauen für peinlich, unehrenhaft und sowieso überflüssig halten. Das ist übrigens auch eine der wesentlichen Ursachen für den nur begrenzten Erfolg der Geburtenplanung.

Zwar glaubt in Vietnam niemand an den Storch, trotzdem fehlt es oft am Wissen um biologische Zusammenhänge und Verhütungsmethoden. Teilweise ist das der immer noch spürbaren konfuzianischen Prüderie anzulasten. Der Konfuzianismus war – im Gegensatz zu den südostasiatischen Traditionen – Fragen der Geschlechtlichkeit ganz und gar nicht aufgeschlossen. Schon nackte Haut war unsittlich und daher tunlichst zu verhüllen. Liebe hatte man vor allem seinen Eltern gegenüber zu zeigen. In

Bezug auf die Ehe war von ihr keine Rede. Körperliche Liebe gar gehörte zu den Dingen, über die mit konfuzianischer Strenge geschwiegen wurde, und das umso mehr, wenn man zu den gebildeten Kreisen gehören wollte. Diejenigen, die weniger stark von diesem Verhaltensmuster geprägt waren, gingen möglicherweise etwas weniger verkrampft an das Thema heran, hatten aber aus Mangel an allgemeiner Bildung **kaum Wissen** über biologische Zusammenhänge.

Dieses Erbe ist bis heute zu spüren und junge Leute haben oft große Schwierigkeiten, Antworten auf ihre Fragen zu finden. Nachdem sie ergebnislos die öffentlichen Büchereien abgesucht haben, bleibt oft nur der Rat von Freunden und älteren Geschwistern, deren Wissen ebenso lückenhaft ist. Eine Vorreiterrolle bei der Diskusssion solch heikler Themen sind die Zeitungen *Tuổi Trẻ* (Jugend) und *Tiền Phong* (Avantgarde) sowie zahlreiche Zeitschriften und Broschüren für Jugendliche. Darin und in Rundfunksendungen werden viele „Noch-Tabu"-Themen behandelt. Die zahlreichen Zuschriften und Anrufe lassen ahnen, wie groß der Informationsbedarf tatsächlich ist. Möglicherweise kann sich die gesellschaftliche Meinung schon in wenigen Jahren sehr ändern. Immerhin ist gegenwärtig rund die Hälfte der vietnamesischen Bevölkerung jünger als 30 Jahre. Diejenigen, denen ihre Eltern heute nicht helfen können, werden eines Tages ihren Kindern wahrscheinlich schon mit mehr Sicherheit zur Seite stehen.

Eltern und Kinder

Zusammenleben in der Familie

mẹ đánh một trăm không bằng cha ngăm một tiếng
„Hundert Schläge von der Mutter sind nicht so schlimm wie ein strenges Wort des Vaters"
(Sprichwort)

Die Kinder haben Mutter und Vater unbedingten **Gehorsam** zu leisten. Da die Mutter getreu den Vorgaben ihres Gatten handelt, bedeutet das Befolgen ihrer Anweisungen indirekt das Gehorchen dem Vater gegenüber. Dieser greift häufig erst dann ein, wenn die Mutter zu nachsichtig war und die Strenge des Familienoberhauptes nötig zu sein scheint.

Kinder von Nebenfrauen sind verpflichtet, die Hauptfrau als ihre offizielle Mutter anzusehen. Die leibliche Mutter hat sich in allen Entscheidungen über ihre Kinder völlig dem Willen der Hauptfrau bzw. des Mannes zu fügen. Kinder von Nebenfrauen müssen selbst ihre viel jüngeren

Halbgeschwister, wenn deren Mutter die Hauptfrau war, mit Ehrfurcht behandeln, ganz so, als seien es ältere Geschwister.

Für jene vietnamesischen Familien, deren materielle Situation eher bescheiden ist – und das trifft auch heute noch für die überwiegende Mehrheit zu –, ist es nicht möglich, in Großfamilien zusammenzuleben. An Nebenfrauen ist erst recht nicht zu denken. Dafür gibt es meistens sehr viele Kinder.

Meist leben nur zwei Generationen unter einem Dach. Werden die Kinder erwachsen, gehen nicht nur die Töchter **aus dem Haus.** Auch die Söhne verlassen nach der Heirat die elterliche Wirtschaft, denn das Stück Land, dass die Eltern besitzen, ernährt selten Kinder und Kindeskinder. Nur der älteste Sohn, im Süden oft der jüngste, bleibt mit Frau und Kindern bei den Eltern, um für diese zu sorgen, wenn sie alt werden. Die anderen Kinder versuchen meist, sich so nah wie möglich bei Eltern und Geschwistern anzusiedeln. Man wirtschaftet zwar in aller Regel selbstständig, kann sich jedoch bei Schwierigkeiten beistehen.

Ist es für keines der Kinder möglich, die alt gewordenen Eltern das ganze Jahr hindurch zu ernähren, dann wohnen diese abwechselnd reihum bei ihren Kindern. Wird diese bis heute heilige Pflicht der Kinder gegenüber den Eltern nicht redlich erfüllt, so ist die Nachbarschaft mit Kritik schnell bei der Hand. Man wirft den jungen Leuten vor, undankbar zu sein und ihre Kindespflicht zu vernachlässsigen: „Der Reis der Mutter war gut, der Reis der Kinder schmeckt bitter."

Geschwisterbeziehungen

Unter Geschwistern haben die jüngeren den älteren Brüdern und Schwestern zu gehorchen. Dem **ältesten Sohn** kommt dabei eine besondere Rolle zu. Er ist nicht nur der „Oberkommandierende" der Geschwisterschar, sondern auch der Nachfolger des Vaters und erhält in der Regel den größten Teil des Erbes. Dafür verbringen die alten Eltern ihre letzten Jahre bei seiner Familie. Seine Frau ist dafür zuständig, die Eltern zu pflegen und ihnen alles recht zu machen. Nach dem Tode der Eltern richtet der Älteste das Ahnenopfer aus. Er trägt nicht nur die größte Verantwortung für das Fortbestehen des Geschlechts, sondern steht auch in der Pflicht seinen jüngeren Geschwistern gegenüber. Sterben die Eltern, bevor alle Brüder und Schwestern eigene Familien gegründet haben, muss der älteste Sohn ihnen Ehegatten auswählen, Hochzeiten ausrichten und den Start ins selbstständige Leben ermöglichen. Oft sieht es der älteste Sohn als seine Pflicht an, die Ausbildung seiner jüngeren Brüder zu finanzieren, selbst dann, wenn das seine finanziellen Möglichkeiten übersteigt.

Die **älteste Tochter** hat aus konfuzianischer Sicht keinerlei Bedeutung. Im Leben vietnamesischer Familien ist sie jedoch eine wichtige Stütze der Mutter, denn sie kann ihr schon nach wenigen Jahren bei der Beaufsichtigung der jüngeren Geschwister und im Haushalt zur Hand gehen.

Die **jüngsten Geschwister** nehmen bis heute in den meisten Familien eine gewisse Sonderstellung ein. Sie sind zwar diejenigen, die in der Hierarchie formal an unterster Stelle stehen, das heißt aber nicht, dass sie deshalb die Prügelknaben wären. Im Gegenteil, sie genießen besondere Nachsicht und werden nicht selten sogar kräftig verzogen. Alle Geschwister werden angehalten, die Kleinsten lieb und rücksichtsvoll zu behandeln. Dieses Verhalten ist als eine Art Regulativ anzusehen, denn auf diese Weise wird verhindert, dass der „Befehlsdruck" von oben nach unten ungemildert auf die Schwächsten trifft.

Vietnamesische Kinder wachsen sehr **selten als Einzelkinder** auf. Sie sind gewohnt, auf ältere Brüder und Schwestern zu hören und auf die jüngeren Rücksicht zu nehmen. Schon die ganz Kleinen lernen, einander beizustehen, zu teilen, zu verzichten und sich zu gedulden. Ältere lassen sich von ihren jüngeren Geschwistern an den Haaren zerren, auf den Rücken springen und umherzotteln. Sie benehmen sich wie ein Plüschteddy, der nie zurückschlägt und sehen dabei aus, als wollten sie sagen: „Bitte entschuldigen Sie den Kleinen, er ist noch dumm. Er weiß nicht, dass man in Gegenwart von Gästen nicht so herumtobt."

Die Bilder von vietnamesischen Kindern, die ein Geschwisterchen auf dem Rücken oder der Hüfte umherschleppen, sind keineswegs gestellt, um Rührung zu erwecken. Vielmehr sind alle Vietnamesen in ihrer Kindheit so herumgetragen worden und haben ihrerseits andere kleine Kinder so betreut. Diese **ständige Geborgenheit und körperliche Nähe,** in der vietnamesische Kinder aufwachsen, wirkt sich in vieler Hinsicht auf ihr späteres Leben aus:

- Vietnamesen sind in der Lage, auch auf engstem Raum miteinander auszukommen.
- Sie fühlen sich erst in der Gemeinschaft wohl. Das Wort „allein" wird oft mit alleingelassen gleichgesetzt.
- Es fällt Vietnamesen unheimlich schwer, Entscheidungen allein zu treffen. Vom Kauf einer neuen Jacke über die Zahn-OP bis zur Entscheidung, einen Job anzunehmen – alles muss mit Freunden und Verwandten beratschlagt werden.

Sind keine Mitglieder der eigenen Familie in der Nähe, so finden sich Leute aus demselben Dorf oder der gleichen Gegend zusammen und bilden spontan familienähnliche Einheiten. Da man gewohnt ist, auf ältere Brüder zu hören, haben diese Gemeinschaften weniger demokratischen als vielmehr hierarchischen Charakter. Die **Betonung des Gemeinschaftsgeistes,** des Familiensinnes und der gegenseitigen Rücksichtnahme in der vietnamesischen Gesellschaft hat allerdings auch zur Folge, dass manche Vietnamesen geneigt sind, solche Eigenschaften den *Tây* (Westlern) rundweg abzusprechen.

„Im Verhalten der Geschwister bei uns zueinander gibt es wenig, was sich auf den Intellekt stützt, und es scheint, als sei das Gefühl die Ursache von Anfang bis Ende ... Die Menschen, die in Gesellschaften leben, die es gewöhnt sind, alles mit Theorien und Rechten zu begründen, haben nicht die geringste Hoffnung, diese Haltung zu verstehen. Denn wenn sie essen, hat jeder seine abgeteilte Portion. Haben sie jemals aus einer gemeinsamen Schüssel die ***Mắm****-Soße getunkt? Haben sie jemals die Essstäbchen zurückgezogen, um dem anderen einen Bissen Fleisch zu überlassen? ... Wenn sie schlafen gehen, dann hat jeder sein eigenes Bett, seine eigene Matratze. Haben sie jemals darüber nachgedacht, dass ein Haus, und sei es groß wie ein Palast, nicht einen einzigen Menschen aufnehmen kann, wenn die Menschen engherzig sind? Dass aber ein Haus mit nur einem Bett, nur einem Tisch 20 Menschen beherbergen kann, ohne dass jemand sich beengt fühlt, wenn nur die Herzen weit sind? ...“*

(Lê văn Siêu)

Stellen auch die vorstehenden Sätze ein reichlich verklärtes Bild des vietnamesischen Lebens und eine schroffe Ablehnung westlichen Lebens dar, so werden doch die Gefühle und Vorurteile eines gebildeten, weltläufigen Vietnamesen gegenüber unserer Lebensweise klar ausgesprochen. Ich selbst bin nicht davon überzeugt, dass man zwangsläufig ein Egoist werden muss, nur weil man schon als Kind seinen eigenen Teller hatte. Es ist aber ein Fakt, dass Vietnamesen bereits in ihrer Kindheit wichtige Verhaltensweisen für das Leben in der Gemeinschaft trainieren.

Wahl des Ehepartners für die Kinder

đặt đâu ngồi đấy
„Wen die Eltern für die Tochter als Ehemann aussuchen,
den hat sie zu nehmen.“

Die Eheschließung war in konfuzianischem Verständnis eine der **wichtigsten Kindespflichten.** Ihr erster und wichtigster Zweck bestand in der Fortsetzung des Geschlechts, also in der Zeugung männlicher Nachkommen, um die Ahnenverehrung zu gewährleisten. Freiwillige Ehelosigkeit galt als in hohem Grade pietätlos und zeugte von äußerster Undankbarkeit gegenüber den Eltern. Liebesheiraten oder auch nur die selbstständige Wahl eines Partners waren unter diesen Umständen die absolute Ausnahme. Mithilfe von **Heiratsvermittlern** wurden geeignete Kandidatinnen ermittelt. Man schickte eine Vertrauensperson – das konnte eine ältere Verwandte oder auch ein professioneller Vermittler sein – zu dem Vater der auserkorenen Braut. War dieser mit der Verbindung einverstanden, da ihm die Familie und Vermögensverhältnisse des jungen Mannes zusagten, so war der Handel perfekt.

Der **junge Mann** hatte eventuell Gelegenheit, seine Braut zu sehen, ohne dass diese es bemerkte.

Dem **jungen Mädchen** wurde später lediglich mitgeteilt, dass man sie verheiraten würde. Oft hatte sie den jungen Mann noch nie gesehen. Doch auf die Gefühle der Braut wurde keine Rücksicht genommen. Wichtig war jetzt nur, dass sie sich als gehorsame Tochter erwies und den Eltern dankte, indem sie die Entscheidung demütig hinnahm. In Einzelfällen konnte der Widerwille gegen einen aufgezwungenen Ehemann so groß sein, dass er stärker wurde als der anerzogene Gehorsam gegenüber den Eltern. Dann blieb der Braut wider Willen nur noch der Selbstmord.

Die Wahl des Ehepartners war viele Jahrhunderte hindurch eine Entscheidung, die die Eltern für ihre Kinder trafen, denn die Verheiratung der Kinder gehörte zu den **elterlichen Pflichten.** Da man nie wissen konnte, welches Schicksal einem bestimmt war, versuchte man, dieser Pflicht so früh wie möglich zu genügen. Man ließ keine Gelegenheit vorübergehen, ohne an die Zukunft der Nachkommen zu denken. Oft wurden Kinder einander schon vor ihrer Geburt oder im Kleinkindalter versprochen. Nicht selten sagten Freunde, die demnächst Vaterfreuden entgegensahen: *„Wenn dein Kind ein Junge wird und meines ein Mädchen, dann geben wir sie zusammen!“* Als Lohn für ihre Mühen wollten sie dann möglichst noch den **Stammhalter** auf den Knien schaukeln, bevor sie sich zum Sterben niederlegten. Geheiratet wurde deshalb sehr früh. Kindliche Bräute von 14, 15 Jahren waren keine Seltenheit und auch die Burschen waren spätestens mit 19 Jahren verheiratet.

Seit den 1960er Jahren versuchte man in der DRV, **allzu frühe Heiraten** zu verhindern. Dieses Anliegen ist Bestandteil der notwendigen Geburtenplanung, soll aber auch dazu beitragen, die Gesundheit der Frauen und Mütter zu verbessern. Heute ist das Heiratsalter per Gesetz auf 18 (Frauen) bzw. 20 Jahre (Männer) festgelegt. Der Jugendverband fordert seit Jahren seine Mitglieder auf, möglichst erst mit 28 Jahren zu heiraten, nicht gleich Kinder zu zeugen und einen Abstand von fünf Jahren zwischen dem ersten und dem zweiten Kind zu lassen. Dass diese Forderungen nicht unbedingt auf große Resonanz stoßen, zeigt die Statistik. Im Landesdurchschnitt gebären Frauen ihr erstes Kind im Alter von ca. 23 Jahren. Nicht selten kommt es vor, dass für zwei junge Leute, die das gesetzliche Heiratsalter noch nicht erreicht haben, in aller Eile die Hochzeitsfeier in der Familie ausgerichtet wird, weil sich bereits Nachwuchs angekündigt hat. Sind die jungen Leute dann endlich 18 Jahre alt, können sie immer noch „unterschreiben" gehen, wie man die offizielle Eheschließung nennt.

Bis heute treffen die wenigsten jungen Vietnamesen die Entscheidung über eine Ehe allein. Man ist zwar selbstständiger in der Partnerwahl geworden, aber die Zustimmung der Eltern möchte man unbedingt haben. Junge Leute lernen sich in der Schule, beim Studium, am Arbeitsplatz oder in der Freizeit kennen. Sind sie sich einig, so gehen sie gemeinsam zu den Eltern und bitten um deren Zustimmung zur Heirat. In den meisten Fällen wird man sie ihnen nicht verwehren.

Trotzdem gibt es nach wie vor Situationen, in denen die Eltern sich einen anderen Partner für ihr Kind gewünscht hätten. Sind die Eltern weder durch Bitten noch Tränen zu erweichen, wird es für die jungen Leute schwierig. Heiraten sie gegen den ausdrücklichen Willen der Eltern, können sie sich u. U. zu Hause nicht mehr sehen lassen und stehen allein da, was sie nicht gewohnt sind. Manchmal reißt ein Mädchen von zu Hause aus, wenn man ihr einen Bräutigam aufzwingen will. Es kommt auch immer noch vor, dass die Tochter geprügelt wird, damit sie der Entscheidung der Eltern zustimmt. In sehr seltenen Fällen wählen Kinder den Selbstmord als äußerste Form des Protestes. Die öffentliche Meinung ist bei solchen Tragödien meist auf der Seite der jungen Leute und verurteilt die starre Haltung der Eltern, die das Leben des Kindes ihrer Herrschsucht geopfert haben.

Söhne und Töchter

Die **Verpflichtung, Kinder zu haben,** war und ist so groß, dass auch heute noch viele junge Frauen spätestens nach dem ersten Ehejahr ein Kind zur Welt bringen. Schon wenige Monate nach der Hochzeit fragen Freunde und Verwandte: *œ có gì chưa?* (Gibt es schon etwas? = Ist etwas unterwegs?) Hat das Paar nach zwei Jahren immer noch kein Baby, nimmt das Gerede in der Umgebung kein Ende. Man bezweifelt die Fähigkeit der beiden, Kinder zu bekommen. Daher sind viele junge Ehefrauen ebenso wie deren Männer, besonders, wenn sie der älteste Sohn sind, dringend

Jungen beim Aushilfsjob nach der Schule – mindestens einen Sohn wollen vietnamesische Eltern haben

037vi Foto: mh

daran interessiert, ganz schnell Nachwuchs zu haben. Auf dem Lande kommt noch ein weiterer Faktor hinzu: Dort, wo es nur die Arbeit in der Landwirtschaft gibt, aber kaum Möglichkeiten, sich fortzubilden, wollen die Frauen wenigstens durch die Geburt von Kindern ihre soziale Stellung verbessern.

Kinderlosigkeit ist das größte Unglück, das eine Familie treffen kann. Dass Paare im Westen freiwillig auf Kinder verzichten, ist für vietnamesisches Empfinden die reine Blasphemie. Kinder müssen sein, möglichst Mädchen und Jungen, *có nếp có tẻ* („Klebreis und normaler Reis"), gemeint ist „von jedem etwas".

Mindestens ein Sohn gehört nach wie vor für die Mehrheit vietnamesischer Eltern zum kompletten Familienglück. In den Städten und bei gebildeten Vietnamesen zeigt die Politik der Familienplanung aber schon deutliche Ergebnisse. Man hat hier weniger Kinder als auf dem Lande. Junge Ehepaare stehen zu ihrer Entscheidung „es bei zwei Kindern zu belassen". Selbst Überredungsversuche der Großeltern nach dem Motto: „Es geht euch doch gut, ein drittes Kind könnt ihr euch doch leisten" haben kaum Wirkung. Trotzdem wünschen sich 75% aller Frauen, dass wenigstens eines ihrer Kinder ein Sohn werden möge. Hier scheiden sich dann die Geister. Während manche Familie in der Stadt auch mit zwei Töchtern zufrieden ist, sieht die Situation in ländlichen Gegenden anders aus: *Ein* Sohn muss sein. Die Frau gebiert unverdrossen weiter, bis endlich der ersehnte kleine Prinz da ist. Will und will kein Junge kommen, gibt man meist der Frau die Schuld *(„Sie versteht sich nicht darauf, Jungen zu gebären")*.

Oft greift man sogar auf die traditionelle Zweitfrau zurück, die den Stammhalter zur Welt bringen soll. Zwar ist die **Mehrehe verboten,** aber vielerorts wird trotzdem mit stillschweigender Duldung der örtlichen Behörden diese vorletzte Möglichkeit genutzt, doch noch zu einem Sohn zu kommen. Als allerletzte - und nicht eben geschätzte - Möglichkeit bleibt dann nur noch die Adoption.

tam nam bất phú, ngũ nữ bất bần
„Mit drei Jungen wird man nicht reich, mit fünf Töchtern nicht arm."

Treffender als in diesem Sprichwort kann die Haltung der Vietnamesen zu Töchtern kaum ausgedrückt werden. Anders als in Indien oder China stellen Mädchen keineswegs eine unwillkommene Last dar. In Vietnam war nie die Unsitte verbreitet, weibliche Säuglinge zu töten. Die von der konfuzianischen Lehre postulierte Geringschätzung der Frau hat deren Bedeutung als Arbeitskraft zu keiner Zeit negieren können. Wenn das erste Kind ein Mädchen ist (*con gái đầu lòng* – „die Tochter, die dem Herzen am nächsten ist"), sind die meisten Frauen sehr zufrieden, denn es kann schon bald der Mutter bei der Betreuung der nachfolgenden Geschwister zur Hand gehen. Mädchen werden als verständiger, gehorsamer und vor allem fleißiger eingeschätzt als Jungen. Ihre Arbeitskraft wird als gleichwertig, oft sogar als wertvoller als die der Brüder betrachtet. Zudem kostet ihre Verheiratung die Eltern kein Geld, wohingegen die Heirat der Söhne finanziert werden muss. Töchter haben nur einen einzigen Fehler: Sie gehen nach der Heirat in die Familie des Mannes, bringen ihre Kräfte und Fähigkeiten dort ein und stehen den Eltern nicht mehr zur Verfügung.

Generationskonflikte?

Die Jugend hat natürlich in vielen Aspekten andere Ansichten als die Eltern. **Respekt und Achtung** vor der älteren Generation haben aber bisher verhindert, dass Meinungsverschiedenheiten allzu direkt oder gar mit Brachialgewalt ausgetragen werden. Nach wie vor ist es eine schwere Ungehörigkeit, sich seinen Eltern gegenüber im Ton zu vergreifen, ihnen auf schnoddrig-demokratische Art zu widersprechen oder gar laut zu werden.

Während Kinder ihren Eltern auch verbal Hochachtung zu zeigen haben, ist es den allermeisten vietnamesischen Eltern bis heute unvorstellbar, sich bei ihren Kindern für einen Fehler oder ein Versehen zu entschuldigen. Die zwei kleinen Worte *xin lỗi* gehen ihnen einfach nicht über die Lippen, denn man könnte ja seinen Machtstatus als Vater oder Mutter gefährden!

Die meisten Eltern sehen es als normal an, dass zu einer guten Erziehung auch gelegentliche **Schläge** gehören. Die sollen nicht nur weh tun, sondern auch das Recht der Eltern bekräftigen, über ihre Kinder zu bestimmen. Daher ist es durchaus üblich, dass ein Kind nach der Bestrafung seinen Eltern dankt. Damit zeigt es, dass es verstanden hat, worin sein Fehlverhalten lag.

Demonstratives Türenschlagen, Äußerungen wie „Ihr habt ja keine Ahnung!", „Lasst mich doch in Ruhe!" oder „Wie ich lebe, geht euch gar nichts an!" sind nicht an der Tagesordnung. Die Probleme liegen auf anderer Ebene. Sie beginnen bei der selbstständigen Berufswahl und hören beim Zusammenleben ohne Trauschein noch lange nicht auf.

Doch nach wie vor gilt das Wort der Eltern sehr viel. Junge Leute sind gut beraten, ihre Ziele auf sanfte, „reibungsarme" Weise zu verfolgen. Wer seinen Eltern nicht den nötigen Respekt erweist, wird selbst unter Altersgenossen nur wenig Verständnis finden. Einem jungen Menschen, der diszipliniert die unnötige Strenge der Eltern erträgt oder sich einer ungerechten Entscheidung des Vaters unterwirft, wird sein Verhalten dagegen hoch angerechnet. Nicht selten ist dann die ganze Familie bemüht, im Stillen wiedergutzumachen, was der strenge Vater übertrieben hat.

Die Kriegsgenerationen (also die zwischen 1945 und 1975 Geborenen) sehen sich heute in einer Zwickmühle. Zum ersten Mal, seit sie denken können, gibt es genug Nahrung und Kleidung. Ihre Kinder (bzw. schon die Enkel) können in Frieden lernen, sie haben die besten Bedingungen, die man sich jemals in Vietnam vorstellen konnte. Warum aber werfen immer mehr junge Leute ihr Leben weg, versagen in der Schule oder werden vergnügungssüchtig, abhängig gar von Alkohol oder Heroin? Die Eltern verstehen es nicht. Sie mussten auf so vieles verzichten, nun möchten sie erleben, dass sich die nachfolgenden Generationen dankbar zeigen, dass sie gut lernen, natürlich ein Hochschulstudium schaffen und erfolgreich im Beruf sind. Millionen Träume von Karriere und Wohlstand werden auf die Kinder und Enkel projiziert. Diese wiederum sehen sich oft den Erwartungshaltungen ihrer Sippe und dem Erfolgsdruck nicht gewachsen. Häufig sind es auch gerade Kinder von Funktionären bzw. erfolgreichen „Businessmen", deren Erziehung einfach nicht gelingen will. Die landläufige Meinung der Vietnamesen dazu ist, dass man sich in solchen Familien nicht mehr genug Zeit für die Erziehung nehme ...

036vi Foto: mh

Kindererziehung

Vietnamesische Kinder scheinen sämtlich **lieb, artig und ausgeglichen** zu sein. (Eine Ausnahme bilden psychisch geschädigte Straßenkinder.) Kinder, deren Wortschatz sich auf die Worte „ich" und „haben" zu beschränken scheint und die dramatische Szenen im Spielzeugladen aufführen, sind in Vietnam die absolute Ausnahme. Das Fehlen der westlichen Ich-Bezogenheit, die Erziehung zum Gehorchen und nicht zuletzt das Gefühl der Scham über unrechtes Verhalten tragen dazu bei, dass vietnamesische Kinder einen pflegeleichten Eindruck machen.

Dabei werden sie durchaus nicht dressiert. In den ersten Lebensjahren ist man sogar sehr nachsichtig. Das **Kleinkind** darf fast alles. Es wird liebevoll und fast unmerklich angeleitet, was die Erziehung zum Respekt angeht. Ansonsten sind alle Familienmitglieder ausgesprochen duldsam. Auch die nur wenig älteren Brüder und Schwestern *(anh, chị)* wissen das Jüngere *(em)* schon mit Geduld und Nachsicht zu behandeln. Strenge Regelungen für Essens- und Schlafenszeiten gibt es nicht. Selbst mit der Erziehung zur Sauberkeit nimmt man es erst in den letzten 15 Jahren und vor allem in städtischen Familien etwas genauer. Alles geschieht ohne merklichen Zwang, ohne Hektik oder Leistungsdruck. Das Fehlen solchen Druckes trägt sicher zur Ausgeglichenheit der Kinder bei. Nicht weniger wichtig ist die Tatsache, dass die kleinen Vietnamesen nie allein gelassen werden. Sie müssen nicht um Zuneigung kämpfen und schreien, um Aufmerksamkeit zu bekommen. In ständigem Kontakt mit den Familienmitgliedern entwickeln sie ein Gefühl der Geborgenheit, das ihnen hilft, psychisch stabil zu werden.

Wenn die Kinder in das **Vorschulalter** (fünf Jahre) kommen, beginnt allmählich der „Ernst des Lebens": In diesem Alter lernen die Kinder nicht nur das ABC, sondern können auch schon im Haushalt und in der elterlichen Wirtschaft leichte Aufgaben übernehmen. Ihre Sozialisierung ist bis zu diesem Alter so weit fortgeschritten, dass sie ihren Platz innerhalb der Geschwisterschar, als Kind, Enkel usw. gut kennen und sich dementsprechend zu verhalten wissen. Daher fügen sie sich vergleichsweise problemlos in Kindergartengruppe und Schulklasse ein.

Was Eltern von ihren Kindern fordern

Trên kính dưới nhượng („Nach oben respektvoll, nach unten nachsichtig.") ist ein elementares Verhaltensprinzip, das von frühester Jugend an trainiert wird.

Vietnamesische Eltern erwarten, dass ihre Kinder gehorchen, artig und lieb sind. Das schließt **Höflichkeit, Duldsamkeit und Toleranz** automatisch mit ein. Schon den ganz kleinen Kindern, die noch Probleme damit haben, Ältere mit dem jeweils passenden „Verwandtschaftswort" anzureden, bringt man bei, wie man sich sittsam und respektvoll unter anderen Menschen bewegt. So lernen die Kinder, sich in die Gemeinschaft einzufügen („den eigenen Platz kennen" lautet die konfuzianische Forderung), ein geschmeidiges, anpassungsfähiges Mitglied der Familie und der Gesellschaft zu werden. Damit erwerben sie eine lebenswichtige Fähigkeit, die für ihr ganzes Leben von Bedeutung ist.

Neben der grundlegenden Forderung, seinen Eltern widerspruchslos zu gehorchen, gibt es einige Dinge, auf die man besonderen Wert legt: Kinder werden **zum Arbeiten angehalten.** Es ist völlig selbstverständlich, dass Kinder in dem Moment, wo sie halbwegs dazu in der Lage sind, zu nützlichen Tätigkeiten herangezogen werden (Geschwisterbetreuung, Haushalt, Vieh füttern, Unkraut jäten, Botengänge erledigen). Diese Erzie-

Vietnamesische Väter erwarten von ihren Kindern Achtung und Respekt

hung zum Fleiß nimmt unterschiedliche Formen an. Es gibt Familien, wo die Schule zugunsten des wirtschaftlichen Vorankommens etwas ins Hintertreffen gerät. Im Allgemeinen ist es jedoch so, dass die Familien sehr großen Wert auf gute Lernerfolge ihrer Kinder legen. Das traditionell hohe Prestige von Bildung stachelt Eltern wie Kinder an, die Schule sehr wichtig zu nehmen. Viele Eltern verzichten auf andere Dinge, damit die Kinder neben dem Schulprogramm noch ein Musikinstrument, Fremdsprachen, Kampfsportarten oder Schach lernen und damit Bücher, Zeitschriften, Turnschuhe usw. gekauft werden können.

Von ihren erwachsenen Kindern erwarten Eltern, dass sie ihnen liebevoll zur Seite stehen, in materieller und emotionaler Hinsicht **Stütze für das Alter** sind. Dazu gehört, dass man auf seine Kinder stolz sein möchte, weil sie anständige Menschen geworden sind, die als Eltern, als Kinder und in ihrem Beruf tüchtig sind. Eltern erhoffen auch ganz konkrete Hilfe: Pflege bei Krankheit, Betreuung im eigenen Haus und nicht zuletzt materielle Unterstützung, da nur ehemalige Staatsangestellte eine (sehr geringe) Rente erhalten. Fast alle Vietnamesen sind im Alter dringend auf die Hilfe ihrer Kinder angewiesen.

Altersheim ist ein Begriff, den man zwar übersetzen kann, der aber für die meisten Vietnamesen etwa so relevant ist wie das Wort „Schneemensch“ oder „Marsexpedition“! Alte Menschen gehören ganz selbstverständlich zur Familie. Ob krank, pflegebedürftig oder durch Altersstarrsinn eine Belastung – das Abschieben in irgendeine Einrichtung käme niemandem in den Sinn. Im Gegenteil: Man ist stolz, einen **hochbetagten Greis in der Familie** zu haben, denn er ist der lebende Beweis für Glück und Tugend der Familie! Wird man als Besucher einem solchen „Ältesten“ vorgestellt, ist dieser unbedingt mit der größten Ehrerbietung zu grüßen und zu behandeln. Es gab zwar schon in den 1970er Jahren vereinzelt – meist von ländlichen Kooperativen initiierte – Einrichtungen, in denen alte alleinstehende Menschen Aufnahme fanden. Diese Altersheime waren jedoch eher selbstverwaltete Wohngemeinschaften, in denen man sich gegenseitig so gut wie möglich bei der Bewältigung des Alltags half.

Inzwischen existieren in den Städten vereinzelte „Seniorenheime“, die jedoch so teuer sind, dass sie schon deshalb für die meisten Familien indiskutabel bleiben.

Was Kinder von ihren Eltern erwarten

có con phải khổ vì con
„Hat man Kinder, muss man für sie auch Schweres
zu erdulden bereit sein.“

Für vietnamesische Kinder ist es selbstverständlich, dass die **Eltern für sie sorgen** und alles nur Mögliche tun, damit sie gut heranwachsen und eine ordentliche Ausbildung erhalten. So lange bis die Kinder in jeder Hinsicht auf eigenen Füßen stehen können, sind die Eltern für sie da. Es wäre undenkbar, dass vietnamesische Eltern ihrem Kind erklären: „Wenn Du eine Freundin anschleppst/nach deiner Heirat/wenn etwas Kleines unterwegs ist, dann musst du dir was Eigenes suchen. Den Stress/fremde Leute/die junge Frau in meiner Küche/den Krach/das Babygeschrei halten wir nicht aus ..." Auch die Meinung „Wenn der 18 ist, dann muss er raus/ soll sich eine eigene Bude suchen/ lernen, wie man auf eigenen Füßen steht und wie teuer das Leben ist" ist für Vietnamesen nicht nachvollziehbar.

Der Zusammenhalt ist so groß, das Verantwortungsgefühl der Eltern für ihre Kinder so stark, dass sie diese so lange „bemuttern" wollen, bis es wirklich nicht mehr anders geht. Selbst junge Ehepaare mit Kind leben noch einige Zeit bei Eltern oder Schwiegereltern. Oft ist es eine Frage der Wohnungsnot, aber auch andere Gründe spielen eine Rolle. Die ganze Familie steht dem jungen Paar zur Seite, wenn es um die Bewältigung des Alltags und die Pflege des Babys geht. Nicht selten ernähren die Eltern die junge Familie sogar mit, wenn diese noch kein ausreichendes eigenes Einkommen hat.

Kindestötungen

Kindestötungen bzw. die Aussetzung von Neugeborenen kommen vor, sind aber selten. Die systematische Tötung insbesondere von weiblichen Neugeborenen (wie in China und Indien) ist für Vietnamesen unvorstellbar. Auch in der Vergangenheit wurden selbst in größter Not Kinder **eher verkauft als getötet.**

Kommen heute Kindestötungen vor, so haben die Opfer meist **schwere Missbildungen** oder sichtbare Behinderungen. Es gibt zwar Kliniken, in denen solche Kinder untergebracht und betreut werden können. Viele Frauen bringen ihr Kind jedoch zu Hause zur Welt, weitab von ärztlicher Hilfe. Wird dann ein Kind geboren, das sich schon äußerlich von einem „normalen" Baby unterscheidet, so sind die Familien oft völlig überfordert. Sie wissen nicht, wie schwer die Schädigung ist, können nicht einschätzen, ob sie vielleicht sogar operativ zu beheben wäre und fragen sich verzweifelt, wie sie ein solches Kind, das ihnen nie eine Stütze sein wird, großziehen sollen.

Manche dieser Kinder werden auch ausgesetzt, auf der Straße oder am Krankenhaustor abgelegt. In Einzelfällen landet auch mal eines auf der Müllkippe.

Vietnamesische Namen

Namen bestehen aus mindestens zwei Teilen, dem Familien- bzw. Sippennamen *(họ)* und dem Vor- bzw. Rufnamen *(tên)*. Oft steht zwischen *họ* und *tên* noch ein Zwischenname *(tên đệm)*. Vietnamesen sprechen sich – außer bei hochoffiziellen Anlässen – stets mit dem Vornamen an. Selbst die vietnamesische Frage nach dem Namen lautet daher *Ông tên là gì?* („Herr Vorname sein was?"). Nach dem *họ* wird auch deshalb nur selten gefragt, weil es nicht sehr viele verschiedene gibt.

Lässt man die verschiedenen Töne auf den Silben unberücksichtigt, so sind es ca. 300 **Familiennamen,** von denen *Nguyễn* wohl der häufigste sein dürfte. Auch *Trần, Lê, Lý, Phạm, Phan, Bùi, Hoàng* kommen oft vor. Unter diesen Umständen hätte es nicht viel Sinn, sich als Herr *Nguyễn* vorzustellen, wenn man diesen Namen mit etwa 20 Mio. Landsleuten teilt und mindestens die Hälfte der im Raum Anwesenden ebenfalls *Nguyễn* heißt. Entsprechend hoffnungslos ist der Versuch, in Vietnam nach Herrn oder Frau *Nguyễn* zu suchen (hierzu s. a. Visitenkarten).

Der **Zwischenname** ist fakultativ. Er gibt oft einen Hinweis auf das Geschlecht seines Trägers. *Thị* steht für eine weibliche Person, *Văn* für eine männliche. Es gibt auch andere Zwischennamen *(Hữu, Đức, Kim, Minh, Ngọc, Duy)*, von denen einige für beide Geschlechter gebraucht werden können. Den Zwischennamen schreiben Vietnamesen oft klein oder lassen ihn auch einmal weg. Folgt noch ein mehrsilbiger Vorname, wird er oft eingespart. Wenn Frau *Nguyễn Thị Thu Hà* in der Eile mit *Nguyễn Thu Ha* unterschreibt, so ist das nach vietnamesischem Verständnis noch keine falsche Angabe.

Die **Vornamen** sind nicht geschlechtsgebunden, obwohl man bestimmte Namen lieber Jungen, andere lieber Mädchen gibt. Sie haben eine konkrete oder abstrakte Bedeutung, die nicht verdunkelt ist und dem Namen dadurch einen besonders poetischen Wert gibt. So bedenkt man die Vertreter des starken Geschlechts gern mit Namen wie *Hùng* (Held), *Dũng* (mutig, tapfer), *Siêu* (überragend), *Dương* (Sonne), *Tuệ* (scharfsinnig), *Xuân* (Frühling), *Thắng* (Sieg), ja sogar mit einer der beiden Silben, die den Landesnamen bilden: *Việt* bzw. *Nam*. Namen von Blumen oder Früchten werden eher für Mädchen gewählt. *Phong Lan* (Orchidee), *Thu Hồng* (Herbstrose), *Liễu* (Weide), aber auch *Nguyệt* (Mond), *Hương* (Duft) oder *Hiền* (brav, sanft, tugendhaft) sind in aller Regel Mädchennamen.

Silben, deren Bedeutung auf etwas ganz besonders Kostbares hinweist, werden sowohl für Mädchen als auch für Jungen gebraucht. Dazu gehören (einzeln oder auch in Kombination mit weiteren Silben) beispielsweise *Ngọc* (Edelstein, Perle) und *Châu* (Perle, Kostbarkeit). *Ngọc Châu* heißt

„kostbare Perle“, *Ngọc Bích* „Jade“, *Ngọc Lan* „Magnolie“ und *Bích Ngọc* „Samaragd“.

Während vorsichtige Eltern ihren Kindern früher manchmal hässliche Namen gaben, um böse Geister abzuschrecken, so ist das heute nicht mehr üblich. Man wählt **möglichst schöne Namen** aus und gibt dabei oft Hán-Silben den Vorzug. Solche Namen, die aus sino-vietnamesischen Silben bestehen, klingen nicht nur besonders poetisch, sondern verraten uns oft auch die Wünsche der Eltern für ihre Kinder. Früher gaben vor allem Gebildete ihren Kindern schöne, klangvolle Namen. In manchen Familien achtet man bis heute darauf, dass die Namen aller Geschwister der Form bzw. dem Inhalt nach zusammenpassen.

Verheiratete Frauen behalten den Namen ihrer Sippe. Die gemeinsamen Kinder tragen meist den Namen des Vaters. Es kommt auch einmal vor, dass die Jungen nach der Sippe des Vaters, die Mädchen nach der der Mutter benannt werden.

Die „Mutter von Frühling“, so könnte übersetzt die übliche Anrede für eine **Frau auf dem Lande** sein. Natürlich hat jede Frau ihren eigenen Namen. Es ist auch nicht ungewöhnlich, dass sich weibliche Angestellte Visitenkarten drucken lassen. Auf dem Lande halten sich dagegen manche alten Gewohnheiten länger als erwartet. In vielen ländlichen Gegenden werden verheiratete Frauen nach wie vor kaum mit ihrem Namen angesprochen, sondern als „Frau des X“ oder „Mutter des Y“. Selbst die Funktionäre der Dorfverwaltung kennen viele Frauen nur unter diesen, nicht aber unter ihrem im Personenstandsregister geführten Namen. Für Städterinnen wäre so etwas heute undenkbar.

010vi Foto: ph

ALLTAG

Bekleidung und Körperpflege

y phục xứng kỳ đức
„Die Kleidung muss den eigenen Möglichkeiten
und der Stellung entsprechen."

In früheren Zeiten war die Bekleidung der Vietnamesen vom jeweiligen Herrscher mehr oder weniger streng festgelegt. Mit der Kleidung wurden nicht zuletzt der Rang innerhalb der Gesellschaft, die **Zugehörigkeit zu einer bestimmten Schicht** ausgedrückt. Das entsprach dem konfuzianischen Moralkodex. Niemand hatte sich unerlaubt und sei es auch nur kleidermäßig, von dem ihm zugewiesenen Platz zu entfernen. Die jeweils angemessene Kleidung hatte immer ordentlich und sauber auszusehen. Nachlässigkeit in der Bekleidung wurde mit unzureichendem Respekt gegenüber den Mitmenschen gleichgesetzt. Daran hat sich auch bis heute nichts geändert.

Korrekte Kleidung ist eine Frage der Selbstachtung

Die Chinesen, die im 3. Jahrhundert v. u. Z. auf ihre südlichen Nachbarn aufmerksam wurden, vermerkten in ihren Annalen: *„Das Schneiden der Haare, die Tätowierung des Körpers, das Kreuzen der Arme, das Schließen der Kleidung auf der linken Seite – das sind die Charakteristika des Yüeh-Volkes (Âu-Việt).“ (Lê Thành Khôi)* Mit dem Beginn der massiven Sinisierung seit dem 2. Jh. u. Z. setzten die Chinesen ihre Kleiderordnung in Vietnam durch. Die Kleidung wurde von nun an auf der rechten Schulter geschlossen, es mussten Schuhe und Kopfbedeckungen getragen werden.

Traditionelle Bekleidung

Bis zur Mitte des 20. Jahrhunderts bestand die Kleidung für Männer in der Regel aus Ober- und Unterkleid.

Das Oberkleid konnte lang oder kurz sein. **Das lange Kleid,** der *áo dài*, war die Oberbekleidung für offizielle, feierliche Gelegenheiten und Anlässe. Der *áo dài* für Männer war in der Regel aus schwarzem, seltener aus weißem Stoff. Die Schöße des *áo dài* reichten bis über die Knie. Manche hatten an der rechten Seite vorn noch einen kürzeren Schoß. Darunter wurde eine Art Unterkleid in Hemdform angezogen, das die Funktion von Unterwäsche hatte und im Haus und bei der Arbeit ohne den *áo dài* getragen wurde. Im Norden hatte das **Alltagskleid** *(áo khách)* eine Knopfreihe für Kordelknöpfe in der Mitte, lange Ärmel ohne Manschetten und einen Stehkragen. Das Alltagsoberkleid im Süden *(áo ba ba)* sah fast genauso aus, war jedoch etwas weiter geschnitten.

Man konnte ein oder zwei *áo dài* übereinander ziehen oder ein langes Kleid mit Futter versehen. Im Norden trug man in der kalten Jahreszeit sogar drei *áo dài* übereinander. Der *áo dài* für sehr schlechtes Wetter hatte ein Baumwollfutter. Besonders alte Leute trugen auch gesteppte *áo dài*, die sehr warm hielten. Die traditionelle vietnamesische **Männerhose** war braun (im Norden), schwarz (im Süden) oder weiß (wenn der festliche *áo dài* darüber getragen wurde). Sie war weit geschnitten, hatte keine Taschen und wurde von einem Stoffgürtel gehalten. Erst mit den Franzosen kamen Wollwesten, Pullover, gefütterte Jacken und Unterwäsche, wie wir sie kennen.

Für ganz Arme bestand die Mindestausstattung aus einem **Lendenschurz.** (Das Dorf, aus dem *Hồ-Chí-Minh* stammte, trug übrigens Ende des 19. Jahrhunderts noch den Beinamen „Dorf der Lendentücher“, weil viele Männer zu arm waren, um sich eine Hose leisten zu können.)

Die vietnamesische **Frauenkleidung** bestand viele Jahrhunderte hindurch aus einem langen Rock und einem oder mehreren Oberteilen. Erst Kaiser *Minh Mạng* (Anf. 19. Jh.) verbot das „barbarische“ Röcketragen und erließ das Gesetz, Frauen hätten Hosen zu tragen. Das stieß unter der Bevölkerung zunächst auf heftige Proteste, setzte sich aber im Laufe der Jahrzehnte schließlich durch. Inzwischen ist die lange, weit geschnittene (meist schwarze) Hose sowohl für moderne Vietnamesinnen als auch für uns Ausländer zum Inbegriff „traditioneller vietnamesischer Frauenbekleidung" geworden.

Ein **Oberteil** konnte kurz (Schrittlänge) oder lang (bis zum Knie) sein. Darunter wurde das *yếm* (Brusttuch oder Schnürleibchen) getragen. Damit sollte die Brust vor Blicken geschützt, aber vor allem zusammengehalten werden, damit sie nicht groß aussah oder gar herabhinge. Eine große Brust galt als unschön.

Das Leibchen wurde bei den Stadtfrauen schon während der Franzosenzeit nach und nach durch Korsage, Mieder und später den Büstenhalter verdrängt, zuerst im Süden, später im Norden. Auf dem Land hielt sich das Schnürleibchen weit länger. Mit dem Verschwinden des *yếm* änderte sich auch der Zuschnitt der kurzen Bluse: Der vorher größere Halsausschnitt wurde nun dicht am Hals mit einem Knopf geschlossen. Frauen trugen ebenfalls das lange Kleid, den *áo dài.* Auf dem Land war er aus Baumwolle, die dunkelbraun, ebenholzfarben, schwarz oder haselnussbraun gefärbt wurde. Nur Frauen aus reichen Familien trugen einen *áo dài* aus dünner Seide.

Schnitt und Material der vietnamesischen Alltagskleidung ließen viel **Bewegungsfreiheit** und konnten allen Jahreszeiten und Wetterlagen angepasst werden. Die Farbgebung war stets zurückhaltend. Brauntöne, zu manchen Zeiten auch Hornfarben, Dunkelblau und Schwarz herrschten bei der bäuerlichen Bekleidung vor. Gelb- und Goldtöne waren dem Herrscher vorbehalten. Kleider in anderen Farben waren selten und wiesen den Träger als Würdenträger bzw. als wohlhabend aus.

Kleidung heute

Áo dài und Minirock

Wer Vietnam schon von früheren Besuchen her kennt, wird heute angenehm überrascht sein. Die Menschen kleiden sich besser, **modischer und vielseitiger** als noch vor 10 Jahren. Man kennt die Modetrends und sucht das Passende für sich heraus.

Der Geschäftsreisende dagegen, der gerade aus Singapur oder Hongkong kommt, ist vielleicht eher ernüchtert. Die Vietnamesen sind zwar sauber, aber bescheiden und sogar ärmlich bekleidet. Die knappen, maßgeschneiderten Kostümchen, die ein „Muss" für jede Büroangestellte in Singapur darstellen, findet man in Vietnam bisher eher selten. Allerdings werden Hosenanzüge nach europäischem Schnitt von den Damen zunehmend als „Office-Dress" geschätzt.

Der kulturhistorisch interessierte Globetrotter erwartet möglicherweise, dass viel mehr Frauen und Mädchen den berühmten *áo dài* tragen. Er muss feststellen, dass die Straßen voll sind mit jungen Damen, die sich bei 35°C in Jeans quetschen oder in sehr durchsichtigen Synthetikblüschen **Modebewusstsein** demonstrieren. Verhältnismäßig luftig sind noch die Miniröckchen, die – in Saigon schon lange präsent – nun auch von mutigen Hanoierinnen spazieren geführt werden, was aber insbesondere bei älteren Vietnamesen häufig Ablehnung bis hin zu heftiger Entrüstung hervorruft. (Noch 2001 habe ich erlebt, wie graubärtige „Tugendwächter" nach „unzüchtig berockten" Frauen spuckten ...)

Die wirtschaftliche Öffnung und eine gewachsene Freizügigkeit machen es möglich, dass sich viele Menschen besser kleiden können als früher. Die Gewinner der Öffnungspolitik haben sogar das Geld, sich nach der neuesten Mode zu kleiden. Dabei orientiert man sich vor allem an den von europäischen Versandhauskatalogen vorgegebenen Trends. Solche Kataloge stellen übrigens ein beliebtes Mitbringsel dar, denn die abgebildeten Modelle werden mit großem Geschick nachgeschneidert.

Zu **offiziellen Anlässen** und vielfach auch alltags im Büro erscheinen Männer im Anzug oder mindestens in Tuchhose und weißem Oberhemd. Frauen tragen zunehmend wieder *áo dài.* Diese aus Seide gefertigten Kleider sind teure Anschaffungen. Viele Frauen konnten sich in den vergangenen Jahrzehnten nur mit Mühe ein solches Festtagsgewand zusammensparen.

Heute haben besonders Städterinnen nicht nur mehrere *áo dài,* sondern auch eine kleine Auswahl an Blusen und Hosen, der am meisten verbreiteten **Alltagskleidung.** Auch knieumspielende Kleider nach europäischem Schnitt erfreuen sich wachsender Beliebtheit, wenn auch bisher nur in den Städten. Auf dem Land hat sich in dieser Hinsicht nichts geändert. Für die Feldarbeit wären Kleider und Röcke denn auch denkbar ungeeignet ...

Zu **Kriegszeiten** gab es im Norden Kleiderstoffe nur auf Zuteilung. Viele Menschen besaßen kaum eine komplette Garnitur an Oberbekleidung zum Wechseln. Trotzdem waren sie stets sauber und korrekt gekleidet. Wer nur ein Hemd hatte, der wusch es abends aus und hoffte, dass es bis zum nächsten Morgen trocken war, was besonders in Regenperioden schwierig gewesen sein dürfte.

Die Zeiten, da der Krieg und der damit verbundene Mangel besonders im Norden die Bewohner von Stadt und Land gleichgehobelt hat, sind lange vorüber. Heute erkennt man die Städterin und die Dorffrau schon am

Äußeren. Dessen sind sich auch beide bewusst: Die **Städterin** sieht mitleidig auf die barfüßige Schwester vom Dorf, die zwei oder drei Blusen übereinander zieht, weil das Geld für einen Pullover fehlt. Die **Dorffrau** wiederum tröstet sich beim Anblick der schicken Stadtfrauen mit dem Gedanken, dass auf dem Dorf wenigstens noch Sitte und Anstand gewahrt würden, was man ja angesichts nackter Knie und freier Schultern in der Stadt kaum garantieren könne!

In einer Hinsicht sind jedoch alle Vietnamesinnen gleich. Sie wollen sich unbedingt ihre helle Hautfarbe bewahren und schützen sich deshalb konsequent vor der Sonne. Auf dem Land vermummt man sich mit einem Handtuch und setzt den Non-Hut auf. Stadtfrauen bevorzugen breitkrempige Hüte und lange Handschuhe, die fast bis zur Schulter reichen.

Kinder- und Schulkleidung

Wenn man die Mittel hat, kleidet man seine Kinder so gut wie möglich. Diese wissen ganz genau, dass sie ihre **guten Sachen** zu schonen haben. Freiwillig und von allein ziehen sie nach der Schule die weniger guten Hosen an, bevor es zum Fußball geht. Zu feierlichen Anlässen und unbedingt zum Tet-Fest werden die Kinder besonders schön angezogen. Dann sind die Straßen voller kleiner Prinzen und Prinzessinnen, die im Bewusstsein ihrer Würde kaum noch einen Schritt zu gehen wagen und jeder Möglichkeit, sich zu bekleckern, sorgsam ausweichen. Träume in rosa Tüll für Mädchen und Anzüge samt Krawatte für die Jungen sind dann die großen Renner in den Textilgeschäften.

Seit Mitte der 1990er Jahre wurde, beginnend mit den unteren Klassen, auch **Schulkleidung** eingeführt. Diese besteht meist aus blauen Hosen bzw. Röcken und aus weißen Hemden bzw. Blusen. Die Schulen geben die Herstellung der Kleidung, die von Schule zu Schule etwas anders aussehen kann, in Auftrag und die Eltern bezahlen sie. Da sie insgesamt billiger ist als beim privaten Kauf, stehen die Familien der Schulkleidung sehr positiv gegenüber. Allgemein herrscht die Ansicht, sie fördere die Disziplin und das Gefühl der Zugehörigkeit zu einer Schule. In einer Zeit der zunehmenden Polarisierung zwischen arm und reich sehen es Lehrer und ein Großteil der Eltern auch gern, wenn die Kinder wenigstens im Klassenraum gleich sind und niemand wegen ärmlicherer Kleidung gehänselt werden kann. In den Oberschulklassen und in den Hochschulen tragen Jungen dunkle Hose und weißes Hemd, Mädchen zunehmend wieder den weißen *áo dài*. Im Süden des Landes besteht diese Tradition schon seit langer Zeit. In den anderen Landesteilen hätte man gern schon früher an sie angeknüpft, doch die Anschaffung eines *áo dài* kann durchaus ein halbes Monatsgehalt kosten. Das wollte man besonders Familien mit meh-

038vi Foto: mh

reren Kindern nicht zumuten. Im Laufe der Zeit will man jedoch Schüler und Studenten einheitlich gekleidet sehen.

In der Freizeit ist es schon jetzt mit der äußeren Gleichheit vorbei. Deutlich unterscheiden sich stolze **Jeans-Träger** von ihren weniger modisch gekleideten Klassenkameraden. Während die meisten Kinder nach wie vor Plastik-Latschen anziehen, protzen einige mit den auch in Europa beliebten Markensportschuhen.

Ein sehr, sehr kleiner Teil der großstädtischen Jugend orientiert sich an ausländischen Filmen.

Deshalb sieht man ab und zu in Saigon kleine „Cowboys", „Michael Jacksons" und andere Produkte der Glitzer- und Traumwelt Hollywood. Die meisten modebewussten jungen Leute begnügen sich jedoch mit dem Luxus einer Sonnenbrille oder eines schicken Hütchens. Wer es sich leisten kann, komplettiert sein Outfit vielleicht noch mit einem Seidenschal, schicken Sandaletten und einer hübschen Handtasche.

Klassenfahrt zum Literaturtempel in Hanoi:
Kinder aus dem Umland tragen noch keine Schuluniformen

Kopfbedeckung und Haartracht

Tuch und Hut

Das **Tuch** und der *nón* (kegeliger Hut) waren viele Jahrhunderte hindurch die traditionelle vietnamesische Kopfbedeckung. Männer trugen das Tuch sorgsam zu einem Turban gebunden, wobei die Falten am Stirnteil in einer bestimmten Form liegen mussten. Meist waren diese Turbane schwarz oder dunkelviolett. Einfache Leute trugen die Kopfbedeckung nur zu offiziellen Anlässen, ansonsten war ihr Kopfschmuck das lange, zu einem Knoten gebundene Haar. Um sich bei der Feldarbeit vor der sengenden Sonne zu schützen, wickelte man mehrere Stoffstreifen um den Kopf, sodass zwei Enden heraushingen. Das war das Modell „Hundeohr". Für die kalte Jahreszeit wurde noch ein weiteres, größeres Tuch um den Kopf geschlagen, das auch das Kinn bedeckte. Noch heute sieht man vor allem ältere Frauen, die ein schwarzes oder braunes Kopftuch als Sonnenschutz tragen.

Gegen Hitze und vor allem bei Regen schützt nach wie vor am besten der **nón,** ein geflochtener Hut aus Palmblättern, der im alten Vietnam in ca. 50 verschiedenen Formen existierte. Die Nón-Form, die es heute noch gibt, wird vor allem von Frauen auf dem Lande getragen. Stadtfrauen greifen oft nur noch bei Regenwetter zum traditionellen *nón* und schmücken sich sonst lieber mit breitkrempigen Stoff- oder Strohhüten. Die Männer ziehen den grünen **Tropenhelm** (Norden) oder auch **Basecaps** vor.

Bei schwerer körperlicher Arbeit führen viele Vietnamesen ein Handtuch mit, das als Schweißfänger um den Hals hängt und bei Bedarf als Kopftuch verwendet wird. Im Süden schützen sich Männer und Frauen bei der Feldarbeit oft mit schwarz-weiß karierten Tüchern vor der sengenden Sonne.

Frisuren

Vietnamesen legen großen Wert auf ein **gepflegtes Aussehen** auch um den Kopf herum. Ihr schweres, glattes, braunschwarz oder sogar blauschwarz schimmerndes Haar macht es ihnen von Natur aus leicht, immer adrett auszusehen. Dabei lässt man es aber nicht bewenden. Männer gehen ausgesprochen häufig zum Friseur und Frauen machen eine Wissenschaft daraus, ihr langes Haar zum Glänzen zu bringen. Man probiert die verschiedensten Haaröle aus, konsultiert ständig ältere und jüngere Schwestern zum Thema Haarpflege und ist todunglücklich, wenn die Haare einmal „fliegen". Bei jeder Gelegenheit kramen Männer wie Frauen bunte Plastikkämmchen aus der Tasche und striegeln die ohnehin glatt liegende Pracht.

Im **alten Vietnam** hatten Männer und Frauen lange Haare. Man wickelte das Haar in ein Tuch und legte alles kreisförmig um den Kopf herum. Frauen, die glaubten, ihr Haar allein reiche nicht aus, um das Tuch schön rund auszufüllen, schummelten noch ein weiteres Tuch mit hinein, das mit den Haaren zusammen eingewickelt wurde.

Erst mit den **Franzosen** kam allmählich der Kurzhaarschnitt für Herren in Mode. Lange Zeit war es allerdings ein Zeichen von Nationalbewusstsein, sich europäischen Sitten zu verschließen und antifranzösische Haltung durch lange Haare und traditionelle Kleidung zu demonstrieren.

Auf dem Lande tragen **Frauen** bis heute bei der Arbeit auf dem Feld einen Zopf oder binden das Haar ein; im Büro und zu besonderen Gelegenheiten tragen sie es auch offen. Städterinnen lieben die verschiedensten Langhaarfrisuren, die oft genug in Frauenzeitschriften erklärt werden. Der in Kriegszeiten so praktische Zopf hat bei erwachsenen Frauen offenbar ausgedient und wird nur noch bei Schulmädchen gesehen. War bis in die 1970er Jahre ein Pagenkopf noch ein seltener Anblick, so entdecken inzwischen immer mehr Frauen die Vorteile eines Kurzhaarschnitts. Nicht wenige Städterinnen lassen sich ihr Haar in Wellen legen. Einige mutige unter ihnen färben sich auch schon mal die Haare rot.

Herren tragen in der Regel saubere Kurzhaarschnitte. In Großstädten sieht man heute sogar ab und zu junge Burschen, die glauben, durch eine Dauerwelle noch schöner zu werden. Der „letzte Schrei" bei der männlichen Jugend sind Färbungen von Strohgelb bis Karottenrot. Gesellschaftsfähig sind gefärbte Haare deshalb allerdings noch lange nicht – weder bei ihm noch bei ihr!

Kinder bekommen nur noch selten den traditionellen Kinderschnitt verpasst, der aus einem, zwei oder drei Haarbüscheln auf dem ansonsten kahlrasierten Schädel besteht. Früher war es besonders auf dem Lande üblich, **Kinder** bis zum Alter von sieben Jahren so zu frisieren. Heute haben die meisten kleinen Jungen und Mädchen ihren vollen Haarschopf, der anfangs meist braun ist und sich erst mit der Zeit zu einem tiefen Schwarz färbt. Zu besonderen Anlässen werden Kleinmädchenköpfe gern mit überdimensionalen Schleifen geschmückt. Alltags begnügt man sich mit bunten Haarreifen und -spangen.

Finger- und Fußnägel

Wenn uns zum vietnamesischen Sommeranfang auffällt, dass viele kleine Kinder plötzlich **rote Nägel** haben, so ist keineswegs die Manikürwut in den Kindergärten ausgebrochen. Es handelt sich vielmehr um eine geistervertreibende Maßnahme. Anlässlich des *Tết Đoan Ngọ*, des Festes zum

Sommerbeginn, pflegt man verschiedene Bräuche, mit denen krankmachende Keime abgetötet werden sollen. Dazu gehören das Bemalen der Finger- und Fußnägel (außer den Daumen und großen Zehen) sowie verschiedene Amulette, die den Kindern um den Hals gehängt werden.

In früheren Jahrhunderten hatten manche Vietnamesen die Angewohnheit, ihre **Fingernägel sehr lang wachsen zu lassen.** Das konnten sich allerdings nur Menschen leisten, die nicht von ihrer Hände Arbeit leben mussten. Mancher Reiche oder Funktionsträger wollte auf diesem Wege seine Vornehmheit zur Schau stellen. Auch Gelehrte hatten oft längere Nägel. Bis heute hat sich stellenweise die Neigung erhalten, wenigstens den Nagel des kleinen Fingers lang zu lassen. Manche begründen das damit, dass man sich so besser die Ohren säubern könne. Tatsächlich ist es wohl eher ein Ausdruck des Bestrebens, als Dandy zu gelten, der es nicht nötig hat, von seiner Hände Arbeit zu leben.

Zähneschwärzen

Das Schwärzen der Zähne *(nhuộm răng)* ist eine Tradition, die in Südostasien weit verbreitet war. Es hat nichts mit dem Betelkauen zu tun, wie in manchen Publikationen ab und zu irrtümlich behauptet wird. Schwarze Zähne entsprachen früher dem **Schönheitsideal der Vietnamesen.** Inzwischen ist das Zähnefärben nicht mehr üblich. Dazu mag das mit den Franzosen ins Land gekommene europäische Schönheitsideal beigetragen haben. Hatten in den 1930er Jahren noch 80 % der Vietnamesen gefärbte Zähne, so sieht man heute nur noch selten alte Frauen bzw. Angehörige von nationalen Minderheiten mit geschwärzten Zähnen. Früher wurden die Zähne von Jungen und Mädchen vor der Eheschließung gefärbt, also oft im Alter von etwa 10 Jahren, denn viele Kinder wurden bereits mit 14 oder 15 Jahren verheiratet.

Das **Färben** erfolgte in zwei Abschnitten: Zuerst wurde ein Farbstoff, der u. a. Flügel roter Ameisen enthielt, aufgetragen. Der Farbbrei wurde auf ein Stück Bananenblatt gegeben und über Nacht zwischen Zähne und Wangen gelegt. Diese Prozedur wurde viele Male wiederholt, bis schließlich ein dunkelroter Schimmer auf den Zähnen lag. Erst danach folgte das eigentliche Schwärzen mit einer Eisensulfat-Gerbsäureverbindung. Bis die Zähne schwarz glänzten, vergingen meist mehrere Wochen, in denen der Betreffende weder fettes Fleisch noch Fisch noch besonders heiße Speisen zu sich nehmen durfte. In der Gegenwart betrachtet die mittlere und jüngere Generation der Vietnamesen diesen Brauch mit Kopfschütteln und kann nicht verstehen, dass man schwarze Zähne jemals schön finden konnte.

Essen und Trinken

Jahrhundertelang Hunger

no nên bụt, đói ra ma
„Ist man satt, könnte man Buddha sein,
ist man hungrig, könnte man ein böser Geist werden."

đói ăn muối cũng ngon
„Wer hungrig ist, dem schmeckt auch Salz."

Manche Vietnamesen behaupten, ihre Landsleute würden immerfort **vom Essen reden** oder zumindest daran denken. Diese Aussage scheint jedoch nicht mit dem grazilen Körperbau, den schlanken, oft sogar hageren Gestalten, die typisch für dieses Volk sind, übereinzustimmen. Oder vielleicht doch? Jahrtausende hindurch war der tägliche Reis keine Selbstverständlichkeit. Hungerkatastrophen traten immer wieder auf und kosteten viele Vietnamesen das Leben. Auch zwischen den Hungersnöten war Reismangel für den größten Teil der Menschen Alltag. Der **Mangel an Nahrung** war allgegenwärtig und bestimmte das Leben fast das ganze Jahr über.

Erst die Volksmacht konnte in jahrzehntelangem Kampf das Gespenst des Hungers allmählich bannen. Kein Wunder, dass sich die Gedanken, das Sorgen und Hoffen der Menschen ständig um die lebenserhaltenden weißen Körner drehten.

„Ich habe mich niemals sattgegessen. Ich entsinne mich der großen Hungersnot. Der Grundbesitzer jagte mich weg, ohne mir ein Reiskorn zu geben. Mein Vater ging zum Teich, um mit der Hand ein paar Krebse zu fangen, und fiel vor Hunger am Ufer tot um. Meine Mutter ging weit fort, um die Wurzeln der wilden Bananenbäume auszugraben. Einmal ist sie nicht zurückgekommen. Meine Brüder schleppten sich ... in die Ecke der Strohhütte, ... und sind schließlich gestorben. Ich blieb übrig ..."
(Riffaud)

Wie sieht das Essen der Vietnamesen aus?

„Der Mensch braucht den Reis wie der Fisch das Wasser." (Sprichwort)

Heute nehmen die meisten Vietnamesen **drei Mahlzeiten am Tag** ein. Früher aß man in vielen Familien nur zweimal (mittags und abends). Auch heute gibt es noch Gegenden, in denen es nicht das ganze Jahr hindurch für drei Mahlzeiten reicht. In manchen ländlichen Gegenden essen viele Frauen (besonders kurz vor der neuen Ernte) nur zweimal am Tag, damit der Reis für Mann und Kinder länger reicht.

Die Essgewohnheiten differieren sowohl zwischen Stadt und Land als auch zwischen den einzelnen Berufsgruppen. Das Frühstück der **Stadtbewohner** ist eine leichte, schnelle Mahlzeit. Je nach finanziellen Möglichkeiten isst man den aufgebratenen Reis vom Vortag, Brot, Butter, Wurst, Nudelsuppe, Klebreis mit Fleisch oder Reissuppe. In armen Familien mit vielen Kindern besteht die erste Mahlzeit nach wie vor aus Bataten oder Maniok, deren Nährwert nicht sehr hoch ist.

Mittag- und Abendessen sind in der Stadt die Hauptmahlzeiten. Hierbei gibt es jedoch auch wieder große Unterschiede zwischen den Bevölkerungsgruppen. Angestellte und Arbeiter essen auch mittags nur etwas Leichtes. Oft bringt man sich im Essgeschirr eine Kleinigkeit mit in den Betrieb. Andere gehen in die Suppenküche an der Ecke. Wer keinen allzu langen Weg hat, fährt eventuell nach Hause und nimmt dort das von der Großmutter oder einem anderen „guten Geist" zubereitete Essen hastig zu sich, um sich anschließend wieder durch das Verkehrsgewühl zur Arbeit zu begeben. In vielen Familien wird erst **abends richtig gekocht.** Die ganze Familie findet sich um die Reistafel zusammen und genießt die gemeinsame Mahlzeit als Hauptbestandteil des Feierabends. Für Familien, in denen keine Oma oder halbwüchsigen Kinder das Abendessen vorbereiten können, bedeutet diese Mahlzeit für berufstätige Frauen eine weitere der zahlreichen Belastungen. Auf dem Weg von der Arbeit nach Hause kauft sie in aller Eile Fleisch und Gemüse ein. Zu Hause heißt es Reis waschen, ansetzen, Gemüse putzen, Fleisch klopfen und braten. Trotz Kühlschrank wird nach wie vor frisch eingekauft und sofort verarbeitet. **Konserven und Fertiggerichte** sind weitgehend unbekannt.

Für Kaufleute und Händler, die ihren Laden meist in der eigenen Wohnstube haben, ist das Mittagessen die wichtigste Mahlzeit. Sie arbeiten zu Hause und haben keine Wege. So ist es organisatorisch leichter als für Angestellte, ein umfangreiches Mittagessen zuzubereiten. In der Regel folgt auf diese Mahlzeit ein einfacheres Abendessen.

Auf dem Lande, und damit für die große Mehrheit der Bevölkerung, sieht das anders aus. Hier ist das **Frühstück** die wichtigste Mahlzeit. Es muss gut und nahrhaft sein, denn: „Nur wer genug gegessen hat, hat Kraft zum Arbeiten."

Mittags nimmt man noch einmal eine kräftige Mahlzeit zu sich, um die zweite Hälfte des Arbeitstages zu bewältigen. Das Abendessen ist dann leicht, denn die Bauern halten sich an die Regel: „Ein voller Magen ist abends ungesund."

043vi Foto: ph

Reis, Gemüse und Mam-Soße sind die Hauptbestandteile der Mahlzeiten. Vietnamesen essen hauptsächlich den normalen, d.h. körnigen Reis *(gạo tẻ)*. Der in Laos und im Norden und Osten Thailands verzehrte Klebreis *(gạo nếp)* wird in Vietnam nur für bestimmte Anlässe und Gerichte verwendet. Der Reis wird so gekocht, dass er möglichst weich und etwas klebrig ist.

„Ein Essen ohne Gemüse ist wie eine Krankheit ohne Arznei." (Sprichwort) Reis allein ist doch recht trocken, deshalb gehört wenigstens eine Gemüsebrühe zur Mahlzeit. Dazu kommen verschiedene **Gemüsesorten.** Beliebt sind Blattgemüse, Gurken, Kürbisse, verschiedene Lauch- und Kohlsorten, Zwiebeln, Tomaten und Möhren. Gemüse wird in rauen Mengen verzehrt. Es wird frisch, aber auch eingelegt *(dưa)* gegessen, gekocht, gedünstet oder in der Pfanne geschwenkt. Jedes Gemüse wird nur kurz und schnell behandelt und keineswegs weich gekocht.

Kartoffeln verwendet man bisher - wenn überhaupt - nur als Gemüse. Die Zubereitung erfolgt häufig genauso lieblos wie in mancher europäischen Großküche. Seit 2000 gibt es ein **deutsch-vietnamesisches Kartoffelprojekt** zum verstärkten Anbau der nährstoffreichen Knolle in geeigneten Gebieten.

Als Eiweißlieferanten dienen vor allem **Ei, Fisch, Meeresfrüchte, Fleisch** und **Sojabohnenquark,** *đậu phụ* (Tofu). Diese kommen jedoch nicht zu jeder Mahlzeit und nicht unbedingt täglich auf den Tisch. Für sehr viele Menschen gilt eine Mahlzeit als reichhaltig, wenn es zu Reis und Gemüse etwas Fleisch und dazu noch Rührei oder Tofu gibt. Schwein, Rind und Huhn sind die üblichen Fleischsorten. Hühnerfleisch ist übrigens nicht gerade billig. Ente, Kaninchen und Kalb gehören nicht zu den alltäglichen Gerichten, ganz zu schweigen von Spezialitäten wie Schlange, Hund oder Affe. Seefisch ist für viele Städter kaum erschwinglich, Süßwasserfisch ist etwas preiswerter. Für Küstenbewohner sind natürlich Fisch, Krabben, Garnelen und andere Meeresfrüchte das Essen der Wahl.

Mam-Soße *(nước mắm)* ist ein zentraler Bestandteil der vietnamesischen Küche. Ihr Name leitet sich von dem Mam-Fisch her, aus dem sie gewonnen wird. Dieser Fisch wird mit Salz in Tonbehältern eingelagert, wo er einer mehrmonatigen Fermentation unterworfen ist. Die dabei entstehende Flüssigkeit wird aufgefangen und als Mam-Soße verkauft. Man kann auch andere Fische, Krabben *(cua)* oder Garnelen *(tôm)* zu Mam-Soße verarbeiten. *Mắm cá lóc* (Mam aus dem Loc-Fisch) ist besonders im Mekongdelta beliebt, *mắm cua* im nördlichen Delta. Für die Herstellung von mắm tôm werden zusätzlich gerösteter Reis und Schnaps verwendet.

In Zeiten des Mangels, da an Fleisch oder Frischfisch nicht zu denken war, musste die **Fischsoße** einen großen Teil des Eiweißbedarfes der Menschen decken. Noch heute gilt Mam neben Reis als Hauptnahrungsmittel der vietnamesischen Landbevölkerung.

Essende Philosophen oder unphilosophische Schlinger?

Im **Alltag** und Arbeitsleben kommt bei Vietnamesen nicht gerade Andacht auf, wenn sie vor der Reisschale sitzen. In der Regel stürzen sie ihr Essen mit beängstigender **Geschwindigkeit** hinunter. Manches Mal wurde mir schon vom Zusehen ganz anders, wenn z. B. eine sehr heiße Nudelsuppe in kürzester Zeit eingeschlürft wurde.

Die eigentlich vietnamesische Art zu essen lernt man besser bei einer Einladung in ein **Restaurant** oder bei einer **Feier** kennen. Dabei ist vor allem Folgendes wichtig: Man nimmt sich **viel Zeit** und schätzt es sehr, mit Freunden zusammenzusitzen. Das Essen scheint eher Nebensache. Entsprechend bedächtig nimmt man ab und zu einen Happen, um sich an-

Das Grundnahrungsmittel Reis gibt es in vielen Sorten und Qualitäten

sonsten vor allem dem Gespräch zu widmen. Bei einem nichtalltäglichen Essen wird man immer wieder sehen, dass die Vietnamesen beinahe zögernd zu den Stäbchen greifen, dass sie nur ab und zu während des Gesprächs mal einen Happen nehmen und den anderen immer wieder die besten Stücke in die Schale legen. Zwischendurch legen sie die Stäbchen ab, trinken einen Schluck, machen Bemerkungen über die Kochkunst hier oder dort ... und erwecken stets den Anschein, als seien sie bereits satt! Wer vorher den ganzen Tag mit eben diesen Leuten unterwegs war und weiß, dass sie noch nicht satt sein können, dem bleibt nur die folgende Erklärung: Es ist Beherrschung, Erziehung zur Zurückhaltung und zur Unterdrückung solch „primitiver Begierden" wie der Esslust. Die Beherrschung des Hungers, nicht von der Esslust zu reden, ist immer wichtig in der Erziehung gewesen. Nicht zufällig gibt es zahlreiche Spottgeschichten über gefräßige Menschen.

Auf dem Dorf lud man seine Gäste früher oft erst am Tag des Essens ein. Eine feste Uhrzeit wurde nicht ausgemacht. Nach und nach kamen die Gäste dann angeschlendert. Waren genug Leute für eine Reistafel beisammen, also vier Personen, so bat man gleich zum Essen. Ansonsten warteten die Gäste eben. Kam und kam der fehlende Gast nicht, so schickte man schnell zum Nachbarn und bat ihn herüber. Dieser hatte in der Regel auch irgendetwas zu tun und erschien nicht sofort und auf der Stelle. Ging zwischenzeitlich das Fleisch aus, so wurde eben noch geschlachtet ... Darüber verflog der Tag. Diese Gelassenheit im Umgang mit der Zeit ist im heutigen Vietnam nur noch Geschichte. Trotzdem kommt man auch heute selten pünktlich, wenn man zum Essen eingeladen ist.

Tisch oder Matte?

Nur sinozentristische Abendländer glauben immer noch, das Sitzen auf Stühlen um einen Tisch herum sei die **traditionelle vietnamesische Variante,** das Essen einzunehmen. In sehr vielen vietnamesischen Familien isst man nach wie vor auf dem Fußboden, d.h. auf der Binsenmatte, im Kreis um die Reistafel *(mâm cơm)* herum sitzend. Eventuell wird das Tablett mit den Speisen auch auf ein niedriges Tischchen gestellt. Männer sitzen im Schneidersitz, die Frauen schlagen die Beine zu einer Seite unter. Die Essschale nimmt man in die linke, die Stäbchen in die rechte Hand.

Wird ein *Tây* eingeladen, so organisiert man allerdings häufig das Essen am Tisch und auf Stühlen. (*Tây* sind in den Augen der meisten Vietnamesen schwierig zu behandelnde Wesen, denen man nicht zu viel „Vietnam pur" zumuten darf!) Dass dieser Tisch seiner Funktion nach meist kein Esstisch, sondern ein niedriger Teetisch ist, kann sich auch der ahnungslose

Fremde zusammenreimen, wenn er gewahr wird, dass die Speisen darauf kaum Platz finden, der Tisch zu niedrig ist, um daran zu essen, einige Familienmitglieder unter Entschuldigungen dem Essen fernbleiben oder sich mit ihrem Schüsselchen in eine Zimmerecke oder auf das Bett verziehen. Natürlich gibt es Familien, in denen sogar ein großer Esstisch zum Mobiliar gehört, das ist aber nicht die Regel.

Garküchen sind mit niedrigen Hockern und Tischen aus Holz ausgestattet, die seit Mitte der 1990er Jahre zunehmend von grellbunten Plastikmöbeln abgelöst wurden. Diese passen zwar nicht so recht zur Umgebung, sind aber der ganze Stolz ihrer Besitzer und sollen davon künden, dass es wirtschaftlich aufwärts geht.

Käse und andere Milchprodukte

Milchprodukte waren früher den meisten Vietnamesen unbekannt. Eine Ausnahme bildet die gezuckerte **Kondensmilch** in Dosen, die schon in Kriegszeiten (damals aus der Sowjetunion geliefert) zum Aufpäppeln von Kranken und Kleinkindern diente und die sich bis heute als vietnamesisches Produkt unter der Marke *sua ong tho* großer Beliebtheit erfreut. Bis zum Ende der 1990er Jahre hatte sich die Milchproduktion so weit entwickelt, dass man nun zumindest in den Städten H-Milch, Joghurt und Butter bekommt.

Auch einige Sorten **Käse** gibt es schon, doch wird er überwiegend von Ausländern gekauft. Vietnamesische Käseliebhaber sind meist durch ihre französische Bildung auf den Geschmack gekommen und noch seltener zu finden als deutsche Nuoc-Mam-Freunde. Die meisten Vietnamesen sagen, Käse sei „verfaulte Milch". Sie finden schon den Geruch widerwärtig und sind nicht zu überreden, ihn wenigstens einmal zu probieren. Ist es eine Frage der Tradition? Frisst der Bauer nur, was er kennt? Der Schein spricht dafür.

Tatsächlich handelt es sich jedoch um **Milchzuckerunverträglichkeit,** von der fast 100% der Einwohner Südost- und Ostasiens betroffen sind. Evolutionsgeschichtlich gesehen ist diese Unverträglichkeit eigentlich das Normale, da den meisten Menschen nur als Säugling Milch zur Verfügung steht. Für deren Verdauung braucht man das Enzym Laktase, dessen Produktion allmählich eingestellt wird, wenn der Mensch keine (Mutter-) Milch mehr bekommt. Nur in Ländern mit geringer Sonneneinstrahlung, wie in Nordeuropa, war die Fähigkeit, Laktase auch im Erwachsenenalter zu produzieren, ein Auslesevorteil. Damit konnte das für den Knochenaufbau nötige Kalzium, das in sonnigeren Gegenden mithilfe des Vitamins D aus Blattgemüse gewonnen wird, aus der Kuhmilch genutzt werden.

Die Fähigkeit, Laktase auch im Erwachsenenalter zu bilden, hat sich erst in den letzen 4000 bis 5000 Jahren entwickelt und ist auf die Nachkommen der Milchwirtschaft betreibenden Nordeuropäer beschränkt.

Getränke

Das Hauptgetränk der Vietnamesen ist **Wasser,** das mit oder ohne veredelnde Teeblätter getrunken wird. Neben dem **grünen Tee,** dessen Heilwirkung inzwischen auch in Europa anerkannt ist, werden auch Blüten und Blätter des Voi-Baumes *(syzygium nervosum)* als Tee getrunken. Dieses Getränk ist besonders dort verbreitet, wo man keine Teesträucher pflanzen kann.

Beliebt sind außerdem frisch gepresste Fruchtsäfte (aus Limonen, Orangen, Zuckerrohr etc.), die man mit oder ohne Eis serviert bekommt. An der Küste wird gern frische **Kokosmilch** getrunken.

Industriell hergestellte Getränke wie **Limonaden,** Cola oder Bier sind auf dem Lande bis heute ein seltener und teurer Luxus. Kaffee wird seit Franzosenzeiten auch in Vietnam getrunken, darf aber eher als Genussmittel denn als Durstlöscher gelten.

Seit Mitte der 1990er Jahre ist **Bier** schon fast ein Volksgetränk geworden. Noch bis Ende der 1980er Jahre ein ausgesprochener Luxus, gehört es inzwischen zum alltäglichen Bild. Man kann es sich leisten und das will man zeigen. Leider birgt der steigende Bierkonsum Gefahren, die erst langsam ins Bewusstsein der Vietnamesen rücken. Bereits Ende der 1990er Jahre war bei 90 % aller von Jugendlichen begangenen Straftaten Alkohol im Spiel. Auch bei den „älteren Semestern" ist Bier inzwischen zur „legalen Droge Nr. 1" geworden. (Alkoholismus und Diabeteserkrankungen – früher unbekannt in Vietnam – werden zu „Wohlstandsleiden" der neuen Zeit. Auch eine Art, den Anschluß an die reichen Länder zu finden ...)

Genussmittel

Genussmittel waren im alten Vietnam Reisschnaps, grüner Tee, Tabak (in Wasserpfeifen geraucht) und Betel.

Reisschnaps wurde in den Dörfern selbst gebraut und hatte einen Alkoholgehalt von höchstens 25 %. Er wurde nur für Festtage und anlässlich von Opferzeremonien, besonders für das Ahnenopfer, verwendet. Er wurde ebenso wie Tabak nur von Männern konsumiert.

Grüner Tee wurde häufiger getrunken, aber in vielen Familien galt auch er schon als besonderes, nicht alltägliches Getränk. Meist tranken ihn nur die Männer, während die Frauen und Kinder sich an Wasser hielten.

Verhältnis zum Alkohol

Trinkfestigkeit war und ist in der vietnamesischen Gesellschaft keine Tugend, die besondere Anerkennung findet. Vietnamesen vertragen, wie auch Chinesen und andere Ostasiaten, nur wenig Alkohol. Nach einem Glas Bier bekommen sie rote Wangen und geringe Mengen reichen ihnen, um schrecklich betrunken zu werden. Das liegt am Fehlen eines bestimmten alkoholabbauenden Enzyms. Von trinkfesten Ausländern oder Angehörigen nationaler Minderheiten sprechen die Kinh (ethnische Vietnamesen) mit einer Mischung aus Bewunderung und Abscheu. Im Süden wird mehr gebechert, aber besser vertragen wird der Alkohol dort auch nicht.

Vietnamesen, die früher in Russland gelebt haben, berichteten voll Entsetzen, dass dort Betrunkene einfach so auf der Straße herumlägen. Man hält die Deutschen u. a. auch deshalb für ein zivilisiertes Volk, weil keine Betrunkenen zu sehen seien. Die Tatsache, dass die Deutschen ganz gewaltige heimliche Säufer sind, die ihrer Sucht vorzugsweise im trauten Heim frönen, ist noch nicht bis nach Vietnam gedrungen.

Das Misstrauen und die Vorsicht der Vietnamesen gegenüber Alkohol wirkt sich für Nichttrinker sehr angenehm aus. Die Erklärung, z. B. als Frau nicht viel trinken zu können, wird in der Regel bereitwillig, oft sogar erleichtert zur Kenntnis genommen und akzeptiert. Bei einer Feierlichkeit aber schon beim Einschenken vehement zu protestieren, wäre trotzdem taktisch unklug. Man möchte doch wenigstens etwas zum Anstoßen haben. Bei vielen Gelegenheiten kommt man mit diesem einen Glas aus, an dem man denn auch nur nippen muss. Wie man sich als Mann in reinen Männergesellschaften verhält, die ausdrücklich vorhaben, trinken zu gehen, kann ich nicht sagen. Ein Mittelweg - nicht total ablehnen, sich dafür möglichst lange an einem Glas festhalten - dürfte auch hier die beste Taktik sein. Geselligkeiten dieser Art sind immerhin als „vertrauensbildende Maßnahme" anzusehen und tragen oft wesentlich zum Gelingen dienstlicher Vorhaben bei.

Betel (*trầu* = Piper betel) wurde von beiden Geschlechtern, von jung und alt gleichermaßen genossen. Ein Betelbissen *(miếng trầu)* besteht aus einem Stück Betelblatt, das zusammen mit etwas Kalk *(vôi)* und einem Stück Arekanuss *(cau)* weichgekaut wird. Die dabei frei werdenden Stoffe verursachen eine leichte Taubheit im Mund. Sie sind hungerdämpfend und man sagt ihnen eine zahnfleischstärkende Wirkung nach. In der vietnamesischen Volksmedizin wird Betel pur als blutstillendes Mittel eingesetzt. Der Betelbissen färbt allerdings auch den Speichel rot, was zu Zeiten der Franzosenherrschaft einige Europäer, die Sympathie und Mitgefühl für die elende Lage der Vietnamesen zeigten, zu der irrigen Annahme bewog, viele Vietnamesen seien schwer tuberkulös, da sie ständig „Blut spuckten". Seit mehr als zwei Jahrtausenden war Betel ein wichtiger Bestandteil der vietnamesischen Alltagskultur. Er wurde aber nicht nur als hungerstillendes „Kaugummi" verwendet, sondern diente auch religiösen und sozialen Zwecken. Bei der Verehrung von Ahnen, Göttern und Geistern wurde Betel als Opfergabe dargebracht. Zu Beerdigungen durfte er ebenso wenig fehlen wie bei Zusammenkünften der Dorfältesten oder der Frauen, die daoistische Kulte durchführten. Schlossen junge Leute in alten Zeiten auf den Frühlingsfesten Bekanntschaft, dann war das gegenseitige Anbieten des Betelbissens „Gesprächsaufhänger": *miếng trầu là đầu câu truyện.* („Der Betelbissen bildet den Anfang der Unterhaltung.") Daher gehören bis heute bei Verlobung und Hochzeit kunstvoll gewickelte Betelbissen zu den Gaben, die man den Eltern der Braut überreicht.

Heute ist der Betelbissen nicht mehr Hungerstiller der Wahl. Auf dem Land, wo viele Bauern noch ihre eigenen Arekapalmen haben, ist er eher verbreitet als in der Stadt. Alte Leute kauen ihn aus Gewohnheit. Junge Leuten lehnen ihn heute meist ab. Er schmeckt auch nicht besonders gut (ich habe das selbst getestet ...) und es gibt inzwischen von Alkoholika über Nikotin bis hin zu Süßigkeiten ganz andere Möglichkeiten, den Gaumen zu reizen.

Drogen gehören nicht zu den traditionellen Genussmitteln, selbst **Opium** haben die Vietnamesen nie als zu ihrer Kultur gehörig betrachtet. Oral verabreichtes Rohopium diente zwar in Südostasien seit uralten Zeiten als Medizin (insbesondere als Schmerzmittel und zur Bekämpfung von Durchfallerkrankungen), es war jedoch weder ein Genussmittel noch fand es als Rauschgift breitere Verwendung. Erst als die Briten im 19. Jh. die massive Verbreitung des Opiums als Rauschgift in China förderten, begann diese Droge eine größere Rolle zu spielen. Die Franzosen eiferten den Briten nach und forcierten den Mohnanbau bei den Meo (die überwiegend in Laos siedeln); schließlich finanzierte sich die französische Kolonialmacht in Indochina zu 20 % durch den Opiumhandel. Opiumsucht als „spezielles asiatisches Laster", möglichst noch verbrämt mit irgendwelchen pseudophilosophischen oder religiösen Mysterien, ist eine von cleveren Briten damals verbreitete Legende. Sie entsprach niemals den ostasiatischen Traditionen – und den vietnamesischen schon gar nicht.

Thuoc Lao, der traditionelle starke **Tabak,** der in langen Pfeifen aus Bambus, Holz, Porzellan oder Elfenbein (manchmal auch in Wasserpfeifen) geraucht wird, ist noch am ehesten als vietnamesisches Genussmittel mit hohem Abhängigkeitspotenzial zu betrachten. Er wird vor allem von Männern genossen. „Positiv" an *Thuoc lao* ist, dass er nicht zum körperlichen Verfall führt (was bei Opiumsucht unweigerlich geschieht), sondern „lediglich" eine ähnliche Abhängigkeit wie vom Zigarettenrauchen hervorruft. In Stadt und Land kann man allenthalben einen Thuoc-Lao-Mann an einer Ecke sitzen sehen, der seinen Kunden gegen geringes Entgelt ein paar Züge aus seiner (Wasser-)Pfeife anbietet. Schon mancher, der in der Hocke einen tiefen Zug nahm, sah beim Aufstehen „den Weg im Zickzack" vor sich – das Kraut ist wirklich stark!

Leben in der Stadt

Wohnraum

Nachdem die Ernährung für die Vietnamesen insgesamt kein Problem mehr bedeutet, sind neben der Frage der Arbeitsplätze die **beengten Wohnverhältnisse** in den Städten zum größten Problem geworden. Trotz intensiver privater Bautätigkeit und gewisser Anstrengungen des Staates steht nach wie vor vielen Städtern durchschnittlich kaum die Wohnfläche zur Verfügung, die ein Schlafplatz einnimmt. Man ist seit vielen Jahren daran gewöhnt, sich zu bescheiden und aufeinander Rücksicht zu nehmen. Da schläft ein Schichtarbeiter tagsüber in dem einzigen Zimmer der Familie, während die Frau Fleisch hackt und die Kinder spielen. Kleinkinder schlafen neben dem laufenden Fernseher, Schulkinder sitzen mit dem Heft auf den Knien am Straßenrand und lernen ihre Lektion.

Es ist nicht ungewöhnlich, dass eine Drei-Generationen-Familie über Jahre hinaus mit **fünf bis sieben Personen** in einem einzigen Raum lebt. Ist es ein altes Haus, dann sind die Decken oft hoch genug, um einen Zwischenboden aus Holz einzubauen. Dieser dient dann als weiteres Zimmer. Viele junge Paare beginnen das gemeinsame Leben in einer durch einen Vorhang abgetrennten Ecke eines solchen Wohnraumes. Mit welcher nervlichen Belastung das verbunden sein kann – besonders, wenn innerhalb eines Jahres pünktlich das ersehnte Enkelchen da ist –, kann man sich vorstellen.

Fast jeder, mit dem man spricht, hat deshalb Pläne, irgendwann einmal zu bauen. Es gibt zwar auch Eigentumswohnungen zu kaufen, die sind aber kaum billiger als ein **Häuschen** und – man kann nichts anbauen. Das Idealhaus des Vietnamesen lässt sich nämlich nach oben und möglichst auch seitwärts erweitern. Nicht umsonst werden Flachdächer gebaut.

Irgendwann wird eine zweite oder dritte Etage daraufgesetzt und schon ist Raum für die nächste Generation geschaffen. Hat man rund ums Haus noch ein paar Quadratmeter zur Verfügung, so bieten sich ein Schweine- oder Hühnerstall, Schuppen und ähnlich nutzbringende Projekte an.

Das **typische Stadthaus** hat eine schmale Straßenfront, ist ein- oder zweigeschossig und kann sich Dutzende Meter nach hinten ziehen. Insbesondere in Handwerkerstraßen und -gassen sind solche Häuser gleichzeitig Werkstätten, Geschäfts- und Wohnräume.

Sehr schön kann man solche Häuser heute noch in der **Hanoier Altstadt** betrachten, aber vielleicht nicht mehr lange. Die Altstadt ist von einem **Bauboom** bedroht, der schon einiges unwiederbringlich zerstört hat. Die Hanoier, mit denen ich über die Altstadt sprach, sehen das Problem etwas anders. Zwar wissen die Gebildeten unter ihnen sehr wohl um den kulturellen und historischen Wert der Architektur, aber sie haben auch ein Argument, dem nicht leicht etwas entgegenzusetzen ist: Die Menschen mussten Jahrzehnte unter sehr beengten Verhältnissen, oft ohne fließendes Wasser und ohne Kanalisation leben. Nun da sie Geld haben, wollen sie endlich für sich und ihre Kinder bessere Wohnbedingungen schaffen. Es macht ihnen nichts aus, dass durch ihren drei- oder vierstöckigen Neubau das Gesamtbild beschädigt wird. Sie wollen besser wohnen, und zwar jetzt! Und alle wollen in der hoffnungslos übervölkerten Altstadt bleiben. Sie weigern sich, in die Randgebiete umzuziehen und wollen auch ihre Kinder und Enkel nicht dort hinziehen lassen. Zwar hat die Stadtverwaltung von Hanoi einen Beschluss über den Schutz der Altstadt gefasst, der unter anderem den nicht genehmigten Abriss bestehender Bausubstanz untersagt, aber viele Altstadtbewohner finden Wege, die Bestimmungen zu umgehen.

Wildes Bauen ist in den Städten weit verbreitet. Selbst Abwasserkanäle, Gullideckel u. Ä. werden hemmungslos überbaut. Prinzipiell braucht es zwar eine Reihe von Genehmigungen, bevor man Stein auf Stein setzen darf. Es geschieht jedoch immer wieder, dass praktisch über Nacht Fakten geschaffen werden. Da die Wohnungsnot groß und der Platz knapp ist, finden sich die Behörden in vielen Fällen auch mit illegalen Häusern ab. Zum Teil werden nachträglich Genehmigungen gegeben oder die Bauherren regeln die Sache auf diese oder jene Weise, oft mithilfe von Schmiergeldern. In anderen Fällen werden Hütten aus Brettern zusammengezimmert und in die Masse der anderen Elendsbehausungen einge-

Saigoner Kontraste: Wildes Bauen ist weit verbreitet

040vi Foto: ph

reiht. Auch diese Bauten sind illegal. Die Menschen brauchen aber ein Dach über dem Kopf. Deshalb werden solche Hütten als das betrachtet, was sie sind: Provisorien, die sowieso nicht für die Ewigkeit gebaut wurden und deshalb späteren Stadtplanungen nicht hinderlich sein werden.

Straßen und Fußwege

Die Enge der Wohnräume und das tropische Klima tragen dazu bei, dass ein **Großteil des häuslichen Lebens auf der Straße** stattfindet. Am Straßenrand wird Gemüse geputzt, Wäsche gewaschen, kleine Kinder werden gebadet oder auch abgehalten. Manches Mittagessen köchelt auf einem kleinen Kohleherd, der direkt neben dem Rinnstein steht. Zahllose kleine Stände, die mit Miniaturhockern und niedrigen Tischen den halben Gehsteig belegen, laden zu einem Imbiss ein. Fliegende Händler, meist Dorffrauen, haben ihre am Tragejoch hängenden Warenkörbe auf den Boden gestellt, um sich etwas zu verpusten. Alte, Kranke und Behinderte werden auf ein Stühlchen an die Straße gesetzt, damit sie ein wenig am Leben teilhaben können. Hühner unter Drahtkörben werden „gelüftet", Kleinkinder tapsen – in Laufhilfen eingesperrt – umher und viele, viele Räder und Mopeds parken auf dem Rest des Gehsteigs. Kein Wunder, dass Fußgänger gewohnheitsmäßig auf der Fahrbahn laufen.

Da die Zahl der Unfälle ständig zunahm, wurde 1995 ein **großes Projekt** gestartet: Die Durchsetzung des Regierungsbeschlusses Nr. 36/CP. Er beinhaltete die Wiederherstellung der Ordnung auf den Straßen inkl. Führerscheinpflicht für Kräder. Die **Straßen** sollten den fahrenden Verkehrsteilnehmern, die **Gehwege** den Fußgängern vorbehalten sein. Das erforderte u. a. die Räumung der Bürgersteige von Marktständen und -buden. Bestimmte, stark frequentierte Straßen der Innenstädte sind seitdem für Ochsenkarren gesperrt. Rikschas müssen manche Strecken meiden und dürfen nicht mehr überall parken. Für Autos, die im Park- oder Halteverbot stehen, gibt es happige Geldstrafen.

Nach einem Monat Probelauf deutete sich bereits ein kleines Wunder an. Die sonst so eigenwillig agierenden Vietnamesen gehorchten brav den Ordnern an den Kreuzungen. Man bemühte sich mit wachsendem Erfolg, rote und blaugrüne Signale der Ampeln nicht mehr zu verwechseln und begann sogar, dem Wort „einordnen" einen Inhalt zu geben. Die Zahl der Unfalltoten sank schlagartig und die Bevölkerung begrüßte diese Maßnahme insgesamt sehr. Man ist inzwischen stolz darauf, dass die Regierung hier Strenge zeigt und für Ordnung sorgt, so unbequem das für viele auch sein mag.

Zwei Bevölkerungsgruppen hatten allerdings schwer an dem Beschluss 36/CP zu schlucken. Die Rikschafahrer, für die das Leben durch die erzwungenen Umleitungen noch etwas mühseliger wurde, und die Arbeitslosen, die sich als fliegende Händler nun andere Verkaufsplätze suchen mussten. 1998 wollte die Regierung zwischenzeitlich ein allgemeines Verbot für Rikschas in Hanoi erlassen. Doch ließen sich diese Gefährte bis heute nicht von den Straßen verdrängen. Gegen fliegende Händler greift die Polizei bis heute streng durch. Der Staat will Ordnung um jeden Preis und oft sind es leider die ganz Armen, die „weggeräumt" werden – wenn sie Pech haben unter Verlust ihres Fahrrades, der Rikscha oder weiterer Utensilien, die sie für ihr Geschäft brauchen.

„Die Straße gehört uns, also gehen wir ruhig!" So etwa könnte der Schlachtruf vor allem älterer Vietnamesen bei der **Straßenüberquerung** lauten, die zunehmend Probleme im Straßenverkehr der Städte haben. Zeit ihres Lebens hatten sie keine Furcht, bewahrten sich Würde und Stolz – und da sollten sie jetzt, mit über siebzig, vor einem lächerlichen Auto ausrücken?! Trotz aller Kampagnen, Spruchbänder und Belehrungen in den Medien ist es für manchen würdigen Greis nicht einzusehen, warum er nur an einer albernen Ampel die Straße überqueren soll. Er geht da über die Straße, wo er will. Und der alte Herr tut das so, wie es immer üblich war, ohne nach links oder rechts zu sehen, mit kleinen Schritten, langsam, aber ohne anzuhalten. Mancher streckt sicherheitshalber seinen

Gehstock oder auch ein anderes Stäbchen vor, zum Zeichen dafür, dass alle Welt ihm auszuweichen habe. Wunderbarerweise klappt diese Methode meist. Irgendein Schutzengel der Weißbärte scheint immer in der Nähe zu sein.

Ausländer sollten also nicht erschrecken, wenn sie plötzlich einen Opa im Schlafanzug mitten auf der Fahrbahn sehen, sondern diesen vorsichtig umkurven. Dazu fährt man prinzipiell **hinter dem Rücken des Fußgängers** vorbei. Auf diese Weise kommt dieser Schritt für Schritt der anderen Straßenseite näher. Auf die gleiche Art (nur bitte nicht im Pyjama) kommen auch wir über die breiteste Straße: In kleinen Schrittchen langsam vorwärts schieben, nicht anhalten, immer weiter streben und keine Angst vor Radfahrern und Mopeds haben. Diese wollen in der Regel hinter uns vorbei, also bitte nicht hektisch vor- und zurückspringen!

Freizeit und Vergnügen

In den Städten gibt es ein vergleichsweise vielfältiges Freizeitangebot. Man hat zwar nur am Sonntag Gelegenheit, mit der Familie etwas zu unternehmen, aber diese wenige Zeit wird genutzt. Theater, Zirkus, Tierpark oder Botanischer Garten sind beliebte Ausflugsziele. Viele Parkanlagen sind am Wasser gelegen, man kann Boot fahren oder spazieren gehen, Kuchen oder Eis essen und sich ein wenig entspannen. In manchen Familien werden ab und zu auch Ausflüge in die weitere Umgebung, z.B. zu einer Pagode, unternommen, während andere den gemütlichen Geschäftebummel genießen, für den man in der Woche keine Zeit hat.

Ausstellungen

Ausstellungen gibt es in vielen Städten. Maler und Bildhauer, aber auch Kunsthandwerker stellen ihre Produkte aus. Meist handelt es sich um Verkaufsausstellungen. Nicht nur Touristen erwerben hier das, was sie für ein „Schnäppchen" halten. Auch mancher Vietnamese, der Kunstliebhaber ist oder einfach nur ein Geschenk braucht, erwirbt ein Bild. Die Maler sind oft mit Ratenzahlung einverstanden, wenn sich ein Einheimischer für ihr Werk interessiert. Manchmal sagen sie auch, der Käufer möge geben, was er geben könne, und damit solle es gut sein. (Ausländern gegenüber wird natürlich etwas anders gerechnet: Meist gibt man die Zahl der geforderten US-Dollar in glatten Hunderter-Schritten an.)

Ballspiele

Federball ist die Variante der Pausenvergnügung für Hotelpersonal und Mitarbeiter von Büros und Banken. Das Zubehör ist preiswert; wo kein

Netz ist, wird kurzerhand eine Schnur gespannt. Zur Not tut es auch ein Kreidestrich auf dem Boden. Es wird von Männern wie Frauen begeistert betrieben, wohingegen Volleyball bei den Herren beliebter zu sein scheint.

Kinder spielen eine schlägerlose Variante des **Federballs.** Mit den nackten Füßen schlagen die Spielpartner sich den – oft selbstgebastelten – Ball zu. Wo immer Platz ist, spielen alle kleinen und größeren Jungen natürlich mit Begeisterung Fußball.

Billard

Billard (*bia*, im vietn. *bija* oder *bisa* gesprochen) wird seit einigen Jahren als **beliebtes Freizeitvergnügen** mehr und mehr gespielt. Selbst in abgelegenen Dörfern findet man oft unter einem Regendach einen Billardtisch Marke Eigenbau, der ständig von kleinen und größeren Jungen umlagert ist.

Fernsehen:

Landesweite Fernsehsender, Sportsender sowie lokale Sender in Hanoi und Hồ-Chí-Minh-Stadt arbeiten rund um die Uhr. Auf den meisten Programmen wechseln sich Nachrichten, Bildungsfernsehen (Sprachkurse!), Kinderfilme, Dokumentationen aus dem In- und Ausland mit Kochsendungen und Spielfilmen (viele aus China, Korea, aber auch Fernsehserien vietnamesischer Produktion) ab. Auffallend ist die Vielzahl von Kulturbeiträgen. Wann immer man den Fernseher einschaltet, auf irgendeinem Programm werden bestimmt gerade Volkslieder oder traditionelles Theater ausgestrahlt. Bei den Nachrichtensendungen fällt auf, dass man in Vietnam mehr Informationen über die Weltlage erhält als bei den „Öffentlich-Rechtlichen" in Deutschland.

Freizeitvergnügen der Oberschicht

Wer über die nötigen Mittel verfügt, kann heute sämtlichen Hobbys frönen, die man vorher höchstens aus Filmen kannte. Tennis, Golf, Workout in Fitnessklubs, Spielkasinobesuche ... und nicht zuletzt hemmungsloser Konsum gehören ebenso dazu wie z.B. das Halten eines Schimpansen im eigenen „Zoo".

Die Kinder der Reichen frönen verschiedenen Vergnügungen, an die andere Jugendliche nicht einmal denken. Wilde **Motorradjagden** quer durch die halbe Stadt sind sowohl in Saigon als auch in Hanoi groß in Mode. **Ausgehen** zum Tanzen oder Trinken ist für viele junge Leute noch ein seltener Luxus – aber wenn Papa und Mama genug Geld haben, ist auch das für die Kinder kein Problem. Sie haben schicke Kleidung, teure Motorräder, ihr Taschengeld wird automatisch nachgefüllt und sie sehen mitleidig oder gar höhnisch auf ihre Altersgefährten herab, die in der ausgesprochen hässlichen Lage sind, durch ehrliche Arbeit ihr Leben finanzieren zu müssen.

Sehr **reiche junge Taugenichtse** machen sich einen Sport daraus, nach Hongkong oder Taiwan zu jetten und dort die Dollars bündelweise auszugeben. (Sieger ist, wer die meisten 100er-Scheine in einer Nacht ausgegeben hat!) Bei anderen reicht es nur zum Besuch heimischer Karaoke-Bars, wo man sich dann bunte Pillen „bis zum Abheben" einwirft. Schafft einer dieser jungen Helden das Abitur nur gerade so und die Aufnahmeprüfung für die Universität gar nicht, zieht die Familie oft die Notbremse: Man schickt ihn kurzerhand nach Europa, besorgt – auf welchen Wegen auch immer – die dort nötigen Zeugnisse und lässt den Glückspilz für eine Weile „im Ausland studieren", in der Hoffnung, er fängt sich und macht seiner Familie irgendwann doch noch Ehre.

Haustiere

Die meisten Vietnamesen haben überhaupt **kein romantisches Verhältnis zu Tieren.** Die Tierarten, die man weder essen noch als Zugvieh verwenden kann, sind in den Augen der Vietnamesen eigentlich zu nichts nütze. Es sei denn, sie lassen sich wenigstens verkaufen. Das trifft in Vietnam trotz staatlicher Verbote leider auch viele geschützte Tiere, deren Felle z.B. als „Souvenir" an zahlungskräftige Touristen verhökert werden.

In den letzten Jahren hat die Haltung von Hunden und Katzen zugenommen. Manche Familie leistet sich den Luxus eines **Streichel-Hundes.** Besonders beliebt sind kleine, also platzsparende und nicht allzu verfressene Mischlinge, die möglichst ein wuschliges und weißes Fell haben sollen. Diese kleinen Lieblinge werden sorgsam gehütet und vor Diebstahl geschützt.

Katzen stehen viel weiter unten in der vietnamesischen Werteskala. Sie werden in vielen Familien anstelle von Mäuse- und Rattengift eingesetzt, vielleicht auch einmal gestreichelt, aber ansonsten mehr oder weniger nachlässig behandelt. In schlechten Zeiten (so auch 1985/86, als ich in Hanoi studierte) kam es immer wieder vor, dass Katzen im Kochtopf landeten. Die Herkunft des Fleisches wurde dann beschönigend mit „Dachhase" umschrieben.

Ein ausgesprochenes Alt-Männer-Hobby ist das Halten und Züchten von **Ziervögeln.** Mancher Opa geht gern mit seinem Liebling im Park spazieren. Dort trifft er vielleicht noch drei bis vier andere Weißbärte, die alle einen kleinen Käfig mitgebracht haben. Dann wird gleich eine private Vogelschau abgehalten.

044vi Foto: jb

Bei den Städtern erfreut sich auch das Halten von **Zierfischen** wachsender Beliebtheit. Auf dem Lande hat man dagegen für kostenaufwendige „Spieltiere“ aller Art höchstens ein Schulterzucken und den Ausdruck „Luxus in den Städten“ übrig.

Hüpf- und Fadenspiele

An **Hüpfspielen** sind Gummihopse, Seilhüpfen und verschiedene Varianten des Kästchenhüpfens überall verbreitet.

Jüngere Schulmädchen spielen auch mit großer Perfektion das **Faden-Spiel.** Ein ca. 50 cm langer Faden wird an den Enden zusammengebunden und zwischen die Finger beider Hände nach bestimmtem Muster gespannt. Der Spielpartner nimmt nun den Faden so ab, dass sich ein neues Muster ergibt.

Kino

Das vietnamesische Kino hat seit dem gewachsenen Wohlstand, der das „Pantoffelkino“ in viele Familien brachte, mächtig zu kämpfen. Die Mittel für **eigene Produktionen** sind begrenzt. Russische Filme mag schon lange keiner mehr sehen, aktuelle Streifen aus dem Westen sind oft zu teuer, Kung-Fu-Filme laufen auch im Fernsehen. Viele Kinos dienen vor allem als lauschiges Plätzchen für Verliebte ..., wenn der Saal nicht gar umfunktioniert und als Theaterbühne genutzt wird.

Lotto, Toto, Glücksspiele

Zahlentippen gehört zu den **Volkskrankheiten,** die Vietnam seit den 1990er Jahren wie eine Seuche erfassten. Überall sitzen die Losverkäufer und haben die in Aussicht stehenden Gewinne mit Kreide auf einer Tafel verzeichnet, um die Käufer anzulocken. Hunderte Kinder tragen in Saigon und Hanoi zum Familienunterhalt bei, indem sie mit ihren Lotteriescheinen durch die Straßen wandern und sich den Passanten aufdrängen.

Vom Kartenspielen um Geld bis hin zu Wetten im Internet, gibt es **alle Arten von Glücksspielen,** bei denen enorme Summen gesetzt werden. Erst 2006 veruntreuten Mitarbeiter eines Ministeriums mehrere Mio. Dollar(!), die sie für Fußballwetten im Internet ausgaben.

Modenschauen und Misswahlen

Modenschauen und Misswahlen sind der **neueste Schrei,** inzwischen nicht mehr nur in Saigon und Hanoi. Im April 2007 wurde in Hai Phong die „Schönheitskönigin der am Meer liegenden Provinzen" gekürt – es war eine junge Dame aus Nam Dinh, das nun wirklich nicht am Meer liegt. Die Menschen sind äußerst neugierig und bereit, hohe Eintrittspreise für solche Veranstaltungen zu zahlen. Meist ist aber die Neugier größer als die Begeisterung über das, was schließlich zu sehen ist.

Theater

Die Theater haben zwar auch um ihre Zuschauer zu kämpfen, sind jedoch in einer ungleich besseren Position als die Kinos. Die traditionellen **Theaterformen** *chèo* (Volksoper), *tuồng* (Klassisches Musikdrama) und *cải lương* (Reformiertes Theater) haben eine lange Geschichte. Die Zuschauer kennen viele der klassischen Stücke, beherrschen ganze Textpassagen auswendig und gehen begeistert mit. Traditionelles Theater ist in Vietnam ein Familienvergnügen und daher relativ krisenfest. In **modernen Stücken** des *kịch nói* (Sprechtheater) schwanken die Zuschauerzahlen je nach Inszenierung jedoch beträchtlich.

Wassermarionettentheater

In Vietnam gibt es eine ganz einzigartige Form des Puppentheaters, das **Wassermarionettentheater** *(múa rối nước).* Es wurde vor Hunderten von Jahren von den Bauern in den wasserreichen Gebieten des nördlichen

Deltas entwickelt. In dieser Spielform vereinigen sich der derbe Humor des Volkes mit der technischen Raffinesse der an unsichtbaren Stangen und Schnüren dirigierten Holzpuppen, die sich scheinbar von allein auf der Wasseroberfläche bewegen. Allein in Hanoi gibt es vier Spielstätten, in Saigon wird es auf dem Gelände des Zoologischen Gartens gespielt. Touristengruppen führt man generell in das klimatisierte Theatergebäude am Schwertsee in Hanoi. Die dortigen Aufführungen werden von hochqualifizierten Berufskünstlern mit Tournee-Erfahrung dargeboten und sind unbedingt sehenswert, lassen aber die Ursprünglichkeit des Bauerntheaters vermissen. Am schönsten und „echtesten" sollen die Aufführungen auf dem Long-Tri-See während des Pagodenfestes der *Chùa Thầy* 40 km westlich von Hanoi sein.

Zirkus

Der vietnamesische **Staatszirkus** ist sehenswert und hat in Hanoi sogar ein festes, liebevoll ausgestaltetes Gebäude. Die einzelnen Nummern sind witzig und orientieren sich in der Gestaltung an nationalen Traditionen. Es wird auf vietnamesische Heldengestalten ebenso Bezug genommen wie auf den heutigen Alltag. Ein volles Haus kann aber auch der Zirkus nur an den Wochenenden und an Feiertagen melden. In der Woche spielt man vor halbvollem Saal.

Zoos und Tierparks

Zoos und Tierparks sind die **beliebtesten Ausflugsziele** vieler Städter. Man pilgert mit Kind und Kegel in den Zoo, lässt die Kinder Karussell fahren, kauft den Kleinen Luftballons, den Vätern Bier und bummelt in seinem besten Sonntagsstaat über die Parkwege. Die Tiere werden gut gepflegt, die Gehege sind meist gut hergerichtet. Das Verhalten mancher Zoobesucher, besonders der Kinder, gegenüber den Tieren ist jedoch oft sehr rücksichtslos. Tierliebe in unserem Sinne ist noch nicht unbedingt entwickelt.

Arbeitswelt

Das Problem der Beschäftigung ist **in den Städten** fast noch brennender als die Wohnraumfrage. Ein großer Teil der **Arbeitslosen** rekrutiert sich aus Armee-Entlassenen und aus Arbeitern, die aus Staatsbetrieben freigesetzt wurden. Nicht zuletzt trägt die Landflucht dazu bei, dass sich in den Städten die Arbeitsuchenden drängen. Dass hier trotz aller Schwierigkeiten schneller ein Job zu finden ist als auf dem Lande, zeigt die Statistik: Sie weist für 2010 eine Arbeitslosigkeit von 2,9 % aus (und ist damit weiter gesunken), wobei der Anteil der männlichen Arbeitslosen höher liegt als der der Frauen. Für die ländlichen Gegenden gibt es leider keine Statistik.

Dort sind nicht wenige Menschen unterbeschäftigt, gelten aber nicht direkt als arbeitslos. **Auf dem Lande** leben in dichtbesiedelten Gegenden weit mehr Arbeitskräfte, als gebraucht werden. Man beschäftigt sich zwar irgendwie, indem man in der Familienwirtschaft hilft, da aber allerorten der Boden knapp ist, reicht die Arbeit trotzdem nicht für alle. In den Städten sind besonders die Jugendlichen, aber auch Frauen betroffen. Viele, die mit Fahrrad oder Trageholz durch die Straßen ziehen, sind keine professionellen Händler. Sie versuchen vielmehr, mit Kleinhandel über die Runden zu kommen, da sie keine richtige Arbeit finden.

Heimarbeit

Heimarbeit ist eine der Möglichkeiten, sich durch konsequente Selbstausbeutung eine kleine, wenn auch unsichere Existenz zu schaffen. Viele **Produkte des täglichen Bedarfs** werden in Kleinstbetrieben hergestellt, deren Produktionsstätte der einzige Wohnraum der Familie ist. Seife, Kinderspielzeug, T-Shirts, Plastiksandalen, Schultertaschen und manch andere Dinge entstehen in Heimarbeit. Oft arbeitet die ganze Familie mit. Meist reicht der Gewinn gerade, um sich irgendwie über Wasser zu halten. Nur die wenigsten Betriebe dieser Art erreichen einen gewissen Wohlstand.

Wanderarbeiter

Die städtischen **Bauarbeiter** sind zu einem sehr großen Teil Wanderarbeiter aus anderen Landesteilen. Man spricht bereits davon, dass die Armen des ganzen Landes Saigon zu Glanz und Pracht verhelfen. Man heuert sie für ein bestimmtes Projekt an. Sie sind oft weder im Krankheitsfall noch bei Unfällen versichert, Überstunden werden meist nicht bezahlt. Erfolgte früher die Einstellung von Bauarbeitern nach strengen Kriterien, so heuert heute der verantwortliche Ingenieur oder Baustellenleiter die Leute auf eigene Faust an. Viele Arbeiter wohnen gleich auf der Baustelle, um die Kosten für die Unterkunft zu sparen und nicht wenige geben ihren gesamten Lohn für Essen aus. Nur wer sehr gut in seinem Fach ist, eisern spart und Glück hat, kann etwas Geld nach Hause an die Familie schicken. Das starke Gruppenbewusstsein der Vietnamesen tritt übrigens auch hier zutage. Meist schließen sich mehrere Männer aus einem Dorf zusammen und wagen gemeinsam den Weg in die große Stadt. Sie bleiben zusammen, soweit es geht, bringen sich den Reis aus dem Dorf mit, weil er dort billiger ist, wohnen und kochen gemeinsam. Dadurch können sie die Lebenshaltungskosten noch ein wenig drücken.

Heimarbeit einer Familie

Die **Familie** *von* **Trúc** *näht in Heimarbeit Brillenetuis. Fünf der acht Kinder, darunter ein verheirateter Sohn mit seiner Frau, leben bei den Eltern. Diese sind bereits im Rentenalter und haben nicht mehr die Kraft, schwere Arbeit zu leisten. Der Vater verbringt den Tag mit kleinen Reparaturen im Haus und Besuchen in der Nachbarschaft. Die Mutter kocht für alle. Die halbwüchsigen und erwachsenen Kinder gehen zum Teil einer Beschäftigung außer Haus nach, zum Teil haben sie bisher keine Arbeit gefunden. Die zwei Jüngsten besuchen die Schule.*

Das **Haus** *hat eine Grundfläche von ca. 30qm. Es ist einstöckig, aber recht hoch gebaut, sodass eine Zwischendecke aus Holz eingezogen werden konnte. In der oberen Etage schläft ein Großteil der Kinder. Das junge Ehepaar erhielt eine Ecke im hinteren Teil des Erdgeschosses abgetrennt. Der Rest der Wohnung besteht aus einem Bett für die Eltern, das tagsüber als Sitzgelegenheit von allen genutzt wird, einer Glasvitrine mit Farbfernseher und einem Teetisch mit zwei Holzsesseln.*

In der Mitte des Raumes steht die **Nähmaschine mit Fußantrieb.** *An ihr arbeiten fast rund um die Uhr die Töchter der Familie. Sie lösen einander ab, eine schneidet zu, eine andere näht. Als ich zu Besuch erscheine, grüßt die „diensthabende Näherin" freundlich, ohne dabei ihre Arbeit zu unterbrechen. Sie hört dem Gespräch zwischen dem Gast und ihrer Schwester neugierig zu, schaut aber nicht mehr auf. Das Nesthäkchen, ein zierliches Mädchen von 12 Jahren, schneidet die Fadenenden und stapelt die sich unter der Nadel hervorschiebenden Etuis neben der Maschine. Die Kleine sieht zu oft nach der Tây und bummelt. Eine Schlange von aneinander hängenden Etuis gleitet bis zum Boden. Das Mädchen wird ermahnt und wendet sich wieder seiner Arbeit zu. Jedes Familienmitglied, das gerade frei hat, hilft mit, die genähten Etuis von links auf rechts zu drehen. Zwei Brüder bringen die fertige Arbeit zum Auftraggeber. Nur bei pünktlicher Ablieferung ist der Nachfolgeauftrag gesichert.*

Auch zahlreiche Frauen arbeiten ohne festen Aufenthalt in den großen Städten, besonders in der Boom-Town Saigon. In manchen **Nähereien** wird 13 Stunden und mehr gearbeitet. Die Frauen essen am Arbeitsplatz und schlafen auf dem Boden oder gleich auf den großen Zuschneidetischen.

Kinderarbeit

Kinderarbeit ist weit verbreitet. Mithelfende Familienmitglieder waren schon immer etwas völlig **Normales in Vietnam.** Die örtlichen Behörden wissen, dass sehr viele Kinder schwer arbeiten müssen, um zum Überleben der Familie beizutragen. Daher wird nicht die Kinderarbeit an sich verfolgt, sondern man versucht, den Schaden auf andere Weise zu begrenzen. Man bemüht sich, die Eltern dazu zu bringen, ihre Kinder trotzdem zur Schule zu schicken.

Um diese Entscheidung zu erleichtern, gibt es seit Jahren vielerorts sogenannte **„Klassen der Verbundenheit"** *(lớp tình nghĩa).* Sie werden von Wohngebietsinitiativen, gemeinnützigen Einrichtungen, einzelnen Lehrern oder manchmal auch von Armeeeinheiten ins Leben gerufen. Diese Klassen sind Lerngruppen, in denen Kinder, die aus sozialen Gründen nicht in der Lage sind, den regulären Unterricht zu besuchen, von unentgeltlich arbeitenden Lehrkräften unterrichtet werden. Auf diesem Wege erhält wenigstens ein Teil der Kinder, die tagsüber als wandernde Händler, Schuhputzer oder Markthelfer tätig sind, Grundkenntnisse in Vietnamesisch und Rechnen. Der Unterricht findet abends statt, sodass die Eltern kein Argument dagegen haben, denn die Kinder werden nicht von ihrer Arbeit abgehalten. Natürlich geben viele Kinder nach einiger Zeit wieder auf.

Für manche Familie, die durchaus den Nutzen einer Elementarbildung sieht, jedoch zu große ökonomische Probleme hat, ist die Abendschulklasse ein Hoffnungsschimmer. Macht das Kind gute Fortschritte, erwachen plötzlich auch die Lebensgeister der Eltern wieder. Sie fassen Mut, sind plötzlich sogar bereit, Geld für Hefte zu erübrigen und wollen, dass das Kind nun regulär eingeschult wird.

Berufsausbildung

Die Berufsausbildung in Vietnam ist nicht vergleichbar mit der in europäischen Ländern. Natürlich gibt es Berufs- und Fachschulen. Ihre Kapazität erfasst jedoch nur einen geringen Teil der Auszubildenden. Die meisten vietnamesischen Arbeiter haben ihr Fach nur **in der Praxis erlernt.** Dass sie sich durch Learning by Doing durchaus solide Kenntnisse und Fertigkeiten aneignen, ist unbestreitbar. Problematisch dagegen ist, dass bis heute nur etwa 25 % der 45 Mio. Beschäftigten Zeugnisse über ihre Qualifikation vorweisen können.

Heute, da überall schriftliche Bestätigungen vorhandener Fertigkeiten verlangt werden, ist eine **private Berufsausbildung** als neuer Zweig entstanden. Vor allem in Handwerksberufen wie Friseur, Kosmetikerin, Kfz-Schlossser oder Maler schießen die Berufsschulen wie Pilze aus dem Boden. Man bietet eine mehrmonatige Ausbildung zu einem Komplettpreis an und verspricht den Leuten, dass sie mit dieser Ausbildung einen anerkannten Abschluss machen können. Das ist leider in der Praxis nicht immer der Fall. Das Bildungsministerium, das Genehmigungen für solche Ausbilder geben muss, stellt bei Kontrollen immer wieder fest, dass einige dieser Einrichtungen ihr Geld nicht wert sind. Illegale und unseriöse Schulen müssen geschlossen werden.

Leben auf dem Land

Der Vietnambesucher wird zuerst und vor allem die Städte des Landes kennenlernen. Die Eindrücke, die man dort gewinnt, geben nur einen Teil der vietnamesischen Wirklichkeit wieder, da die Mehrzahl der Menschen auf dem Lande lebt. Der Großteil der Bevölkerung erfährt von den meisten Problemen, die die Städte betreffen, nur aus der Zeitung und aus dem Fernsehen. Viele der **Veränderungen,** die im Zuge der immer noch aktuellen Erneuerungspolitik das Leben in der Stadt beeinflussen, berühren die Landbevölkerung nur mittelbar. Gerade die Erschütterungen durch das Dollarfieber (der Dollar ist die offizielle Zweitwährung in Vietnam) und die Einflüsse der westlichen Kultur gelangen nur in abgeschwächter Form bis in die Dörfer.

„Türen und Fenster der Hütten stehen offen ... Hängematte und einfache Holzbetten dienen als Schlafgelegenheit. Ein Holztisch und ein par Stühle – mehr Mobiliar hat niemand unter seinem Dach. Dennoch liegt ein Anschein von Lebensglück über dem Treiben unter Palmen ...“
(Sager)

Arbeiten auf dem Land

Der Alltag der Landbevölkerung ist nach wie vor von **harter Arbeit** geprägt. Müßiggang kann sich kaum jemand leisten. Wer sehr fleißig ist und das Glück auf seiner Seite hat, kommt vielleicht zu **bescheidenem Wohlstand.** Dazu muss jedoch die ganze Familie beitragen. Verlockungen wie sie die Stadt bietet, gibt es auf den Dörfern kaum. Wirtschaftet jemand gut und verfügt über Einnahmen, die mehr als den täglichen Reis garantieren, dann baut er sich ein schönes Haus und investiert in seine Wirtschaft. Er

Die Arbeit auf den Feldern ist hart und mühsam

045vi Foto: ph

setzt Obstbäume, züchtet Geflügel oder Schweine oder schafft vielleicht eine elektrische Wasserpumpe an. Reichhaltiges Essen, ordentliche Kleidung und Fahrräder, vielleicht sogar ein Moped oder ein Fernseher bedeuten für viele Menschen bereits Wohlstand. Kriminalität und soziale Übel spielen auf dem Lande eine viel geringere Rolle als in der Stadt.

Der Lebensrhythmus auf dem Land ist ein anderer als in den quirligen, überfüllten Städten. Die Uhren gehen langsamer. Die Arbeit in der **Landwirtschaft,** auf den Feldern und im Stall nimmt den größten Teil der Zeit ein. Die wenigsten Familien können sich technische Hilfsmittel und Geräte leisten, die meisten Verrichtungen müssen per Handarbeit bewältigt werden. Der Pflug wird nach wie vor vom Wasserbüffel gezogen. Und wer nicht einmal einen Büffel hat, bearbeitet die schwere Erde mit der Hacke. Die Reispflänzchen werden ebenfalls mit der Hand umgesetzt. Das Wasser wird nicht überall schon mit elektrisch betriebenen Pumpen, sondern vielerorts durch Muskelkraft auf die Felder geschöpft. Der Reis wird mit Handsicheln geerntet und am Tragejoch zum Drusch gebracht. Selbst das Wasser muss oft über weite Strecken transportiert werden, denn nicht jeder Hof hat eine Pumpe bzw. einen Brunnen. Nicht zuletzt das Viehfutter und das tägliche Feuerholz wollen erst einmal herangeschafft werden. In vielen Familien wird zusätzlich noch Heimarbeit geleistet. Man näht, bindet Besen, flicht Binsenmatten oder Körbe.

Auch die Dorfbewohner, die nicht hauptsächlich von der Landwirtschaft leben, haben unbedingt eine **kleine private Wirtschaft,** ohne die sie die Familie kaum durchbringen würden. Ob Lehrer, Gemeindeschwester, Klubhausleiter oder Buchhalter in der Genossenschaft: Jeder hat Hühner, Gemüsebeete, Obstbäume und vielleicht sogar ein Schwein.

Arbeit gibt es in den Dörfern fast nur in der Landwirtschaft, das heißt auf dem Familienacker. Für die **Dorfjugend** ist es beinahe unmöglich, eine Berufsausbildung in ihrer Heimatgemeinde zu erhalten. Auch deshalb nehmen es viele ländliche Familien mit dem Schulbesuch der Kinder nicht so genau.

Früher konnte der **Boden** nur über die Genossenschaften verteilt werden. Das Bodengesetz von 1994 ermöglicht die direkte Verteilung des Bodens an Privatpersonen. Die Überlassung ist langfristig: 20 Jahre für normale Anbauprodukte, 50 Jahre für langjährige Pflanzungen wie Kaffee, Tee und bestimmte Obstbäume. Wer Anspruch auf Boden hat, jedoch voraussichtlich weniger als 20 Jahre davon zu leben gedenkt, kann das Land auch pachten.

Kulturelles Leben

In den letzten Jahrzehnten erhielten sehr viele Dörfer Elektrizität. **Radio- und Fernsehprogramme** können also empfangen werden. Vielerorts hängen seit Jahr und Tag Lautsprecher an zentralen Punkten der Gemeinde, die Nachrichten und Musik übertragen. So erhält auch der ärmste Dorfbewohner, der selbst weder über Strom noch Radio verfügt, aktuelle Informationen.

Bei den **Printmedien** sieht es schon schwieriger aus. Je nach Entfernung von der nächsten größeren Ortschaft werden Zeitungen oft erst Tage nach ihrem Erscheinen über den jeweiligen Einkäufer mit ins Dorf gebracht. Sparsamkeit oder Armut hält zudem viele Vietnamesen vom Zeitungskauf ab.

Städtische Vergnügungsstätten wie Discotheken und Ähnliches wird man in vietnamesischen Dörfern vergeblich suchen. Die jungen Leute treffen sich entweder in einem **Lokal** oder sehen sich einen **Videofilm** in einem „Bretterverschlag-Kino" an. Man spielt **Fußball** oder **Billard,** besucht sich gegenseitig oder sitzt beim Nachbarn mit vor dessen Fernseher.

Kulturelle Höhepunkte sind vor allem Familienfeiern und die **Dorffeste,** von denen es Hunderte gibt. Diese Feste erfuhren seit 1995 eine beeindruckende Renaissance (s. Kapitel Feste und Feiern).

Schulbildung

Kurz nach Einführung des Pachtsystems (s. o. Bodengesetz von 1994) gab es die Tendenz, die **Kinder aus der Schule zu nehmen,** weil sie als Arbeitskräfte auf dem Feld gebraucht wurden. Inzwischen verstehen die meisten Familie sehr wohl, dass man nicht ganz ohne Bildung sein kann. Man lässt die Kinder zwar zur Schule gehen, nimmt sie aber nach wenigen Jahren wieder heraus nach dem Motto: *học cao hay không, thế nào cũng làm ruộng* („Ob er nun lange studiert oder nicht, er wird doch Bauer ...").

Für jene Familien, die Wert auf eine gute Ausbildung ihrer Kinder legen, ergibt sich eine andere Schwierigkeit. Viele Dorfschulen haben nicht den **Ausbildungsstandard** vergleichbarer Stadtschulen. Sei es, dass die Lehrer nicht genügend qualifiziert sind, sei es, dass Lehrmittel und Klassenräume fehlen – wenn die Kinder dann in der Kreisstadt zur Aufnahmeprüfung in die weiterführende Schule antreten, haben sie oft keine Chance, weil ihr Niveau den Anforderungen nicht entspricht. Es gibt Familien, die der Misere beizukommen versuchen, indem sie das Kind zu Verwandten in die Stadt geben, um ihm eine gute Ausbildung zu ermöglichen.

Häuser auf dem Land

„Wer jemals in einem annamitischen Bauernhaus gewesen ist und den seltsamen Geruch des nước mắm, einer Art Fischlake, die der sparsame Bauer zum Reis isst, gerochen hat, der hat in diesem Augenblick mehr von der Eigenart dieses Volkes gemerkt, als lange Abhandlungen es sagen können."
(Nevermann)

Auf dem Lande baute man früher einstöckig. Die Häuser waren rechteckig oder hatten die **Form** eines liegenden L oder H. Die Anzahl der Zimmer war immer ungerade. Das traditionelle **Baumaterial** war Bambus, das Dach wurde mit Blättern gedeckt. Nur Wohlhabende ließen sich ein Haus aus Ziegeln oder aus haltbaren Hölzern wie z. B. Eisenholz errichten. Oft dauerte es Jahre, bis man die entsprechende Menge der richtigen Hölzer beisammen hatte. Charakteristisch ist die außerhalb des Wohngebäudes liegende Küche. Auch die Stallgebäude wurden getrennt vom Wohnhaus angeordnet. Traditionell umgab man früher sein Gehöft mit einer Mauer (Norden) bzw. einer Hecke (Süden).

Zu einem richtigen Haus gehörte natürlich der **Hof** aus festgestampfter Erde oder mit Ziegeln ausgelegt und auf jeden Fall sauber gefegt. Auch der **Gemüsegarten** und – wenn möglich – ein kleiner Teich, in Glücksfällen sogar ein eigener Brunnen, gehörten unbedingt dazu.

Inzwischen werden zunehmend städtische Häuser mit flachem Dach errichtet. Sie passen nicht immer in die Umgebung – besonders, wenn sie mit neobarocken Säulchen, Balkons, Zwiebeltürmchen und ähnlichen Garnierungen versehen werden –, zeugen aber von der Finanzkraft des Bauherren. (Wer einmal auf die Jahreszahlen achtet, die viele Bauten schmücken und den Zeitpunkt ihrer Errichtung angeben, kann nachvollziehen, wie der Wohlstand der Bevölkerung in den letzten 25 Jahren gewachsen ist.)

Seit Ende der 1990er Jahre ist es auch auf dem Lande eine Platzfrage geworden, in welcher **Ausdehnung** man sein Haus errichtet. Ehe man sich den Luxus eines weiträumigen Hauses auf ebener Erde leistet, nutzt man lieber jedes Fleckchen als Acker, Gemüsebeet oder Obstgarten. Auch das hat mittelbar mit der wirtschaftlichen Erneuerung des Landes zu tun. Überschüsse können verkauft werden, ohne dass irgendein Parteisekretär von „kapitalistischen Auswüchsen" spricht.

Überleben im Alltag

Sparsamkeit

„Der Konsumrausch frisst unsere Seele."
(Siebert/Kotte)

Sparsamkeit und Sorgfalt im Umgang mit materiellen Gütern sind Eigenschaften, die man bei Vietnamesen, besonders bei Leuten aus dem Norden, überall beobachten kann. Es ist unmöglich, Mitteleuropäern auch nur annähernd klarzumachen, mit welcher Konsequenz Vietnamesen auf nahezu alles verzichten können, wenn es denn sein muss.

Man muss gar nicht in vergangene Kriegszeiten zurückschauen, um hierfür Beweise zu erhalten. Musterbeispiele für vietnamesische Sparsamkeit sind z. B. die im Ausland Studierenden. Für **vietnamesische Stipendiaten** sind die wenigen Monate ihres Auslandsaufenthaltes eine einmalige Chance, sich nicht nur neues Wissen anzueignen, sondern auch den Familienetat aufzubessern. Selbst mit einem kleinen Stipendium schaffen sie es, Geld mit nach Hause zu bringen. Man verzichtet auf eine ordentliche Ernährung, man geht zu Fuß, wenn man dadurch ein Busticket spart, benutzt die Rückseiten von Werbezetteln als Notizpapier, verzichtet auf jeglichen Luxus, geht nirgendwo hin, sondern lernt – und spart!

Natürlich möchte niemand lange Zeit so leben. Die Frage ist aber, ob man überhaupt bereit und in der Lage ist, sich so zu kasteien. Vietnamesen können es nicht nur – sie tun es auch. Nur deshalb ist es möglich, dass auch Familien mit bescheidenem Einkommen irgendwann so viel zusammengespart haben, dass es für ein eigenes Häuschen, für ein Moped oder einen Fernseher reicht. Der **konsequente Verzicht** auf den kleinen oder großen Luxus, der das Leben angenehm macht, das planvolle, zähe und unerbittliche Sparen auf ein wesentliches Ziel hin ist eine Fähigkeit, die die meisten Vietnamesen auszeichnet.

Der **Einfluss der westlichen Kultur** bleibt aber auch in dieser Hinsicht nicht ohne Auswirkungen. Mehr und mehr finden die bisher so genügsamen Vietnamesen Gefallen an schnelllebigen Modeerscheinungen und nettem Schnickschnack. Die allmächtige Werbung macht nun auch jungen Vietnamesen weis, es sei schick, dieses Zuckerwasser zu trinken, jenes Parfüm zu benutzen, nur diese Sorte Jeans zu tragen oder jene Art Musik zu hören. Korrumpierbar ist der Bauernjunge genauso wie die Schickimicki-Jugend. Es bleibt abzuwarten, welche Werte letztendlich stärker wiegen – die traditionelle Sorge um das langfristige Wohl der Familie oder die Sucht nach dem schnellen, individuellen Konsum.

Improvisationsfähigkeit

cái khó bó cái khôn
„Not macht erfinderisch." (Sprichwort)

Die Fähigkeit der Vietnamesen zu improvisieren, aus Nichts etwas zu machen und mit jeder Situation irgendwie zurechtzukommen, hat schon viele Besucher des Landes in Erstaunen versetzt. Sie ist wohl in engem Zusammenhang mit dem **Sinn für das Praktische** zu sehen.

„Den Vietnamesen fehlen viele Hilfsmittel ... und doch – das Mitleid des Fremden schwindet, wird zum Respekt. Sie stehen nicht herum und klagen, ihnen fehle dies und das. Vielleicht haben sie nicht einmal genügend Spaten, aber Körbe gibt es immer, und im Notfall kann man die Erde mit den Händen einschaufeln ..."
(Lidman)

Der Mangel an vielen materiellen Voraussetzungen und die Notwendigkeit, den Alltag mit viel Phantasie und ungewöhnlichen Lösungen zu meistern, haben dazu geführt, dass besonders in den Kriegsjahren die **Improvisationsfähigkeit** der Menschen zum „Nationalsport Nr. 1" avancierte. In Vietnam konnte ich mich nie der Faszination über diese Fertigkeit entziehen, selbst dann nicht, wenn Notlösungen und Schnürchenpatente Ge-

046vi Foto: ph

fahren bargen. Gefährlich, besonders für Radfahrer, war z.B. die Zeit, als die meisten Lastwagen nachts nur mit einem Scheinwerfer fuhren, da der zweite als Ersatzteil irgendwo anders eingebaut war.

Auch heute noch, da es weniger an den 1000 kleinen Dingen als vielmehr an Dollars fehlt, verfügen alle Vietnamesen über diese Fähigkeit. Die Umstellung von schnellen Provisorien auf langfristige Planung hingegen fällt vielen Menschen noch schwer. Sie wursteln lieber sofort drauflos, als erst strategische Konzeptionen zu entwickeln.

Verkaufen, um zu überleben

„Marktgesinnung“ und ähnliche Begriffe werden gern mit der Tatsache in Verbindung gebracht, dass auf vietnamesischen Straßen und Plätzen eine Art permanenter Basar stattzufinden scheint.

Aber gerade die **Händler** nahmen in der traditionellen Hierarchie der vietnamesischen Gesellschaft einen sehr niedrigen sozialen Rang ein. Es gab vier Stände: Gelehrte *(sĩ)*, Bauern *(nông)*, Handwerker *(công)* und ganz zum Schluss folgten die Händler *(thương)*. Sie waren oft „fahrendes Volk“, hatten keinen Boden, gehörten in keine Dorfgemeinschaft. Damit waren sie in den Augen der Vietnamesen wurzellos und in vieler Hinsicht suspekt. Nicht umsonst überließ man die Händlertätigkeit gern den zugewanderten Chinesen.

Der Handel spielte im alten Vietnam eine sehr untergeordnete Rolle. Anfallende Überschüsse wurden von den Produzenten selbst zum nächstgelegenen Markt getragen und veräußert. Diese Aufgabe übernahmen in der Regel die Frauen. Für sie war der Gang zum Markt eine willkommene Gelegenheit, in Kontakt mit der Außenwelt zu treten, Entscheidungen zu treffen und sich im Disput mit Käufern und Konkurrentinnen zu behaupten.

Um es ganz deutlich zu sagen: Vietnamesen sind alles andere als die geborenen Händler. Sie sind eher Produzenten, das entspricht ihnen viel mehr. Allein der bewundernswerte **Wille zum Überleben** bringt diese Menschen trotzdem dazu, recht großes Geschick beim Handeln zu entwickeln. (... und wenn man mit Tanzen die Familie am besten ernähren könnte, wäre Vietnam ein riesengroßes Ballett!)

Rassismus im Alltag

Mischlingskinder *(con lai)* werden in verschiedener Weise mit dem Problem ihrer Herkunft konfrontiert. Am schwersten haben es die Kinder, deren Väter Afro-Amerikaner sind. „Schwarz ist hässlich" – das ist die herkömmliche Ansicht der Vietnamesen. Die Gründe für die Aversion gegen dunkle Haut liegen tiefer und sind in der Geschichte der vietnamesischen Zivilisation zu suchen, denn allenfalls reiche oder gebildete Vietnamesen hatten eine helle Haut. Die Bauern waren schon an ihren sonnenverbrannten Gesichtern und Händen zu erkennen. Blässe symbolisierte daher immer soziales Prestige, Bildung und Wohlstand. Es hilft diesen *con lai* relativ wenig, dass sie oft ausgesprochen hübsche, feine Gesichtszüge und einen grazilen Körperbau haben. Hinzu kommt, dass diese mittlerweile auch erwachsenen Leute für nicht wenige ältere Menschen eine Art lebende Erinnerung an eine nationale Schande sind, an eine Schmach, die man besser vergessen will. War ein Elternteil von weißer Hautfarbe, so sieht die Sache etwas günstiger aus: Mit heller, fast weißer Haut und glattem dunkelbraunem Haar kann man als beinahe richtiger Vietnamese gelten, ist man weit weniger auffällig als mit dunkler Haut und schwarzen Kräusellocken.

Die **soziale Herkunft** der meisten *con lai* ist sehr ähnlich. Sie sind Kinder von Müttern, die – sei es aus Zuneigung, sei es aus rein wirtschaftlichen Gründen – Beziehungen mit Angehörigen der im Land stationierten ausländischen Truppenteile eingegangen waren. Die meisten dieser Frau-

Der kleine Straßenhandel ist lebenswichtig

en waren sehr einfacher Herkunft, nur wenige waren eine vietnamesische Madame Butterfly. Sie versuchten, irgendwie ihr Leben zu fristen und erhofften sich von der Verbindung mit einem oder mehreren GIs ein halbwegs gesichertes Leben - eine Hoffnung, die nur allzu oft ein Wunschtraum bleiben musste.

Die meisten *con lai* sind in ärmlichen Verhältnissen aufgewachsen. Die Missachtung, die man ihren Müttern entgegenbrachte, spürten sie doppelt: Sie sind unehelich und Mischling! Kein Wunder, dass sich viele von ihnen auch heute noch an die Hoffnung klammern, irgendwann einmal in die Heimat ihres in der Erinnerung oft zum Übermenschen idealisierten Vaters ausreisen zu dürfen.

Das Programm „1987 Homecoming Act", in dessen Verlauf damals 30.000 vietnamesische Eurasier die **Erlaubnis** erhielten, **in die USA auszureisen,** hatte übrigens tragikomische Auswirkungen. Eine ganze Reihe von falschen Mischlingen *(con lai giả)* meldete sich bei den zuständigen Stellen. Da insbesondere bei weißen Vätern die Kinder oft ein „unauffälliges Aussehen" haben, sollen vielfach gefälschte Geburtsurkunden, in denen z. B. die Angabe des Vaters fehlt, zusammen mit geschickt präparierten Dokumenten und Fotos als „Beweis" für die halbamerikanische Abstammung dienen. Eine ganze Betrugsindustrie wurde in diesem Zusammenhang aufgebaut. Ein einträgliches Geschäft war nicht nur das Abzocken ausreisewilliger Vietnamesen, die für angeblich sichere Papiere große Vermögen in Gold ausgaben. Es blühte auch das Geschäft mit der Vermittlung von Heiraten mit aussichtsreichen Ehekandidaten, die teils wirklich, teils vorgetäuscht, die Chance auf Auswanderung via Amerika hatten. Ironie des Schicksals: Die sonst so wenig angesehenen, ja verachteten vaterlosen Kinder aus Verbindungen mit Nicht-Vietnamesen waren plötzlich begehrte Heiratskandidaten geworden!

Es bleibt nur zu wünschen, dass die Kinder dieser „Mischlinge" heute unter besseren Voraussetzungen aufwachsen können und nicht mehr für die „Sünden" ihrer Großeltern büßen müssen ...

Kriminalität und soziale Missstände

Kriminalität und soziale Missstände sind nicht erst seit gestern Bestandteil des vietnamesischen Alltags. Im **Süden** waren alle Spielarten von Taschendiebstahl bis Raubmord traditionell auf einem höheren Entwicklungsstand als im Norden.

Im **Norden** wurden zu Kriegszeiten und auch in den Jahren danach Anstand und Moral nicht nur äußerlich hochgehalten. Die vietnamesische

Tradition der Genügsamkeit in materiellen Dingen wurde durch die amerikanischen Flächenbombardements noch gefördert. Im **Laufe des Krieges** verloren sehr viele Menschen nicht nur ihre Angehörigen, sondern auch ihre gesamte Habe. Die wenigen Wertgegenstände, die man viele Generationen lang gehütet hatte, verbrannten oder verschwanden in Bombenkratern und unter Trümmern. Auf perfide Weise vollendeten die USA die von der Volksmacht propagierte Gleichheit der Menschen: Nach einigen Jahren Krieg waren alle Menschen gleich arm. Was noch gerettet werden konnte, wurde mit den Nachbarn geteilt. Die Evakuierung von großen Teilen der Stadtbevölkerung aufs Land tat ein Übriges, um Standesunterschiede zwischen den Menschen zu nivellieren.

In all diesen Jahren ließ es die Volksmacht jedoch nie dazu kommen, dass sich eine Art Wolfsmoral, wie sie typisch für Menschen in Ausnahmesituationen ist, hätte herausbilden können. Man appellierte vielmehr an das Gefühl der gegenseitigen Verantwortung und des Zusammenhalts. Mit Erfolg, denn die Bewohner des geplagten Landes entwickelten eine neue Stufe der Menschlichkeit. Sie lernten, sich **von persönlichem Besitz unabhängig** zu machen und ohne Bedauern alles für die Gemeinschaft zu geben. Kein Ausgebombter blieb ohne Obdach, niemand wurde seinem Schicksal überlassen. Weder Plünderungen noch Diebstähle hätte man damals geduldet. Die Menschen waren von einem Geist erfüllt, der den Träumen von einer neuen, kommunistischen Ethik sehr nahe kam.

Als Ausländer konnte man sich bis zum Beginn der 1990er Jahre im Norden sicher fühlen, musste weder um Fotoapparat noch Fahrrad bangen und schon gar nicht um sein Leben. Auch in Hanoi warnte man den Gast zwar schon immer vor Dieben, aber im Grunde war das Leben friedlich und gesittet. In Bezug auf Kriminalität und andere soziale Übel sahen Nordvietnamesen immer mit Misstrauen auf den „Sündenpfuhl Saigon".

Inzwischen hat der Norden leider aufgeholt. Der Süden ist zwar stets mehrere Schritte voraus, aber so idyllisch wie in früheren Zeiten wird es wohl nirgendwo im Land wieder werden. Manche Vietnamesen begründen die Entwicklung damit, dass die schlechten Sitten aus dem Süden nun den Norden überfluten und dort die guten Traditionen ersticken. Wer so denkt, verschließt die Augen davor, dass die **gestiegene Kriminalität** auch zu den Ergebnissen der Öffnungspolitik gerechnet werden muss. Politische Öffnung und gewachsener Wohlstand haben ihren Preis. Er wird bezahlt mit einer zunehmenden sozialen Polarisierung und dem wachsenden Einfluss westlicher Denk- und Lebensweisen.

Beide Faktoren sind unter den gegebenen Bedingungen in hohem Maße dazu geeignet, traditionelle Moralvorstellungen in Frage zu stellen und kriminelles Verhalten zu fördern.

Umweltbewusstsein

Während der Staat weitreichende **Gesetze zum Umweltschutz** *erlässt, Nationalparks (***vuon quoc gia***) einrichtet und Jagdverbote ausspricht, ist für den Durchschnittsvietnamesen die Natur nicht eben heilig. Es ist ja so viel Wald, Wasser, Himmel und Erde da, was macht da schon ein bisschen Holzeinschlag? Wen kümmert es, wenn man mit Sprengstoff auf Fischfang geht oder geschützte Tiere für chinesische Feinschmecker abschlachtet?*

Die meisten Vietnamesen müssen erst lernen, dass die einzigartige, traumhaft schöne Natur ihres Landes nichts Unzerstörbares darstellt. In den vergangenen Jahrhunderten hatte man weitgehend im Einklang mit der Natur gelebt. Größere Zerstörungen begannen erst mit der Kolonialisierung, der Bevölkerungsexplosion und den Kriegen im 20. Jahrhundert sowie mit der Industrialisierung des Landes. Noch bis vor wenigen Jahren gab es kaum Abfall: Man packte den Einkauf in Basttaschen anstatt in Plastiktüten, Dosengetränke gab es nicht, Aluminiumschüsseln hielten ewig, die Sitzmöbel waren aus Holz …

Inzwischen verunziert der **Abfall** *des neuen Wohlstandes Strände, Waldränder, ja ganz Stadtrandgebiete. Viele Menschen sind sich gar nicht darüber im Klaren, dass die Dinge, die sie da achtlos in die Natur entsorgen, nicht verrotten wie Küchenabfälle oder eine alte Strohtasche.*

In den Städten gibt es schon wirksame Abfallentsorgungskonzepte, auf dem Lande sieht es leider noch problematisch aus. Achtung vor der Natur und **umweltgerechtes Verhalten** *im Alltag werden wohl nur durch energisches staatliches Eingreifen Eingang in das Bewusstsein der Vietnamesen finden. Anknüpfen könnte man hier z. B. an die buddhistische Ethik (achtsamer Umgang mit allem Leben, Maßhalten …) ebenso wie an die uralte Verehrung von Bäumen usw. (Auch ein kleiner Baum kann eine Seele haben, erst recht die Edelhölzer, die außer Landes geschmuggelt werden …) Wie ich die Vietnamesen kenne, werden jedoch* **drastische Strafen** *noch den größten Effekt haben. Wer für die Tötung eines Tigers, Wildelefanten oder gar eines der extrem bedrohten Nashörner „lebenslänglich" büßen muss, überlegt es sich vielleicht doch noch einmal …*

Bettelei

Die **professionelle Bettelei** hat seit Mitte der 1990er Jahre besonders in Saigon und Hanoi, aber auch in anderen Städten (sowie an Ausflugszielen, Fährstellen etc.) stetig zugenommen. Nicht nur Kriegsinvalide und Leprakranke versuchen auf diese Weise zu überleben. Auch mancher, der gehofft hatte, in der Stadt dem schweren und kargen Dorfalltag zu entrinnen, findet sich unter den Bettlern wieder. Andere hatten ihr Hab und Gut verkauft, um auszuwandern, sind jedoch oft (z. B. weil sie von Menschenhändlern betrogen wurden) nicht außer Landes gekommen. Teilweise sind es auch Entwurzelte, die schon in zweiter Generation auf der Straße leben. Verelendete Dörfler, Alkohol- oder Drogenabhängige und verwaiste Kinder bevölkern ebenso wie ganze Familien die Stadtzentren und Touristenattraktionen.

Genächtigt wird in Parkanlagen oder direkt auf dem Pflaster der Bürgersteige. Wer sich die Zeit nimmt, nach Sonnenuntergang durch die Straßen zu schlendern, der wird an mancher Ecke sehen, wie Bettlerfamilien ihr Lager für die Nacht zurechtmachen: Zeitungen werden ausgebreitet, auf halben Ziegelsteinen steht ein Topf, in dem das Essen zubereitet wird, Hängematten werden zwischen Bäumen bzw. Laternenpfählen gespannt und manchmal auch Mückennetze irgendwie befestigt.

Sowohl zahlenmäßig als auch hinsichtlich ihrer Spezialisierungen ist die **Saigoner Bettlergilde** dem übrigen Land weit voraus. Wir treffen hier verschiedenste Richtungen an, vor allem Invaliden, Bettler mit Kindern und Bettler „mit Dokument". Sie werden vornehmlich auch dort aktiv, wo sich Ausländer aufhalten.

In allen Kategorien gibt es sowohl echte als auch **falsche Bettler.** Es ist nur nicht ganz leicht, sie eindeutig auseinanderzuhalten. Ein Mensch mit von Lepra zerstörten Händen oder Füßen verstellt sich nicht. Er hat außer der Bettelei keine Chance, sich durchzuschlagen und verdient also Mitleid und Hilfe.

Bei **angeblichen Kriegsinvaliden,** die erzählen, sie seien im Kambodscha-Einsatz verwundet worden, ist nicht immer klar, ob sie die Wahrheit sagen. Mancher hängt sich einfach zwischen zwei Krücken, winkelt das eine Bein an, die Wade vielleicht mit einer schmuddligen Binde umwickelt und tritt nur mit dem anderen Fuß auf. Eine abgerissene Erscheinung, die verblichene Soldatenbluse und ein schmerzvoll verzogenes Gesicht reichen oft schon aus, um Mitleid zu erregen. Nur wenige sehen genauer hin, was sich unter dem Verband befindet.

Eine Sondergruppe bilden solche Bettler, die Brechts „Dreigroschenoper" entsprungen zu sein scheinen. Gnadenlos missbrauchen sie das

Mitleid der Menschen, um hohe Gewinne zu machen. Da fahren jeden Morgen geräumige Pkws durch die ärmsten Viertel der Stadt, sammeln Krüppel und Menschen mit offenen, ekelerregenden Wunden auf, mieten kleine Kinder oder sogar Babys (möglichst mit Hautausschlägen) für ein geringes Entgelt, schaffen diese **Mietbettler** in das Stadtzentrum und setzen sie dort ab, wo die meisten Ausländer vorüberkommen. Abends werden die Einnahmen kassiert und die Leute zurückgefahren.

Ähnlich sieht es bei **Bettlern mit Kindern** aus. Diese Kleinen sind meist angemietet und gehören nicht zu der angeblichen Mutter, die da lang und breit ihre Elendsgeschichte erzählt. Damit die Kinder während der Betteltour möglichst ruhig bleiben und nicht etwa nach ihrer richtigen Mutter rufen, verabreicht man ihnen oft Schlafmittel.

Eine noch entsetzlichere Methode besteht darin, Kleinkinder aus sehr armen Familien zu stehlen oder zu kaufen, ihnen Knochenbrüche oder Verletzungen mit Säure beizubringen und dann weiter zu verkaufen. Die Brüche lässt man schief zusammenheilen und Hautwunden werden sorgsam „erhalten", damit sie eitern. So **produziert man Krüppel,** die höhere Einnahmen versprechen. Für die Behörden ist es außerordentlich schwierig, ja beinahe unmöglich, solche Verbrechen aufzuklären, da die Opfer kaum jemals in der Lage sind, zu fliehen und jemandem ihre Lage zu erklären. Die Eltern schweigen – wenn sie ihr Kind verkauft haben, auf jeden Fall; wenn es ihnen anderweitig „abhanden" kam, in vielen Fällen. Die Armut in manchen Kreisen ist einfach zu groß, als dass man besonderes Entsetzen über einen Esser weniger aufbringen könnte.

Auch bei den **Lahmen,** die auf ihren kleinen Wägelchen erbarmungswürdig aussehen, ist nicht jeder tatsächlich durch körperliche Gebrechen zum Betteln verurteilt. Meist postieren sie sich auf den Märkten. Zur Erhöhung des Mitleids zeigen sie offene Wunden vor, die künstlich erzeugt werden. Beeindruckende Verletzungen erzielt man z. B., indem zunächst mit dem Messer oder einer Rasierklinge die Haut eingeritzt wird. In den Riss wird ein Haar gelegt, das zuvor in Urin getaucht wurde. Der Arm wird verbunden und ist nach 24 Stunden sehr gut entzündet. Man kann auch eine Schicht Kalk mit Seifenpulver vermischt in eine oberflächliche Fleischwunde streuen. Das Ganze wird wieder verbunden und nach wenigen Tagen hat man ein schöne, rot und gelb leuchtende Wunde vorzuweisen. Neben solchen ernsthaft um Glaubwürdigkeit bemühten Bettlern gibt es aber auch welche, die sich selbst nie verstümmeln würden. Es sind jene „Künstler", die mit Schweine- oder Hühnergedärm den gleichen Ekeleffekt erreichen. Das Gekröse wird auf Bauch oder Arm gebunden, frisches Schweineblut darüber getropft und dann wird stöhnend die Hand ausgestreckt.

Eine erst in den 1990er Jahren entstandene neue Richtung ist das **freche Betteln,** wie es die Vietnamesen nennen. Mit Stöcken oder Schwertern bewaffnete Jugendliche stürmen in Geschäfte, Imbiss- oder Trinkstuben und fordern von Ladeninhabern und Gästen eine „Spende". Diese Rowdys sind bei der Bevölkerung besonders gefürchtet und verhasst.

Kinderhandel

Kinder sind nicht nur das höchste Gut, sondern auch eine profitable Ware. Häufig werden **entführte Kinder** an Bettlerprofis oder in die Berge *(Tây Nguyên)*, an Angehörige nationaler Minderheiten verkauft.

Noch gewinnbringender ist der **Verkauf von Babys an Ausländer.** Zwischenhändlerinnen erwerben die Kinder von armen, meist ledigen Frauen, um sie danach an *Tây* zu verkaufen. Die Käufer zahlen neben dem Preis für das Kind große Summen an korrupte Behördenmitarbeiter, um die notwendigen Papiere für eine legale Ausreise zu erhalten. Dass dieser Geschäftszweig seit Beginn der Öffnungspolitik (1990er Jahre) Konjunktur hat, kann jeder sehen, der mit einer beliebigen Linienmaschine von Hanoi oder Saigon aus zurück nach Europa fliegt. Häufig sind sämtliche Mutter-Kind-Plätze mit Weißen im mittleren Alter besetzt, die einen vietnamesischen Säugling in den Armen halten. Manches Ehepaar holt sich gleich zwei Babys auf einmal. Die Kinder sind oft erst wenige Wochen alt. Sie haben die abrupte Umstellung von Muttermilch auf künstliche Nahrung kaum verkraftet, da sind sie schon auf dem Weg nach Europa. Bei allem Mitgefühl für Paare, die sich ihren Traum von eigenen Kindern nicht erfüllen können, bleiben viele Fragen offen, zumal inzwischen in nicht wenigen Familien **Kinder auf Bestellung** für den Verkauf ins Ausland geboren werden, wodurch das Argument, mit einer solchen Adoption helfe man den Vietnamesen, ad absurdum geführt wird.

„Nach den Gesprächen ... mit Frau Hoa ... stellte ich mir eine Menge Fragen. Was bedeutete angesichts solch gravierender Probleme die Adoption eines einzigen Kindes? Machte ich mir nur selbst eine Freude, wenn ich diesen kleinen Jungen zu mir nahm? Handelte ich damit nicht wie jene Adoptiveltern, denen ich in Thailand begegnet war und die gekommen waren, um sich Kinder auszusuchen, wie man sich junge Hunde in einem Zwinger auswählt? Ihr Verhalten hatte mich sehr schockiert und ich hatte mir geschworen, dass niemals Schönheit oder Intelligenz ... meine Wahl bestimmen dürfte. Aber was waren schon meine guten Absichten in Anbetracht der Not, in der so viele Kinder dieses Landes lebten?"

(Marina Picasso)

041vi Foto: jb

In vietnamesischen Kinderheimen (und nicht zuletzt auf den Straßen der Großstädte) leben zahlreiche kleine Waisen und familiengelöste Kinder, die glücklich wären, wieder eine Familie zu haben. Im Gesetz über Ehe und Familie und in der Verordnung über die Eheschließung zwischen Vietnamesen und Ausländern sowie über binationale Familien wird auch die **Adoption vietnamesischer Kinder** geregelt. Es ist nicht leicht, aber auch nicht unmöglich, auf legale Weise ein Kind zu adoptieren, an gesetzlichen Rahmenbedingungen fehlt es nicht. Umso weniger begeistert steht der Staat illegalen Aktivitäten gegenüber. Die Behörden sind inzwischen auf den Kinderhandel aufmerksam geworden und gehen nicht eben großmütig mit Käufern und Verkäufern um. Das vietnamesische StGB sieht für gewerbsmäßigen Kinderhandel und den Verkauf von Kindern ins Ausland Freiheitsstrafen von fünf bis zwanzig Jahren vor.

Ein Gedanke von *Marina Picasso,* die selbst drei vietnamesische Kinder adoptierte und das von ihrem Großvater *Pablo Picasso* geerbte Vermögen für die Errichtung von Kinderdörfern in Vietnam einsetzt, sei an dieser Stelle künftigen Adoptiveltern mit auf den Weg gegeben:

„Seit ich nach Vietnam fahre, hatte ich wiederholt die Möglichkeit, Europäern bei der Adoption von Kindern behilflich zu sein. Jedesmal ... waren sie mir gegenüber äußerst zuvorkommend, doch sobald sie ihre Kinder hatten,

hörte ich nie wieder etwas von ihnen. Ich erwarte gar nicht, daß sie mir Dankbarkeit erweisen, doch hätte ich hingegen gerne, daß sie sich gegenüber einem Land dankbar zeigen, das ihnen ihre Kinder anvertraut und ihnen damit die Erfüllung ihres Traumes ermöglicht hat. Ich würde mich freuen, wenn sie an diese Menschen und an deren Land dächten, und ich würde mir wünschen, dass sie, nachdem sie ein Kind adoptiert haben, etwas für Vietnam täten ... ich fände es normal, wenn sie dazu beitragen würden, diesem Land aus seinen Schwierigkeiten herauszuhelfen ...“
(Marina Picasso)

Korruption

có đi có lại mới toại lòng nhau
„Gegenseitiges Wohlverhalten ist Voraussetzung für Zufriedenheit auf beiden Seiten.“

„Die Vergehen der Menschen sind jeweils durch die Gemeinschaft bedingt, der sie angehören ...“
(Konfuzius)

Cliquenwirtschaft, Korruption, Unterschlagung und allgemeiner Filz sowohl in der Verwaltung als auch in der Wirtschaft sind häufig strapazierte Schlagworte, um Zustände in Vietnam zu beschreiben. Tatsächlich sind diese Erscheinungen heute überall im vietnamesischen Alltag anzutreffen. Sie werden auch nicht weniger, sondern scheinen sich auszuweiten und allmählich das **gesamte Leben zu durchdringen.** Während sich die allermeisten Vietnamesen von den ordinären Spielarten der Kriminalität wie Taschendiebstahl oder Raubmord fernzuhalten wissen, ist das mit der Korruption nicht ganz so einfach. Jeder Vietnamese kommt irgendwann einmal in die Situation, eine Genehmigung zu brauchen. Er wird vielleicht feststellen, dass sein Anliegen kein Gehör findet, sein Gesuch unbearbeitet liegen bleibt oder abschlägig beschieden wird. Nicht immer wird man ihn direkt zur Zahlung ominöser Gebühren auffordern. Trotzdem wird er früher oder später zu der Einsicht gelangen, dass es ohne Schmiermittel gar nicht bzw. mit demselben viel schneller und besser geht. Wer standhaft bleibt und weder gibt noch nimmt, hat im Alltag mit ungleich mehr Problemen zu rechnen als seine Mitmenschen.

Unterricht im Waisenhaus von Nha Trang. Wer bedürftigen Kindern helfen möchte, sollte sich für solch eine Einrichtung engagieren.

Historische Wurzeln

Das Wort Korruption klingt sehr hart. Wir denken dabei gleich an Bau- oder Börsenskandale, an schwindelerregende Summen, die ein Normalverdiener in seinem ganzen Leben nicht zusammensparen kann. In der vietnamesischen Praxis ist die Sachlage ein wenig komplizierter. Nicht immer handelt es sich um wirklich verbrecherische Aktivitäten in großem Maßstab. Die **Bandbreite** reicht von harmlosen Aufmerksamkeiten über miese kleine Tricks bis hin zu Riesenbetrügereien. Nicht nur für Außenstehende, sondern auch für die Geber und Nehmer selbst ist oft schwer zu erkennen, wann die Grauzone überschritten ist und wo die echte Kriminalität beginnt. Viele Faktoren machen es den Vietnamesen schwer oder sogar unmöglich, sich konsequent von der ganzen Problematik fernzuhalten.

- Eine der Hauptforderungen des konfuzianischen Moralkodex lautet, man habe Älteren und Höherrangigen Achtung zu zeigen und sich ihnen unterzuordnen. Ihr **Hierarchiebewusstsein** lässt Vietnamesen daher großen Respekt vor „Mandarinen" aller Art haben. Man zeigt sich Höhergestellten gegenüber demütig, ja passiv und reagiert auf Unverschämtheiten mit noch größerer Anpassung und Unterordnung.
- Der Forderung nach Pflege guter Beziehungen zu den Mitmenschen wird in Vietnam seit Jahrhunderten auch dadurch Genüge getan, dass Respektspersonen zu bestimmten Anlässen, insbesondere zum Tet-Fest, beschenkt werden. Diese **Tradition der Tet-Gabe** *(việc biếu Tết)* gibt es seit vielen hundert Jahren , sie beinhaltet den Gedanken der Dankbarkeit gegenüber jenen Menschen, die sich um andere verdient gemacht haben. Folgende Geber-Nehmer-Paare sind traditionell zu bedenken: Schüler – Lehrer, Patient – Arzt, Schuldner – Schuldherr, Untergebener – Vorgesetzter usw. Die Tet-Gaben waren zwar eher symbolische Gaben und sollten keinen großen materiellen Wert darstellen. Die Tradition des „Darbringens einer Gabe" an sich birgt jedoch die Gefahr des Missbrauchs.
- **Bürgerliches Recht** hat noch keine Tradition in Vietnam. Erst 1995 wurde ein Zivilgesetzbuch verabschiedet. Vietnamesen sind weder gewohnt, ihr gutes Recht zu kennen noch gar darauf zu pochen. Bürgerliche Rechte beziehen sich auf das Individuum, in der vietnamesischen Geschichte ging es jedoch stets um die Interessen von Gemeinschaften (Familie, Dorf, Staat), die den Wünschen und Rechten des Einzelnen übergeordnet waren. Wenn sie sich an eine Behörde wenden, dann in der Regel als Bittender, der einfach nur hofft, mit seinem Anliegen durchzukommen.
- Die Erfahrung vieler Jahrhunderte hat die Vietnamesen gelehrt, dass es unabhängig von der jeweiligen Gesetzeslage zu allen Zeiten Möglich-

keiten gab, durch „Hintertürchen" seine Ziele durchzusetzen, wenn man diese Türchen nur zu schmieren wusste. Unter den vietnamesischen Königen und unter der Kolonialherrschaft gab es immer **korrupte Beamte,** die es verstanden, ihr Amt zur persönlichen Bereicherung zu nutzen. Die Franzosen waren bis zu einem gewissen Grade sogar daran interessiert, dass ihre „eingeborenen" Mitarbeiter korrupt waren, denn dadurch waren sie ihrem Dienstherren noch mehr ausgeliefert. Solche Leute wurden vom Volk zwar gehasst, aber sie waren auch berechenbar: Wusste man erst einmal, dass ein Mandarin zwar die Hand aufhalten, aber dafür „Recht" verkaufen würde, dann konnte man mit dem Verhassten auch auskommen.

- Die Frage des „Miteinanderauskommens" rührt bereits an die Basis des vietnamesischen Gesellschaftsvertrages. Ausgleich, Vermeidung von Konflikten und Streben nach Harmonie sind Grundsätze, die von Konfuzianismus, Daoismus und Buddhismus gleichermaßen getragen werden. Daher wird Geben und Nehmen als willkommenes **Mittel des Interessenausgleichs** verstanden und praktiziert.

Während in **Südvietnam** bis 1975 Korruption beinahe ein normaler Bestandteil des Lebens war, gab es im volksdemokratischen Norden tatsächlich eine Zeit, da diese Problematik nur eine geringe Rolle spielte. In Kriegszeiten konzentrierten die **Menschen im Norden** alle Kraft auf den Widerstand und auf das Überleben unter den Bombardements. Das gemeinsame Interesse verband alle in gleicher Armut. Selbstlosigkeit und Aufopferungsbereitschaft – in der Familie schon immer trainiert – wurden zu gesellschaftlich bestimmenden Verhaltensweisen. Die Verteilung von Gütern unterlag kriegskommunistischen Prinzipien. Unter diesen Bedingungen war persönliche Bereicherung kaum möglich und Korruption gab es nur in geringem Maße. Außerdem waren die Menschen hochmotiviert und bereit, alles zu opfern, getragen von der Hoffnung, dass nach dem Krieg das Leben besser werden würde.

Diese Hoffnung erfüllte sich nach 1975 nicht in dem Maße, wie man es sich erträumt hatte. Der **Wiederaufbau des Landes** erforderte größere Mittel als gedacht. Die Reparationszahlungen, zu denen die USA sich im Pariser Abkommen verpflichtet hatten, wurden nicht erbracht. Enthusiasmus und Opferbereitschaft der Menschen waren aufgebraucht. Sie hatten das Wort Frieden und Sozialismus in den langen Jahren der Entbehrung mit Wohlstand und Glück gleichgesetzt. Frieden hatten sie nun, aber kaum etwas in der Reisschüssel und nichts auf dem Leib. Schwierigkeiten in der Wirtschaft, Verfilzung der Verwaltung und die Wiederausbreitung der nie völlig ausgemerzten Korruption gingen miteinander einher.

Gegenwart

In der Gegenwart ist das Thema Korruption durch folgende Faktoren gekennzeichnet:

- **Unterbezahlung der Angestellten:** Die Angestellten in Behörden und Ämtern sind arm, ebenso wie die meisten Parteifunktionäre. Ihre Gehälter waren schon in den 1970er Jahren bescheiden. Doch damals gab es Karten für Lebensmittel, Stoff und einige andere Güter. Medizinische Behandlung und Krankenhausaufenthalte wurden unentgeltlich gewährt. Das Leben war zwar sehr ärmlich, aber man verhungerte nicht und der übrigen Bevölkerung ging es auch nicht viel besser. In den Jahren seit 1990 hat sich im Zuge der wirtschaftlichen Reformen viel geändert. Während es für große Teile der Bevölkerung möglich wurde, auf legale Weise (von den illegalen Möglichkeiten ganz zu schweigen ...) zusätzlich Geld zu erwirtschaften, war und ist der Spielraum für einen Staatsangestellten, der den ganzen Tag im Büro verbringt, sehr eingeschränkt. In Vietnam gibt es **kein Beamtensystem.** Mitarbeiter von Behörden sind Angestellte des Staates. Sie genießen keinerlei Vorteile und können auf keine Altersabsicherung außer einer symbolischen Rente hoffen. Angestellte des Staates „haben nur die Ehre, aber nichts im Portemonnaie", wie man so sagt. Selbst das soziale Prestige, das früher mit einer Tätigkeit im Staatsdienst verbunden war, schwindet mehr und mehr. In einigen Bereichen wie im Bildungs- und Gesundheitswesen kommt es bereits zu massiven Abwanderungen in berufsfremde Tätigkeiten. Die dramatische Lehrerflucht, die seit Mitte der 1990er Jahre stattfand, ist auch eine Folge der finanziellen Misere, in der sich viele Staatsangestellte befinden. Es gibt nur zwei Varianten der Selbsthilfe. Entweder man quittiert den Dienst und sucht sich in der freien Wirtschaft eine Nische, in der man seine Fähigkeiten besser vermarkten kann oder man bleibt und nutzt die vorhandenen Möglichkeiten.
- **Familienbande:** Vietnamesen haben ein besonderes Talent, diejenigen, von denen sie etwas wollen, auf eine süße, weiche Tour zu nötigen. Hilft Schmeichelei nicht weiter, dann wird gebeten, gefleht oder an die Pflichten erinnert, die der Angestellte als Neffe X seinem Onkel Y gegenüber hat. Da Vietnamesen in der Regel über eine zahlreiche Verwandtschaft verfügen, sind alle diese Verwandten potenzielle Hilfesuchende.

Hồ Chí Minh, der auf beispielhafte Weise konfuzianische und kommunistische Ideale zu verbinden wusste, kämpfte sein Leben lang gegen die unheilvollen Traditionen im vietnamesischen Gesellschaftsvertrag. Er wusste um die Schwierigkeit, als Vietnamese Mitglied einer Familie zu sein und dabei unabhängige Entscheidungen zu treffen. Deshalb verzichtete er auf eine eigene Familie, da er die zwangsläufigen emotionalen Verstrickungen und Verbindlichkeiten fürchtete. Alle Versuche seiner Parteifreunde, ihn zu einer Ehe zu bewegen, schlugen fehl. Er wollte sich nicht korrumpieren lassen und glaubte, nur auf diese Weise seine Mission erfüllen zu können.

- **Gesetzeslücken** und Mangel an Fachpersonal: In Vietnam existiert noch kein solcher Dschungel von Verordnungen für jeden Fall der Fälle wie in anderen Ländern. Die Zeiten des Kriegskommunismus sind vorbei. Damals wurde nach dem Motto „Alles für die Verteidigung des Vaterlandes" tapfer drauflosgewirtschaftet. Für korrekte Buchführung, juristische Finessen oder andere Details hatte man weder Kraft noch Zeit. Heute herrscht Gründerzeitkapitalismus, der von einer spätsozialistischen Bürokratie verwaltet werden soll. Viele Gesetze wurden bereits verabschiedet, die Durchführungsbestimmungen lassen jedoch oft auf sich warten. Das ist für Angestellte problematisch. Sie müssen operativ Entscheidungen treffen, ohne immer die sichere Stütze eines Paragrafen zu Hilfe nehmen zu können. Die noch vorhandenen Lücken im Gesetzwerk sind denen hochwillkommen, die gezielt vorhaben, diese für sich zu nutzen.

  Seit Beginn des 21. Jahrhunderts wurden viele Behördengänge etwas leichter. Mit der „Politik der einen Tür" versucht man, Verwaltungsabläufe zu straffen und durchsichtiger zu gestalten. Liegen konkrete Bestimmungen vor, die auch in der Presse öffentlich gemacht werden, ist es schwerer, die Bürger „von Pontius zu Pilatus" zu schicken und für 18 Stempelchen 18-mal die Hand aufzuhalten.
- Die **Bekämpfung der Korruption,** die sich wie ein Spinnennetz über das Land gelegt hat, ist etwa so leicht wie die eines Flächenbrandes mit einem Handfeuerlöscher. Sie wird erschwert durch die Tatsache, dass Geber wie Nehmer keinerlei Interesse an einer Aufklärung haben. Der Gesetzgeber sieht für Nehmer Strafen von fünf bis 15 Jahren, in schweren Fällen auch lebenslängliche Haft oder die Todesstrafe vor. Geber müssen mit Haftstrafen von sechs Monaten bis fünf Jahren, in schweren Fällen bis zu 15 Jahren, rechnen. Nur ganz selten stellen sich Leute, die keine andere Möglichkeit sahen, als Bestechungsgelder zu zahlen, später den Behörden und sagen gegen korrupte Beamte aus. In solchen Fällen könnten sie sogar mit Straffreiheit rechnen. Dem Gesetzgeber geht es vor allem darum, das verlorene Vertrauen der Bevölkerung wiederzugewinnen. Die Menschen sollen ermutigt werden, im Kampf gegen den allgemeinen Filz mitzuwirken. Bisher sind die Erfolge jedoch eher bescheiden. Optimisten nehmen an, dass **maximal 20 % der Korruptions-**

fälle überhaupt je bekannt werden. Die Neigung, sich mit den Gegebenheiten zu arrangieren, ist einfach größer als das Vertrauen in jegliche Behörde und sei es auch die Polizei. Die Ermittlungsbehörden führen einen Kampf wie Don Quichotte gegen die Windmühlenflügel. Sie haben es nicht nur mit undichten Stellen in den eigenen Reihen zu tun, sondern leiden auch unter den fehlenden materiellen Voraussetzungen für ihre Arbeit.

Die Strafverfolgung wird auch dadurch erschwert, dass in viele Fälle von Unterschlagung und Korruption ganze **Familienclans** verwickelt sind. Hatte man wenige Jahre zuvor mithilfe von Beziehungen Mitglieder der eigenen Sippe auf alle wichtigen Posten setzen können, so half nunmehr ebendiese „Familienwirtschaft", Unregelmäßigkeiten oder falsche Abrechnungen zu vertuschen oder Rechnungen zu fälschen. Ist irgendein Onkel der Familie gar Funktionsträger in der Kreis- oder Provinzverwaltung, wird es erst recht schwierig, der „unternehmerischen" Familie beizukommen. Sind Funktionäre oder deren Angehörige verwickelt, kommt es nicht selten vor, dass Gericht oder Staatsanwaltschaft unter Druck gesetzt werden. Es heißt dann z.B., der Fall würde intern bzw. als Ordnungswidrigkeit geklärt und wird so der Strafverfolgung nach dem StGB entzogen. Kommt es nicht zur Anklage, stehen die Chancen nämlich gut, dass der Fall unter den Teppich gekehrt wird.

Trotz all dieser Probleme kommen jedes Jahr Hunderte größere Fälle zur Anklage. Die Zahl der Verurteilungen steigt. Stehen die Schmiergeldakrobaten erst einmal vor Gericht, hagelt es meist auch harte Strafen. Wurden Staatsgelder in großen Höhen veruntreut, schreckt man auch vor der Verhängung der Todesstrafe nicht zurück.

Auf dem X. Parteitag der KP Vietnams (2006) wurde das Thema Korruption mit bisher nicht gekannter Offenheit und Vehemenz diskutiert. So warf der berühmte General *Vo Nguyen Giap*, selbst Parteimitglied seit mehr als einem halben Jahrhundert, der **Partei** vor, sie sei selbst so verstrickt, dass sie nicht geeignet sei, den Kampf gegen die Korruption zu führen ... Im Ergebnis des Parteitages hat man sich den schonungslosen Kampf gegen die Korruption auf die Fahnen geschrieben. Wir werden sehen, was die nächsten Jahre bringen.

Prostitution

Prostitution gibt es natürlich auch in Vietnam nicht erst seit gestern. Die bekannteste Vertreterin dieser Berufsgruppe ist *Kiều*, die Hauptgestalt des Versromans *Truyện Kiều* **„Die Geschichte des Mädchens Kiều"** von *Nguyễn Du*.

Vietnams bekannteste Prostituierte

Der Roman „Die Geschichte des Mädchens Kiều*" handelt von der jungen* Kiều*, einem Mädchen aus gutem Hause. Sie wird Prostituierte, um ihren Vater aus dem Schuldgefängnis freizukaufen. Sie opfert ihre Unschuld und ihre Liebe zu dem jungen Kim, um den Vater und die Familie zu retten. 15 Jahre lang führt sie das Leben einer „Wasserlinse, die ziellos auf den Gewässern treibt", ehe sie ihre Familie und den Geliebten wiederfindet. Der Roman, der in sehr poetischen, bildreichen Versen vom Leidensweg des Mädchens berichtet, ist in vieler Hinsicht bemerkenswert. Allein die Tatsache, dass in der akademischen Literatur überhaupt die Liebe thematisiert wird, ist hervorzuheben. Die Anklage herrschender Zustände, die es möglich machen, dass Menschen in ein solches Leid gestürzt werden, aber auch die Betonung der Pflichten gegenüber der Familie und der Glaube an das Karma beherrschen den Roman. Sein humanistischer Gehalt und die Schönheit seiner Verse ließen ihn zum Nationalepos der Vietnamesen werden.*

Die meisten Vietnamesinnen, die heute ihren Körper verkaufen, fühlen sich ein bisschen wie das Mädchen *Kiều*. Natürlich sind die **Motive,** Prostituierte zu werden, verschieden. Die meisten wählen diesen Weg aus wirtschaftlicher Not. Manche Mädchen gehen ihn jedoch auch, um der schweren, mühseligen Arbeit auf dem Feld oder in einem Handwerksbetrieb zu entkommen. Alle stammen aus armen Verhältnissen. Sie sind durch Zufall oder Überredung, nicht selten auch durch Zwang Prostituierte geworden. Vereinzelt werden halbwüchsige Töchter von ihren habgierigen Eltern an ein Bordell verkauft. In anderen Fällen kommen junge Frauen auf Arbeitsuche in die Stadt, finden einen Job in einem Bierlokal und werden auf diesem Weg an die Prostitution herangeführt.

Besonders **Mädchen vom Lande** sind nicht selten im ersten Moment fasziniert von der Möglichkeit, sich hübsche Kleidung, Puder und Schminke kaufen zu können. Wenn sie sich geschickt anstellen, verdienen sie mehr, als die ganze Familie aus dem heimatlichen Acker herausholen kann. Trotz schlechter Behandlung durch Zuhälter oder Puffmütter und der Gefahr, sich die Gesundheit zu ruinieren, lockt das schnelle Geld immer neues Frischfleisch an. Zudem sind sich die Mädchen der Gesundheitsgefahren oft nicht bewusst und unterschätzen insbesondere die Bedrohung durch AIDS.

Im ganzen Land gibt es 115.800 HIV-Infizierte (2006), 20.000 Menschen sind an **AIDS** erkrankt. Insgesamt wurden bisher 11.700 Todesfälle aufgrund von AIDS verzeichnet. Im gleichen Zeitraum erkrankten 74.300 Menschen an Malaria, 31 Patienten starben.

Das älteste Gewerbe ernährt nicht nur die Mädchen, sondern auch **Zuhälter** und Rikscha- und Mopedfahrer, die Mädchen und Freier in die Herbergen fahren. Auch Betreiber von Herbergen und andere Vermieter von Betten, Verschlägen oder Matratzen sowie spezielle Dienstleister für Prostituierte finden in der Branche ihr Auskommen. So gibt es Verleiher von Nutten-Dienstkleidung, Kosmetik und nicht zuletzt Bargeld. Die Mädchen müssen ihrem Zuhälter bereits einen Anteil von ca. 1/6 bis 1/5 ihres Verdienstes geben, bevor sie ihrerseits vom Freier bezahlt werden. Auch der eine oder andere Polizist lässt sich die Augen mit ein paar Scheinchen verschließen. Es kommt vor, dass geplante Polizeirazzien gegen eine entsprechende Summe verraten werden. Immer wiederkehrende Kampagnen und Säuberungsaktionen der Polizei bringen zwar Unruhe und kurzzeitige Geschäftseinbußen, ändern aber letzten Endes kaum etwas an der Gesamtsituation.

Die **öffentliche Haltung** zur käuflichen Liebe ist in Vietnam sehr zwiespältig. Das Strafbesetzbuch sieht insbesondere für das Betreiben von Absteigen und für Zuhälterei Strafen von sechs Monaten bis zu 10 Jahren Haft vor. Prostitution selbst wird als Gefährdung der öffentlichen Ordnung geahndet.

Obwohl Vietnamesen naserümpfend und von oben herab über Mädchen sprechen, die als Hure arbeiten, wird der Gang ins Bordell von den meisten Männern schlimmstenfalls als Kavaliersdelikt empfunden. In dieser Hinsicht herrscht genau die gleiche **doppelte Moral** wie in anderen Gesellschaften auch. Nach außen hin ist man der brave Familienvater und die Tochter fängt sich schon mal eine Ohrfeige ein, weil sie zu viel Lippenstift aufgetragen hat oder mit dem Freund ausging, ohne sich vorher abzumelden. Im Stillen und möglichst ohne dass die Familie etwas merkt, wird oft genug mit Freunden oder Kollegen doch ganz gern ein Ausflug in ein Lokal mit Sonderservice *quán bia ôm* („Umarm-Bierlokal") gemacht. Natürlich trifft das nur auf einen Teil der Vietnamesen zu, denn solche Freuden kosten schließlich Geld.

Manche Herren schwatzen auch gern von der Notwendigkeit, auf Dienstreise fast jeden Abend „Nudelsuppe essen gehen" zu müssen. („Nudelsuppe essen gehen" ist eine der geläufigsten Umschreibungen für den Gang zu einer Prostituierten.) Die damit verbundenen Assoziationen von Potenz und Männlichkeit spiegeln aber oft eher Wunschdenken als Tatsachen wider.

Kinderprostitution

Kinderprostitution ist eine der widerlichsten Seiten des Handels mit Menschen. Schon lange vor AIDS und ausländischen Touristen gab es in Vietnam, wie auch in anderen Ländern Asiens, Liebhaber von besonders jungen Mädchen, da die **Entjungferung** eines Mädchens als Jungbrunnen für alternde Männer angesehen wird. Deshalb landen immer wieder halbe Kinder von 12 oder 14 Jahren in Bordellen. Sie werden an „alte Ziegenböcke", wie die Vietnamesen solche Männer nennen, verkauft. Nach dem Verlust ihrer Unschuld verlieren diese Mädchen schnell an Wert und können froh sein, wenn sie überhaupt noch Kundschaft finden. Wenn die Polizei solche Kinder aufgreift, landen sie in Heimen. Oft sind sie psychisch bereits so zerstört, dass sie kaum zu einem normalen Leben zurückfinden.

Seit ausländische Sex-Touristen das Land als eine Art Billig-Thailand erschließen, ist auch der Missbrauch von **sehr kleinen Kindern** in Mode gekommen. Zur Befriedigung ihrer kranken Neigungen mieten Pädophile kleine Jungen und Mädchen im Kindergartenalter von skrupellosen Eltern. Diese Verbrechen laufen gut getarnt ab. Die Polizei ist weitgehend machtlos, da die Beweislage kompliziert ist. Manches Mal schaut sie auch aus rein geschäftlichen Gründen weg und sichert sich so ihren Anteil am Gewinn.

007vi Foto: mh

FESTE UND FEIERN

Der vietnamesische Kalender

Schon seit Franzosenzeiten gilt in Vietnam offiziell der **gregorianische Kalender.** Für den Alltag, dienstliche Verabredungen, Zimmerbestellungen oder den Theaterspielplan gibt es also keinerlei Schwierigkeiten.

Für alle wichtigen Termine der vietnamesischen Tradition ist jedoch wie schon vor 1000 Jahren der **Mondkalender** entscheidend. Nach diesem hat das Jahr 355 Tage. Um den Unterschied von 10 Tagen auszugleichen und damit den Mondkalender immer wieder dem Sonnenkalender anzupassen, wird alle paar Jahre ein Schaltmonat hinzugefügt. Im Verlauf von 19 Jahren kommt man auf sieben solcher Schaltmonate. Aus diesem Grunde ist der Beginn des Mondjahres beweglich und es gibt leider keine Faustregel, nach der man das jeweilige Mondkalender-Datum ohne Weiteres errechnen könnte.

Dorffeste sind Höhepunkte im kulturellen Leben – und die Teilnahme ist Ehrensache (Feuerwerksfest in Đồng Kỵ)

Die vietnamesische **Woche** hat sechs Arbeitstage. Sonnabends wird voll gearbeitet, nur der Sonntag ist frei. Für ausländische Besucher mit wenig Zeit und großem Arbeitspensum ist das sehr günstig, denn sie können auch noch am Samstagnachmittag einen Termin in einer wissenschaftlichen Einrichtung oder einer Behörde bekommen. Auch die Bewältigung des Alltags wird einem leicht gemacht. Geschäfte – ob staatlich oder privat – haben ebenso wie viele kleine Handwerksbetriebe (Schneider, Friseur, Reparaturwerkstätten) den ganzen Sonntag über geöffnet.

Der traditionelle vietnamesische Kalender kannte dagegen keine Woche als Zeiteinheit. Der Mondmonat mit 30, manchmal auch nur 29 Tagen wurde vielmehr in drei Dekaden unterteilt. Jeder Tag war ein Arbeitstag, wenn nicht gerade ein Fest auf dem Kalender stand. Das arbeitsreiche Jahr wurde durch eine Vielzahl von Fest- und Feiertagen unterteilt.

Der Mondkalender wird in 10 Himmels-Stämme, 12 Erdzweige und den Tierkreis eingeteilt. Der **Tierkreis (12-Jahres-Zyklus)** umfasst die Tiere Maus (in China: Ratte), Büffel, Tiger, Katze (in China: Hase), Drache, Schlange, Pferd, Ziege (in China: Schaf), Affe, Huhn (in China: Hahn), Hund und Schwein. So ist z.B. 2011 das Jahr der Katze und 2012 das Jahr des Drachen (s. Tabelle).

Der Mondkalender ist besonders für alle diejenigen Vietnambesucher wichtig, die sich für die traditionellen vietnamesischen Fest- und Feiertage interessieren. Die **Termine der Feste** werden nämlich prinzipiell nach dem Mondkalender angegeben. Selbst die manchmal in deutschsprachigen Reiseführern auftauchenden Angaben sind noch umzurechnen. Wird irgendwo erwähnt, dass am 15. Juli ein Tempelfest im Cham-Tempel *Po Nagar (Nha Trang)* stattfinde, dann handelt es sich um den 15. Tag des 7. Mondmonats und dieser Tag liegt irgendwann zwischen Anfang August und Anfang September. Für Vietnamesen, die an Horoskopberechnungen, an der Bestimmung von glückbringenden und weniger günstigen Tagen interessiert sind, um z.B. einen geeigneten Termin für eine Geschäftseröffnung oder eine Hochzeit festzulegen, ist der Mondkalender ein fester Bestandteil des Lebens.

Staatliche Feiertage

Die staatlichen Feiertage in Vietnam sind nicht unbedingt zahlreich:

- 1 Tag zum Neujahr nach Gregorianischem Kalender
- 3 Tage zum Tet-Fest (s.u.)
- ½ Tag am 30. April (Tag der Befreiung Saigons)
- 1 Tag zum 1. Mai, dem Internationalen Tag der Arbeit
- 2 Tage zum Nationalfeiertag (2. und 3. September)

Der (vietnamesische) Tierkreis des Mondkalenders

Maus	*1948*	*1960*	*1972*	*1984*	*1996*	*2008*
Büffel	*1949*	*1961*	*1973*	*1985*	*1997*	*2009*
Tiger	*1950*	*1962*	*1974*	*1986*	*1998*	*2010*
Katze	*1951*	*1963*	*1975*	*1987*	*1999*	*2011*
Drache	*1952*	*1964*	*1976*	*1988*	*2000*	*2012*
Schlange	*1953*	*1965*	*1977*	*1989*	*2001*	*2013*
Pferd	*1954*	*1966*	*1978*	*1990*	*2002*	*2014*
Ziege	*1955*	*1967*	*1979*	*1991*	*2003*	*2015*
Affe	*1956*	*1968*	*1980*	*1992*	*2004*	*2016*
Huhn	*1957*	*1969*	*1981*	*1993*	*2005*	*2017*
Hund	*1958*	*1970*	*1982*	*1994*	*2006*	*2018*
Schwein	*1959*	*1971*	*1983*	*1995*	*2007*	*2019*

Traditionelle Feste

„Die traditionellen Feste sind für die Menschen vor allem eine Gelegenheit des Austauschs gemeinsamer Gefühle und der Weitergabe von ethnischen Prinzipien, schönen Bräuchen und edlen Hoffnungen; sie sind Verbindung zwischen Vergangenheit und Gegenwart, bestärken den Geist des Zusammenhalts der Gemeinschaft, der Liebe zur Heimat und den Stolz auf die eigenen Wurzeln."

(Thạch Phương – Lê Trung Vũ)

- *Tết Nguyên Đán* — Mondneujahrsfest (1.–3. Tag des ersten Monats)
- *Tết Hàn Thực* — Fest der Kalten Speisen (3. Tag des dritten Monats)
- *Tết Thanh Minh* — Ahnengedenktag (5. oder 6. Tag des dritten Monats)
- *Tết Đoan Ngọ* — Fest des Sommerbeginns und der Abwehr böser Geister (5. Tag des fünften Monats)
- *Tết Trung Nguyên* — Buddhistisches Fest der Vergebung der Sünden (15. Tag des siebten Monats)
- *Tết Trung Thu* — Mittherbstfest (15. Tag des achten Monats)

• *Tết Trùng Cửu*	Fest der Felder (9. Tag des neunten Monats)
• *Tết Trùng Thập (Tết cơm mới tháng mười)*	Fest des neuen Reises (10. Tag des zehnten Monats)
• *Tết Đông Chí*	Fest der Wintersonnenwende (im elften Monat)
• *Tết ông Táo (Táo Quân, Vua Bếp)*	Fest des Herdgeistes (23. Tag des zwölften Monats)

Tet – das Fest der Feste

Bedeutung des Tet-Festes

Dieses traditionelle Fest ist als einziges gleichzeitig auch ein staatlicher Feiertag. Richtiger gesagt, sind es sogar drei freie Tage, die dem Fest der Feste, dem Hauptfest *(Tết Cả)* bzw. **Neujahrs-Tet** *(Tết Nguyên Đán)*, gewidmet sind. Vielen Nicht-Vietnamesen ist es einfach unter der Kurzbezeichnung **Tet** bekannt.

Es ist die größte und **wichtigste Feierlichkeit** im Jahresverlauf und wird vor allem innerhalb der Familie begangen, hält jedoch das ganze Land wochenlang in Atem. Um einen ungefähren Eindruck von der Bedeutung des Tet zu bekommen, stelle man sich vor, bei uns fielen Weihnachten, Silvester, Ostern und Pfingsten zusammen.

Das Neujahrsfest findet etwa in der Zeit zwischen dem 19. Januar und dem 19. Februar statt.

Das Tet ist keineswegs nur eine innervietnamesische Angelegenheit. Für Reisende aus allen Himmelsrichtungen wird es schon Monate vorher problematisch, für diese Zeit ein **Flugticket** nach Hồ-Chí-Minh-Stadt oder Hanoi zu bekommen. Exilvietnamesen, die seit Jahr und Tag in Frankreich, USA oder Australien leben, zieht es ebenso heimwärts wie Leute, die nur für ein paar Jahre im Ausland arbeiten oder studieren.

Allein die Erwähnung des Wortes Tet zaubert ein verklärtes Lächeln auf die Gesichter, das zuweilen bei Vietnamesen, die lange nicht zu Hause waren, von einer gewissen Wehmut begleitet wird. Wohl jedem, der nach Vietnam reisen will, wird gesagt: „Du musst unbedingt zum Tet kommen!" Stellt sich heraus, dass man das Tet schon einmal in Vietnam erlebt, sprich „gegessen" hat, dann beginnt unweigerlich eine Fachsimpelei über Tet-Kuchen, Knallkörper und den Blumenmarkt in Hanoi.

Zum Tet-Fest **nicht zu Hause sein zu können,** wurde in früheren Zeiten als extreme Härte angesehen. Heute haben sich zwar viele Auslandsvietnamesen auch an das Tet-Fest in der Fremde gewöhnt, aber Heimweh tut in diesen Tagen ganz besonders weh. Ich habe erlebt, dass Vietnamesen, deren dreimonatiges Auslandspraktikum ausgerechnet in die Tet-Zeit fiel, während dieser Zeit völlig mürbe wurden. Sie saßen beim festlichen Tet-Essen in Berlin wie kranke Hühner um den Tisch herum und selbst die Aussicht auf ein Telefonat nach Hause war nur ein schwacher Trost.

Tet-Vorbereitungen

Viele Familien fangen schon zum Beginn des Vorjahres an, ein Schwein und Hühner für das nächste Tet zu füttern. Im Lande selbst setzt ca. zwei Monate vor den Feiertagen ein allmählicher **Preisanstieg** ein. Mancher Händler legt sich bereits ein halbes Jahr vorher Warenvorräte für das Tet an. Zwei, drei Wochen vor dem Fest beginnt die heiße Phase. Alles, was irgendwie mit Tet in Verbindung steht, wird teurer: Kleiderstoffe, Schneiderleistungen, Reis, Hühner, Schweine, Dosenbier ... ganz zu schweigen von Neujahrskalendern, Räucherstäbchen, Papiergold, Kunstblumen und Süßigkeiten.

Eine **ungewohnte Hektik** bemächtigt sich nun der sonst eher gelassenen Vietnamesen. Dinge, die das ganze Jahr über niemanden interessierten, müssen jetzt unbedingt und auf der Stelle erledigt werden. Da wird die Stube neu hellblau oder zartgrün (die bevorzugten Farben) getüncht, werden Schäden in und am Haus behoben, wird die Kramecke im Hof entrümpelt und das Mobiliar gesäubert. Zum allgemeinen Hausputz gehört auch das feierliche Reinigen des Ahnenaltars, der Ahnentäfelchen und aller anderen Utensilien, die mit der Ahnenverehrung zusammenhängen. Vor allem aber wird die Familie soweit wie möglich neu eingekleidet, werden Lebensmittel eingekauft, vor- und zubereitet oder einfach in dem sicheren Wissen „gebunkert", dass kurz vor dem Tet alles noch teurer wird. Beinahe jede Familie lagert Vorräte ein, weshalb schon Wochen vor dem Fest z. B. Kleiderstoffe oder Alkoholika selbst zu überhöhten Tet-Preisen reißenden Absatz finden.

Die für unser Empfinden immer sehr belebten Märkte und Einkaufsstraßen werden voll wie die Berliner S-Bahn im Berufsverkehr oder anders gesagt: *đông như chợ Tết* („voll wie der Markt zum Tet"). Bei aller Einkaufshektik hat man jedoch nicht das Gefühl, dass die „Tet-Industrie" den Menschen Festtagsgefühle zu suggerieren sucht, um ihre Produkte loszuwerden. Nein, das Tet hat für die Menschen eine sehr starke emotionale, soziale und religiöse Bedeutung, die ihnen niemand erst einreden muss.

Das bevorstehende Ereignis findet auch in den **Medien** starke Beachtung. Man warnt vor gefälschtem oder überteuertem Flaschenbier und die

Süßwarenhersteller geben bekannt, wann und wo ihre Sonderverkaufsstellen öffnen. In den Tageszeitungen finden sich zahlreiche Gedichte zum Thema Frühling, in Leserbriefen erhitzt man sich über aus China eingeschmuggelte, herrlich kitschige Wandkalender und diskutiert die Gefahren, die davon für die einheimische Produktion ausgehen könnten. Die Plätze in Bahnen, Fliegern und Bussen sind schon Wochen zuvor hoffnungslos ausgebucht. Tickets werden zu Wucherpreisen weiterverkauft, Sonderfahrpläne aufgelegt und das Transportproblem quasi als Frage „nationalen Ranges" heftig diskutiert.

Kurz gesagt – es herrscht das **alljährliche nationale Tet-Fieber.**

Das Tet wird „gegessen"

Die Vorbereitung der kulinarischen Genüsse nimmt einen wesentlichen Platz in den Festvorbereitungen ein. In vielen Familien auf dem Lande und selbst in der Stadt wird **geschlachtet.** Ist für eine Familie finanziell kein ganzes Schwein erschwinglich, so tun sich mehrere Haushalte zusammen und schlachten gemeinsam. Das kommt immer noch billiger, als das Fleisch auf dem Markt zu kaufen. Hühner lassen zu Millionen ihr Leben. Tage- und nächtelang köcheln Tet-Kuchen vor sich hin. Bei den Mengen, die da verarbeitet werden und bei der Hingabe und Inbrunst, mit der das

Herkunft der Tet-Kuchen

Über die Herkunft der beiden Kuchen gibt es eine hübsche Geschichte:

Lang Liêu *war der 18. von 22 Söhnen eines Hùng-Königs. Seine Mutter war früh gestorben, und so musste sich* **Lang Liêu** *durch Feldarbeit ernähren. Eines Tages erließ der König den Befehl, dass seine Söhne eine besondere Speise für das Ahnenopfer bereiten sollten. Wer die beste Speise zubereite, solle sein Nachfolger werden.*

Während die anderen Brüder auf die Suche nach den auserwähltesten Leckerbissen gingen, erinnerte sich **Lang Liêu** *der Reiskörner, die ihm der Himmel geschenkt hatte. Er stellte zwei Kuchen aus Klebreis her und füllte sie mit Bohnen und Schweinefleisch. Er formte einen viereckigen Kuchen als Symbol für die Erde und einen runden für den Himmel. Der König war sehr zufrieden mit dem Ergebnis und* **Lang Liêu** *wurde der Thronfolger. Seit dieser Zeit werden zu hohen Festtagen (Tet, Hochzeiten)* **bánh chưng** *und* **bánh giầy** *als Opfergaben bereitet.*

geschieht, möchte man glauben, das Ende einer langen Fastenzeit solle begangen werden.

Ganz abwegig ist dieser Gedanke nicht, denn in der Vergangenheit – und die ist für manche Familie noch nicht allzulange her – war das Tet-Fest die einzige Gelegenheit im Jahr, zu der sich auch der allerärmste Vietnamese einmal richtig satt essen konnte. Dieser Wunsch ging für viele tatsächlich nur zum Neujahrsfest in Erfüllung. Umso wichtiger war es, zu diesem Fest tüchtig zu tafeln. Nicht umsonst wird das Tet im Vietnamesischen nicht gefeiert, sondern „gegessen" (*ăn Tết* = **das Tet essen/feiern**). Selbst wenn man sich dafür hoch verschulden musste, gehörte zum Neujahrsfest unbedingt eine große Menge Essen mit möglichst vielen Fleischgerichten auf die Tafel. Da die vietnamesische Alltagskost besonders bei den Armen immer äußerst mager war, bezahlten gerade diese ihre einzige „Fettlebe" im Jahr oft mit Magenverstimmungen. Doch auch das hat noch keinen Vietnamesen davon abhalten können, zum Neujahr kräftig zuzulangen. Selbst Aufrufe der Regierung zur Mäßigung in Zeiten akuten Mangels hatten selten eine Wirkung. Tet geht vor Katastrophe – da kennen Vietnamesen kein Pardon.

Bánh chưng, der viereckige **Tet-Kuchen** aus Klebreis (gefüllt mit Bohnen, Schweinefleisch und Ei) darf dabei auf keinen Fall fehlen. Er symbolisiert die Erde, während der runde Kuchen *bánh giày* für den Himmel steht.

Auch die Keks- und Bonbonfabriken stellen sich auf das Fest ein. Ihre Produkte werden zum Tet meist in roten, schön gestalteten Schachteln angeboten. Die beliebtesten **Süßigkeiten** sind kandierte bzw. in Puderzucker gewälzte Fruchtstückchen. Sie haben den Sammelbegriff *mứt. Mứt* kann aus den verschiedensten Früchten wie Orange, Zitrone, Ingwer, Ananas, Tamarinde, Guave, Karambole (Sternfrucht), Papaya, ja sogar aus Tomate, Batate oder Kürbis hergestellt werden. Am meisten verbreitet ist *mứt* aus Kokosstreifen.

Bräuche

Offiziell dauert das Tet-Fest **drei Tage, inoffiziell eine Woche.** Noch vor wenigen Jahrzehnten wurde das Tet volle zwei Wochen lang gefeiert. Das gesamte öffentliche Leben lag während dieser Zeit brach. Seit Bestehen der Volksmacht wird versucht, die Feierlichkeiten nicht mehr derart ausufern zu lassen. Trotzdem ist es bis heute so, dass die Tet-Woche denkbar ungünstig für die Planerfüllung in den Betrieben ist, aber auch für Behördengänge oder die Zusammenarbeit mit Institutionen aller Art. Wer nicht offiziell Urlaub hat, der nimmt sich irgendwie frei und ist seltener als sonst an seinem Arbeitsplatz anzutreffen. Schüler und Studenten haben Ferien, die Krankenhäuser entlassen ihre Patienten nach Hause und jeder ist so sehr beschäftigt, dass alles, was nicht unmittelbar mit Tet zu tun hat, auf das neue Jahr verschoben wird. Wer eine Dienstreise nach Vietnam plant, ist deshalb gut beraten, die Tet-Zeit aus dem Arbeitsprogramm auszuklammern.

Der 23. Tag des letzten Monats im alten Jahr ist ein normaler Arbeitstag, stellt aber intern den **Beginn der Tet-Feierlichkeiten** dar. An diesem Tag begibt sich der *ông Táo* = Herdgeist, auch Herd- oder Küchengott, in den Himmel. Dort berichtet er dem Jadekaiser alles – das Gute und das weniger Gute – über das Leben der Familie. Aus diesem Grunde findet um den 23. Tag herum der jährliche Tet-Hausputz statt, schließlich soll der *ông Táo* nur das Beste über die Familie erzählen können. Je nach seinem Lagebericht wird nach dem Glauben des Volksdaoismus nämlich das Leben der Menschen verlängert oder verkürzt. Um den Herdgott freundlich zu stimmen, fehlt es auch nicht an traditionellen Harmonisierungsbestrebungen: Zuckerwerk und allerhand Naschereien werden zum Opfer gebracht.

In der **Verehrung des Herdgottes** verschmelzen die Verehrung der Ahnen und die des Feuers. Man stellt sich vor, dass der (dreifache) Herdgott zu seiner Berichterstattung auf einem Karpfen zum Himmel reitet. In vielen Familien kauft man deshalb am 23. Tag auf dem Markt zwei Männerhüte und einen Frauenhut sowie drei Karpfen. Früher wurden die lebenden Tiere in ein Wasserbecken gesetzt und so als Opfergabe dargebracht. Nach der Zeremonie wurden sie dann in einem Teich oder Fluss freigelassen. Heute wird dieser Brauch meist abgewandelt. Man bringt im Stück gebratene Karpfen als Opfergabe, um sie anschließend in die Mägen der Familie „reiten" zu lassen.

Die **Ahnenverehrung** ist besonders anlässlich des neuen Jahres ein wichtiger Punkt im Familienleben. Am Nachmittag des letzten Tages im alten Jahr geht die Familie hinaus zu den Gräbern und richtet diese wieder her. Dann werden Räucherstäbchen entzündet und die Ahnen bzw. die Seelen der Verstorbenen eingeladen, das Tet-Fest gemeinsam mit der Familie zu feiern. Nach Hause zurückgekehrt, wird den Ahnen ein Opfer dargebracht.

Blumen zum Tet sind sehr wichtig. Sie symbolisieren mit zarten Rosétönen oder in leuchtendem Gelb und Orange den Frühling, den Beginn neuen Wachsens und Gedeihens und das Ende der kalten Jahreszeit. Besonders beliebt sind Mandarinenbäumchen, Pfirsichzweige (im Norden) und

Traditionelle Holzschnitte mit symbolträchtigem Inhalt sollen als Tet-Bilder Wohlstand und Gedeihen bringen

100vi Foto: mh

Forsythie (im Süden). Den zartrosa Pfirsichblüten wird übrigens eine geistervertreibende Wirkung zugeschrieben.

Vietnamesische Blumenzüchter verstehen sich darauf, ihre Erzeugnisse pünktlich zum Tet zum Blühen zu bringen. Der **Blumenmarkt in Hanoi** ist berühmt für sein vielfältiges Angebot. Mehrere Dörfer rund um die Stadt sind darauf spezialisiert, Blumen und Zierpflanzen zu ziehen, die zur Tet-Zeit ganze Straßenzüge in ein buntes, duftendes Meer verwandeln. Wer sich einmal im feinen Sprühregen des nordvietnamesischen Winters von der Menschenmenge durch die Straßen der Altstadt schieben ließ und das Duftgemisch von Blumen, Räucherstäbchen, Holzkohlefeuer und dem Schießpulver der Knallkörper eingeatmet hat, wer die fröhliche Betriebsamkeit der Menschen beobachten konnte, die schon in ihren neuen Kleidern die letzten Besorgungen vor dem Fest machen, und wer die feierliche Sorgfalt sieht, mit der ein Mandarinenbäumchen ausgewählt wird – der hat die Unvergleichlichkeit der Tet-Atmosphäre erlebt.

Feuerwerkskörper gehören unbedingt zur Neujahrsnacht *(đêm giao thừa)*. Die Tradition des Lärmens ist uralt. Vor der Erfindung des Pulvers zündete man Bambus an, der mit Zischen und Knallen verbrannte. Damit sollten die bösen Geister daran gehindert werden, mit in das neue Jahr zu kommen.

Bis vor wenigen Jahren wurde nicht nur auf der Straße geknallt, sondern jedes einzelne Haus feierlich „beräuchert". Dieser Brauch erforderte Sorgfalt und Überlegung und nicht jeder kam als „Räuchermann" in Frage, schließlich ging es um Glück oder Pech für ein ganzes Jahr. Einkauf und Test der Knallkörper war natürlich besonders für die männliche Schuljugend immer wieder ein Riesenspaß.

Leider ging es kaum einmal ohne schwere, ja sogar **tödliche Unfälle** ab. Der Staat kontrollierte zwar die Herstellung von Feuerwerkskörpern, das hinderte jedoch weder gewitzte Händler am Verkauf von illegal eingeführter, unkontrollierter Billigware noch die Kinder, unsachgemäß bei der Knallerei vorzugehen. Die Zahl der tragischen Vorfälle stieg jedoch von Jahr zu Jahr so stark an, dass sich die Regierung schließlich zu einer Maßnahme entschloss, die mancher Vietnamkenner als bedenklich für die innere Sicherheit des Landes gehalten hat: Seit dem Tet 1995 wurde die Knallerei verboten. Zum Glück trat ein, was viele nicht zu hoffen gewagt hätten. Es gab weder große Proteste noch gar Aufruhr. Einsicht, Sparsamkeit und Pragmatismus der Vietnamesen siegten über das Traditionsbewusstsein. Nur wenige knallten unverdrossen weiter. Wer die Zahlung hoher Geldstrafen vermeiden wollte, der beließ es dabei, leisere Tet-Bräuche zu pflegen, oder er spielte bestenfalls „Konservenknall" vom Tonband ab. Als sich nach dem Tet-Fest herausstellte, dass es viel weniger abgerissene Hände als sonst gegeben hatte und keine Todesopfer zu beklagen waren, begannen viele Vietnamesen sogar, Anerkennung für das strenge Durchgreifen des Staates zu zeigen.

Inzwischen veranstalten viele Städte und Gemeinden **zentrale Feuerwerke** nach dem Vorbild der berühmten chinesischen Feuerkunst. So kommen die Menschen auf ihre Kosten, die bösen Geister werden davon abgehalten, mit in das neue Jahr zu gelangen und in den Unfallstationen der Krankenhäuser herrscht nicht mehr Alarmstufe Rot. In Da Nang wird seit 2008 sogar ein Internationaler Feuerwerkswettbewerb organisiert.

Geliehenes – inklusive Geld – muss unbedingt noch im alten Jahr zurückgegeben werden. Wer Außenstände hat, sollte seine Schuldner rechtzeitig an Rückgabe bzw. Zahlung erinnern. Gleich zu Beginn des neuen Jahres Schulden einzutreiben, könnte nämlich Unheil heraufbeschwören. Kann jemand seine Schulden vor dem Neujahr nicht begleichen, wird er von seinen Gläubigern lautstark und eindringlich bedrängt. Daher kommt auch die Redewendung „einen Lärm machen/Krach schlagen, als ob (er) Schulden vor Tet eintreiben würde" .

Für Schulden, die man macht, um das Tet-Fest ordentlich zu begehen, scheint diese Forderung allerdings nicht zu gelten. Besonders in den Jahren des gewachsenen Wohlstandes (seit Mitte der 1990er Jahre und bis in die Gegenwart) leihen sich viele Familien Geld, um dem Fest den luxuriösen Glanz zu verleihen, den es ihrer Meinung nach haben sollte ...

Glückbringende Zweige werden gern von Bäumen gerissen, die vor Pagoden wachsen. Man holt sie nach Hause, stellt sie als Tet-Dekoration auf oder pflanzt sie ein. Dieser *hái lộc* („Glücksbringer vom Baum holen") genannte Brauch geht auf den alten Volksglauben zurück, dass ein solcher Zweig böse Geister vom Haus abhält. In Hanoi wird er allerdings teilweise übertrieben. In hellen Scharen entern junge Burschen Bäume an Straßen und in Grünanlagen, brechen hemmungslos größere Äste ab und fahren ihre grüne Beute per Moped nach Hause. Kurz nach dem Fest sehen deshalb viele Bäume in der Stadt arg gerupft aus.

Glückwünsche zum Neujahr *(chúc Tết)* werden den Familienmitgliedern, Nachbarn, Freunden, Lehrern und Vorgesetzten überbracht. Zum Teil überreicht man dabei auch kleine Gaben *(biếu Tết).*

Älteren Menschen gelten zum Tet-Fest ganz besondere Aufmerksamkeiten. Ihnen wird in einer Zeremonie, die man *lễ mừng thọ* („Gratulationsfeier zum hohen Alter") nennt, zum neuen Lebensjahr Glück und Gesundheit gewünscht. In Familien, die auf Tradition Wert legen, ist das ein feierliches Ritual, bei dem sich Kinder und Enkel mit einer tiefen Verbeugung an die älteren Verwandten wenden und ihnen gratulieren. Diese wiederum gratulieren den Kindern zu deren neuem Lebensjahr *(mừng tuổi)* und danken ihnen für die guten Wünsche mit kleinen Geldbeträgen, die sie in roten Umschlägen übergeben.

Zum Tet können auch ausländische Besucher, wenn sie in eine Familie eingeladen werden, den Kindern kleine Geldbeträge schenken. Wichtig ist dabei nicht die Höhe der Beträge, sondern die Tatsache, dass man neue, noch nicht abgegriffene Scheine schenkt, die selbstverständlich in roten Umschlägen zu stecken haben. Zu anderen Gelegenheiten ist es nicht üblich, vietnamesischen Kindern Geld als Mitbringsel zu geben.

Paarige Sinnsprüche *(câu đối)* sind ebenso wie die weniger gelehrt wirkenden Tet-Bilder eine beliebte Wanddekoration zum Fest. Diese nur wenige Silben in Han-Schrift umfassenden Sinnsprüche auf rotem Papier werden fertig gekauft, denn kaum ein Vietnamese beherrscht das Verfassen solcher *câu đối.*

Süßigkeiten und **Früchte** dürfen zum Tet nicht fehlen. Sie werden als Opfergaben und als Geschenke für Menschen verwendet, denen man zu Dank verpflichtet ist. Man bietet sie Gästen an und die Kinder dürfen natürlich auch naschen. Ähnlich wie bei uns in der Weihnachtszeit ist das Angebot an gutem Essen zum Tet-Fest so überwältigend, dass die Vietnamesen nach den ausgedehnten fleischhaltigen Mahlzeiten oft kein Interesse mehr an Obst oder Süßwaren zeigen. Umso lieber bietet man sie Besuchern an, die schon aus Höflichkeit ein paar Bissen davon zu sich nehmen müssen. Trotzdem stehen oft noch längere Zeit nach dem Tet Leckereien in Geschenkverpackung in den Vitrinen oder stauben auf dem Ahnenaltar langsam ein.

Das Putzen und Aufräumen von Haus und Hof, das Beseitigen von Unrat und altem Krempel sind ein Teil des Brauches *tống cựu nghênh tân* **(„das Alte hinauswerfen, das Neue empfangen").** Auf dem Lande beteiligt sich das ganze Dorf an der Herrichtung des Dorfgemeindehauses *(đình)*, der Pagode *(chùa)* oder des Tempels *(đền)* und der Dorfwege. Erst nach diesen Arbeiten beginnt das große Baden, Haarewaschen und Frisieren. Zum Schluss wird die neu angefertigte Kleidung angelegt.

Tet-Bilder *(tranh Tết)* sind volkstümliche Holzschnitte, auf denen Motive aus dem Leben der Reisbauern (Feldarbeit, Volksfeste), aber auch historische Themen (Aufstand der Schwestern *Trưng*) und symbolträchtige Tiere und Blumen dargestellt werden. Die Druckvorlagen aus dem Holz des Brotfruchtbaumes werden seit vielen Generationen verwendet. Besonders Motive mit Hühnern, Enten oder auch einem fetten Schwein sind als Symbole für Glück und Wohlstand gefragt.

Tabus

Um wirklich sicherzugehen, dass das neue Jahr Glück bringt, gibt es in der vietnamesischen Tradition zahlreiche Vorschriften. Besonders **am Neujahrstag** selbst ist alles zu vermeiden, was Unglück bringen könnte, denn Pech an diesem Tag heißt Pech für das ganze Jahr.

Die **Kinder** müssen artig sein; provozieren sie Schelte, so wird man sie das ganze Jahr schelten. Erwachsene haben sich froh gestimmt und gut gelaunt zu zeigen; Zorn und Wut würden sonst das ganze Jahr hindurch nicht enden ... Viele Eltern ermahnen daher ihre Kinder, sich unbedingt ab der ersten Minute des neuen Jahres artig zu verhalten! Sie sollen nicht miteinander zanken, keine groben Worte in den Mund nehmen, nicht herumtoben, keine Streiche verüben und vor allem nicht frech zu Älteren sein. Man bemüht sich darum, jedem Menschen freundlich und mit einem Lächeln begegnen zu können.

Das gilt auch für **Nachbarn,** mit denen man eigentlich noch ein Hühnchen zu rupfen hätte. Ob ehrlichen Herzens oder dem Neujahr zuliebe: Alter Groll soll nicht mit in das neue Jahr genommen werden. Man versucht, die alten Geschichten zu vergessen und dem gemeinen Nachbarn auf keinen Fall böse Worte zu sagen. Wenn man sich im neuen Jahr zum ersten Mal begegnet, ist das wie ein neuer Anfang für beide Parteien ... und man wünscht einander alles Gute.

Für die Zeit des Neujahrsfestes gelten noch zahlreiche weitere Tabus: Man soll das **Haus** nicht oder nur oberflächlich fegen und keine Abfälle aus dem Haus tragen. Dahinter verbirgt sich der Gedanke der Sparsamkeit, der es verbietet, sich vorschnell von Dingen zu trennen. Man soll keine weiße **Kleidung** tragen, denn das wäre ein böses Omen für einen Todesfall in der eigenen Familie. Man soll keine vulgären **Worte** im Munde führen, nicht fluchen oder Böses reden – das brächte Unglück.

Ausländische Besucher sollten daran denken, dass **nachlässige Kleidung** zum Tet-Fest ganz besonders unangebracht ist. Sie gilt dann nicht nur als Ausdruck der Missachtung, sondern kann sogar als böses Omen verstanden werden. Wer nicht die Schuld für ein schlechtes Geschäftsjahr der Familie *Nguyễn* oder *Trần* auf sich laden will, tut demzufolge gut daran, sein Äußeres auf Tet einzustellen.

Regionale Feste

Anzahl und Bedeutung

Regionale Feste haben seit Ende der 1980er Jahre in Vietnam einen unglaublichen Aufschwung erfahren.

Von den 1940er bis in die 1970er Jahre waren nur noch sehr wenige traditionelle Feste gepflegt worden – und selbst die oft in einer reduzierten Form. Das ist vor allem den beiden **Indochina-Kriegen** und dem damit verbundenen jahrzehntelangen Mangel geschuldet. Bei manchen Festen mit vordergründig religiösem Gehalt mag auch der Staat keinen Anlass zur Förderung gesehen haben. Schließlich war die eine oder andere Pagode bis in die 1970er Jahre hinein mit Brettern vernagelt. Inzwischen hat sich das Bild völlig gewandelt. Pagoden, Tempel, Dorfversammlungshallen und Kirchen werden mit großer Sorgfalt restauriert. Mithilfe von Spendengeldern (oft aus dem Ausland) sind selbst Neubauten möglich. Viele der längst vergessen geglaubten **Feste leben wieder auf** und werden jedes Jahr mit größerem Aufwand begangen.

Wer an allen traditionellen Feierlichkeiten in Vietnam teilnehmen wollte, brauchte auch bei bester Planung mehrere Jahre, denn im ganzen Land gibt es über 400 regionale Feste, so viele sind zumindest von vietnamesischen Wissenschaftlern katalogisiert worden. Sie sind nicht gleichmäßig übers Jahr verteilt, sondern finden hauptsächlich in den drei Frühjahrsmonaten statt.

Die meisten Feste werden im **Norden** des Landes, der Wiege der vietnamesischen Zivilisation, begangen. Sie reichen 10 bis 20 Jahrhunderte oder noch weiter zurück, d.h. bis in die Zeit vor der Unterwerfung durch China.

042vi Foto: ph

Der **Süden** ist dagegen durch die erst wenige Jahrhunderte zurückliegende Besiedlung durch Vietnamesen Neuland *(đất mới)* im Sinne des Wortes und kann nur auf eine vergleichsweise geringe Zahl von Volksfesten verweisen. So wie in den neu besiedelten Gebieten erst allmählich Dörfer entstanden (die einen viel loseren Zusammenhalt als im Norden hatten), bildeten sich auch erst nach und nach örtliche Traditionen heraus. So ist zu erklären, dass die im Süden begangenen Feste eine Geschichte von höchstens 300 Jahren haben. Sogar das älteste Fest, das *Hội Nghing Ông* zur Verehrung des „Herrn Wal", das die Vietnamesen von den Cham übernommen haben, gibt es erst seit ca. 500 Jahren.

Fast alle diese Feste sind normale **Arbeitstage.** Wer sich der Tradition verbunden fühlt, kann die Tet-Feste heute in der Familie und nach Feierabend begehen, da die dazugehörigen Bräuche wie Verehrung der Ahnen, Zubereitung bestimmter Speisen, Besuch von Pagode oder Tempel ganz individuell gepflegt werden und in den einzelnen Familien unterschiedlich großes Gewicht haben. Zur Teilnahme an einem der regionalen Feste muss man sich allerdings einen Tag freigeben lassen. Wer jemals die Menschenmassen sehen konnte, die z. B. jedes Jahr um den 19. Tag des zweiten Mondmonats herum zur Duftpagode *(Chùa Hương)* wallfahren, der wird mir jedoch zustimmen, wenn ich behaupte, dass der normale Arbeitskalender diesen Festen keinerlei Schaden tut.

Dorffeste

Bei aller Vielfalt der Dorffeste besteht doch die überwiegende Mehrzahl der Feste aus **zwei Teilen:** *Lễ* und *Hội.*

Lễ, die Zeremonie, das Ritual, ist der religiöse Teil des Dorffestes. Getreu dem vietnamesischen Synkretismus kann es sich hier um die Verehrung Buddhas, daoistischer Gottheiten, Dorfschutzgeister oder auch historischer Persönlichkeiten handeln. Je nach dem Ort, in dem der rituelle Teil stattfindet, unterscheidet man deshalb Tempel-, Pagoden- und andere Feste. Die Zeremonie wird nach ganz bestimmten, seit Jahrhunderten festgelegten Regeln durchgeführt.

Ist der feierliche Teil vorüber, beginnt **Hội, die Volksbelustigung,** das eigentliche Fest. Es wird ebenfalls nach bestimmten örtlichen Traditionen begangen, stellt jedoch den beweglicheren Teil der Festlichkeiten dar. Typisch für sehr viele Feste sind Festumzüge, bei denen z. B. Figuren von Schutzgottheiten, Fahnen und auf großen Platten angerichtete Opfergaben mitgeführt werden, Opferzeremonien in der Pagode, im Tempel oder *Đình*, die Aufführung bestimmter Tänze wie Drachen- oder Löwentanz, Theateraufführungen, Lampionumzüge und nächtliches Feuerwerk. Dazu kommen die verschiedensten Wettbewerbe wie Wettkochen, Tauziehen, Bootsrennen, Ringkampf, Stock-Kampf, Wettfischen, Schach mit lebenden Figuren, Gesangswettbewerbe, Hahnen- oder Büffelkämpfe, Drachensteigen mit singenden Drachen, Schaukeln, Feuerwerk, Enten- oder Ziegenfangen und Aalgreifen. Man spielt sogar historische Schlachten nach oder führt Tänze auf, die an historische Ereignisse erinnern.

Zu allen Zeiten stellten und stellen Dorffeste einen **zentralen Bestandteil des dörflichen kulturellen Lebens** dar. Sie erwuchsen aus den religiösen, kulturellen und sozialen Bedürfnissen der Menschen. Im zeremoniellen Teil eines solchen Festes wird besonders dem Wunsch der Dorfbewohner nach Schutz vor Unheil jeglicher Art entsprochen. Das daran anschließende Volksvergnügen dient vor allem kulturellen und sozialen Bedürfnissen. So bieten **Talentwettbewerbe** die Möglichkeit der Zerstreuung und kulturellen Betätigung in der kurzen Ruhezeit vor dem Beginn der Feldarbeiten. Wer sich in solchen Wettbewerben hervortut, gewinnt an sozialem Prestige. Das wiederum ist besonders für junge Leute von großer Bedeutung, denn Volksfeste sind auf dem vietnamesischen Dorf traditionell die besten Gelegenheiten, potenzielle Heiratspartner kennenzulernen.

Beim Mittherbstfest (Tết Trung Thu) in Hội An

Das Fest der Duftpagode

Das Fest der Duftpagode *(Hội Chùa Hương)* gilt als das längste und fröhlichste **Volksfest** in ganz Vietnam. Die Duftpagode ist die bekannteste einer Reihe religiöser Stätten, die sich in der Gemeinde Huong Son, Kreis My Duc, Provinz Hà Taây befinden. Eine Kette von Kalksteinfelsen in der Gestalt ähnlich denen in der Ha-Long-Bucht prägt die Landschaft. Jährlich besuchen Hunderttausende Menschen die Gegend, an manchen Tagen sind es bis zu zehntausend. Auf drei Routen pilgern sie zu den einzelnen Pagoden, bis sie schließlich zur **Höhle Huong Tich** gelangen.

Das Fest, das sich über mehr als zwei Monate hinzieht, wird heute als **Pagodenfest** begangen. Tatsächlich wurden die heute an den Berghängen klebenden und in die Felsen gebauten Pagoden zum großen Teil erst seit dem 15. Jahrhundert errichtet. Insbesondere buddhistische Mönche trugen wesentlich dazu bei, dass die Wege zu den einzelnen heiligen Plätzen mit großen Steinbrocken ausgelegt wurden. Nach und nach kamen immer wieder neue Gebäude hinzu, zwischenzeitlich verfielen auch wieder einige Pagoden, bis schließlich im 20. Jahrhundert das Gebiet seine heutige Gestalt annahm.

Doch bereits lange vor der Errichtung buddhistischer Pagoden war das Gebiet bereits **heilige Stätte und Wallfahrtsort.** Hier wurden seit Jahrtausenden der Berggeist (in Gestalt des Herrn Tiger), die Vier Mütter und andere Gottheiten verehrt. Buddhistische Mönche verbanden den Volksglauben an animistische Götter geschickt mit buddhistischen Legenden. Eine der zentralen Gestalten der Verehrung in der Duftpagode ist die Fürstin *Ba*. Buddhistischen Annalen zufolge ist sie die Prinzessin *Diệu Thiện* aus dem Hause des Königs *Diệu Trang Vương.* Nachdem sie neun Jahre als Nonne in der Höhle *Hương Tích* verbrachte, wurde sie zum Boddhisatva *Đức Quán Thế Âm* und konzentrierte ihr Werk von nun an auf die Vernichtung des Bösen.

Buddha und die *Thánh Mẫu* („heilige Mütter") wurden vom Volk „popularisiert" und zu *ông Tiên* („Schutzgeist") und *bà Tiên* („Fee") oder *ông Bụt* („Herr Buddha") verwandelt, die aus einem Berg, einem Wald, einem Fluss oder vom Himmel herab in Erscheinung treten können.

Da die heiligen Stätten um die Duftpagode keinen buddhistischen Ursprung haben, sind auch die **Opfergaben** untypisch für ein Pagodenfest (buddhistisch = rein vegetarisch). Neben Klebreis und Früchten für Buddha werden den verschiedenen Gottheiten z. B. Klebreis mit Fleisch *(xôi thịt)*, gerösteter Reis *(bổng)*, Reissuppe *(cháo)* oder sogar ein schwarzer Hund bzw. ein Schweinenacken dargebracht. Selbst die Gebete sind ungewöhnlich, man ruft „Himmel und Buddha" an *(Cầu trời, cầu Phật).*

Weitere regionale Feste

- **Hội Đền Cổ Loa:** *Das Tempelfest in Co Loa. Es ist der Verehrung des An Dương Vương gewidmet, des Gründers des Staates Âu Lạc. Interessant sind neben dem Festumzug besonders das Schachspiel mit menschlichen Figuren und das Schaukeln auf Bambusschaukeln.*
- **Hội Lim:** *Das Lim-Fest in Hà Bắc ist berühmt durch die dort aufgeführten Gesangswettbewerbe.*
- **Hội Sơn Đồng:** *Das Dorffest von Sơn Đồng (Hà Tây). Es ist Thai Cong gewidmet, der sich Verdienste im Kampf gegen die Chinesen (2. Sung-Dynastie) erworben hatte. Charakteristisch sind ein Rinderopfer, vier besondere Sorten von Reiskuchen und rituelle Tänze mit Fruchtbarkeitssymbolen.*
- **Hội Chùa Thầy:** *Das Fest der Thầy-Pagode (Hà Thầy) ist der Verehrung des Buddha Sakyamuni gewidmet. Besonderheit: Wassermarionettentheater vor natürlicher Felsenkulisse.*
- **Hội Chùa Dâu:** *Das Fest der Dau-Pagode ist dem weiblichen Buddha Man Nuong gewidmet. Die Gestalt der Man Nuong stammt aus vorbuddhistischen Zeiten und ist die Mutter der vier Göttinnen Wolke, Regen, Donner und Blitz.*
- **Hội Chọi Trâu:** *Das Fest des Büffelkampfes in Đồ Sơn ist dem Meeresgott gewidmet. Lässt man heute für dieses Fest besonders trainierte Büffel miteinander kämpfen, so wurden diese Tiere in alten Zeiten dem Meer als Opfergabe dargebracht. Ethnologen vermuten, dass diese Büffelopfer Menschenopfer ablösten, die das Meer gewogen stimmen sollten.*
- **Hội Chùa Keo:** *Das Fest der Keo-Pagode wird zur Verehrung Buddha Sakyamunis und des Mönches Khong Lo gefeiert, der sich um die Beherrschung der Flüsse, des Sumpfes und um den Fischfang verdient gemacht hat. Besonderheiten: sehr großer Festumzug, Bootsrennen und „Froschtanz".*
- **Lễ Hội Nghing Ông:** *Das Fest zu Ehren des Herrn Wal wird in vielen Küstenorten begangen. In einer feierlichen Zeremonie weit draußen auf dem Meer verehrt man den Wal, der von jeher als den Fischern wohlgesonnen gilt. Mancherorts werden auch die Gebeine eines gestrandeten Tieres in einem Festumzug mitgeführt.*

Aktuelle Informationen zu Volksfesten, insbesondere zu Orten und Zeiten, bekommt man unter: www.vietnamtourism.com.

Die Höhle *Hương Tích* wird deshalb als buddhistisches Heiligtum angesehen und als Pagode bezeichnet, weil die Prinzessin, die später zu *Đức Quán Thế Âm* wurde, dort lebte. Die ältesten und bis heute wichtigsten Objekte der Verehrung in dieser Höhle sind jedoch eher die vielen **Tropfsteine** (Stalagmiten). Diese uralten animistischen Glaubensvorstellungen wurden mit der buddhistischen Lehre in Übereinklang gebracht, indem man die Tropfsteine „sprießender Buddha" *(Bụt mọc)* nennt.

Steigt man die Stufen zur Höhle hinab, sieht man bereits dicke Schwaden von Rauch aus dem Eingang dringen. Im Innern der Höhle ist die Luft blau von zahllosen Räucherstäbchen. Die Tropfsteine, die in der Form an bestimmte Tiere, an Menschen oder Objekte erinnern, sind stets „besetzt" von Menschen, die sich an diesen Tropfstein wenden, um Glück zu erbitten. Wer einen Sohn haben will, der reibt die Spitze des **Jungensteins** *(đá cậu)*, für eine Tochter streicht man über den **Mädchenstein** *(đá cô)*.

Kranke erhoffen sich Heilung von dem Wasser, das von den Stalagtiten herabtropft. Diese Tropfen werden als „Feenmilch" angesehen und sollen die Gesundheit ungemein fördern. Wer sich eine fette Schweineherde wünscht, der muss den Schweinegeist *(lợn tiên)* darum bitten. Wer Seidenraupen und Maulbeerbäume hat, der wendet sich zu der Stelle, die aussieht wie ein flacher Seidenraupenkorb bzw. wie Seidenraupenkokons. So heilig, wie der Ort sein mag, so diesseitig und lebensnah sind die Wünsche der Menschen: Der wichtigste und am meisten verehrte Stein ist der weiß glänzende „Reishaufen", erst danach kommen der Goldbaum, der Silberbaum, der Jungen- und der Mädchenstein.

In dieser Höhle gibt es keinen einzigen Tropfstein, der verantwortlich wäre für Ehre, Ruhm, Macht und Einfluss. In der Duftpagode wird vor allem um **Glück** gebeten. Dieses Glück ist ganz konkret, es bedeutet Wohlstand, erfolgreiches Wirtschaften und Familienglück in Form von Kindern.

Das Feuerwerksfest im Dorf Đồng Kỵ

Đồng Kỵ gehört zur Gemeinde Đồng Quang, Kreis Tiên Sơn, Provinz Hà Bắc. Das Feuerwerksfest *(Lễ Hội Đồng Kỵ)* findet jedes Jahr zwischen dem dritten und siebten Tag des Ersten Mondmonats statt. An die heiligen Stätten des Dorfes, d.h. die Dorfversammlungshalle und die Pagode (die sich übrigens in der Nähe eines „heiligen" Banyanbaumes befinden) werden große und kunstreich gefertigte **Feuerwerkskörper** feierlich herangetragen und symbolisch dem Schutzheiligen des Dorfes, dem Gott des Ackerbaus und dem Wassergott dargebracht. Anschließend werden sie in gebührendem Abstand von den Gebäuden gezündet. Die schönsten und lautesten Böller brachten ihren Erbauern Ehre und Ansehen im Dorf ein.

Allmählich nahm die ursprünglich als Bitte um Regen, später als Opferzeremonie gedachte Knallerei immer mehr **Wettbewerbscharakter** an. Im Laufe der Jahrhunderte wurden die von den einzelnen Familien hergestellten Feuerwerkskörper immer größer. Manche erreichten solche Ausmaße, dass sie erst aus dem Hause getragen werden konnten, nachdem man eine Wand eingerissen hatte. Heute unterliegen die Maße der Böller strengen Wettbewerbskriterien. Walzenförmige Raketen können einen Durchmesser von bis zu 1,5 m haben und bis zu 15 m lang sein. Kettenförmige Knaller erreichen eine Länge von mehreren Hundert Metern.

Der Wettbewerb der Raketen und Kettenknaller ist der Höhepunkt des Dorffestes. Zu Tausenden strömen die Menschen aus der Umgebung herbei, feuern „ihre" Raketenmannschaft an und wetteifern darum, Fetzen von Raketenhüllen zu ergattern. Das soll Glück und ein gutes neues Jahr bringen.

Um die Böllerei herum gruppiert sich eine **Vielzahl weiterer Bräuche.** Diese beinhalten die Verehrung von Gottheiten anlässlich des Frühlingsbeginns, wie z. B. das Darbringen riesiger Klebreiskuchen oder die symbolische Vereinigung hölzerner männlicher und weiblicher, aus der Blattscheide der Arekapalme gefertigter Geschlechtsteile. Den größten Raum nimmt jedoch die Volksbelustigung ein. Bootsrennen, Hahnenkämpfe, Aalgreifen, Ziegenfangen mit verbundenen Augen, Wettkochen und Ringkampf gehören in Đồng Kỵ unbedingt dazu und machen das Fest zu einem weit über die Dorfgrenzen hinaus bekannten Ereignis.

Von Bekannten vor Ort erfuhr ich, dass seit einigen Jahren kein Fest in Đồng Kỵ stattfindet. Das Verbot der Knallerei hat sich bis auf dieses traditionsreiche Fest ausgewirkt und noch ist nicht abzusehen, wann es wieder veranstaltet werden kann.

004vo Foto: mb

VIETNAMESEN UND NICHTASIATISCHE AUSLÄNDER

Reaktion der Vietnamesen auf die Tây

Umgang mit dem Fremden

Die *Tây*, das sind wir. *Tây* („Westler") ist der Sammelbegriff für Weiße. Der Begriff „Langnase" *(mũi lõ)* wird seltener gebraucht.

Vietnamesen gehen prinzipiell davon aus, dass *Tây* keine Ahnung haben, wie man sich in Vietnam zu verhalten hat. Sie erwarten, dass wir nicht wissen, wie man mit Stäbchen isst, am besten der Hitze trotzt, den Preis herunterhandelt und wie man sich in der Pagode benimmt. Deshalb werden Vietnamreisende oft den Eindruck gewinnen, Vietnam sei in verhaltenstechnischer Hinsicht ein eher anspruchsloses Land. Dieser Eindruck ist zwar verständlich, aber aus zwei Gründen nicht ganz richtig.

Vietnamesen messen das Verhalten von nichtasiatischen Ausländern *(Tây)* mit **anderen Maßstäben** als das ihrer Landsleute. Welche Meinung

Unterwegs mit dem Motorrad-Taxi

oder selbst Vorurteile sie auch immer über Westler haben mögen, eines setzen Vietnamesen als gegeben voraus: Westler sind in vieler Hinsicht anders. Sie tun Dinge, die Vietnamesen nicht machen, haben Vorlieben, die Vietnamesen nicht teilen, ekeln sich vor den teuersten Leckerbissen ... und sind überhaupt seltsame, manchmal völlig unverständliche Lebewesen.

Ausländer dürfen Dinge tun, die einem Vietnamesen übel angekreidet würden. Wenn eine europäische Studentin raucht oder allein ausgeht, dann wird das akzeptiert. Sie ist ja eine *Tây*! Ihre vietnamesischen Kommilitoninnen dagegen werden sich schwer hüten, es ihr nachzutun.

In gewisser Hinsicht wirkt unsere Hautfarbe also wie eine pauschale Sondergenehmigung. Das sollte uns, die wir vorhaben, einen möglichst guten Eindruck zu hinterlassen, jedoch nicht etwa als Freibrief dienen. Wenn ein *Tây* auch vieles darf, was sich für einen Vietnamesen nicht schickt, so heißt das nicht, dass man uns besonders lieb gewinnt, wenn wir uns benehmen, als sei Vietnam eine Spielwiese für enthemmte Europaflüchtlinge. Wer die Grundprinzipien guten Benehmens, also Achtung vor Älteren, Höflichkeit, Bescheidenheit und Zurückhaltung, permanent grob verletzt, sollte nicht erwarten, dass die Devisen, die er ins Land bringt, Entschädigung genug seien.

Vietnamesen sind stets **sehr höflich** und Meister darin, die Form zu wahren. Das Verhalten eines Ausländers muss die Grenzen vietnamesischer Toleranz schon sehr deutlich überschreiten, bevor sie sich ihren Unmut darüber anmerken lassen. Sie leiden darunter, wenn dieses Verhalten ihre ethischen Normen verletzt. Gleichzeitig ist es aus verschiedenen Gründen (Höflichkeit, Zurückhaltung, Unsicherheit gegenüber Ausländern) für sie fast unmöglich, aktiv gegen die Ursachen solchen Unbehagens vorzugehen. Als Ausländer kann man jahrelang in Vietnam leben und dabei mühelos immer wieder die gleichen Fehler begehen. Nur selten werden Vietnamesen so taktlos sein, unverblümt auf unpassende Verhaltensweisen hinzuweisen. Das mag für einen unkritischen Menschen recht angenehm sein. Für diejenigen, die sich ernsthaft um ein gegenseitiges Verständnis bemühen, ist es nicht ganz so einfach. Nicht alles, was auf einer Geschäftsreise nicht wunschgemäß verlief, ist nämlich nur schlechter Organisation, mangelnder Professionalität oder bürokratischen Hürden auf vietnamesischer Seite geschuldet. Selbst wenn wir stets und ständig in lächelnde Gesichter sehen und zuvorkommend behandelt werden, ist das noch kein Beweis dafür, dass auch wir uns „optimal" verhalten haben.

Manchmal scheinen die Vietnamesen sogar ein wenig stolz darauf zu sein, dass diese ewig überlegenen *Tây* mit ihren schicken Sachen und den teuren Kameras angesichts der einfachsten Probleme **hilflos wie Babys** sind. Das fällt aber nur dem aufmerksamen Beobachter auf, wenn er z. B.

die Lachlust in den Augen der Bäuerin sieht, die barfuß viele Kilometer über schlammige Wege Gemüse zum Markt geschleppt hat und nun interessiert verfolgt, wie eine *bà đầm* („Madame") angeekelt und verzweifelt einen Schlammspritzer auf ihrer weißen Hose verschmiert.

Vietnamesen amüsieren sich über blasse, rotgeschwitzte, aufgeriebene Haut und über „Affenbehaarung" an Armen und Beinen. Sie können nicht verstehen, warum ein dicker Tourist, dem man zu viel über Giftschlangen erzählt hat, bei 35 °C im Schatten stöhnend in massiven Halbschuhen umherhumpelt, anstatt sich für zwei Dollar ein Paar Gummilatschen der Luxusklasse zu kaufen. Sie sehen nicht ein, warum die Touristen über Mittag am Strand in der Sonne rösten, wo man sich einen Stich holen kann und außerdem die Haut schwarz wird. Am wenigsten verständlich ist für Vietnamesen noch der Grund, mit dem sie sich die Gegenwart des Fremden erklären: Ist er nicht dienstlich *(công tác)* da, so ist er Tourist *(du lịch)*, das heißt, er ist reich. Reiche leisten sich viele unerklärliche und überflüssige Dinge und dazu gehört nun einmal das Reisen. So denken viele einfache Leute, deren finanzielle Bedingungen den Gedanken an Freizeit oder gar Tourismus einfach nicht zulassen. Reisen ist für die allermeisten Vietnamesen ein unerschwinglicher Luxus. Das muss jedem bewusst sein, der sich wundert, warum man ihn für *nặng Đô* („Dollarschwer") hält.

„Ewige Wahrheiten" über Tây:

- *Tây* sind reich.
- *Tây* sind groß, fett und behaart.
- *Tây* stinken – immer!
- Blonde oder rote Haare und Locken sind stets vom Friseur gemacht (von Natur aus sind Haare nämlich schwarz und glatt ...!).
- *Tây* sind Egoisten und haben keinen Familiensinn.
- *Tây* baden nackt und sind überhaupt ohne Moral.
- Tây-Frauen schlafen mit jedem – wie die Nutten.
- *Tây* sind nicht belastbar, aber sie haben tolle Technik!
- *Tây* sind kompliziert, sie denken anders, als der logische (d.h. der vietnamesische) Verstand es fordert.
- *Tây* vertragen kein vietnamesisches Essen, keine Hitze, keine Nässe. Sie können nicht warten und fahren oft grundlos aus der Haut.

Kurz: *Tây* sind große, schlaffe, ungezogene, überfütterte Kinder, denen man in Vietnam jeden Schritt erklären muss, damit sie überleben. Komisch nur, dass die Länder, aus denen sie kommen, so hoch entwickelt und modern sind ... wer nur all den Reichtum dort geschaffen und die neue Technik entwickelt haben mag?!

Und wir Weißen? Kaum ein **Vorurteil,** das mir in 20 Jahren Berufstätigkeit im Zusammenhang mit Vietnam und Vietnamesen noch nicht begegnet wäre:

- „Vietnamesen klauen Hunde und fressen sie auf!"
- „Das sind alles Viet-Cong-Kämpfer. Die sind im Nahkampf ausgebildet, auf einen Toten mehr oder weniger kommt's denen nicht an!"
- „Die sagen immer nur ‚Ja, ja', aber verstehen tun sie gar nichts!"
- „Vietnamesen haben kein Rechtsbewusstsein."
- „Bei denen stinkt immer alles nach verfaultem Fisch."
- „Einen Vietnamesen kannst du nicht schwer verletzen. Entweder er stirbt oder es macht ihm überhaupt nichts aus ..."
- „Die können sich nicht klar äußern, das muss eine Bildungsfrage sein."
- „Stimmt es eigentlich, dass die Amerikaner damals angefangen haben oder ist das nur kommunistische Propaganda?"
- „Die Frauen da sollen ja sehr fügsam sein, die machen dir alles, was du willst. Das haben die schon als junges Mädchen von ihren großen Brüdern gelernt."
- „Der angeblich weitverbreitete Name NGUYEN ist gar kein Name ..."
- „Asiaten haben eine besondere Art von Grausamkeit ..."

Genug der Beispiele. Nur ganz selten steckt Böswilligkeit hinter solchen Aussagen, überwiegend ist es schlicht **mangelndes Wissen** über den jeweils anderen Kulturkreis. Es liegt nicht zuletzt an uns, den Vietnambesuchern, zum Abbau von Vorurteilen beizutragen – in Vietnam wie bei uns zu Hause.

Tây und vietnamesische Kinder

„Wir haben kaum das Auto verlassen, als sich die Kindertraube bereits an uns gehängt hat. Von hundert Augen werden die Fremden geprüft und abgewogen. Unser Begleiter versucht, die Kinder zurückzudrängen. Vergebens. Sie lachen, kreischen und sind nicht von ihrer „Beute" abzubringen. Der fremde Mann, die Frau und das Kind sind für sie das Ereignis des Tages."
(Landmann)

Tây, Tây! lautet der begeisterte Ruf der Kinder, die unser Erscheinen bemerkt haben. Während man in den Großstädten schon völlig ungestört durch die Straßen gehen kann, werden in vielen ländlichen Gegenden Vietnams *Tây* immer noch bestaunt wie exotische Lebewesen. Man hat zwar längst Fernsehen in den Dörfern, aber ein echter *Tây* ist doch noch etwas anderes. Während die Erwachsenen ihre **Neugier** hinter gleichmü-

048vi Foto: jb

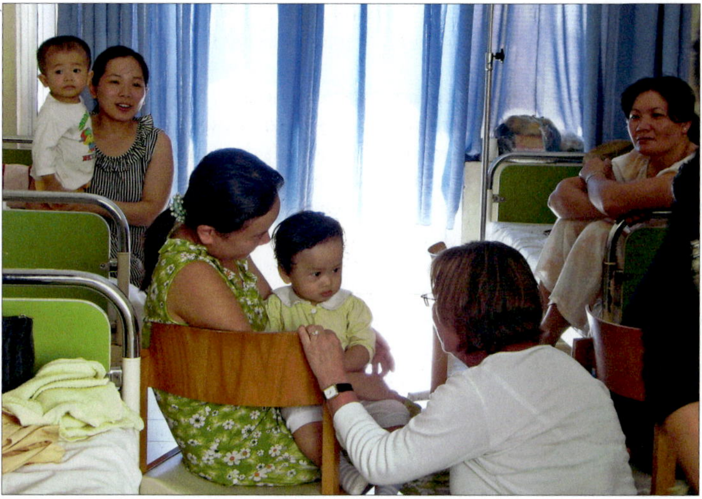

tigen Mienen verbergen, reagieren die Kinder ganz spontan. Sie umzingeln die Besucher, lachen und rufen, kommentieren Kleidung und Ausrüstung und wollen sich am liebsten mit den Händen davon überzeugen, dass alles echt ist. Man staunt über die großen, dicken *Tây*, die so reich aussehen mit ihren Uhren, Kameras und Sonnenbrillen. Ganz Mutige suchen das Gespräch, indem sie ihre Englischkenntnisse testen oder auch einfach irgendein Schlagwort aus einem Videofilm rufen. Man sollte sich daher weder von „Hello, you!" noch von einem unmotiviertem „O. K.!" oder „I love you!" aus der Fassung bringen lassen. Andere befühlen vielleicht sogar die Kleidung der Fremden oder tippen verstohlen an deren Kameras. In der Regel sind jedoch auch die neugierigsten Dorfkinder bei aller Aufregung artig und lieb.

Nicht jeder Besucher ist begeistert von dieser Art des Interesses. Trotzdem bleibt fraglich, ob unwirsche Reaktionen angebracht sind, denn der erste Eindruck ist oft entscheidend. Nicht nur diese Kinder, sondern auch die aus dem Hindergrund alles beobachtenden Erwachsenen registrieren genau, ob aus unserem Benehmen Sympathie und Verständnis oder Ekel und „Tây-Arroganz" erkennbar sind.

„Was will die weiße Tante von mir?"
Behutsame Kontaktaufnahme im Wartezimmer des Kinderarztes

Das Tây-Bild der Vietnamesen

Franzosen

Wenn wir von Kulturschock in Bezug auf das Zusammentreffen westlicher und vietnamesischer Kultur sprechen, so werden wir bei genauerer Betrachtung feststellen, dass die Vietnamesen ihren Kulturschock bereits vor rund hundert Jahren erlitten haben. Der **erste massive Einbruch westlicher Kultur** erfolgte im Zuge der Kolonialisierung durch die Franzosen seit Ende des 19. Jahrhunderts. Es ist nicht beabsichtigt, diesen für beide Seiten schockierenden Zusammenprall zweier Welten hier umfassend darzustellen. Einige Stichworte sollen jedoch zumindest auf die Situation der Vietnamesen während der französischen Kolonialzeit hinweisen. Die Franzosen brachten nicht nur Produkte der Industriegesellschaft nach Indochina, sondern führten auch ihr Verwaltungssystem, westliche Bildungsinhalte, moderne Technik und die Produktionsweise der Kolonialwirtschaft ein – sämtlich bis dahin in Vietnam unbekannte Phänomene. Die Palette der Produkte reichte von Luxusgütern wie Seife oder Zahnpasta über hochprozentigen Alkohol bis hin zu dem Symbol des Fortschritts schlechthin: der Eisenbahn.

Für die Bedürfnisse der in Vietnam lebenden Franzosen und später auch einer kleinen Schicht von reichen Vietnamesen, die sie nachahmten, wurde der **französische Lebensstil** eingeführt. So gab es nicht nur Tailleurs, die getreu nach französischem Vorbild schneiderten, sondern man lernte auch, Crèmes *(kem)* anzurühren und Weizen und andere Brotgetreide zu Gebäck und Kuchen *(bánh ga-tô)* usw. zu verarbeiten. Im Verlaufe der Jahrzehnte wurden Angestellte der Kolonialverwaltung und Arbeiter, die die französische Technik bedienen konnten, herangebildet. Diese Spuren französischen Einflusses lassen sich noch heute an den vietnamisierten Bezeichnungen für kulinarische bzw. technische Begriffe ablesen: Käse *(phoma)*, Bier *(bia)*, Wein *(rượu vang)*, Würstchen *(xúc-xích)*, Schraubenschlüssel *(lắc lê)*, Reifen *(lốp)* und andere.

Ungleich folgenschwerer als die Einführung von bestimmten Zeugnissen der materiellen Kultur dürfte jedoch der Einfluss der Franzosen auf das geistige Leben gewesen sein. Dabei spielte die Reformierung des vietnamesischen Bildungssystems eine besondere Rolle. An die Stelle traditioneller konfuzianischer Lehrstoffe traten nun **westliche Bildungsinhalte.** Obwohl die Franzosen ganz bewusst kaum an die althergebrachte patriarchale Familienordnung rührten, wurde sie ebenso wie der konfuzianische Moralkodex insgesamt allmählich in Frage gestellt.

Die Kolonialwirtschaft trug wesentlich dazu bei, dass Vietnamesen seitdem nicht nur ein gutes Verständnis und ein beachtliches Gefühl für Technik, sondern auch sehr genaue **Vorstellungen über gewisse Eigenheiten** der *Tây* haben, die immer alles nach Plan, korrekt und pünktlich tun wollen, Vietnam für gefährlich halten und extreme Anforderungen an Hygiene stellen, jedoch bei tödlich kalten 19 °C im Meer baden, die samstags ins Bordell gehen und Sonntag früh zur Kirche.

Ein besonders düsteres Kapitel des wirtschaftlichen Engagements Frankreichs in Indochina war die brutale **Ausbeutung der vietnamesischen Arbeitskräfte,** die vor allem im dichtbesiedelten Norden Vietnams (Tongking) rekrutiert wurden. Besonders für den Bau von Straßen und Eisenbahnlinien sowie für die Arbeit in den Gruben und auf den großen Plantagen im Süden Vietnams wurden große Menschenmengen mobilisiert. Die überwiegend durch Zwang oder Tricks zusammengeholten Arbeitskräfte waren vor allem arme Bauern. In ihren Dörfern hatten sie selbst die Entscheidungsfreiheit über ihren Tagesablauf und die Arbeitseinteilung gehabt. Auch der ärmste Pächter konnte auf dem Stück Acker, das er bearbeitete, frei entscheiden, was er wann tun wollte. Nun sahen sich diese Reisbauern einer strengen, oft unverständlichen Reglementierung ausgesetzt. Sie wurden nach der Uhr und auf Kommando zur Arbeit getrieben, standen den ganzen Tag unter Aufsicht, um Tätigkeiten auszuüben, die für sie fremd und ungewohnt waren.

Hinzu kam, dass die Franzosen bei ihren Bestrebungen, so schnell wie möglich die in Indochina investierten Mittel wieder hereinzuholen, nicht im Geringsten die psychische Situation der Arbeiter, ihre religiösen Gefühle, ihre Bindung an die Familie, ihr Dorf und ihren Boden, das Land der Ahnen, berücksichtigten.

Traurige Berühmtheit erlangte in diesem Zusammenhang der Bau der **Eisenbahnlinie Hanoi – Lang Son,** die durch Gebiete führte, die von den traditionell in den Ebenen siedelnden Kinh als äußerst gefährlich, ja menschenfeindlich angesehen wurden. Tatsächlich lagen hier Sümpfe, von denen Krankheiten ausgingen, denen die Vietnamesen hilflos ausgeliefert waren. Zwangsweise zur Arbeit in Gegenden getrieben, die in den Augen der Einheimischen von bösen Geistern besiedelt waren, von den Familien getrennt, durch die ungewohnte Arbeit, schlechte Ernährung und Malaria geschwächt, kamen Tausende nicht mehr zurück. Es starben so viele unter so entsetzlichen Umständen, dass sich unter den einfachen Vietnamesen noch Jahrzehnte später die Überzeugung hielt, der Bau der Bahnlinie sei nur ein Vorwand gewesen, um das vietnamesische Volk systematisch auszurotten.

Das alles ist viele Jahrzehnte her und doch bewegten sich die Gefühle der Vietnamesen Ausländern gegenüber immer wieder zwischen den beiden Polen Bewunderung und Entsetzen.

Amerikaner

Nach wenigen Jahren des Friedens und der Besinnung traten die Amerikaner auf ihre ganz besondere Art das Erbe Frankreichs an. Ihre Produkte waren andere, ihre Küche eintöniger, ihre Waffen raffinierter, ihre Methoden weniger elegant, dabei von ungleich höherer, grausamer Effizienz – und wieder der **Streit der Gefühle:** Da war die ehrliche Bewunderung für die amerikanischen Leistungen in Wissenschaft und Technik und andererseits der Abscheu vor groben, unsensiblen GIs, die sich kaugummikauend und mit einem Schulterzucken über alles hinwegsetzten, was den Vietnamesen heilig war.

„Osborn: Die Vietnamesen trauten den Amerikanern nicht ... Die Amerikaner andererseits trauten nicht den Vietnamesen, die sie nie verstanden haben. Es gab kein Kennenlernen, keine Verständigung, und das Ergebnis: Es gab keine wirklichen Kenntnisse über Land und Leute, sondern nur allgemeines Mißtrauen, und das hat die ganze Atmosphäre ... von Anfang an vergiftet. Typisch ist für mich die Tet-Offensive 1968, die wir alle durchmachen mußten. Ich wußte ja nicht einmal, dass es dieses Tet-Fest gibt, bevor die Tet-Offensive kam."

(Heynowski & Scheumann)

Während des Krieges waren große Teile der Bevölkerung in allen Landesteilen sowohl in Nord- wie in Südvietnam durch ihren **Hass auf die Amerikaner** miteinander verbunden. Egal, ob die Amerikaner direkt oder indirekt – vermittels ihrer südvietnamesischen Marionetten oder von der Flugzeugkanzel aus – am Blutvergießen unter den Vietnamesen schuld waren, sie wurden gehasst. Daran konnten selbst die offiziellen Meinungsmacher in Hanoi nichts ändern, die den Menschen geduldig beizubringen suchten, nur der amerikanische Imperialismus *(dê quoĉ My)* sei hassenswert, nicht aber die amerikanische Bevölkerung. Der Hass war aber nötig, denn er gab den Vietnamesen Kraft, die sie brauchten, um in den langen Jahren des Grauens nicht von Schmerz und Verzweiflung total überwältigt zu werden.

Zur gleichen Zeit ging jedoch auch eine riesige **Welle der Sympathie und des Beistands für Vietnam um die Erde.** Die Vietnamesen mussten einen entsetzlichen, unmenschlich harten Krieg führen. Aber sie gehören auch zu den wenigen Völkern, deren Überlebenskampf beispiellose moralische und materielle Unterstützung in der ganzen Welt erfuhr.

Nicht zuletzt dieser Kampf hat dazu beigetragen, dass man sich in der ganzen Welt ein Bild von Vietnam machen konnte. Dass dieses Bild oft einseitig war, steht auf einem anderen Blatt.

Spezialisten aus europäischen, ehemals sozialistischen Ländern

„Die Hauptschwierigkeit in der Verständigung bestand für uns vermutlich darin, dass wir vietnamesische Meinungen, Handlungen und Reaktionen mit europäischen Augen betrachteten und deuteten ... Ich vermute, manches über den vietnamesischen Alltag falsch aufgefasst und wiedergegeben zu haben ...“

(Gottschalk)

Doch nicht nur Franzosen und Amerikaner trugen zum Tây-Bild der Vietnamesen bei. Zwischen 1960 und 1990 kamen vor allem aus den **osteuropäischen Ländern** zahlreiche Spezialisten *(chuyên gia)* nach Vietnam, die als Baufachleute, Ärzte oder Techniker tätig wurden. Sie hatten im Unterschied zum Großteil der Botschaftsangehörigen direkten und täglichen Kontakt zur vietnamesischen Bevölkerung. Hier musste sich in der Praxis zeigen, wie beide Seiten mit der jeweils anderen Kultur umzugehen wussten. Offiziell waren dabei natürlich die Gedanken der Freundschaft und Solidarität mit Vietnam bestimmend. Für die Vietnamesen, die jede Unterstützung dringend brauchten, bestand ein Teil ihrer ehrlichen Dankbarkeit gegenüber den *chuyên gia* darin, sich auch mit deren weniger beliebten Angewohnheiten oder Eigenschaften abzufinden. Trotzdem konnte der Gedanke an das gemeinsame Ziel nicht jede unangebrachte Verhaltensweise ungeschehen machen. Nur so lassen sich die Animositäten, die zwischen Vietnamesen und einzelnen *chuyên gia* auftraten, erklären.

Die Rolle der **sowjetischen Spezialisten** ist dabei besonders kompliziert. Sie waren zahlenmäßig am stärksten vertreten. Zu Tausenden arbeiteten sie teilweise jahrelang in Vietnam, oft unter sehr harten Bedingungen und bei sehr bescheidener Bezahlung. Ihr Beitrag wiegt sicher am schwersten unter dem der sozialistischen Länder. Trotzdem waren sie am wenigsten beliebt. Politische Ursachen dafür verantwortlich machen zu wollen, wird kaum weiterhelfen, da dann sämtliche Spezialisten, von Cuba über die DDR bis Ungarn, hätten unbeliebt sein müssen. Nein, da müssen wohl andere Dinge den Ausschlag gegeben haben. Vietnamesen klagten immer wieder, Russen würden sie bei aller Hilfe, die sie leisteten, oftmals wie kleine Kinder behandeln. Sie würden kommandieren und von oben herab ihre Forderungen stellen, die Vietnamesen jedoch nicht als gleichwertige Partner ansehen. Ich weiß, dass die genannten Probleme nur für einen Teil der sowjetischen Spezialisten zutrafen. Doch es ist schon so, wie die Vietnamesen sagen: *một con sâu bỏ rầu nồi canh* („Ein Insekt verdirbt die ganze Suppe.“). Umso wichtiger ist es, dass sich jeder einzelne Besucher in Vietnam darum bemüht, einen möglichst guten Eindruck zu hinterlassen.

047vi Foto: ph

Touristen aus aller Welt – aus vietnamesischer Sicht

Seit Beginn der 1990er Jahre erkundet eine von Jahr zu Jahr größer werdende Zahl von Touristen (besonders Franzosen, Deutsche, Australier und seit Ende des Embargos 1995 auch viele US-Amerikaner) das sich öffnende Land. Die allermeisten bringen Geld und Neugierde, aber **kaum eine Ahnung von vietnamesischen Sitten** und Bräuchen mit. Ihr Verhalten ist in den Augen der Einheimischen unbekümmert bis rücksichtslos. Die Vietnamesen, für die der Tourismus eine wichtige Einnahmequelle darstellt, sehen über vieles hinweg und versuchen, das Beste aus dieser „Invasion der Langnasen" zu machen.

Längst schon sind sie es gewohnt, dass z.B. eine Gruppe von kulturbeflissenen Touristen (jeder mindestens zwei Kunstreiseführer unterm Arm) mit kurzen Hosen und in Schuhen durch eine Pagode stürmt, fotografiert, ohne um Erlaubnis zu bitten, nicht merkt, dass ihre nackten Beine fehl am Platze sind ... und dabei unablässig gelehrte Gespräche über Baustile und Königsdynastien führt. Den Vietnamesen ist es recht so. Die Devisenbringer verschwinden ja nach kurzer Zeit wieder in ihren klimatisierten Bus und nach spätestens drei Wochen auch wieder aus dem Land ... was solls, man hat schon Schlimmeres erlebt!

Fällt der eine oder andere Pauschalreisende dadurch auf, dass er sich benimmt, als habe er bei Buchung der Reise gleich das ganze Land mitgekauft, so gibt es mit den Individualreisenden zum Teil andere Schwierigkeiten. Sie pflegen manchmal ihre Kräfte zu überschätzen, fahren geliehene Mopeds kaputt, verbrauchen ihr Geld zu schnell und schnorren sich dann bis zum Tag des Heimflugs irgendwie durch. Sie werden - vorzugsweise weit weg von jeder Klinik - schwer krank und verstehen dann natürlich nicht mal das Wort „Tetanusimpfung" ...

Wenn auch die Pauschaltouristen das schnellste Geld bringen, so sind doch die Einzelreisenden irgendwie lustiger, sie nehmen sich Zeit, versuchen mit den Vietnamesen ins Gespräch zu kommen, sind erstaunlich „ekelresistent", essen Nudelsuppe auf der Straße und sind zwar als *Tây* erkennbar, stören aber den vietnamesischen Alltag nicht weiter.

Vietnamesische Gastfreundschaft

Kommt man nach Vietnam, ist es immer wieder überwältigend, wie freundlich und aufgeschlossen, **herzlich und großzügig** ein Gast behandelt wird. Dabei spielt es gar keine Rolle, ob man reich oder arm ist. 1985–1986 war ich als DDR-Studentin eine arme *Tây* und habe zahlreiche Gesten der Freundschaft und Hilfsbereitschaft erfahren. Damals war die wirtschaftliche Situation Vietnams äußerst angespannt, die Versorgung auf Lebensmittelkarten gerade abgeschafft worden. Die Menschen waren schlecht ernährt und deprimiert. Sarkastische Wortspielereien wie z. B. *lương tâm không bằng lương thực* („Das Gewissen wiegt Lebensmittel nicht auf") machten die Runde. Eine beabsichtigte Währungsreform war fehlgeschlagen, die Inflation galoppierte. Viele Vietnamesen machten aus ihrer Verzweiflung selbst uns gegenüber kaum noch einen Hehl. Trotzdem kam es vor, dass die Gemüsefrau beim obligatorischen Feilschen um eine Ananas sagte: „Studenten sind überall auf der Welt arm, ich geb' sie dir für die Hälfte, ja?"

Als ich 2001 in einem kleinen Hanoier Hotel eincheckte, hatte ich mein Kommen durch ein Fax angekündigt, jedoch keine Bestätigung erhalten. An der Hotelrezeption wusste man erst einmal nichts von einer Reservierung. Als ich das Original meines Faxes vorzeigte, herrschte plötzlich freudige Aufregung und ich bekam für 12 Dollar/Nacht ein überraschend großes, gut ausgestattetes Zimmer. Tage später erfuhr ich zufällig, dass ich ein 18 Dollar-Zimmer bewohnte. Ich erkundigte mich an der Rezeption, nach dem Zimmerpreis und erhielt die verblüffende Antwort: „Du hast doch extra ein Fax geschickt und ein Zimmer für 12 Dollar bestellt. Nun haben wir jetzt keines für diesen Preis, du brauchst aber doch ein Zimmer, schließlich hast du reserviert, also haben wir dir dieses gegeben." Mein Angebot, in ein kleineres Zimmer umzuziehen wurde lächelnd abgenickt, aber nicht in Anspruch genommen, obwohl kurz darauf alle Zimmer belegt waren.

Vietnamesen sind traditionell gastfreundlich, aufgeschlossen und geduldig. In den letzten Jahren haben sie zunehmend die Gelegenheit, diese Tugenden unter Beweis zu stellen, denn die Besucherzahlen wachsen stetig – allein 2010 kamen mehr als fünf Millionen Touristen nach Vietnam.

Reaktion der Tây auf die Vietnamesen

Kulturschock – Symptome und Heilmittel

„Natürlich war Nordvietnam an diesem ersten Abend für mich unwirklich ... Obgleich Hanoi so weit entfernt und so grundverschieden war von den amerikanischen und europäischen Städten, die ich kannte, wurde es mir doch bald auf fast unheimliche Weise vertraut. Das lag, wie ich sehr wohl wußte, einfach daran, dass alles so völlig fremd war und blieb, dass ich im Grunde nichts verstand, außer aus einer gewissen ‚Distanz'."

(Sontag)

Das Aufeinandertreffen der verschiedenen Kulturen, besonders sichtbar in ethischen Normen und daraus resultierenden Verhaltensweisen, vollzieht sich unmittelbar bei der Begegnung zwischen den Menschen. Für den Touristen, der zwei oder drei Wochen das Land bereist, mag das noch nicht unbedingt zu Problemen führen. In den meisten Fällen wirkt die **Exotik der Eindrücke** so stark, dass er in der kurzen Zeit gar nicht dazu kommt, dem Kulturschock zum Opfer zu fallen. Die schönsten Bilder von tropischer Natur, freundlich lächelnden Einheimischen und poetischen Landschaften rauschen wie ein Film an ihm vorüber. Die Aufenthalte in den einzelnen Städten, die Begegnungen mit den Vietnamesen sind viel zu kurz, als dass Reibungsflächen spürbar werden könnten.

Ganz anders geht es denen, die länger im Land bleiben. Für sie ist die Gefahr des Kulturschocks viel größer, denn nach einiger Zeit fordert der anstrengende **vietnamesische Alltag** sein Recht. Die schönen Fotos, die der Kurzzeittourist stolz zu Hause vorführt, geben kein reales Bild von dem, was jemanden erwartet, der zum Arbeiten nach Vietnam gekommen ist. Auf ihn strömen verschiedenste, nicht immer ermutigende Eindrücke ein, die verarbeitet sein wollen. Sie können dazu führen, dass der Gast ab einem bestimmten Punkt glaubt, nichts mehr sehen und hören, riechen oder schmecken zu können. Die Fülle der Fragen und Gedanken, die sich aufdrängen, führt oft zu Erschöpfung, Ratlosigkeit oder sogar Verzweiflung. Selbst Leute wie ich, die als unheilbare Vietnamfans gelten, kennen solche Momente, in denen man glaubt, mit der Lebensweise und dem Verhalten der Vietnamesen nicht mehr zurechtzukommen.

In aller Regel tragen solche Beschwerden vorübergehenden Charakter. Sie können aber – je nach persönlicher Verfassung und allgemeiner Einstellung zum Aufenthalt im Land – auch chronisch werden. Nicht selten manifestieren sich dann Abscheu oder sogar Hass. Solche Gefühle sind jedenfalls aus den Worten mancher Menschen herauszuhören, die längere Zeit in Vietnam waren. Sie kennen das Land und kennen es auch wieder nicht, selbst wenn sie jahrelang dort waren: Sie sind in der Phase steckengeblieben, da die vielen Eindrücke der anderen Kultur gerade eine heftige Reaktion in ihrem Innern auslösten. Sie haben aber diese – zugegebenermaßen sehr belastende – Phase des Kulturschocks nie überwunden.

Vielleicht gibt es nur ein wirkliches **Heilmittel gegen diesen Kulturschock:** Man muss sein Herz öffnen und bereit sein, die Dinge erst einmal nur zu betrachten, ohne gleich zu werten. Und – man sollte es für normal halten, dass man kaum alles in der Lebensweise der Vietnamesen auch für sich selbst als geeignet oder schön betrachten kann. Erfahrungsgemäß trägt die gedankliche Einstellung auf mögliche Schwierigkeiten dazu bei, dass diese in der Realität ihre Schrecken weitgehend verlieren. Mit etwas Vorbereitung auf das Erlebnis Vietnam und ein wenig Humor begegnet man dem Neuen und Unbekannten am besten.

Wenn Vietnamesen, die 10 oder mehr Jahre ihres Lebens in Deutschland verbracht haben, sich heute noch schütteln bei dem Gedanken an kaltes Herbstwetter, Rollmops, Milchreis oder Kochkäse, dann sollten wir uns gestatten, z. B. das Schlürfen der Vietnamesen, den nie enden wollenden Lärm auf den Straßen oder Hundegulasch nicht zu mögen.

Ob man von Vietnam fasziniert oder schockiert ist – in jedem Falle sollte man sich darum bemühen, nicht selbst zum **schockauslösenden Element** für die Vietnamesen zu werden. Außerdem gibt es einen inneren Zusammenhang zwischen unserem Verhalten und der Schockproblematik: Je mehr wir versuchen, die Vietnamesen zu verstehen, je mehr wir uns bemühen, mit unserem Verhalten nicht unangenehm aufzufallen, desto eher werden auch unsere Gastgeber ein Interesse daran haben, uns den Aufenthalt so angenehm wie möglich zu gestalten. Wer es schafft, angesichts von Schmutz, Regenwetter oder peinlichen Zwischenfällen eine gute Haltung zu zeigen, der wird auch eher auf Verständnis treffen, wenn er an irgendeinem Punkt einmal sagen muss: „Tut mir leid, liebe Freunde, aber so gehts nicht!"

Es ist völlig normal, dass es Situationen und Verhaltensweisen gibt, an die man sich nie gewöhnen wird. Es ist normal, dass bei einem längeren Aufenthalt immer wieder einmal **Krisenzeiten** kommen, in denen man sich gedanklich nur noch an den Termin des nächsten Heimaturlaubs klammert ...

Wieder zu Hause, stellen nicht wenige fest, dass es in der linken Brustseite zu ziehen beginnt, dass ihr Blick plötzlich verträumt wird, wenn nur das Wort Vietnam fällt. Wem das so geht, der wurde vom sogenannten Vietnamsyndrom befallen. Dieses Leiden ist keineswegs lebensbedrohlich – aber los wird man es in der Regel sein ganzes Leben lang nicht mehr.

Kleine Auswahl „schockfördernder Phänomene"

Ausschnauben

Das geräuschvolle **Hochziehen von Sekreten** aus dem Nasen-Rachenraum wird von der Mehrheit der Vietnamesen für völlig normal gehalten. Auch das Ausschnauben in die freie Wildbahn statt ins Taschentuch ist allgemein verbreitet. Wie auch anderswo üblich, wird mit zwei Fingern die Nase zugehalten, durch Pusten der nötige Druck erzeugt, um im geeigneten Moment loszulassen und so die Rotzschleuder zu aktivieren. Wer geschickt ist, trifft nicht die eigenen, sondern fremde Schuhe. Auf dem Lande ist diese Technik noch mehr verbreitet als in den Städten. Hier gibt es immerhin Papiertaschentücher.

Blonde Haare

Blonde Haare oder gar ein richtiger Rotschopf sind auch heute noch **beliebte Sehenswürdigkeiten.** Es kann geschehen, dass Vietnamesen sich durch Berühren davon überzeugen wollen, ob die bunte Pracht echt ist. Wenn einem also eine Marktfrau zärtlich übers Haar streicht, so sollte das nicht gleich als Belästigung gewertet werden. Auch lockiges Haar ist bei Vietnamesen eher selten und daher interessant. Meist wird nach kurzem Palaver entschieden, es handele sich um künstlich gewelltes Haar.

Distanz

„Nach vielen gutgemeinten ... Ratschlägen vertrauen wir uns in Phan Rang ... einem Sammeltaxi an, das jeden Menschen am Wegesrand mitnimmt, der dies durch Zuwinken wünscht. Die Aufnahmekapazität scheint unbegrenzt zu sein. Das Abzählen der Mitfahrenden scheitert an Unübersichtlichkeit. Eingeklemmt auf der Ladefläche holpern wir los, nur noch mä-

ßig von dem physikalischen Grundgesetz überzeugt, dass dort, wo ein Körper ist, kein zweiter Platz habe. Öffentliche Verkehrsmittel aller Art und deren Betreiber ignorieren die Physik.“
(Siebert/Kotte)

Den nötigen Abstand kann sich der Besucher nur in teuren Hotels, klimatisierten Reisebussen etc. erkaufen. Im normalen, also vietnamesischen Alltag heißt es auf öffentlichen Plätzen, Märkten, Busbahnhöfen und selbst Inlandflügen: Drängeln, schubsen, quetschen ohne Berührungsängste, sonst geht es nicht voran. Vietnamesen interessiert es in gewissen Situationen nicht mehr, dass sich neben ihnen eine fremde „Langnase“ befindet, die möglicherweise etwas befremdet reagiert, wenn man ihr einen Käfig mit 5 Hühnern auf den Schoß stellt, ein paar vollgepackte Einkaufstaschen vor das Gesicht hängt und sich anschließend mit 2 kleinen Kindern auf den einen freien Nebenplatz setzt ... Ob man etwas dagegen tun kann? Nicht wirklich. Man könnte immerhin versuchen, den Hühnerkäfig gegen eines der Kinder zu tauschen ... vielleicht hat es ja sogar eine Windel um?!

Fingerknacken

Fingerknacken ist keineswegs eine dumme Angewohnheit. Sehr oft werden wir hören und sehen, wie Vietnamesen beiderlei Geschlechts genüsslich ihre Fingergelenke auf diese Weise „lockern“. Bei jungen Mädchen fand man das früher besonders schön, denn es wurde als **Zeichen ihrer Verlegenheit** betrachtet. Weibliche Scheu und Verlegenheit werden bis heute als Merkmal für Unschuld und Unverdorbenheit gewertet.

Füße und Ohren

Weniger geräuschvoll als Schnäuzen, aber auch nicht jedermanns Sache, ist die Angewohnheit vieler Vietnamesen, bei jeder Gelegenheit an den eigenen Füßen herumzuspielen, mit dem langen Nagel des kleinen Fingers **in den Ohren zu polken** oder den Naseninhalt einer Inventur zu unterziehen. Wenn der Betreffende danach freundlich die Hand ausstreckt, um uns zu begrüßen oder auch Lebensmittel anzufassen, kann man sich schon mal spontan in die kalte Heimat zurücksehnen ...

Hygiene

Hygiene – wie wir sie verstehen – ist in Vietnam noch **kein Standard.** Der Asientourist, der acht Tage in Vietnam verbringt, wird ebenso wie der langjährig dort Tätige immer wieder sein Unbehagen zu einem gewissen Teil auf die **mangelnde Sauberkeit** bzw. die hygienischen Prinzipien der

Vietnamesen zurückführen. Nun mag es zwar etwas übertrieben klingen, wenn eine „mitreisende Gattin“ erklärt, sie desinfiziere täglich mehrmals und besonders nach einem Besuch vietnamesischer Gäste sämtliche Türklinken und Wasserhähne ihres Hauses. Wer jedoch mit Familie, besonders mit Kindern, längere Zeit in Vietnam lebt und Gelegenheit hat, die Vietnamesen in ihrem alltäglichen Verhalten zu beobachten, der wird ein gewisses Verständnis für die Putzwut jener Dame entwickeln. Insbesondere, wenn man erlebt hat, wie manche Vietnamesen nach der Toilette nicht im Geringsten Anstalten machten, Wasser zum Händewaschen zu suchen und ebendiese Hände sofort wieder zur Begrüßung ausstreckten. Vielleicht nachdem sie gerade noch erklärt haben, seit drei Tagen wieder unter Bauchschmerzen zu leiden, *đau bụng* (Umschreibung für Durchfall).

Es ist ein Fakt, dass europäische Hygienenormen bis in die 1950er Jahre hinein nur den wenigsten Vietnamesen ein Begriff waren. Nach der Gründung der DRV wurden viele Kampagnen zur **Aufklärung der Bevölkerung** durchgeführt. Zu Tausenden schickte man im Schnellverfahren ausgebildete Krankenschwestern und Sanitätshelfer auf das Land. Dort wurden grundlegende Dinge erklärt und gelehrt: Wie man sauberes Wasser gewinnt, warum man Ratten und Mücken vernichten muss, wie man eine Nabelschnur sauber durchtrennt und warum man keine Kröte auf das von Trachom befallene Auge setzen sollte.

Diese Kampagnen waren der Beginn dessen, was man Hygieneerziehung nennen könnte. Man überzog das Land mit einem Netz von Gemeindestationen, die sowohl erste medizinische Hilfe leisteten als auch eine wichtige Rolle bei der **Gesundheitserziehung** der Landbevölkerung spielten. In leicht fassbarer Form wurden Broschüren über Gesundheitsfragen verfasst und, oft mit großen Buchstaben für Leseanfänger, sehr preiswert unters Volk gebracht.

Trotz vieler Bemühungen um Aufklärung und Entwicklung eines modernen Hygienebewusstseins wird der Ausländer in Vietnam immer wieder in **Situationen** geraten, in denen er verzweifeln möchte:

- Da legen Ärzte benutzte Spritzen zur „Desinfektion“ in eine Schüssel kalten Wassers.
- Da geht ein Arzt von der Untersuchung eines Patienten mit offener Tuberkulose zu einem anderen Patienten, ohne sich vorher die Hände gewaschen zu haben.
- Da geben gebildete Leute ihren Kindern dank guter Beziehungen Antibiotika zur Vorbeugung, als wären es Vitaminpillen. (Mit großer Besorgnis stellen vietnamesische Ärzte seit 2005 fest, dass immer mehr Patienten bereits resistent gegen das hochwirksame, virenhemmende Tamiflu sind. Im Zuge der Vogelgrippen-Hysterie hatten diese Menschen – oft

auf eigene Faust und prophylaktisch – so viel davon eingenommen, dass es nun im Ernstfall nicht mehr helfen kann.)

- Da wird aus Sparsamkeit auf den Ankauf von Müllbehältern, die wenige Dong kosten, verzichtet. Der offen auf der Straße liegende Unrat ernährt Ratten, die nach wie vor die Pest übertragen (in Vietnam gibt es Pestfälle).
- Da werden jahrelang, u. a. mithilfe von UNICEF, Kampagnen zum Bau von sauberen Toiletten auf den Dörfern durchgeführt. Gleichzeitig jammert ein traditionsbewusster Schöngeist in einem langen Zeitungsartikel, wie schade es sei, dass die schöne Tradition des „Auf-die-Brücke-Gehens“ verloren gehe. Auf die Brücke (d. h. den Balken) zu gehen, hieß, sich direkt in den Bach oder den Fischteich zu entleeren. In mancher Gegend war es früher auch Brauch, als guter Bauer sein Geschäft prinzipiell auf dem Feld zu erledigen. Dadurch brachte man den Dünger zwar treu und brav auf den Acker – aber die Würmer gelangten auch auf kürzestem Wege über die Nahrungskette wieder zu ihrem Wirt.

Kinder

„Von allen Seiten nähern sich dürre, halbnackte Kinder und strecken uns bettelnd die Hände entgegen. Schon ist es zur Umkehr zu spät. Wir sind von einer Traube dieser kleinen, verwahrlosten Geschöpfe umringt. Ihre Finger grapschen ungeniert nach unseren Sachen. Ein Bürschlein mit asiatisch geschnittenen Augen und hellblondem Haar zieht frech den Reißverschluß meiner Fototasche auf ... Um die ausgestreckten Ärmchen abzuwehren, drehe ich mich wie ein attackierter Bär im Kreis ... Es hilft nichts, wir müssen flüchten ...“

(Quilitzsch)

Manchmal werden die Kinder von den Vietnamesen selbst scherzhaft als **eine der „drei Plagen des Landes“** (neben Moskitos und Ratten) bezeichnet. Tatsächlich können auch dem wohlwollendsten Besucher die lieben Kleinen mächtig an den Nerven zerren, wenn sie sich im Dutzend an ihn hängen, schreien, tatschen und fingern. Oft ist es wirklich nur Neugierde und vielleicht die Hoffnung auf Kaugummi. Im Umfeld von Sehenswürdigkeiten, Märkten, städtischen Flaniermeilen liegt diesem Verhalten aber oft auch professionelles Interesse an den mitgeführten Reichtümern der umzingelten Langnase zugrunde.

Körperliche Berührungen

Körperliche Berührungen und **Zärtlichkeiten zwischen Erwachsenen** beiderlei Geschlechts sind traditionell nur Ehegatten erlaubt und niemals für die Augen anderer bestimmt. Unter der Stadtjugend sieht man zwar zunehmend Pärchen, die abends Händchen haltend durch die Straßen schlendern, und in Diskotheken geht es auch nicht gerade so zu, wie es konfuzianischen Regeln entspräche. Im Allgemeinen gilt jedoch nach wie vor der Grundsatz, dass Zärtlichkeiten **nicht in die Öffentlichkeit** gehören. In vielen Familien bringt der Ehemann seine Frau mit dem Moped zu ihrer Arbeit. Ein artiges Küsschen zum Abschied, wie anderswo normal, wird man aber bei solchen Gelegenheiten kaum sehen können.

Insbesondere für junge Mädchen gilt, sie hätten zurückhaltend und scheu zu sein. Wer seine Gefühle zu offen zeigt oder gar die Initiative ergreift, wird schnell als „so eine“ diskreditiert. Nur Damen des Gewerbes dürfen bzw. sollen Gefühl zeigen – natürlich dosiert und nach Tarif. Wild herumknutschende Teenager wird man also weder auf Schulhöfen noch an der Bushaltestelle sehen. Im Allgemeinen ist man mit Gefühlsäußerungen auch dieser Art eher zurückhaltend. Ein europäisches Paar, das allzu ungezwungen turtelt, fällt schnell peinlich auf.

Hingegen wird man feststellen, dass **Angehörige desselben Geschlechts** einander umarmen oder Hand in Hand durch die Straßen schlendern. Oft sieht man sogar, dass junge Burschen nebeneinander auf dem Rad fahren und dabei noch Händchen halten oder, den Arm um die Schulter des Freundes geschlungen, irgendwo sitzen. Das hat in der Mehrzahl der Fälle nichts mit homosexuellen Neigungen zu tun, sondern ist Ausdruck der freundschaftlichen Verbundenheit.

Lärm

Lärm ist eine **permanente Plage** in den vietnamesischen Städten. Der infernalische Krach scheint nicht einmal nachts enden zu wollen. Kaum, dass zwischen 23 Uhr und 4 Uhr früh ein wenig Ruhe herrscht. Es gibt kein Hupverbot, außer vor Krankenhäusern. Autos und Motorräder hupen unablässig, Rikschafahrer klingeln oder rufen sich den Weg frei.

Allein das Leben vieler Menschen auf engstem Raum verursacht einen Basislärmpegel, der beachtlich ist. Vielerorts ist geräuschvolles Handwerk direkt in den Wohnvierteln angesiedelt. Da hämmert, klopft, faucht und brodelt es oft direkt aus der Ladenwerkstatt-Wohnstube. Dazu läuft der Fernseher und rundherum ertönt Musik aus zahllosen Lautsprecherboxen. Ob Bierzelt, Straßenstand oder Losbude – fast überall macht man mit Geräusch auf sich aufmerksam, je lauter, desto besser.

Neugier

Dass Vietnamesen von Natur aus alles andere als gleichgültig sind, steht eindeutig fest. Nicht genug damit, dass sie den Fremden sehr aufmerksam beobachten und genau wissen, was er wann und wie tut (hinsichtlich des Warum unterliegen sie allerdings häufig Fehlinterpretationen), sie müssen diese Beobachtungen kommentieren und alle sensationellen Neuigkeiten **an ihre Mitmenschen weitergeben.** Hier ist derjenige im Vorteil, der kein Vietnamesisch versteht. Die ständigen Bemerkungen, mit denen der Fremde regelrecht seziert wird, können einen Menschen, der städtische Anonymität gewohnt ist, der gelernt hat, die Vorteile einer gewissen Gleichgültigkeit seiner Mitmenschen zu schätzen, schon ab und zu aus der Ruhe bringen.

Privatsphäre

Privatsphäre scheint für Vietnamesen ein **unbekannter Begriff** zu sein. Sollten Sie nicht gerade zu den Menschen gehören, die ein mit Stacheldraht umzäuntes, bewachtes Gebäude für sich allein haben, werden Sie bald verstehen, was ich meine. Ob Kollegen, Freunde oder Zimmerfrauen – sie alle fühlen sich so sehr verantwortlich, dass sich manch ein europäischer Individualist schnell gegängelt fühlt. Einzeln betrachtet, zeugen alle Bemerkungen, Fragen und sonstigen Einmischungen lediglich von der ehr-

049vi Foto: mh

lichen Fürsorge der vietnamesischen Freunde. In der Summe können sie jedoch, zusammen mit anhänglichen Bettlern, aggressiven Straßenkindern und neugierigem Hotelpersonal anstrengend werden. Das kann die Frage sein, was man denn da für eine Tablette nehme: „Kopfschmerzen? Da gibt es etwas Besseres" ... und schon wird einem ein Balsam an die Schläfen geschmiert. Gegenwehr zwecklos. Ebenso erhält man häufig ungefragt Ratschläge zum Thema Essen, Kleidung, Wetter usw.

Wer in einer Gruppe reist, kann sich hinter den anderen verstecken oder Nichtverstehen vortäuschen. Ist man allein unterwegs, hat man nur zwei Möglichkeiten:

- So unfreundlich, grob und **abweisend** sein, dass kein Vietnamese mehr wagt, einen anzusprechen. Damit mutiert man unweigerlich zum lebenden Kulturschock für unsere Gastgeber. Auf die Hilfe der Vietnamesen braucht man dann aber auch nicht mehr zu rechnen, selbst wenn man sie wirklich braucht.
- Die „Übergriffe" als das werten, was sie eigentlich sind: **Ausdruck der Fürsorge.** Ich habe mich nach anfänglichen Problemen schnell an diesen familiären Umgang gewöhnt. Wird sie mir doch zu anstrengend, kann eine original vietnamesische Strategie angewandt werden: Man sagt artig „Ja, ich verstehe." – und macht dann trotzdem stur genau das, was man sich vorgenommen hatte.

Rauchen

Zigarettenqualm ist für Nichtraucher überall ein Problem, aber in Vietnam besonders. **Gequarzt wird überall:** Während des Mopedfahrens, beim Essen, wo man geht und steht. Oft wird einem mit dem freundlichsten Lächeln der Rauch direkt ins Gesicht geblasen. Vietnamesen kommen häufig gar nicht auf die Idee, dass es Leute geben könnte, die das stört. Wird man in einem solchen Augenblick gefragt, wie einem Vietnam gefiele und ob mit den Vietnamesen gut auszukommen sei, dann ist schon Haltung gefragt, um durch den Nebel hindurch eine begeisterte Antwort zu geben.

Bei allem Verdruss über Fremdrauch in der Nase soll der Gerechtigkeit halber nicht unerwähnt bleiben, dass in Kriegs- und Notzeiten das Rauchen als Patentmethode zur **Unterdrückung des Hungergefühls** galt. Wer sich damals die Qualmerei angewöhnte, kann heute oft nicht mehr davon lassen. Junge Leute lassen sich aus genau denselben Gründen zur Zigarette verführen wie in anderen Ländern auch: das Bestreben, männlich zu wirken, das Gefühl, etwas Verbotenes zu tun und Gruppenzwang.

Frau raucht im Norden gar nicht, im Süden schon eher, aber auch wenig. Interessant ist die unterschiedliche Einstellung zu **rauchenden Frau-**

en. Im Norden gilt es nach wie vor als unschicklich: Minirock ja, Zigarette nein. Es gibt viele Familien, in denen die Eltern ihre Tochter, Brüder ihre Schwester schlagen würden, würde man sie beim Rauchen ertappen. Im Süden dagegen sieht man vor allem ältere Frauen rauchen. Aber auch hier gehört die rauchende Vietnamesin nicht zum gewohnten Bild. Nicht unwesentlich dürfte dabei auch die Geldfrage sein. Rauchen war wie Trinken und Glücksspiel schon immer ein **Luxus,** den sich nur Männer leisteten.

Bei einigen Minderheiten sieht es schon anders aus. Da kommt es vor, dass alle Einwohner ab fünf Jahre qualmen wie die Drachen. Hier dürfte ebenfalls der hungerdämpfende Aspekt eine Rolle spielen. Außerdem raucht man in den Bergen keine gekauften Zigaretten, sondern ein Kraut, das billig ist, weil man es selbst anbaut.

Rülpsen, Schlürfen, Schmatzen

s. Tischsitten

Schaulust bei Missgeschicken

Vietnamesen empfinden Ausländer und deren Handlungen, insbesondere bei Pannen und Missgeschicken, oft wie eine **Theatervorstellung.** Es kann passieren, dass jemand mit seinem Moped liegen bleibt und sich während seiner Fehlersuche ein Kreis von Neugierigen um ihn bildet, die jedoch nicht im Geringsten auf den Gedanken kommen, dem Betroffenen ihre Dienste anzubieten. Nein: Es ist ja soooo interessant, das Schauspiel „Weißer in der Klemme" mitzuerleben!

Das hat überhaupt nichts mit mangelnder Hilfsbereitschaft zu tun, sondern allein mit Scheu und der Tatsache, dass viele Vietnamesen einfach nicht wissen, wie man mit Fremden umgehen soll. In dem Moment, wo der Weiße z. B. Vietnamesisch spricht – und seien es auch nur wenige Worte wie *chết rồi!* (etwa: „Alles im Eimer!") –, werden die Zuschauer ihre Zurückhaltung überwinden und Hilfsangebote machen.

Spottlust

Die Spottlust der Vietnamesen scheint alle Erkenntnisse über konfuzianischen Einfluss Lügen zu strafen. Fühlen sich Vietnamesen erst einmal wohl und haben sie Vertrauen gefasst, dann **sprühen sie vor Witz.** Davon bleibt auch der Gast kaum verschont. Sieht man sich plötzlich als Ursache für Heiterkeitsausbrüche, so kann ich nur jedem raten, mitzulachen.

Spucken

Überallhin spucken und in allen Lebenslagen ist nicht unbedingt dazu angetan, dass sich Besucher wohlfühlen. Am ärgerlichsten sind die **Kunst-**

spucker, die während der Fahrt vom Rad oder Moped herab ihrer Fertigkeit frönen. Die Flugbahnen lassen sich sehr schlecht abschätzen. Die ungünstigste Zeit ist diesbezüglich im Norden der Winter. Da sind sehr viele Menschen erkältet, quälen sich mit verschleppten Infekten herum und produzieren ständig irgendetwas, das sie ausspucken wollen. Gespuckt wird jedoch überall im Land und das ganze Jahr hindurch. Noch bis in die 1960er Jahre soll es hohe Funktionäre gegeben haben, die beim Empfang ausländischer Delegationen ständig ihren Spucknapf benutzten ... und in Hotels kann man auch zu Beginn des 21. Jahrhunderts allenthalben noch vietnamesische Hausordnungen lesen, in denen nicht nur das Kochen und das Wäschewaschen auf dem Zimmer, sondern vor allem auch das Ausspucken ausdrücklich verboten wird.

Temperaturempfinden

Das Temperaturempfinden der Vietnamesen ist dem tropischen Klima angepasst. Man stöhnt über die Hitze und fürchtet dabei nichts so sehr wie Kühle. Was für uns willkommene Abkühlung bedeutet, lässt Vietnamesen vor Kälte erschauern! Ein deutscher Spezialist sagte einmal scherzhaft: **„Vietnamesen ist es unter 26 °C zu kalt und über 27 °C zu heiß!"**

Das scheint sowohl für Luft- wie für Wassertemperaturen zu gelten. Wer im April in Hanoi eine Fahrt zur Ha-Long-Bucht bucht, wird auf seine geäußerte Badevorfreude verständnislose oder schadenfrohe Blicke ernten. Für Vietnamesen ist eine Wassertemperatur von 20 °C fast schon tödlich.

Theaterbesuche

Theaterbesuche können für europäische Feingeister zur Nervenprobe werden. Völlig unabhängig von der Art und Qualität des Stückes gilt heute wie vor Jahren: Vor Beginn der Vorstellung hampeln Kinder mit offenen Trinkbehältern auf den Samtsitzen herum oder sitzen, lauthals nach ihren Freunden rufend, rittlings auf den Balustraden der Ränge. Man wirft Erdnusskerne, Bonbonpapierchen und Essenreste auf den Boden. Die „Kaugummi-Seuche" hat dazu geführt, dass man ständig mit den Schuhen irgendwo kleben bleibt. Das gilt auch für den Zirkus und Kinosäle.

Ein um fünf bis zehn Minuten **verspäteter Beginn** der Vorstellung ist die Regel. Auch das reicht vielen Besuchern nicht, um rechtzeitig zu erscheinen. Sie kommen in Gruppen von fünf bis acht Personen plus zwei bis drei Kleinkindern, um sich mit viel verlegenem Gekicher zu ihren Plätzen durchzuarbeiten, wobei sie uns das Hinterteil zudrehen.

Dass man mit der Zeit geht, versteht sich für vietnamesische Großstädter von selbst – wer sich ein **Handy** leisten kann, der führt dieses Symbol des Fortschritts natürlich auch beim Theaterbesuch vor!

Applaus gibt es bei Modenschauen, Estradenveranstaltungen und anderen nicht vietnamesischen Aufführungen entweder auf Aufforderung des Showmasters oder gar nicht, jedenfalls nicht dann, wenn eine Leistung gezeigt wurde, die Beifall verdient hätte. Am Schluss des Theaterabends ist der Beifall kurz und schmerzlos. Er reicht meist gerade so lange, bis alle Darsteller auf die Bühne gekommen sind. Der Konzertfreund muss darauf gefasst sein, dass nach jedem Satz geklatscht wird.

Kinder dürfen überall mit hin, auch ins Theater. Eigentlich ist das sehr schön. Da es jedoch immer wieder Besucher gibt, die das befremdlich finden, hier einige Worte dazu: Vietnamesische Kinder sind in aller Regel ausgeglichen, artig und gehorchen aufs Wort. Die ganz Kleinen schlafen meist schnell in den Armen von Mutter, Vater oder älteren Geschwistern ein. Wer nicht schläft, verfolgt interessiert das Geschehen. Es ist keine Ausnahme, dass Fünfjährige ein zweistündiges Programm ohne Zwischenfälle durchstehen. Man muss also nicht gleich einen verdorbenen Abend befürchten, wenn in der Reihe vor einem ein kleines Köpfchen auftaucht. Wird während der Veranstaltung ein Kind wirklich einmal unruhig und die Betreuenden reagieren nicht sofort, was sehr selten einmal vorkommt, dann reicht es, dem kleinen Zappelphilipp z. B. ein Bonbon zu geben, um für die nächste Viertelstunde Ruhe zu haben. Empörte Gouvernantenblicke sind hier völlig fehl am Platze. Damit erweckt man bei den kinderlieben Vietnamesen nur den Eindruck von Herzlosigkeit. Eine sterile Veranstaltung, bei der nur Seide raschelt, wäre für Vietnamesen undenkbar.

Wer sich mit diesen Besonderheiten abgefunden hat, wird möglicherweise durch das Verhalten der Vietnamesen in **klassischen Stücken** getröstet. Die Zuschauer gehen begeistert mit, kennen oft ganze Textpassagen und sprechen sie zusammen mit den Akteuren auf der Bühne. Sie lachen und schimpfen, rufen dem Helden in Gefahr Warnungen zu – kurz: Sie erleben Theater in einer erfrischenden Weise, die sich manche Bühne hierzulande wünschen würde.

Ungewollte Hilfe

Hier geht es um **gut gemeintes Eingreifen,** wenn man gar nicht unbedingt auf Hilfe hofft. Es ist nicht jedermanns Sache, nach einem Sturz auf dem Wallfahrtsweg zu einer Pagode plötzlich von alten Omas umringt zu sein, die partout die Schürfwunde mit schmuddligen Läppchen säubern wollen. Wie soll man reagieren? Entsetzt zurückweichen? Die Muttchen beiseite schieben und die Flucht ergreifen? Still rekapitulieren, was man über Schmierinfektionen gelernt hat und mit dem Leben abschließen? Wer es irgendwie schafft, den Gedanken an den *Lappen* zu verdrängen, um sich vor Augen zu halten, wie schön es ist, dass die Leute nicht gleich-

050vi Foto: jb

gültig weitergehen, befindet sich auf dem richtigen Wege. Wer es fertig bringt, mit Lächeln und beruhigenden Worten (egal in welcher Sprache) die hilfreichen Geister davon zu überzeugen, dass es nicht so schlimm ist, wie es aussieht, der hat seine Vietnamtauglichkeit mehr als bewiesen ... und er hat ein gutes Werk getan, denn für die Umstehenden sind Weiße nun eher „Menschen wie du und ich“. Das gute Gefühl, das sie jetzt haben, werden sie auch dem nächsten Weißen entgegenbringen, für den die schnelle Hilfe vielleicht lebensrettend ist!

Unsicherheit gegenüber den Tây

Unsicherheit im Umgang mit den *Tây*, glaube ich als Ursache für das **Verhalten mancher Verkäuferinnen** erkannt zu haben. In vielen Geschäften, besonders in Städten des Nordens, kann man feststellen, dass Verkäuferinnen durch Ausländer hindurchzusehen scheinen. Während man sich vergeblich bemüht, Blickkontakt herzustellen, bedienen sie einen Vietnamesen nach dem anderen, ohne uns zu bemerken. Solche Sehstörungen sind im Nu behoben, wenn ich mit dem Ruf *„Chị ơi! Cho tôi xem cái này* ...“ („Ältere Schwester! Zeig mir bitte das hier ...“) auf mich aufmerksam mache. Viele Verkäuferinnen haben zwar Englischkurse belegt, sind sich ihrer Kenntnisse aber nicht sehr sicher und scheuen die Blamage. Ehe sie mit ihrem „Can I help you?“ einen Redeschwall des Kunden provozieren, dem sie nicht gewachsen sind, stellen sie sich lieber blind oder taub.

Kleines Verhaltens-ABC

„Dse Gung fragte: ‚Gibt es ein Wort, das für das ganze Leben als Richtschnur dienen könnte?'
Der Meister erwiderte: ‚Wie wäre es mit „gegenseitigem Verstehen"? Was dir selbst als nicht wünschenswert erscheint, tu keinem anderen an!'"
(Schwarz)

Achtung vor Älteren, Beamten, Uniformierten

Demokratische „Flapsigkeit" vertragen Vietnamesen nur ganz schlecht. Sichtlich respektvolles Verhalten den drei genannten Personengruppen gegenüber ist eine der Grundvoraussetzungen für einen konfliktarmen Aufenthalt im Land. Wie hieß doch gleich das passende deutsche Sprichwort? *„Mit dem Hute in der Hand kommt man durch das ganze Land."* Das gilt für Vietnam umso mehr, als wir davon ausgehen müssen, dass wir mit unserem korrekten Verhalten so manche Ungezogenheit anderer Ausländer wieder ausgleichen können ...

Begrüßung

Heute grüßt man sich mit einem Kopfnicken und dem Wort *chào* und der jeweils passenden Anrede. Man sagt also *chào ông* („Gruß dem Herren"), *chào bà* („Gruß der Dame") usw. Ausländern wird meist auch die **Hand gegeben.** Diese Form des Grüßens ist jedoch erst mit den Franzosen nach Vietnam gekommen. Vietnamesen untereinander begrüßen sich kaum mit Handschlag – allerdings ist er Brauch bei offiziellen Akten wie Auszeichnungen, Übergabe von Urkunden usw. geworden.

Frauen, die nicht beruflich zum Händeschütteln verpflichtet sind, reagieren oft verlegen, wenn sie – noch dazu von einem Ausländer! – mit Handschlag begrüßt werden. Es kann sein, dass sie die Geste kaum erwidern und irritiert beiseite anstatt dem anderen in die Augen sehen. Daraus sollte auf keinen Fall auf irgendwelche Charakterschwächen geschlossen werden.

Ansonsten ist es üblich, eine **leichte Verbeugung** anzudeuten, während man den Gruß ausspricht. Der ursprüngliche vietnamesische Gruß war, wie heute noch in den Nachbarländern üblich, der *vĩ*, also der Gruß mit vor der Brust zusammengelegten Händen.

Wie isst man das? Unsicherheit im Kontakt herrscht oft beiderseits.

Seien Sie bitte nicht irritiert, falls manche Vietnamesen nicht bis ins letzte Detail wissen, wer wem zuerst die Hand reichen darf. Auch einer Frau wird man oft einfach die Hand hinstrecken – egal, was Herr *von Knigge* dazu sagen würde. Entsprechendes gilt für das Vorangehen(-lassen). Hier halten sich die Vietnamesen meist an die Regel „Alter geht vor Schönheit."

Begrüßungsküsse oder gar **Umarmungen** sind in Vietnam selbst unter den engsten Freunden nicht üblich. Durch die jahrzehntelangen Beziehungen zu sowjetischen Partnern wissen Vietnamesen, die viel mit Delegationen zu tun haben, dass die *Liên Xô* (Sowjets) mit brüderlichen Umarmungen und drei Küssen begrüßt werden wollen. (Gewisse Probleme, die sich aus den Größenunterschieden ergeben, werden stets mit viel Sportsgeist gemeistert.) In dem Maße, wie eine solch stürmische Begrüßung von den Vietnamesen als ritualisierter Ausdruck von Freude über den Besuch verstanden wird, kommen sie auch damit zurecht. Im Prinzip sind ihnen diese Formen der Gefühlsäußerung jedoch eher fremd, da sie den konfuzianischen Verhaltensnormen widersprechen.

Berührungen

Frauen seien davor gewarnt, vietnamesische Männer kameradschaftlich zu berühren! Auch **Männer** sollten sich ihrer guten Erziehung erinnern und jegliche „Neckerei mit Hautkontakt" gegenüber Frauen unbedingt vermeiden. Das gilt für die Baustelle und die Nudelbude auf dem Markt ebenso wie für das diplomatische Parkett. Selbst harmlose, für uns kollegiale Gesten wirken auf Vietnamesen wie schamlose, plumpe Anmache. Umso schlimmer ist die Wirkung von Tätscheleien der Kategorie, die schon in deutschen Büros als Belästigung gilt. Ein Geschäftsmann, der seiner vietnamesischen Sekretärin an den Po greift, sollte lieber gleich die nächste Maschine nach Hause buchen.

Frauen bzw. Männer untereinander dagegen dürfen sich berühren. Der Tourist, der plötzlich eine Männerhand auf seinem Oberschenkel fühlt, muss also nicht gleich argwöhnen, in die falsche Veranstaltung geraten zu sein – obwohl auch das theoretisch nicht auszuschließen ist. Eine Ausländerin sollte auch nicht zusammenzucken, wenn Vietnamesinnen ihr über den Arm streichen oder sie buchstäblich an die Hand nehmen und so mit ihr durch die Stadt spazieren. Das ist ein Zeichen von Sympathie, Freundschaft und Fürsorge. Instinktive Abwehrreaktionen – so verständlich sie sein mögen – rufen bei den Vietnamesen leicht Irritationen hervor. Sie glauben dann, irgendetwas falsch gemacht zu haben. Schlimmstenfalls sind sie gekränkt, weil sie in unserer Reaktion Abscheu vor ihnen als Vietnamesen zu spüren meinen.

Bescheidenheit

Bescheidenheit und Zurückhaltung werden in unseren europäischen Breiten oft als mangelndes Selbstbewusstsein, als Unfähigkeit, sich in der Gesellschaft zu bewegen, ja teilweise sogar als geistige Unbeweglichkeit abqualifiziert. Hier gilt das Motto „Klappern gehört zum Handwerk".

In der vietnamesischen Tradition dagegen ist bescheidenes, zurückhaltendes Auftreten ein **Zeichen guter Erziehung.** Man spielt sich nicht ständig in den Vordergrund und prahlt weder mit seinen Talenten noch mit seinem Besitz. Wird man gelobt, so wertet man das Lob ab, nicht, ohne es dabei zurückzugeben. Die Fähigkeit, sich zurückzunehmen, die Einschätzung, wie gering das eigene Wissen, wie bescheiden der eigene Beitrag sei, zeichnen den gebildeten Vietnamesen aus. Sehr im Gegensatz zu dem, was in Deutschland als unabdingbar gilt, um sich gut verkaufen zu können, darf man in Vietnam sehr wohl sein Licht ein wenig unter den Scheffel stellen. Bescheidenheit wird nicht bestraft. Die ehrliche Aussage, zu diesem oder jenem Gebiet keine erschöpfende Antwort geben zu können, gilt keineswegs als Eingeständnis eigener Unfähigkeit. Sie wird gewertet als das, was sie ist: die Fähigkeit, sich und seine Grenzen richtig einzuschätzen.

Das Auftreten unserer vietnamesischen Partner wird in aller Regel durch große Bescheidenheit gekennzeichnet sein. Das betrifft die Art, sich zu geben ebenso wie die Kleidung. Wer allzusehr daran gewöhnt ist, an der **Forschheit des Auftretens** oder an äußeren Kennzeichen Rang und Funktion abzuschätzen, kann gewaltig danebentreten. Selbst Millionäre im Süden sind weit davon entfernt, mit ihrem Reichtum zu protzen. Das tun nur ungebildete Neureiche, die weder eine gute vietnamesische Erziehung noch europäischen Schliff besitzen.

Bettler

Vietnamesen geben Bettlern meist entweder gar nichts oder aber sehr wenig. Viele Leute sagen klipp und klar: Ich bekomme so und so viel Gehalt im Monat. Davon muss ich meine Familie und mich ernähren. Wenn ich jedem, der mich um Almosen angeht, etwas gebe, bleibt für meine Familie nichts übrig und meine Kinder müssen selbst betteln gehen!

Das klingt recht hart, dabei sind Vietnamesen eigentlich sehr mitfühlend. Wenn sie wissen oder erkennen können, dass jemand in großer Not ist und sich nicht selbst helfen kann, dann geben sie sehr wohl **Unterstützung.** Diese Art von Hilfe bleibt Touristenaugen jedoch eher verborgen. Bettler, die regelmäßig ihren Bezirk abgehen, bekommen von den Anwohnern stets eine kleine Spende. Am ehesten wird natürlich denjenigen gegeben, die aufgrund sichtbarer Krankheiten wie Lepra oder Verkrüppelungen (fehlende Gliedmaßen) eindeutig nicht in der Lage sind, sich durch ihrer Hände Arbeit zu ernähren. Straßenkinder wissen schon, welche Händler sie um Lebensmittel bitten können. Da wird hier eine Mango mit einer kleinen Druckstelle, dort ein altbackenes Weißbrot abgegeben. Oft kennen sich Spender und Bittender sogar mit Namen.

Für uns ist es oft nicht leicht, **zwischen Geben und Nichtgeben** zu entscheiden. Die Bettler selbst gehören zwar tatsächlich zu den Elendsten, aber unsere gut gemeinte Spende kommt höchstwahrscheinlich anderen zugute. Es besteht durchaus die Gefahr, dass man – in der lautersten Absicht – einem verbrecherischen Gewerbe Vorschub leistet.

Obwohl ich das weiß, kann ich nicht immer an dem Elend vorbeisehen. Besonders beim Anblick alter Menschen, die stumm und demütig die Hand aufhalten, tut mir das Herz weh und dann gebe ich doch wieder etwas und denke lieber nicht darüber nach, wer letztendlich davon profitiert.

Üblicherweise gibt man kleine Scheine. Es ist günstig, solche Scheine lose in der Tasche und getrennt von dem anderen Geld mitzuführen, denn in den Touristenstraßen der großen Städte sind natürlich auch Taschendiebe nicht weit.

Bezahlen

Bezahlen in Restaurants ist für vietnamesische Männer eine Frage der Ehre. Während sich Studenten und andere junge Leute mit sehr wenig Geld vielleicht noch die Rechnung teilen, bemüht der **Mann** sich in allen anderen Fällen, möglichst oft derjenige zu sein, der die anderen einlädt. Das gilt besonders für Ausländer, von denen man – meist zu Recht – annimmt, dass sie finanziell besser gestellt sind als die Runde der vietnamesischen Freunde. Eine Frau sollte weder versuchen, ihren Anteil zu zahlen noch die ganze Zeche zu übernehmen. Das würden die Herren der Schöpfung als **üble Kränkung** auffassen. Als „reiche" und emanzipierte Ausländerin mag man sich bei dem Gedanken daran, auf diese Weise ausgehalten zu werden, unwohl fühlen. Setzte frau aber ihren Willen durch, würde sie dadurch dem vietnamesischen Herren das „Gesicht nehmen".

Beziehungen

Beziehungen gehören zu den wichtigsten Größen, will man in Vietnam in irgendeiner Weise erfolgreich tätig werden. Der Aufbau von Kontakten und die Pflege persönlicher Beziehungen sind **entscheidende Schlüssel** zum Erfolg. Voraussetzung für die richtige Einstellung zu ihrer Notwendigkeit ist die Erkenntnis, dass in Vietnam nichts gegen bzw. ohne die Vietnamesen, aber alles mit ihnen geht. Dazu muss man ihre Achtung und ihr Vertrauen erwerben. Das ist zwar zeitaufwendig und mühsamer als die Ausstellung eines Schecks, aber unabdingbar.

Einladungen

Wer für längere Zeit in Vietnam arbeitet oder studiert, wird sicher oft zu Feierlichkeiten eingeladen. Die Einladungen auch zum bescheidensten Fest in der Fakultät oder im Büro werden in schriftlicher Form versandt. Einladungen in die Familie oder zur fröhlichen Runde durch einige Restaurants werden mündlich und relativ kurzfristig ausgesprochen.

Es kann vorkommen, dass man bei einer solchen Gelegenheit beweisen muss, kein Kulturbanause zu sein. Peinlich kann es besonders dann werden, wenn einige Vietnamesen in der Freundesrunde ein paar Heine-Gedichte und ein Dutzend **deutscher Volkslieder** parat haben. Spätestens nach deren Vortrag sind nämlich wir an der Reihe. Wenigstens ein kleines Gedicht, besser noch ein Lied, eine lustige Anekdote oder einen Witz, der noch keinen Bart hat, sollte man schon aus dem Gedächtnis kramen. Wer sich ziert und partout nicht zum kulturellen Programm beitragen will, wird ewig als Sauertopf und Spielverderber dastehen.

Vietnamesen sehen es meist als Ehre an, zum Teil auch als Prestigefrage, die Bekanntschaft eines Ausländers zu machen. Deshalb kann es geschehen, dass man sich bei der Einladung zu einem Essen in der Familie plötzlich weiteren Freunden oder Verwandten der Gastgeber gegenüber sieht. Der Besuch des ausländischen Gastes wird oft als willkommener **Anlass für eine kleine Feier** genommen. Auch wenn man sich damit etwas überrumpelt fühlt, sollte man sich in solchen halb privaten, halb geschäftlichen Situationen von der besten Seite zeigen. Die neu geknüpften Kontakte können einmal nützlich sein. Letztendlich läuft in Vietnam fast alles eher über die persönliche als über die offizielle Schiene (vgl. „Beziehungen").

Essen und Trinken

„Wohl dem, der die Weisheit besitzt, sich in einem fremden Land nach der Art seiner Bewohner zu ernähren. Er wird - wenn er in Vietnam Reis statt Kartoffeln zu sich nimmt - nicht nur seiner Gesundheit Gutes tun, sondern dabei auch noch ein wenig von der Lebensweise der Einheimischen begreifen lernen."

(Landmann)

Appetit

Appetit wird vorausgesetzt, muss also nicht ausdrücklich gewünscht werden. Es gibt zwar eine Übersetzungsvariante, *Chúc ăn ngon!* (wörtl.: „wünschen essen schmecken"), sie entspricht jedoch nicht dem vietnamesischen Sprachgebrauch. Der Gastgeber lädt vielmehr mit *Xin mời ăn* (wörtl.: „bitten einladen essen"), zum Zugreifen ein. Um dem ausländischen Gast, der vielleicht etwas ratlos vor der Vielfalt sitzen mag, aus der Verlegenheit zu helfen, wird man ihm oft gleich Reis in die Schale füllen. Meinen es unsere Tischnachbarn besonders gut mit uns, dann stapeln sie lauter besonders gute Häppchen auf diese Reisunterlage. Man sollte sich dann nicht lange zieren, sondern, nachdem man sich bedankt hat, ruhig mit dem Essen beginnen.

Selbst wenn es noch so gut schmeckt, was als sicher gelten kann, sollte man daran denken, dass die Einladung nicht allein der Fütterung, sondern vielmehr dem geselligen Beisammensein dient. Man muss sich zwischen den Bissen **Zeit zum Reden** lassen. Man unterhält sich, beantwortet Fragen, zeigt sich als aufmerksamer Zuhörer und nimmt nebenher gemächlich ein Häppchen nach dem anderen zu sich.

Gespräche beim Essen

Ein Essen mit ausländischen Gästen wird nicht vorübergehen, ohne dass die Besucher über ihre Eindrücke von Vietnam interviewt werden und man sich nach ihren **Wünschen und Meinungen** erkundigt. Für den Gast ist das meist die günstigste Gelegenheit, um bestimmte Anliegen passend anzubringen. In einer zwanglosen Unterhaltung können auch Themen berührt werden, die in einer offiziellen Besprechung mit Protokoll Verlegenheit hervorgerufen hätten. Möchte man irgendein Dorf besuchen, von dem bekannt ist, dass dort die hygienischen Bedingungen katastrophal sind, oder einen Betrieb, der von den Vietnamesen nicht in die Kategorie „vorzeigbar" gestuft wurde, dann spare man sich seine verwegenen Wünsche für solche Gelegenheiten auf.

Auch über interessante Themen, wie z. B. aktuelle Korruptionsskandale, die neueste Aidsstatistik oder gegenwärtige parteiinterne Diskussionen, wird man dann von denselben Personen ganz andere Dinge erfahren als am Vormittag in der offiziellen Runde.

Essen in der Familie

Einladungen zum Essen in der Familie gehören mit **zu den schönsten Seiten eines Vietnambesuches.** Es ist die Gelegenheit, um in aller Ruhe mit seinen Gastgebern über solche Dinge zu sprechen, für die tagsüber keine Gelegenheit wäre. Außerdem erfährt man, wie Vietnamesen wohnen, wie eine vietnamesische Mahlzeit abläuft und wie sich die Mitglieder der Familie zueinander verhalten. Hier können wir endlich einmal sehen, ob denn diese strenge konfuzianische Hierarchie wirklich existiert.

Man kann beobachten, wer wem Essen reicht, wer den Tee einschenkt, wie das geschieht, wer sich an den Gast wendet, wer ständig in der Küche verschwindet, wer Anordnungen trifft und wer sie ausführt. Auch ohne Sprachkenntnisse wird deutlich, ob die halbwüchsigen Kinder ihren Eltern gehorchen oder nicht, ob sich die Frau des Hauses am Gespräch beteiligt und vielleicht eine Nachbarin dafür in der Küche aushilft und anderes mehr. Ist man zu Besuch, so kann man nicht viel falsch machen, wenn man immer den Einladungen des Hausherren folgt. Angesichts sehr beengter und oft provisorischer Wohnverhältnisse in den meisten Familien sollte man aber nicht unaufgefordert andere Räume betreten.

Grüner Tee und mehr

Früher wurde einem Besucher unbedingt und ausschließlich grüner Tee angeboten. Seit Ende der 1990er Jahre hat sich einiges geändert. Oft hat man mindestens die Wahl zwischen **Kaffee und Mineralwasser.** Außerdem gibt es Getränke in Flaschen oder Dosen und sogar lösliches Kaffeepulver made in Vietnam zu kaufen.

Viele Vietnamesen glauben zu wissen, dass „Weiße unseren Tee nicht trinken". Daher bieten sie oft gar nicht erst den traditionellen Tee an, sondern versuchen krampfhaft, irgendein Tây-Getränk zu beschaffen. Kommen Weiße unangemeldet, wird oft ein Mitarbeiter der Behörde oder ein Familienmitglied auf die Straße geschickt, um an der nächsten Ecke schnell Cola oder Ähnliches zu holen.

Sagt der Gast, dass er gern grünen Tee trinkt, sind die Gastgeber meist sehr erleichtert.

Hund als Nahrungsmittel

Hund ist eine Spezialität des Nordens und eine **Männerspeise.** Ich habe noch keine Vietnamesin getroffen, die mich auf das Thema Hund angesprochen hätte. Viele Herren dagegen machen sich einen Spaß daraus, Ausländern die Testfrage zu stellen: „Hast du schon mal Hund gegessen?"

Hund ist kein normales Fleisch wie Schwein, Huhn oder Rind. Sein Verzehr war auch in Vietnam immer ungewöhnlich, geheimnisvoll und irgendwie „verrucht". (Buddhisten ist es untersagt, die Pagode zu betreten, wenn sie am selben Tag Hundefleisch gegessen haben.) Wir dürfen annehmen, dass Hundefleisch durch **chinesischen Einfluss** auf vietnamesische Teller gelangte. Hund wird in Nordvietnam, China und Korea gegessen, nicht aber in Südvietnam, Laos und Kambodscha. Im Süden Vietnams

039vi Foto: jb

ist sein Fleisch nur in chinesischen Spezialitätenrestaurants zu bekommen. In Kambodscha wird Hund als Speise verabscheut und höchstens in Zeiten äußerster Hungersnot gegessen. Auch in Laos und Thailand verzehren ihn nur Angehörige der chinesischen Bevölkerungsgruppen, nicht aber Laoten und Thai.

Auffällig ist, dass der Hund in den Entstehungsmythen vieler Völker Südostasiens vorkommt. Die Tatsache, dass das Essen von Hundefleisch mit gewissen Tabus belegt ist und dass bestimmte Gottheiten Hundefleisch als Opfergabe verlangen, ist ebenfalls ein Hinweis auf die sehr **zwiespältige Rolle,** die Hund als Nahrungsmittel in Vietnam spielt.

Es gibt sieben Zubereitungsarten für Hund, entsprechend unterschiedlich ist der Geschmack des Fleisches. Geschlachtet werden nur einjährige Hunde. Schwarze Tiere mag niemand als Braten (anders als in China, wo die „kleinen Schwarzen" besonders gut schmecken sollen), ihr Fleisch soll angeblich stinken. Der eigentliche Grund ist aber darin zu sehen, dass schwarze Hunde auch Opfertiere sein können. Auf einigen Hanoier Märkten wird Hund angeboten, der in einem Stück über einem Strohfeuer goldbraun gebraten wurde

Niemand braucht übrigens zu fürchten, Hundefleisch untergejubelt zu bekommen. Es wird **nur in Spezialitätenrestaurants** angeboten und ist als *đặc sản* („Spezialität") viel zu teuer, als dass man es etwa als Ersatz für Rindfleisch vorgesetzt bekäme.

Jungle Food

Affe, Schlange, Bisamratte, Gürteltier und weitere – oft geschützte! – Tiere erfreuen sich leider zunehmender Beliebtheit. Das hängt vor allem mit dem wachsenden Wohlstand im Land zusammen. Der tägliche Reis ist für die allermeisten Vietnamesen längst gesichert. Nun will man sich ab und zu „etwas Besonderes" leisten. Die Neigung, alles zu essen, „was vier Beine oder Flügel hat – ausgenommen Tische und Flugzeuge", ist keineswegs eine vietnamesische Tradition. Es drückt eher das Bestreben aus, sich als „Gourmet" zu zeigen, der sich den Besuch eines Spezialitätenrestaurants leisten kann. Spätestens bei der Einladung zu frischem Affenhirn oder ähnlichen Grausamkeiten sollte man seinen Standpunkt deutlich machen: Die Artenvielfalt Vietnams bildet einen Teil des Naturerbes des Landes und ist ebenso schützenswert wie das kulturelle Erbe. An der Zerstörung dieses Gutes beteiligen wir uns nicht! (Den Aspekt der Tierquälerei aufzuzeigen, ist kaum Erfolg versprechend.)

Esswerkzeuge

Ess-Stäbchen sind die üblichen Instrumente, mit denen die Bissen zum Mund geführt werden. Auch die verschiedenen Suppen werden mit Stäbchen gegessen. Die Löffel dienen lediglich als Hilfsgerät und zum Schlürfen der Brühe. Besonders große Stäbchen werden sogar in der Küche zur Zubereitung benutzt.

- Gibt man jemandem einen guten Bissen in dessen Schale, so dreht man die Stäbchen herum und greift den Bissen mit der Seite, an der man die Stäbchen sonst festhält. So wird vermieden, dass der für den Gast bestimmte Happen mit dem schon im eigenen Munde gewesenen „Ess-Ende" in Berührung kommt. Die Stäbchen werden dabei in der Mitte festgehalten.
- Es ist unhöflich, mit den Stäbchen auf einer Platte herumzustochern. Man nimmt sich vielmehr gezielt einen Bissen, an den problemlos heranzukommen ist.
- Dieser Happen wird erst in die eigene Schale gelegt und danach zum Mund geführt. Es wird nie direkt von der Platte gegessen.
- Dass Stäbchen nicht geeignet sind, um damit auf Personen zu zeigen, versteht sich von selbst.
- In Garküchen sucht man sich ein Paar möglichst gleichlange Ess-Stäbchen aus dem Angebot heraus und putzt sie vor der Benutzung mit einer Papierserviette ab.

Hund am Spieß gefällig?

- Für Suppen gibt es Löffel aus Porzellan, Kunststoff oder Aluminium.
- Wenn mit Stäbchen gegessen wird, kann man sicher sein, dass ein gewisser Prozentsatz der Mahlzeit irgendwo auf dem Tisch landet. Dafür muss sich niemand entschuldigen, selbst dann nicht, wenn eine zuvor weiße Tischdecke nun gemustert ist. Vietnamesen sehen das so: Die Tischdecke liegt ja dazu da, dass etwas darauf kommen kann. Flecke bedeuten lediglich, dass es den Gästen offensichtlich geschmeckt hat.

Inzwischen ist es üblich geworden, in den Ausländerrestaurants großer Städte automatisch **Messer und Gabel** statt Stäbchen aufzudecken. Das heißt jedoch noch lange nicht, dass auch jeder Vietnamese so richtig wüsste, wie diese Geräte zu handhaben sind. Mit Gabel oder/und Löffel finden sich die meisten recht schnell zurecht. Probleme gibt es eher beim Hantieren mit Messer und Gabel. Gibt es westliches Essen, schneiden vietnamesische Überlebenskünstler die ganze Mahlzeit in kleine Stücke, legen das Messer beiseite, greifen zu Gabel und Löffel und gehen zur Vernichtung der „Schäfchenherde" auf ihrem Teller über. Dies vielleicht als Trost jenen, die sich darüber ärgern, noch keine Stäbchenmeister zu sein.

Tischsitten

Seien Sie nicht entsetzt, wenn es bei einem richtigen vietnamesischen Essen **fröhlich und geräuschvoll** zugeht. Suppe wird nicht nur genuss-, sondern auch geräuschvoll eingeschlürft. Oft hat man den Eindruck, das geschieht aus 10 cm Entfernung – so hört es sich wenigstens an. Es darf geschmatzt werden und auch ein „Bäuerchen" ist nach vietnamesischem Knigge legitim. Ebenso ist es völlig normal, dass man sich bei Tisch mit diskret vorgehaltener Hand der Zahnstocher bedient. Profis spülen dann gleich noch mit grünem Tee nach, der nach dem Essen gereicht wird. Dabei ertönende Zutsch- und Gurgelgeräusche sollten uns nicht aus der Fassung bringen.

Preise für Ausländer

Noch vor wenigen Jahren wurden Ausländer überall mit der gleichen Gastfreundschaft wie Vietnamesen behandelt. Inzwischen ist das Geschäftsgebaren Fremden gegenüber teilweise **ziemlich unseriös** geworden. Das Geld lockt und oft werden Touristen massiv abgezockt. Ich kann jeden Besucher verstehen, der sich darüber empört. Ich bin selbst sehr enttäuscht, wenn mir ein solches Verhalten begegnet, und halte dann auch nicht mit meiner Meinung zurück. Wenn man vom Tourismus leben will, muss man lernen, gewisse Regeln einzuhalten.

Eines aber möchte ich trotzdem zu bedenken geben: Die Preise für Essen und Trinken sind in Vietnam für Ausländer märchenhaft niedrig. Selbst dann, wenn eine pfiffige Obsthändlerin uns das Kilo Weintrauben 2000 bis 3000 Dong teurer verkauft, ist das für uns nur ein geringer Schaden. Die Verkäuferin hingegen kann den kleinen zusätzlichen Gewinn sehr gut brauchen. Es ist für sie **beinahe eine Pflicht,** bei Ausländern einen höheren Preis zu verlangen. Ihre Standnachbarinnen machen es ebenso und würden ihr vorwerfen, die Preise zu verderben, wenn sie es nicht täte.

Feilschen

Feilschen gehört zu den elementaren Einkaufserlebnissen in Asien. In Vietnam gibt es nur in staatlichen Geschäften feste Preise. In privaten Läden und auf den Märkten gehört dagegen ein bisschen Feilschen *(mặc ca)* zum **Einkaufsritual.** Wer Spaß daran hat, sein Talent auf diesem Gebiet zu erproben, der erkundige sich zuvor bei vietnamesischen Freunden unverbindlich nach den ungefähren Preisen. Etwas mehr als die Einheimischen werden wird ein *Tây* wohl immer zahlen, auch wenn er in der Lage ist, die Verkaufsverhandlungen an einem Stand zu belauschen und so die Preise zu erfahren. Da insgesamt viele Waren in Vietnam für europäische Einkommensverhältnisse sehr billig sind, ist es nicht angebracht, wegen geringer Summen zu streiten. Unverschämtheiten muss man sich aber nicht gefallen lassen. Wenn der Gold- oder Kunsthändler vorhat, seinen Laden mit unserem Geld zu sanieren, kann man sich einfach umdrehen und gehen. Möglicherweise überlegt es sich der Herr dann schnell und ruft den – nunmehr realistischen – Preis hinter uns her.

FKK

FKK ist in Vietnam **völlig indiskutabel.** Weder „oben ohne" noch „ganz ohne" wird geduldet. Auch fanatische Nacktbader sind hiermit ausdrücklich aufgefordert, in den sauren Apfel zu beißen und in eine Textilie zu schlüpfen! Selbst der abgelegenste Strand ist nie wirklich menschenleer. Kommen weder Fischer noch Verkäuferinnen vorbei, so belagert früher oder später eine Schar von Kindern die Badelustigen.

Fragen nach der Familie

Bei der Bekanntschaft mit Vietnamesen wird man mit einer Wahrscheinlichkeit von 99 % ziemlich unvermittelt gefragt: *„Anh/chị lập gia đình chưa?"* („Haben Sie schon eine Familie gegründet?") Auch Fragen nach dem Alter, dem Einkommen und der beruflicher Stellung, nach der sozialen Herkunft oder der Anzahl der Kinder sind immer an der Tagesordnung.

Die bereitwillige Beantwortung solcher Fragen, mögen sie auf Europäer auch noch so indiskret wirken, hilft den Vietnamesen, uns in die soziale Hierarchie einzuordnen, ist also als **vertrauensbildende Maßnahme** zu betrachten (vgl. Berechenbarkeit).

Gefühle

„... ich vermisse bei den Vietnamesen gewisse Reibungsflächen, einen stärkeren - nicht unbedingt lauteren - Ton in ihrer Gefühlsskala. Zum Beispiel betrachte ich es als Mangel, dass die Nordvietnamesen nicht richtig hassen können. Wie könnte man es sonst erklären, dass sie die Amerikaner offenbar ganz gerne mögen?"

(Sontag)

Gefühle zeigt man, besonders in gebildeten Kreisen, nur in diskreter, konfuzianisch **unterkühlter Form** oder gar nicht. Sämtliche Gefühle lassen sich am besten hinter einem freundlichen Lächeln verbergen. Ist es gerade noch opportun, seiner Freude in gesitteter Form durch Worte der Begeisterung und ein strahlendes Gesicht Ausdruck zu verleihen, so zeigt man negative Empfindungen wie Ärger, Ekel, Ungeduld oder Wut möglichst gar nicht. Auch **körperlicher Schmerz** und seelisches Leid werden nur der Familie, bestenfalls sehr guten Freunden, nie aber Außenstehenden offenbart (s. a. Schmerzen).

Es gibt bei Vietnamesen jedoch eine vom konfuzianischen Verhaltenskodex herrührende Art der **ritualisierten Gefühlsäußerung,** die auf uns zum Teil befremdlich wirkt. So werden zu Begräbnissen Klageweiber gemietet, die den Angehörigen des Verstorbenen Unterstützung beim demonstrativen Trauern bieten. Bei solchen vorgeschriebenen Gelegenheiten müssen Gefühle gezeigt werden. Wer laut weint und klagt, vielleicht sogar ohnmächtig über dem Grab zusammenbricht, zeigt sich als pietätvoller Angehöriger.

„Viet Nam ist als asiatisches Land mystisch, undurchsichtig, wunderbar. Viet Nam ist aufregend und anregend, kann aber auch sehr anstrengend sein und an den Nerven zehren. Wer genau hinsieht, beobachtet und zuhört, wird zum Nachdenken eingeladen, darüber, wie wir leben, was uns wichtig ist und was wir tun oder ändern sollten. Viet Nam ist zugleich unser Spiegel und zeigt manchmal ein erschreckendes Bild."

(Hecht)

009vi Foto: jb

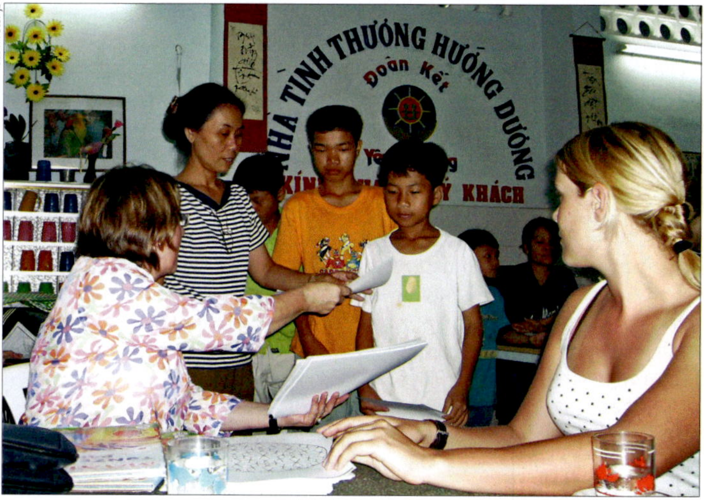

Geschenke

Geschenke sind in Vietnam nicht zuletzt ein Mittel, um soziale Beziehungen aufrechtzuerhalten und harmonisch zu gestalten. Demzufolge verlangt fast jedes Geschenk eine dem Wert und Anlass gemäße **Gegengabe.** Geschenke, die man den vietnamesischen Geschäftspartnern machen möchte, sind deshalb am besten diskret anzumelden, damit die Partnerseite Zeit hat, ein Gegengeschenk zu organisieren. Es ist für Vietnamesen eine entsetzliche Peinlichkeit, im letzten Moment auf dem Flughafen eine „milde Gabe" in die Hand gedrückt zu bekommen, für die sie sich nicht mehr revanchieren können.

Die Wahl des Geschenkes richtet sich vor allem danach, wer die Beschenkten sind. Ist die **Bekanntschaft noch frisch,** so ist man mit konventionellen Gaben gut beraten. Das kann eine edle Flasche (Whiskey, Likör ...) sein, ein Bildband, ein schöner Wandkalender mit Städteansichten, ein gutes Parfüm oder ein Make-up-Köfferchen. Auf der sicheren Seite ist man auch mit Office-Werbegeschenken der höheren Preisklasse (edle Schreibsets im Lederetui etc.). Ebenfalls sehr willkommen, aber schlecht zu trans-

Auch im Waisenhaus gilt: Jedes Kind erhält sein persönliches Geschenk

portieren, sind feines Porzellan oder Kristallglas. In gebildeten Familien schätzt man auch Produkte des Kunsthandwerks. Weihnachtspyramiden aus dem Erzgebirge, handgeklöppelte Spitze aus Plauen, Töpferwaren aus Bürgel usw. werden einen Ehrenplatz erhalten, besonders wenn man auch etwas zur Geschichte des jeweiligen Produkts erzählen kann, denn Vietnamesen haben eine Schwäche für lokale Spezialitäten.

Sind die Beschenkten **enge Freunde,** dann ist die Palette der erlaubten Gaben fast unbegrenzt. Das hängt davon ab, was die Familie benötigt und vielleicht durch eine leise Andeutung schon gewünscht hat. „Was kosten denn bei euch jetzt Blutdruckmessgeräte/Mittel gegen Haarausfall?", so oder ähnlich könnten die Bemerkungen klingen, die man als willkommenen Hinweis beachten sollte. Auch der Bedarf an aktueller Fachliteratur (möglichst in englischer Sprache) aus Europa und Übersee ist immer groß. Wenn man sich gut kennt, kann man auch direkt nach entsprechenden Wünschen fragen. Beim nächsten Besuch dürfte dann die Begeisterung über eine bestimmte Monografie, Fachzeitschrift oder auch einen Ausstellungskatalog ungleich größer sein als beispielsweise über Alkohol.

Immer gilt, dass die Geschenke liebevoll und schön verpackt sein sollten. So wie in der Kommunikation der Ton die Musik macht, kommt es bei der Bekleidung und anderen Äußerlichkeiten zu einem großen Teil auf eben diese äußere Form an.

Wird man in eine **Familie** eingeladen, ohne dass ein Grund für große Geschenke vorliegt, eignen sich kleine Aufmerksamkeiten wie frisches Obst, Schokolade oder auch ein Blumenstrauß. Besonders gern sehen es die kinderfreundlichen Vietnamesen, wenn man an den Nachwuchs der Familie denkt. In diesem Fall kann sogar auf Geschenke für die Erwachsenen verzichtet werden. Lässt man sich darauf ein, Kinder zu beschenken, dann sollte man unbedingt für jedes Kind eine Kleinigkeit bereithalten. Ein Kollektivgeschenk für die ganze Schar, und sei es noch so wertvoll, wird nicht so viel Anklang finden, wie abgezählte Bonbontüten für jedes einzelne der Geschwister.

In jedem Fall ist es angebracht, bei der **Übergabe eines Geschenks** dessen Wert verbal abzuwerten. („Ich habe mir gestattet, Ihnen eine Kleinigkeit mitzubringen. Es ist nichts Besonderes, kommt aber von Herzen ...").

Erhalten Vietnamesen Geschenke, so werden sie diese meist schnell beiseite legen, oft weder auspacken noch gebührend bewundern. Seien Sie dann nicht enttäuscht! Das ist weder Gleichgültigkeit noch Unhöflichkeit, vielmehr entspricht es der konfuzianischen Forderung nach Haltung, nach **Wahrung der Würde.** Man zeigt keine unbeherrschte Neugier und möchte schon gleich gar nicht als „Gierlappen" vor den Gästen dastehen. Bei uns ist es eher so, dass die liebe Verwandtschaft beim Austeilen von Aufmerksamkeiten mit Schleifchen erwartet, beim Auspacken wenigstens ein paar Jubelschreie zu vernehmen. In Vietnam sollte man versuchen, solche antrainierte höfliche Begeisterung zu vergessen. Man gibt Worte des Dankes zurück, zeigt aber keine Gefühle. Das hat auch sein Gutes: Hat man einmal sein Pokerface aufgesetzt, kann man auch die Enttäuschung über eine unwillkommene Gabe besser verbergen.

Geschenke und Visitenkarten übergibt man, anders als in Thailand oder Kambodscha, stets mit beiden Händen und möglichst mit der Aufschrift in Richtung des Gegenübers, oft verbunden mit einer leichten Verbeugung. Was nicht mit beiden Händen überreicht wird, könnte als halbherzige Gabe gewertet werden.

Harmoniestreben

Das Streben nach Harmonie ist ein **Grundprinzip vietnamesischen Verhaltens.** Es erfordert innere Ruhe, Beherrschung und Geduld im Umgang mit anderen Menschen. Droht die Harmonie durch Konflikte zerstört zu werden, so ist man bestrebt, einen Ausgleich herbeizuführen. Europäer und Amerikaner missverstehen dieses Harmoniestreben häufig. Sie glauben, die Vietnamesen ignorieren Schwierigkeiten oder reden sie schön. Das ist keineswegs der Fall. Was uns wie Ablenkung vom Thema oder Verniedlichung des Problems vorkommen mag, ist lediglich das Bestreben, ein für die Phase der Problemlösung angenehmes Klima zu schaffen. Wir sollten unbedingt versuchen, uns auf dieses Verhalten der Gastgeber einzustellen, da es ein wichtiger Bestandteil der vietnamesischen Mentalität ist. Wutanfälle können zwar zugegebenermaßen sehr befreiend sein, sind aber gegenüber Vietnamesen völlig fehl am Platze. Sie laufen nicht nur dem Streben nach Harmonie zuwider, sondern bedeuten in vietnamesischem Verständnis auch einen Gesichtsverlust für den, der „ausrastet".

Hierarchiebewusstsein

Hierarchiebewusstsein drückt sich in der unbedingten **Achtung vor Älteren und Ranghöheren** aus. Ein ehrerbietiges Verhalten schließt u. a. ein, dass man Respektspersonen nicht direkt widerspricht.

Selbst ein unbedingt notwendiges „Nein" wird sprachlich eingekleidet, indem man *dạ, không* (wörtlich: „ja, nein") antwortet. Diese Achtung entbietet man auch dann, wenn man der betreffenden Person nicht mehr direkt unterstellt ist. Ein Schüler grüßt seine alten Lehrer auch dann noch höflich, wenn er selbst schon Professor oder Minister ist. Ein Sohn ist seinen Eltern, Großeltern, Onkel und Tanten auch dann noch zumindest formal gehorsam, wenn deren hohes Alter sie zu unklugen Äußerungen verleitet. Jedermann bleibt zeitlebens älteren Geschwistern, Vorgesetzten und älteren Freunden auf diese Weise untergeordnet. Gleichzeitig stellt jeder Vietnamese für eine Reihe von anderen, jüngeren Personen die Respektsperson dar, der zu gehorchen ist.

Auch für den Besucher ist es gut, **nicht allzu ungezwungen** oder gar flapsig im Umgang mit Behörden wie Zoll oder Polizei im Gastland zu sein. Ausländer genießen zwar bis zu einem gewissen Grade „Artenschutz", überspannen sollte man den Bogen jedoch nicht. Niemand wird Untertanengeist von uns erwarten. Wer als Partner von den Vietnamesen akzeptiert werden will, sollte aber durch sein Verhalten zeigen, dass er diesen Aspekt der vietnamesischen Lebensweise kennt und respektiert.

Besonders wichtig wird das, wenn ein junger Ausländer in Vietnam **Vorgesetzter** älterer vietnamesischer Mitarbeiter ist. Aufgrund seiner beruflichen Stellung hat der Ausländer den höheren Rang inne, aufgrund ihres höheren Alters sind aber die vietnamesischen Mitarbeiter diejenigen, die Respekt verdienen. Um in einer solch schwierigen Konstellation gute zwischenmenschliche Beziehungen zu schaffen, kommt es besonders auf das Verhalten des Ausländers an. Hier gibt es kein einfaches Patentrezept. Je nach Situation muss man versuchen, die dienstlichen Aufgaben durchzusetzen, ohne dabei das Gebot des Respekts gegenüber Älteren zu verletzen. Wie dieser Hochseilakt bewältigt wird, hängt sehr vom Feingefühl, von den menschlichen Qualitäten des jungen Chefs ab.

Ja oder Nein?

Das vietnamesische **„Ja"** hat viele Bedeutungen. Ausländer, die diesen Fakt nicht kennen oder nicht kennen wollen, sind oft enttäuscht über die vermeintliche Unzuverlässigkeit oder Unredlichkeit der Vietnamesen. Manchem gehen dann sogar diskriminierende Bemerkungen leicht über die Lippen: „Die verstehen gar nichts, sagen immer nur ‚ja, ja!'" Grundsätzlich haben wir in Vietnam mindestens vier Hauptbedeutungen des „Ja" zu unterscheiden:

- Ja, ich höre deine Worte.
- Ja, ich stimme dir zu.
- Vielleicht, ich bin noch nicht sicher.
- Nein, aber das kann ich schlecht direkt sagen.

Man muss sich immer darüber im Klaren sein, dass es für einen Vietnamesen zu einer guten Erziehung gehört, das Wort **„Nein"** so weit wie möglich zu meiden. Es bleibt also nur „ja" oder „vielleicht". Wer ein feines Gehör hat und im Gesicht seines Gegenüber zu lesen versteht, wird bald merken, wann ein „Ja“ Zustimmung bedeutet und wann nicht. Wird das „Ja“ zögernd, gequält ausgesprochen und das dabei gezeigte Lächeln immer starrer, dann weiß man schon ungefähr, wie man es zu verstehen hat.

Es gibt aber Möglichkeiten, die **wirkliche Meinung des Gesprächspartners** zu erkunden: Man macht die Gegenprobe, indem die Frage genau andersherum gestellt wird. Ein Alternativvorschlag erfüllt den gleichen Zweck. Wenn jetzt ein lebhaftes, erleichtertes „Ja“ ertönt, dann ist das eindeutig Zustimmung. Schließlich hindert uns auch niemand daran, den Partner zu bitten, einen eigenen Vorschlag zu machen. Auf diese Weise kann er, ohne in Verdacht zu geraten, dem Ausländer etwas aufdrängen zu wollen, seine eigene Ansicht äußern.

Kleiderordnung

Die Kleiderordnung ist für Geschäftsreisende an und für sich kein Thema. Wer jedoch als Tourist nach Vietnam kommt, sollte einige Hinweise beachten. Trotz der Toleranz der Vietnamesen gegenüber fast allem, was Weiße an Dummheiten machen dürfen, gibt es hier eine recht deutliche Schmerzgrenze, die besser nicht überschritten wird. Vietnamesen legen sehr großen Wert auf **korrekte Kleidung.** Selbst unter den widrigsten Bedingungen schaffen sie es, sauber und ordentlich zu wirken. Es ist für sie eine Frage der Achtung ihrer Mitmenschen, diesen korrekt gekleidet gegenüberzutreten.

War man zu Beginn der 1990er Jahre noch über jeden einzelnen ausländischen Besucher resp. Devisenbringer so froh, dass man über vieles hinwegsah, so häufen sich seit etwa 10 Jahren in vietnamesischen Medien die kritischen Äußerungen über den Aufzug von Ausländern. Man ist zwar dringend an Touristen interessiert, aber der Anblick von Weißen, die in Shorts oder bunten Spielhöschen, barfuß und mit freiem Oberkörper durch die Stadt spazieren, ist sogar den Saigonern zu viel, die wohl als die tolerantesten Vietnamesen gelten dürfen. Immer wieder wird gefordert, die Polizei solle dafür sorgen, dass sich die Ausländer anständig anziehen.

Auf großen Plakatwänden finden sich immer wieder Darstellungen einer gut gekleideten vietnamesischen Familie, daneben – mit schwarzen Strichen durchkreuzt – ein schlampig gekleidetes Touristenpaar. Darüber liest man die Forderung: „Bewahrt die kulturelle Identität unserer Nation! Achtet konsequent auf eine korrekte und kulturvolle Bekleidung!“

Von Vietnamesen wurde ich auch schon des Öfteren gefragt: „Verachten uns die Weißen, dass sie so liederlich herumlaufen?“ Meine Erklärungsversuche, wie schwer für viele Ausländer die Hitze zu ertragen sei

Kleiderordnung – Worauf zu achten ist

- *Nackte Waden (Röcke, Kleider) sind den Damen heute erlaubt. Miniröcke, Radlerhosen und Hotpants mögen in der Großstadt und am Strand durchgehen, im Rest des Landes wirken sie eher peinlich.*
- *Männer sind in langen Hosen immer korrekt angezogen. Shorts sind prinzipiell nicht verboten und werden besonders im Süden auch gern getragen. In Pagoden, Gedenkstätten, auf Hochzeiten und anderen Feierlichkeiten sind sie jedoch unangebracht. Turnhosen und Badeshorts sind nur am Strand erlaubt.*
- *Allzu freier Ein- und Durchblick auf Dekolleté und Oberschenkel wird zwar Aufmerksamkeit erregen, letztendlich aber als billig und nicht schicklich empfunden.*
- *Damen mit mehr Oberweite als Größe 70 Cup A sind gut beraten, Büstenhalter zu tragen. Aus Bluse oder Shirt herausrutschende Träger werden besonders übel aufgenommen.*
- *Lieber etwas weniger als zu viel Haut zeigen (keine Spaghettiträger, rückenfreien Kleider; Männer mit freiem Oberkörper sind nur am Strand erwünscht).*
- *Lieber etwas brav und bieder als zu ausgefallen. Vorsicht mit hautengen, stark ausgeschnittenen und durchsichtigen Teilen; keine zerfetzten Jeans.*
- *Lieber etwas zu steif als zu leger (lieber Oberhemd bzw. Bluse als T-Shirt).*

Die legendären Gummilatschen sind zwar noch allerorten zu sehen und werden auch weiter in Millionenstückzahlen produziert, sind aber längst nicht mehr offizielle vietnamesische Fußbekleidung. Viele städtische Vietnamesen nutzen sie nur noch zu Hause. Außer Haus trägt Er inzwischen zunehmend Ledersandalen bzw. Halbschuhe, Sie Sandaletten oder Pumps. Das sind auch die schicklichen Varianten für ausländische Besucher. Der Tourist ist gut beraten, bequemes, leichtes Schuhwerk zum Wechseln mit auf die Reise zu nehmen, da er damit rechnen muss, sich durch die ungewohnte Hitze sofort die Füße wundzulaufen. Dann ist ein zweites Paar Sandalen hoch willkommen. Gute Schuhe in größeren (Europäer-)Größen sind kaum zu finden und deshalb besser von zu Hause mitzubringen.

und dass sie niemanden kränken wollten, wurden nicht akzeptiert. Die Antwort lautete stets: „Mir ist auch warm. Aber wenn ich aus dem Haus gehe, ziehe ich mich ordentlich an, das muss einfach sein, alles andere wäre unhöflich!"

Kommunikation

„Typisch für vietnamesische Unterhaltungen und den Vortrag irgendwelcher Wünsche und Maßnahmen ist die lange Einleitung über Wetter und Gesundheit mit seltsam blumiger Umschreibung, ohne das eigentliche direkt beim Namen zu nennen."
(Landmann)

Abwarten, Tee trinken – und reden

In unseren **modernen Industriegesellschaften** macht sich das Gesetz der Ökonomie der Zeit auch insofern bemerkbar, als man in der Kommunikation im Geschäftsleben und in der Wirtschaft oft möglichst knapp, klar und deutlich auf des Pudels Kern zu sprechen kommt. Man redet nicht lange um den heißen Brei, sondern formuliert bündig seine Vorstellungen und Bedingungen. Von den Gesprächspartnern erwartet man, dass sie ebenso klar und deutlich ihre Meinung, ihr Angebot und ihre Bedenken darlegen.

In Vietnam wie auch in anderen Ländern Asiens folgen Gespräche etwas anderen Gesetzen. Traditionell nimmt man sich sehr viel Zeit und gelangt **über Umwege zum Ziel.** Indirektheit, Atmosphäre, Berechenbarkeit und Wahrung des Gesichts können wohl als die wichtigsten Schlüsselworte zur Charakterisierung eines solchen Gesprächsstils gelten.

Zeitfaktor

Für Gespräche und Verhandlungen aller Art braucht man in Vietnam viel Zeit. Innere Ruhe, **Gelassenheit** und Beherrschung der Gefühle sind entscheidend, nicht der hungrige Blick oder gar der in Europa oft geforderte „Biss". Im Gegenteil: Wem der Erfolgsdruck schon aus allen Knopflöchern schaut, der wird es noch schwerer haben, von den Vietnamesen, die Meister der Selbstbeherrschung sind, respektiert zu werden. Das sollte sowohl bei der organisatorischen Vorbereitung als auch bei der mentalen Einstellung auf Verhandlungen entsprechend beachtet werden.

Teezeremonie

Die Unterhaltung beginnt in der Regel nach der Begrüßung und Vorstellung damit, dass Tee und Mineralwasser angeboten werden. In Einrichtungen, die viel mit ausländischen Gästen zu tun haben, gehört natürlich auch Kaffee zu dieser Zeremonie. Es gibt zwar hierfür keine so strengen Regeln wie in Japan, doch **einige Hinweise** sollten trotzdem beachtet werden:

- Nachdem eingeschenkt wurde, wird gewartet, bis der Gastgeber zum Trinken auffordert: *Xin mời!* (wörtl.: „bitten einladen"). Erst wenn dieser selbst die Tasse zum Mund hebt, tun wir es ihm – einen Moment später – nach.
- Reicht man uns mit beiden Händen und unter einer angedeuteten Verbeugung die Tasse, so wird sie ebenso entgegengenommen: beidhändig und mit einem Kopfnicken.
- Tee wird in kleinen Schlucken genossen und nicht hintereinander weg getrunken.
- Wer seine Tasse schnell austrinkt in der Hoffnung, nun seine Ruhe zu haben, wird feststellen, dass man ihm immer wieder nachschenken wird.
- Wem grüner Tee nicht schmeckt, der trinke symbolische, kleine Schlückchen. So wird die Tasse nicht leer und es gibt keinen Grund, nachzuschenken.
- Will man als Gast trinken, so schickt sich das nicht ohne die Aufforderung durch den Gastgeber. Ist dieser unaufmerksam und spürt nicht, dass sein Gast trinken möchte, so kann man Folgendes tun: Man nimmt Tasse oder Glas in die Hand, sucht den Blick des Gastgebers, nickt ihm beim Anheben der Tasse zu und sagt dabei: *„Xin mời!"*. Daraufhin wird dieser eilends zum Trinken auffordern. Damit hat man sich die Erlaubnis zum Trinken eingeholt. Es gibt zwar zunehmend Situationen, wo selbst die Gastgeber sehr europäisch handeln und weder häufig zum Trinken auffordern noch darauf warten, um die Erlaubnis zum Trinken gefragt zu werden. Dann haben die Gastgeber selbst schon westliches Verhalten angenommen. In den meisten Fällen aber erwartet man einfach nicht, dass *Tây* wissen, wie man Tee trinkt.

Die Amerikaner ließen sich zu Zeiten des Vietnamkriegs sogar das Trinkwasser in Kanistern von den Philippinen herbeischaffen, weil ihnen das Wasser in Vietnam nicht geheuer war. Dieses Verhalten wurde so interpretiert, dass das vietnamesische Wasser den Amerikanern offensichtlich nicht gut genug sei. Das beleidigte die Vietnamesen so sehr, dass sich sogar Leute, die eigentlich dringend vor den Kommunisten geschützt werden wollten, von den Amerikanern und ihrer Politik abwandten. Man sollte solche scheinbaren Kleinigkeiten daher nicht unterschätzen.

- Angenommen, es wird grüner Tee angeboten, so ist es besser, ihn anzunehmen, selbst wenn man kein überzeugter Teetrinker ist. Ein Ablehnen könnte die Gastgeber in große Verlegenheit bringen, falls gerade nichts anderes da ist. Niemand will seinen Gast „auf dem Trockenen sitzen" lassen. Man wird großen Aufwand treiben, um sich nicht dem Vorwurf ausgesetzt zu sehen, einen Besucher nicht zu dessen Zufriedenheit bewirtet zu haben. Wir können unseren Gastgebern solche fatalen Situationen ersparen. Auch das gehört zum Prinzip „Gesicht geben". Dafür genügt es völlig, lediglich an der Tasse zu nippen. (Traditionell üblich sind winzig kleine Teeservices mit Tässchen von Eierbechergröße.)

Sind wir selbst Gastgeber, so sollten wir folgende Hinweise beherzigen:
- Einem Gast bietet man unbedingt ein Getränk an! Es muss kein Tee, sondern kann auch Mineralwasser, Bier oder anderes sein.
- Man fragt nicht, **ob** der Gast etwas trinken möchte, sondern stellt gleich die Alternativfrage: „Trinken Sie Tee oder Wasser/Saft/Bier?" Fiel die Entscheidung zugunsten von Tee, dann kann man nun zeigen, was man gelernt hat.
- In fast jedem Hotelzimmer (in den preiswerten eher als in den teuren) gibt es normalerweise eine Thermoskanne, Teekanne und Tassen. Oft ist sogar noch Tee in der Teebüchse. Grüner Tee wird pur genossen, also ohne jegliche Zusätze. Zucker, Milch und Löffel werden daher nicht gebraucht.
- Mit etwas Wasser aus der Thermoskanne spült man die Tassen aus. Das Wasser wird anschließend in den kleinen Plastiktopf gegossen, der unter dem Tisch steht. Man schüttet etwas Tee aus der Büchse in die Handfläche, um ihn von dort weiter in das Kännchen zu manövrieren. Man gibt heißes Wasser darauf, läßt den Tee etwas ziehen und schenkt ein.
- Ein Sieb ist nicht nötig, da sich die Teeblätter zu beachtlicher Größe entfalten und nicht durch die Kannentülle passen. Kleine Teile, die doch mit in die Tasse geraten, sind kein Grund zur Panik. Sie setzen sich auf dem Grund ab. Ist die erste Runde eingeschenkt, ist die Kanne oft schon leer. Dann wird ein zweiter und ein dritter Aufguss gemacht. Kenner mögen den zweiten und dritten Aufguss sowieso lieber, da dann weitere Geschmacksstoffe freigesetzt werden.
- Als Gastgeber hat man die Aufgabe, die Gäste zum Trinken aufzufordern und ihnen stets nachzuschenken. Keinesfalls sollte ein Gast vor der leeren Tasse sitzen gelassen werden. Anders als an europäischen Kaffeetafeln gehört es sich nach vietnamesischem Knigge nicht, den Gastgeber zum Nachschenken aufzufordern. Dieser muss selbst aufmerksam genug dafür sein.

Atmosphäre

Während des Teetrinkens wird das Gespräch mit **Fragen zu allgemeinen Themen** in Gang gebracht. Die Gesprächspartner haben dabei Gelegenheit, miteinander warm zu werden, ohne dass es bereits um knallharte Entscheidungen ginge. Der Gast wird dabei in der Regel hofiert, indem man ihm viele Fragen stellt. Diese Erkundigungen sind ein wesentlicher Faktor des vietnamesischen Gesprächsstils. Sie drücken nicht in erster Linie den Wunsch nach Information aus, sondern sollen dem Gesprächspartner vielmehr die Möglichkeit geben, sich darzustellen, sich in ein gutes Licht zu setzen, sein Wissen und seine gute Erziehung unter Beweis zu stellen.

Es ist geschickt, nicht lediglich brav (und bescheiden) die Fragen der Gastgeber zu beantworten, sondern seinerseits die Initiative zu übernehmen. **Höfliche Fragen** an die Gesprächspartner geben diesen die Möglichkeit, ebenfalls etwas von sich zu erzählen und zu beweisen, dass sie Leute von Bildung sind. Diese Aufwärmphase bietet Gelegenheit, die andere Seite besser einzuschätzen. Gleichzeitig ist das der Moment, sich selbst als ebenbürtigen Partner auszuweisen. Wer während der „Teezeremonie" mit den Füßen scharrt, auf die Uhr sieht und versucht, mit Gewalt zum eigentlichen Thema zu kommen, hat bereits Punkte verschenkt.

Auf die **Standardfragen,** wie einem Vietnam gefalle oder wie die Vietnamesen seien, sollte man stets charmante Antworten parat haben.

052vi Foto: jb

Auf keinen Fall darf man sich durch momentane Stimmungen oder Ärgernisse zu Unmutsäußerungen hinreißen lassen. Solche würden als Unhöflichkeit empfunden, die das angestrebte harmonische Klima für die kommende Diskussion beeinträchtigen würde.

Auf Umwegen und leise zum Ziel

Der eigentliche Gesprächsinhalt wird erst allmählich eingekreist. Dabei erinnert man gern an frühere gemeinsame Unternehmungen und betont noch einmal die Zufriedenheit über bereits geklärte Punkte. Ganz in Ruhe und **in kleinen Schritten** kommt man danach den Fragen näher, die es aktuell zu klären gilt.

Zu einem harmonischen Gesprächsklima gehört, dass man nicht sofort mit seinen Wünschen herausplatzt. Im Gegenteil, man wahrt seine Würde und sein Gesicht, indem man Gleichmut, ja beinahe eine gewisse Gleichgültigkeit zeigt. Man ereifert sich nicht, wird beim Reden **nicht laut** und zeigt weder Wut noch Empörung. Denn laut werden ist nach vietnamesischem Verständnis ein Zeichen für Unbeherrschtheit, also für Schwäche. Vietnamesen werden bei kontroversen Diskussionen immer leiser, je weiter die Meinungen auseinander gehen und die Gemüter sich erhitzen.

„Immer wieder fiel mir der ruhige, ja leise Ton der offenbar eindringlich geführten Diskussion auf. Diese Art der Unterhaltung, die sogar mit zunehmender Erregung immer leiser wird, wird überall gepflegt. Man spürt in Vietnam erst richtig, wie unnötig und aufdringlich unser lautes Gebaren ist."

(Landmann)

Berechenbarkeit

Nicht umsonst sagen Vietnamreisende immer wieder, dass man eine Woche krampfhaft verhandeln kann, ohne auch nur einen Schritt voranzukommen. Wenn das Eis schließlich doch gebrochen wurde, lag es meist an einem zwanglosen Essen, bei dem vordergründig Geschäftliches ungesagt blieb. Dass für die vietnamesische Seite dieses Essen entscheidend für ihre Einstellung zu dem ausländischen Partner war, merkt dieser erst dann, wenn einige Tage später plötzlich all das geht, worum er zuvor ergebnislos gekämpft hatte. Die Erklärung ist einfach. Die Vietnamesen hatten nun Gelegenheit, den Menschen, mit dem sie verhandeln, etwas näher **kennenzulernen.** In der Unterhaltung über Familie, Werdegang, private und

Beim gemeinsamen Essen lassen sich viele Fragen am besten besprechen berufliche Ansichten haben sie viel mehr über ihren eventuellen künftigen Partner erfahren, als dieser ahnt. Sie wissen jetzt eher, woran sie mit ihm sind. Und genau das, die Berechenbarkeit des Geschäftspartners, ist für sie außerordentlich wichtig.

Gesicht geben und Gesicht wahren

Gesicht geben und Gesicht wahren sind Forderungen, die unbedingt zur Schaffung einer harmonischen Atmosphäre gehören. Dazu gehört auch, dass man die vietnamesische Art, mit Konflikten umzugehen, kennt und selbst entsprechend handelt. Vertreten beide Seiten sehr divergierende Ansichten, sollte man versuchen, sich nie hoffnungslos festzufahren, sondern immer **einen Weg offenzulassen.** Das kann beispieslweise der Vorschlag sein, etwas später, nach weiterer Überlegung beider Seiten, auf den strittigen Punkt zurückzukommen, um inzwischen erst einmal eine andere, weitgehend geklärte Frage abzuarbeiten. Schroffe, direkte Ablehnungen („Unter diesen Umständen halte ich jede weitere Diskussion für sinnlos ...") oder gar Ultimati sollten möglichst vermieden werden. Stattdessen kann man versuchen, sein *rien ne va plus* auf höfliche Art auszudrücken. Eine freundliche, von einem bedauernden Lächeln begleitete Erklärung, die auch ausweichend sein darf, ist für die hellhörigen Vietnamesen völlig ausreichend.

Die **indirekte Art der Kommunikation** mag uns etwas anstrengend erscheinen. Es hat jedoch nicht viel Sinn zu glauben, man könne dem Ge-

Der DDR-Bonus

Besucher aus Deutschland kommen übrigens noch heute in den Genuss eines „DDR-Bonus". Die Erinnerungen, die man in Vietnam an die Zusammenarbeit mit der DDR hat, sind überwiegend sehr positiv. Die daraus resultierende Sympathie wird nun - verbunden mit dem unerschütterlichen Glauben an deutsche Gründlichkeit und die Solidität deutscher Technik - automatisch auf alle Deutschen übertragen. Wer diesen Vorteil leichtfertig verschenkt, ist selber schuld.

„Es ist der westdeutschen Öffentlichkeit aus naheliegenden Gründen entgangen, dass die DDR damals in großem Umfang humanitäre Hilfe leistete ... Während die westdeutsche Unterstützung Südvietnams („Die Freiheit Berlins wird in Vietnam verteidigt!") politisch eher folgenlos blieb, hat die DDR über Jahrzehnte hinweg ein festes Fundament deutsch-vietnamesischer Beziehungen hinterlegt ..." (Sager)

sprächspartner den eigenen Stil aufzwingen. Vietnamesen lassen sich ungern nötigen und nicht wirklich zwingen. Sie haben in Jahrtausenden ihre eigene Technik entwickelt, äußerem Druck zu begegnen. Wo sie sich ihm nicht entgegenstellen, da weichen sie geschickt aus. Es kann auch sein, dass sie aus taktischen, z. B. diplomatischen Erwägungen heraus Forderungen nachgeben, mit denen sie nicht restlos einverstanden sind. Wenn damit jedoch ihr Ehrgefühl verletzt wurde und Gesichtsverlust droht, dann ist ein solcher „Sieg" von höchst zweifelhaftem Wert. Er dient in keiner Weise einer wirklichen Verständigung. Selbst wenn sich aus irgendwelchen Gründen später die Situation geändert hat und der sachliche Grund für die Schwierigkeiten nicht mehr besteht, ist es nach vorausgegangenen Entgleisungen schwer, wieder auf den Weg guten Einvernehmens zurückzukehren, denn der Ausländer, der für die Vietnamesen sein Gesicht verloren hat, ist kein ebenbürtiger Partner mehr. Der Vietnamese wiederum, der in eine peinliche, für ihn beschämende Situation gebracht wurde, wird sich bei einer erneuten Begegnung an die Demütigung erinnern. Diese Erinnerung ist eine ungünstige Voraussetzung für spätere Übereinkünfte.

Konfliktlösung

„Wir Vietnamesen haben eine ganz andere Art, mit Problemen umzugehen. Wir registrieren still und erst später, in einer Situation, wo man in aller Ruhe und Freundlichkeit miteinander redet, sagen wir durch die „Blume", was uns missfallen hat."
(Quilitzsch)

Konflikte erfahren in der vietnamesischen Tradition eine grundsätzlich andere Behandlung als in unseren Breiten. Wir neigen durch Erfahrung und Erziehung eher dazu, eine **Fehlerdiskussion** zu führen, bei der die Beteiligten sich leicht in zwei Lager – das der Schuldigen/Beschuldigten und das der Unschuldigen/Anschuldiger – teilen. In Vietnam wird man dagegen bei Diskussionen eine Suche nach Schuldigen tunlichst vermeiden.

Konfliktbereitschaft ist für Vietnamesen ein Zeichen mangelnder Erziehung. Streit zu suchen, ist ausgesprochen ungezogen. Wer Konflikte zuspitzt, wird feststellen, dass Gewitter nicht überall die Atmosphäre reinigen – in Vietnam zumindest nicht! Das Austragen von Streitigkeiten durch den Aufbau von Fronten (jemanden „zur Rede stellen" usw.) wird kaum jemals Erfolg haben.

Das Streben nach Harmonie und der Grundsatz des Gesichtwahrens sind auch hier Grundprinzipien des Verhaltens. Deshalb sucht man nach Verbesserungsmöglichkeiten, ohne direkt auf Ursachen bzw. Verursacher des Misslingens einzugehen. Bei einer solchen **Diskussion „nach vorn"**

Auseinandersetzungen zwischen Vietnamesen und Ausländern

Seit Mitte der 1990er Jahre kommt es zunehmend zu Auseinandersetzungen und sogar ***Tätlichkeiten zwischen Vietnamesen und Ausländern.*** *Bei genauerer Nachfrage stellte sich heraus, dass diese Vorfälle insbesondere in Joint-Venture-Betrieben mit südkoreanischer Beteiligung auftraten. Den nach Vietnam entsandten Vertretern koreanischer Firmen wird nachgesagt, ein besonders strenges Regime zu führen und nicht viel auf die Regeln asiatischer Höflichkeit zu geben, wenn es „nur" um ihre vietnamesischen Arbeiter geht. Verbalinjurien sind an der Tagesordnung und selbst Ohrfeigen hat es schon gegeben. Zwar bedeutet für die meisten Vietnamesen der Job in einem Joint-Venture-Betrieb ein großes Glück, das heißt jedoch nicht, dass man bereit ist, jede Beleidigung hinzunehmen. Es kommt vor, dass eine ausgeteilte Ohrfeige zurückgegeben wird, da der Beleidigte glaubt, nur so seine Ehre wiederherstellen zu können. Er zahlt dafür mit dem Verlust seiner Arbeit, aber den erlittenen Gesichtsverlust hat er nicht hingenommen.*

haben diejenigen, die zum bisherigen Misslingen beitrugen, die Möglichkeit, ohne Gesichtsverlust ihre Fehler wettzumachen oder ein anderes Verhalten für die Zukunft anzubieten.

Kopf

Der Kopf anderer Menschen ist **traditionell tabu,** da er als Seelensitz gilt. Früher hatte man prinzipiell anderer Leute Kopf nicht zu berühren. (Ausnahmen: Friseur, Henker und natürlich Eltern gegenüber ihren Kindern.) Heute wird dieses Tabu in Vietnam nicht mehr besonders streng gesehen. Trotzdem sollten wir als Fremde auch dem niedlichsten kleinen Kind besser nicht über den schwarzen Schopf streichen, denn es steht uns nicht zu. Bei den Bergvölkern ist dieses Tabu bis heute besonders streng!

Körpersprache

Die Körpersprache ist – entsprechend dem konfuzianischen Erziehungsideal – von geringer Bedeutung. Mimik wie Gestik sind **zurückhaltend.** Es ist absolut unüblich und sei es im größten Zorn, mit der Faust auf den Tisch zu schlagen oder beim Sprechen mit den Händen zu fuchteln.

Im Landessüden wirkt die Gestik der Menschen etwas lebhafter als im sehr beherrschten Norden. Trotzdem gelten folgende **Regeln** im ganzen Land:

- Winkt man jemanden zu sich heran, so tut man das mit nach unten weisender Handfläche. Dabei schwenkt man keineswegs den ganzen Arm, sondern bewegt mit steifem Ellenbogen nur unauffällig das Handgelenk. Keinesfalls winkt man andere mit dem gekrümmten Finger zu sich heran.
- Man zeigt nicht mit Fingern, mit Essstäbchen oder sonstigen Gegenständen auf andere Menschen.
- Es ist unter Vietnamesen nicht üblich, sich gegenseitig freundschaftlich auf die Schulter zu schlagen. Der alte Aberglaube, auf der Schulter wohne ein Geist, der sich dann erschrecke, wird zwar heute eher als Witz betrachtet, trotzdem sollte man mit solchen Sympathiebekundungen lieber zurückhaltend sein.
- Füße in Pagoden bzw. Tempeln nie in Richtung Altar strecken! Einem Altar wendet man auch nicht den Rücken zu. Man entfernt sich von ihm, indem man einige Schritte rückwärts geht. Man hüte sich tunlichst, in Pagoden so dicht an dort Sitzenden vorbeizugehen, dass der Eindruck entsteht, man steige über sie hinweg. Im Zweifelsfalle richtet man sich danach, was der vietnamesische Gastgeber bzw. Betreuer tut.
- Keinesfalls legt man in Gegenwart anderer die Füße hoch, weder auf einen Stuhl noch auf einen Wäschekorb und schon gar nicht auf den Tisch und sei es der eigene. Diese an sich sehr vernünftige Art, die Venen zu entlasten, wirkt auf Vietnamesen äußerst ungezogen.
- Wenn man schon die Beine übereinander schlägt, soll man unbedingt vermeiden, dabei mit dem Fuß auf jemanden zu zeigen.
- Es ist unschön, mit über der Brust verkreuzten Armen (und breitbeinig) oder die Hände in die Seiten gestemmt dazustehen.
- Nicken und Kopfschütteln werden genauso verstanden wie bei uns. Die zustimmende Bedeutung des Nickens ist jedoch ebenso relativ, wie die des Wortes „Ja" oder des vietnamesischen Lächelns!
- Fremde Kinder möglichst nicht gleich mit „Krakenarmen umschlingen", auch wenn der Impuls dazu da ist. Ab ca. 10 Jahren sind besonders Jungen stolz auf eine entgegengereichte Hand. Dann fühlen sie sich richtig „erwachsen"!

Körperbehaarung

Die Körperbehaarung ist bei Vietnamesen eher spärlich. Deshalb wird die stärkere Behaarung von Weißen als ungewöhnlich und **unschön** empfunden. Schon deshalb sollte man keine Shorts tragen, wenn man Pagoden,

Tempel, Gedenkstätten oder Heldenfriedhöfe besucht ... oder an einer Feier teilnimmt, zu der die Damen im *áo dài* und die Herren im Anzug kommen (vgl. Kleiderordnung).

Vietnamesen reagieren übrigens entsetzt auf nicht völlig glatte, unbehaarte **Frauenbeine.**

Kraftfahrer

Kraftfahrer genießen in Vietnam seit dem Krieg ganz **besonderes Ansehen.** Während der Bombardements vollbrachten sie unglaubliche Kunststücke, um Wagen und Ladung auf zerschossenen Straßen, oft bei völliger Dunkelheit ans Ziel zu bringen. Nicht wenige ließen dabei ihr Leben oder trugen schwerste Verwundungen davon. Kraftfahrer waren Helden und wurden von der Bevölkerung für ihre Tapferkeit und ihren Wagemut sehr geachtet.

Auch heute, da man mit Licht und Klimaanlage bequem und sicher durch das Land fahren kann, verlangen die Straßen - besonders in den Bergen - und der Zustand vieler Fahrzeuge den Fahrern einiges ab. Von ihnen, ihrer Einschätzung über die Befahrbarkeit einer Trasse und ihrer Geschicklichkeit bei Reparaturen hängt nicht selten das Gelingen oder Scheitern eines Ausflugs ab. Die vietnamesischen Partner werden ihnen immer mit Achtung begegnen und im Zweifelsfall auf ihren Rat hören.

Auch wir tun gut daran, den Kraftfahrer als **Respektsperson** und Partner, nicht etwa als den im Rang niedrigsten Dienstleistenden zu behandeln. Wer das nicht berücksichtigt, kann davon ausgehen, dass genau die Ziele, die er ansteuern will, nicht erreichbar sind. Begründungen wird es immer geben: Die Straße zu den Chăm-Türmen in Mỹ Sơn sei „nicht minenfrei", der Weg zum Nationalpark *Cúc Phương* „überschwemmt" ... Der Varianten gibt es viele und das Gegenteil ist nicht zu beweisen.

Lächeln

„In schwierigen Situationen wird der Vietnamese immer Haltung bewahren und lächelnd auch über Unangenehmes hinwegsehen."
(Landmann)

Lächeln ist eine Frage der Haltung. Deshalb werden Ihnen Vietnamesen stets freundlich lächelnd gegenübertreten. Lächeln signalisiert Sympathie und Freundlichkeit. Es dient aber auch dazu, Verlegenheit, Trauer oder Schmerz zu verbergen, ist also ein wichtiges **Mittel, um das Gesicht zu wahren.** Es ist universell einsetzbar, u. a. als Alternative zu Wutausbrüchen. Versuchen Sie einmal, freundlich zu lächeln und dabei laut zu schreien – es geht einfach nicht. Wir können viel gutmachen, wenn wir uns bemühen, ebenfalls stets lächelnd, freundlich und liebenswürdig auf die Menschen zuzugehen. Unbedingt sollte man lächeln oder wenigstens freundliche Gelassenheit zeigen, wenn man gerade eine Niederlage erlitten hat. Die Fähigkeit, angesichts eines geplatzten Termins oder einer schlechten Nachricht freundlich zu bleiben, seine Enttäuschung zu verbergen und seine Gesichtszüge unter Kontrolle zu halten, kann in Vietnam zu einem wichtigen Marktvorteil werden.

Misstrauen gegenüber Ausländern

Seit der „Öffnung der Türen", wie man die Politik der Öffnung nennt, haben die Vietnamesen so ihre Erfahrungen mit der freien Marktwirtschaft machen dürfen. Besonders in den frühen 1990er Jahren versuchten nicht nur seriöse Geschäftsleute, sondern auch **Betrüger, Tagträumer, Berufs-Bankrotteure** und andere in Vietnam gestrandete Glücksritter, ihre maroden Finanzen auf Kosten der Vietnamesen aufzubessern. Da kamen amerikanische Kriegsveteranen, erzählten etwas von Wiedergutmachung, versprachen das Blaue vom Himmel, kassierten Gelder und verschwanden. Da wurden Joint-Venture-Projekte wie Entenfarmen u. Ä. halbfertig verlassen, nachdem die vietnamesische Seite große Investitionen getätigt hatte. Da wurden von einer westdeutschen Firma „gebrauchte Maschinen" nach Vietnam verkauft. Was dann per Schiff ankam, war schlicht und einfach Schrott ... Neben vorsätzlichen Betrügern gab es auch Fahrlässige, die sich verschätzt hatten und nun ihre Hotelrechnungen nicht zahlen konnten.

Und dann gibt es jene **Touristen,** die sich vorgestellt hatten, als Tramper billig durchs Land zu reisen. Auch unter ihnen sind immer wieder welche, die – längst abgebrannt – die Stirn haben, sich durchzubetteln. Sie mieten Hotelzimmer, lassen sich ärztlich behandeln oder auch nur im Cyclo kutschieren – und prellen die Zeche, indem sie mit unschuldiger Miene ihre leeren Taschen vorzeigen.

Anfangs war man Ausländern gegenüber sehr aufgeschlossen, teilweise sogar vertrauensselig. Man ging davon aus, dass jemand, der von sehr weit angereist kommt, wohl über Geld verfügen müsse. Erst durch die negativen Erfahrungen mit den Fremden, durch die Geschichten von Betrügern, Abzockern und Zechprellern ist man inzwischen **vorsichtig und misstrauisch geworden.**

Dass Misstrauen hat also seine Ursachen. Wir sollten uns dadurch nicht kränken lassen, sondern lieber versuchen, so zu handeln, dass wir irgendwann in die Kategorie „vertrauenswürdig" eingeordnet werden. Niemand muss fürchten, dass sein **seriöses Verhalten** in Saigon ihm in Hanoi nichts mehr einbringe. Das vietnamesische Nachrichtensystem mag vielleicht nicht völlig störungsfrei arbeiten. Im Detail kommen Irrtümer vor, aber die grundlegenden Dinge werden ziemlich sicher herausgefunden. Früher oder später wissen die Vietnamesen überall, welcher Weiße sich anständig verhält, wen man als Partner akzeptieren kann und wen man lieber solange gegen „Wände asiatischen Lächelns" rennen lässt, bis er sich den Kopf verbeult.

Mönche

Eine **Frau sollte einen Mönch auf keinen Fall berühren.** Der Betroffene würde dadurch „unrein" und müsste sich komplizierten und zeitaufwendigen Reinigungsübungen unterziehen. Möchte *frau* eine Gabe überreichen, so geschieht das besser durch einen Mittels*mann*.

Opfergaben

Vor vielen Tempeln und Pagoden werden den Besuchern **Blumen** und **Räucherstäbchen** angeboten. Ausländern drängt man diese religiösen Opfergaben mancherorts regelrecht auf. Wenn man aus religiösen oder weltanschaulichen Gründen ablehnt, Götzendienst zu leisten, sollte man versuchen, diese Angebote zu ignorieren.

Wer kein Problem darin sieht, ein paar Räucherstäbchen zu entzünden und nach drei *vái* (vietnamesischer Gruß, s. „Begrüßen") in die entsprechende Schale zu stecken, sich aber aus Prinzip nichts aufschwatzen lässt, der führe stets ein Bündel Räucherware mit sich. Sehen die Verkäufer, dass man schon etwas in der Hand hat, lassen sie von einem ab.

Ist man nicht allein unterwegs, dann reicht es auch, wenn sich *ein* Mitglied der Gruppe dazu bereit findet, eine Kleinigkeit zu kaufen. Oft opfert sich auch der vietnamesische Betreuer oder Dolmetscher. Ist seine Reisegruppe gar zu schwierig, kann es sein, dass er Buddha oder eine daoistische Gottheit darum bittet, bald von ihr erlöst zu werden ...

Pagoden und Tempel

Pagoden und Tempel sind für alle Vietnamesen ebenso heilige Stätten, wie die Kirche für den gläubigen Christen.

Die Religiosität der Vietnamesen mag auf uns vielleicht sehr diesseitig und praxisorientiert wirken, das heißt jedoch nicht, dass man ihre Sakralbauten deshalb mit weniger **Ehrfurcht und Andacht** betreten dürfte. In früheren Jahren hatten die wenigen Ausländer, die Pagoden und Tempel besuchten, den Tây-Bonus. Vielerorts bat man sie zum Teetrinken mit dem Vorsteher der Pagode, stellte sich sogar zum gemeinsamen Foto auf und nahm keinen Fauxpas übel. Inzwischen kommen jährlich mehrere Millionen Touristen ins Land. Mancher Fremde, der begeistert Pagoden und Tempel, Heldenfriedhöfe und Museen stürmt, verletzt mit seinem Verhalten ahnungslos die Gefühle der Vietnamesen.

Deshalb bitte beachten: An Stätten, die für Vietnamesen heilig sind, ist **korrekte Kleidung** angesagt (keine kurzen Hosen, keine Strandkleidung). Pagoden werden nur ohne Schuhe betreten. Man macht keinen Lärm, spricht und lacht nicht laut, zeigt nicht mit dem ausgestreckten Arm auf Statuen oder Personen. Auf keinen Fall steigt man über sitzende Gläubige hinweg oder drängelt sich zwischen ihnen hindurch.

Fotografiert wird bitte nur mit Erlaubnis. Wird man von Mönchen oder Nonnen ermuntert, einige Räucherstäbchen zu opfern, kann man ihnen den Gefallen ruhig tun. Entsprechendes gilt für die Sammelbüchsen, meist kleine hölzerne Truhen, in die man durchaus eine kleine Spende geben könnte. Dieses Geld wird zur Erhaltung bzw. Renovierung der Pagode verwendet, ist also sinnvoll angelegt.

Reichtum

Reichtum wird traditionell nicht demonstriert. Für gebildete Vietnamesen gehört es zum guten Ton, nicht mit materiellen Gütern zu prahlen. Das tun bestenfalls einige Neureiche, Emporkömmlinge, „die es nötig haben".

Auch dem Besucher wird **Zurückhaltung** in dieser Beziehung gut zu Gesicht stehen. Wer kein Freund von Understatement ist, der sei daran erinnert, dass die zunehmende Polarisierung zwischen arm und reich besonders in den Städten nicht ohne gewisse Begleiterscheinungen (Diebstähle, Raubüberfälle, Morde) vonstatten geht. Es kann deshalb schon aus Sicherheitsgründen nicht schaden, Symbole des Reichtums wie Uhren, Schmuck, Fotoausrüstung oder Bargeld nicht zu sehr zur Schau zu stellen.

Schmerzen

Schmerzen und andere persönliche Beschwerden erfahren in der vietnamesischen Gesellschaft **weniger Beachtung** als bei uns. Neben der konfuzianischen Erziehung zur Beherrschung kommt hier noch ein anderer Aspekt zur Geltung: Der Einzelne steht in Asien lange nicht derart im Mittelpunkt wie in unseren Gesellschaften. Es geht vielmehr um das Wohl und Wehe von Gemeinschaften (Familien, Sippen, auch Arbeitsgruppen) als von Individuen. Persönliches Leid erfährt demzufolge eine andere Behandlung als bei uns.

Die zur Begrüßung häufig gestellte Frage *„Anh có khỏe không?"* (wörtl: „Bist du gesund, Bruder?"), d. h. „Wie geht es dir?", wird meist bejaht. Jammern über banale Sorgen und Zipperlein ist nur zwischen engen Freunden und innerhalb der Familie üblich.

Wie weit die **Selbstbeherrschung** bei Vietnamesen geht, davon wissen Mediziner ein Lied zu singen. Viele Patienten scheuen sich, deutlich zu sagen, welche Beschwerden sie haben, da sie den Arzt nicht mit ihren persönlichen Wehwehchen belasten wollen. Es ist ihnen peinlich, zu viel Aufhebens um sich zu machen. Nur mit viel Geduld und durch einfühlsames Zureden können sie dazu gebracht werden, für die Behandlung verwertbare Angaben zu machen.

Typisch für diese Haltung ist folgende Begebenheit: Ein junger Vietnamese mit einer schweren Kopfverletzung sitzt aufrecht in seinem Bett. Den Mund voller Drähte, beantwortet er lächelnd zahllose Fragen der Deutschen. Endlich kommt ein Verwandter des Patienten und die Deutschen ziehen sich zurück. Schon bei der ersten Frage des Besuchers, wie es ihm denn gehe, brechen alle Dämme. Der junge Mann sagt nur ein Wort: „dau!" (es tut weh) und bricht weinend zusammen.

Schuhe

In Pagoden und meist auch in Wohnräumen, stets aber vor Betreten einer Matte, zieht man die Schuhe aus. Vietnamesen erwarten von einem Ausländer jedoch nicht, dass er seine **Schuhe auszieht,** würden ihn auch nie dazu auffordern, sondern bitten ihn sofort in die Wohnräume. Das hat auch besonders in der kalten Jahreszeit im Norden seine Berechtigung. Wer jedoch die bunte Reihe von Schuhen vor dem Haus oder direkt hinter der Eingangstür in Wohnblocks sieht oder bemerkt, dass der Gastgeber seinerseits sehr wohl plötzlich keine Straßenschuhe mehr anhat, der verhält sich sehr richtig, indem er sich seiner Schuhe ebenfalls entledigt. An solchen Kleinigkeiten sehen die Gastgeber, dass man rücksichtsvoll und bereit ist, sich den örtlichen Gepflogenheiten anzupassen.

Schwitzen

Wenn man auch nach Herzenslust spucken darf, gibt es eine Sache, die von Vietnamesen als ausgesprochen unfein angesehen wird: **Sichtbares Schwitzen** bei Menschen, die augenscheinlich keine schwere körperliche Arbeit leisten. Der Rikschafahrer, der Kohlenschlepper, der Bauarbeiter –

sie alle transpirieren legal. Aber der Büroarbeiter, der Geschäftsmann, jeder mit einem Schlips-und-Kragen-Job und Touristen haben Haltung zu wahren und das kleine Wunder zu vollbringen, bei 30 °C und sehr hoher Luftfeuchtigkeit den Anschein zu erwecken, es seien kühle 22 Grad.

Schwitzen ist unfein, wenn man es sich anmerken lässt. Das gilt insbesondere für Frauen. Unter den Achseln durchgeschwitzte Kleidung oder fettig glänzende Stirnen werden mit Naserümpfen und angewiderten Bemerkungen bedacht. Selbst die Marktfrau, die gerade mit viel Mühe und Muskelkraft ihr Gemüse aufgestapelt hat, wird versuchen, so auszusehen, als schwitze sie nicht. Dazu hat man ständig eine Art Waschlappen vom Format eines kleinen Gästehandtuchs bei sich, das irgendwo ins Wasser getaucht und zum Waschen des Gesichts verwendet wird. Berufskraftfahrer führen stets ihre Handtuchausrüstung bei sich. Bei Überlandfahrten flattert das bei jeder Rast frisch ausgespülte Handtuch direkt in Sitznähe, sodass während der Fahrt immer mal das Gesicht erfrischt werden kann. Bauern, Soldaten und Rikschafahrer klemmen ihr „Waschlappen-Handtuch" in den Gürtel. Auf den Feldern tragen viele Frauen das Handtuch unter dem *nón* – im Winter als Kälteschutz, in der heißen Jahreszeit als Schweißfänger.

Nun ist es natürlich kaum möglich, in einem tropischen Land nicht zu schwitzen. Viele *Tây* transpirieren (klima-, aber auch konstitutionsbedingt) recht stark. Da sie meist wesentlich mehr tierische Fette und Eiweiße zu sich nehmen, riecht ihr Schweiß anders als der der Vietnamesen, die vor allem von Reis und Gemüse leben. Natürlich erwartet niemand, dass der gestresste Reisende sich von heute auf morgen auf vietnamesische Kost umstellt. Jeder muss selbst wissen, was er verträgt oder sich zumuten kann. Die Erhaltung der Reisefähigkeit ist oft wichtiger als das schöne Gefühl, sich landestypisch zu ernähren und für vietnamesische Nasen duftneutral zu sein. Wer den Vietnamesen nicht stinken will, sollte deshalb überlegen, ob nicht doch einige der folgenden Punkte für ihn realisierbar sind.

- Peinlichst auf Körperhygiene achten, nicht zu sehr auf Deodorants verlassen, sie halten nur kurze Zeit. Dafür lieber **oft duschen,** drei- bis fünfmal täglich, aber nicht zu lange und nicht zu viel Seife verwenden, sonst wird die Haut zu stark beansprucht.
- Zweckmäßige Garderobe: **Kein Polyester!** Keine zu enge Kleidung. Oberbekleidung nie nur auslüften und danach ein zweites Mal tragen! Wenn nötig, Garderobe mehrmals am Tag wechseln. Damen sollten überlegen, ob ärmellose und achselfreie Kleider/Blusen sein müssen.
- Hektik und Kraftanstrengungen provozieren Schweißausbrüche, denen kein Deo gewachsen ist. Bei Einladungen, feierlichen Empfängen und

ähnlichen Ereignissen überlegen, ob es einen „coolen" Weg zum Ort des Geschehens gibt. Auch eingefleischte Radler oder Fußgänger sollten sich im Ausnahmefall für ein Taxi entscheiden. Das ist klimatisiert und man kommt frisch und gekühlt an. Wir können auch von den Vietnamesen lernen. Sie wählen instinktiv stets die schattigere Seite der Straße, gehen ruhigen Schrittes, machen gemessene Bewegungen und **vermeiden schweißtreibende Aktionen.**

- Keinen verschwitzten Eindruck machen. Was ist gemeint? Dass das Hemd unter dem Sakko schon durchweicht ist, sieht niemand. Schweißperlen auf der Stirn und glänzende Nasenrücken sind jedoch verräterisch. Ihnen kommt man mit Taschentuch/feuchten Reinigungstüchern bzw. etwas **Puder** rasch bei. Effektiv ist auch eine gut durchdachte Zusammenstellung der Kleidung vor der Reise. Da es sehr wohl Stoffe gibt, die sich bei Feuchtigkeit nicht verfärben, kann man sich entsprechend ausrüsten.
- Die Neigung mancher Touristen, sich stets in **Trekking-Stiefeln** durch Vietnam zu bewegen (als wäre das ganze Land ein einziger gefährlicher Dschungel ...), ist in den Augen der Vietnamesen nicht nur hässlich und lächerlich, sondern auch schweißtreibend – und geruchsbildend.

Trauerhaus

Kommt man als Ausländer in ein Trauerhaus und wird aufgefordert, drei Verbeugungen vor dem Altar oder dem Bild des Verstorbenen zu machen, so sollte man einer solchen Aufforderung selbstverständlich mit dem nötigen Ernst nachkommen. Wird man dazu nicht aufgefordert, dann ist die Familie offenbar der Meinung, dieser Teil ihres Lebens gehe den Gast nichts an. Dann ist es am besten, von sich aus gar nichts zu tun. **Auf keinen Fall** sollte man neugierig an den Altar herantreten, nur um zu schauen, Gegenstände berühren oder gar mit dem Finger auf Bilder der Verstorbenen zeigen, um sich etwa zu erkundigen, wer das sei.

Trauerzug

Für Vietnamesen ist es ein ungeschriebenes Gesetz, niemals einen Trauerzug zu **überholen.** Das wäre gleichbedeutend damit, den Verstorbenen auf dem Weg ins Totenreich überholen zu wollen ... Selbst aus unserer Sicht wäre es pietätlos, an einem Sarg und trauernden Menschen vorbeizuhasten. Wenn möglich also besser gleich in die nächste Querstraße abbiegen und allem aus dem Wege gehen oder sich mit Geduld wappnen, denn etwas Aufenthalt wird es schon geben.

Trinkgelder

Trinkgelder sind **nicht üblich.** Man zahlt den Preis, der ausgehandelt wurde oder auf der Karte stand. Wer das ununterdrückbare Bedürfnis verspürt, Trinkgelder zu verteilen, dem seien an dieser Stelle zwei Überlegungen mit auf den Weg gegeben:

1. Ausländer dürfen sicher sein, dass ihr *tiền boa* („pourboire") bereits im Tây-Tarif enthalten ist (vgl. Feilschen).

2. Wer zu großzügig gibt, verfestigt das Bild des reichen Ausländers und macht es später Kommenden unnötig schwer.

Visitenkarten

Wer vorhat, in Vietnam viele Kontakte zu knüpfen, der vergesse seine Visitenkarten nicht. Inzwischen ist es üblich geworden, dass fast jeder Vietnamese, der in irgendeinem Office tätig ist, seine Kärtchen parat hat. Ebenso wie in China legt man in Vietnam sehr großen Wert auf die kleinen Kartonstücke. Die **Einordnung des Gastes** wird dadurch wesentlich erleichtert. Außerdem haben Vietnamesen mindestens so große Schwierigkeiten, sich ausländische, mehrsilbige Namen einzuprägen wie wir, vietnamesische Namen auszusprechen. Ein schneller Blick auf das Kärtchen hilft oft beiden Seiten aus solchen Verlegenheiten.

Visitenkarten werden mit beiden Händen entgegengenommen bzw. überreicht.

Spricht man seine Partner direkt an, so nennt man nur den Titel und den letzten Namensteil. *Dr. Nguyễn Văn Sơn* wird korrekt mit *Herr Dr. Sơn* angesprochen, *Nguyễn Thị Thu Hà* mit *Frau Thu Hà* usw.

Wer überhaupt keine Kenntnisse der vietnamesischen Sprache hat, kann Betreuer, Dolmetscher oder sprachkundige Reiseleiter nach der richtigen **Aussprache der Namen** der vietnamesischen Partner fragen.

Hilfreich ist eine private phonetische Umschrift, um sich die Aussprache richtig einzuprägen: Zum Beispiel *Dũng* (sprich: Su-ung) usw. Es ist nicht schön, wenn man die Namen zu sehr entstellt. Ein Deutscher mit dem Namen Kurt mag beispielsweise auch nicht Kuh oder Kuck gerufen werden. Außerdem gibt es zahlreiche Möglichkeiten, wie durch eine falsche Aussprache der Sinn eines Wortes negativ entstellt wird. So kann ganz schnell aus „Tugend, Moral" *(Đức)* ein „Männchen" *(đực)* werden. Aus *Hiệp* („Übereinstimmung, Harmonie") wird *hiếp* („nötigen, vergewaltigen"). Ein schlecht ausgesprochener *Thanh* („hell, klar, rein") kann zu *than* („Kohle") mutieren. Das sind Peinlichkeiten, die mit etwas gutem Willen vermieden werden können.

„Für uns war das bedachtsame Auswählen auf dem Markt nichts, in uns steckte allzu tief die auf Tempo in allen Dingen gerichtete Hast des Mitteleuropäers, die den Vietnamesen von Grund auf fremd ist. Und so standen wir denn manches Mal wie auf Kohlen, brennend vor Ungeduld, wenn eine der Händlerinnen gemächlich mit der Stabwaage hantierte ... Verwünschte innere Unrast - wie viel Schweißtropfen hätten uns nicht von der Stirn zu rinnen brauchen, wenn wir etwas mehr Ruhe und Gelassenheit von unseren Gastgebern gelernt hätten!"

(Landmann)

Pünktlichkeit ist für manchen Ausländer in Vietnam ein Angstwort. Obwohl ab und an als Preußen Asiens bezeichnet, haben Vietnamesen insgesamt ein eher **unverkrampftes Verhältnis zur Uhrzeit.** Selbstverständlich weiß man in Hotels, Reisebüros und überall sonst, wo sich Ausländer bewegen, um deren Eigenart, viele Dinge pünktlich auf die Minute tun zu wollen. Termine werden im Allgemeinen auch eingehalten, aber vom Sekundenzeiger lassen sich wirklich nur Sportler antreiben. Für uns, die wir seit frühester Jugend an Pünktlichkeit gewöhnt wurden, ist dieser gelassene Umgang mit der Zeit eher befremdlich. Der Reisende hat wenige Wochen, manchmal nur Tage zur Verfügung. In dieser kurzen Zeit muss und will er ein meist dicht gedrängtes Programm bewältigen. „Time is money" heißt die Parole, ob wir wollen oder nicht. Das ist nicht unbedingt eine Wesensart der Deutschen, sondern vor allem ein Ergebnis der Entwicklungsgeschichte der modernen **Industriestaaten.**

Vietnam dagegen ist ein **Agrarland.** Nach wie vor ist für 80 % der Menschen die Basiszeiteinheit eher der Tag als die Stunde. Auf dem Lande gibt es in vielen Familien keine Uhr. Man braucht auch nicht unbedingt einen Wecker, da man durch das sehr regelmäßige Leben „die Uhr im Bauch" hat. Man steht sehr früh auf und geht abends relativ zeitig zu Bett, wenn alle Arbeit getan ist. Auch die Mentalität der Stadtbewohner ist nicht immer wirklich „städtisch". Die wirtschaftliche Entwicklung des Landes bringt zwar für täglich mehr Menschen ein „Leben nach der Uhr" mit sich, dieser Prozess ist aber längst nicht abgeschlossen.

In den 1980er Jahren in die DDR gekommene vietnamesische Vertragsarbeiter haben zum Teil sehr unter der **Schichtarbeit,** bzw. den festen Arbeitszeiten, gelitten. Sie sagten oft: „Zu Hause kann ich 12 bis 16 Stunden arbeiten, aber ich teile mir die Arbeit selbst ein, tue alles in Ruhe und mache dann Pause, wenn ich eine brauche. Hier bin ich schon nach acht Stunden völlig fertig." Nicht die Arbeit an sich war das Hauptproblem, denn Vietnamesen sind überaus fleißig und schrecken vor keiner Arbeit zurück. Das Hetzen und Jagen jedoch, der Zwang, einen bestimmten Bus erwischen zu müssen, nicht zu spät kommen zu dürfen, nicht dann Pause machen zu dürfen, wenn der Körper sie gerade brauchte, das alles belastete sie außerordentlich. Vietnamesen, die nie den Arbeitsrhythmus des Industriezeitalters kennenlernten, empfinden unsere Art, Hektik zu entfalten, als belastend. Auch der **Klimafaktor** sollte nicht unterschätzt werden. Wer sein Leben lang in den Tropen arbeitet, der muss seinen Arbeitsrhythmus den Temperaturen anpassen, muss einen Mittelweg zwischen Hetze und Hitzschlag finden.

Das ändert nun nichts an der Tatsache, dass in verschiedenen Situationen (Flugtermine u. Ä.) **Pünktlichkeit** auf jeden Fall erforderlich ist. Deshalb ist es wichtig, den vietnamesischen Reisebetreuern deutlich zu sagen, welche Termine unbedingt korrekt eingehalten werden müssen. Sie werden sich dann immer die größte Mühe geben, alles auf die Wünsche der Gäste abzustimmen. Wer kein Risiko eingehen möchte, plant am sichersten zusätzliche Pufferzeiten ein und sei es nur zur eigenen Beruhigung. Mögen sich die Vietnamesen ruhig über unsere Übervorsichtigkeit amüsieren, auch ihnen kann es schließlich nur recht sein, wenn alles glatt geht und keine zeitlichen Pannen eintreten.

Von Deutschen erwarten Vietnamesen jedoch im Allgemeinen Pünktlichkeit! Für dienstliche Termine gelten also mehr oder weniger die von zu Hause gewohnten Regeln. Bei privaten Einladungen darf man dagegen die Uhren ruhig „vietnamesisch" gehen lassen und muss nicht auf die Minute sehen. Hier gilt noch die traditionelle Einstellung: Lieber etwas später, aber in Ruhe ankommen als abgehetzt und pünktlich erscheinen.

006vi Foto: jb

VIETNAM UND DEUTSCHLAND „HAUTNAH“

Vietnamesen in Deutschland

Abgesehen von Studierenden und Auszubildenden gibt es drei größere Gruppen von Vietnamesen, die seit Ende der 1970er Jahre nach Europa kamen:

- *Boat people,* Ende der 1970er Jahre (vor allem in die BRD, aber auch nach Frankreich, in die Schweiz und die Niederlande)
- Arbeitskräfte in den 1980er Jahren (in die osteuropäischen Länder, ca. 72.000 allein in die DDR)
- Asylbewerber, seit 1990 (nach ganz Deutschland).

Herzlicher Empfang in einer deutsch-vietnamesischen Familie

„Neue Heimat Deutschland" für ehemalige Exilanten

Die Kontingentflüchtlinge, **boat people,** die von der Alt-Bundesrepublik aufgenommen wurden, kamen meist als kompletter Familienverband oder zumindest als Rumpf-Familie nach Deutschland. Sie wurden eines umfangreichen Programms zur Eingliederung teilhaftig. Sprachkurse, Wohnungsvermittlung, Hilfe bei der Arbeitssuche, Ausbildungs- und Umschulungsangebote waren selbstverständlich. Die Flüchtlinge siedelten sich gern dort an, wo bereits Landsleute lebten, sodass sie heute in verschiedenen deutschen Städten **kleine Gemeinden** mit eigenen Geschäften, Restaurants und einem eigenen kulturellen Leben bilden. Die boat people der ersten Generation sind für immer gekommen. Sie sehnen sich zwar nach ihrer Heimat, aber eine Rückkehr ist für sie kaum vorstellbar.

Die **„zweite Generation"** dieser Familien kam im Kindesalter nach Deutschland bzw. wurde hier geboren und ist in der Regel voll integriert. Vietnam kennen sie oft nur in der verklärten Sicht bzw. aus den Schauergeschichten der Eltern. Nicht selten reisen „deutsche" Vietnamesen der zweiten Generation nach Vietnam, um das Land ihrer Eltern mit eigenen Augen zu sehen, und bringen erst dadurch eine neue Sichtweise in die Exilantenfamilien hinein ...

Exilvietnamesen, die ihr Land vor 30 Jahren verlassen hatten und deren letzter Eindruck von ihrer Heimat die Bilder des im Chaos versinkenden Saigon vom April 1975 waren, hatten jahrzehntelang mit der Vorstellung von kommunistischer Schreckensherrschaft, von Blut und Elend gelebt. Nun hören sie von ihren Kindern, wie interessant und vielfältig das Land heute ist, sie sehen Videoaufnahmen von ihren Verwandten, von schicken neuen Häuschen, von der quirligen Boomtown Saigon ... und sind hin- und hergerissen zwischen Erleichterung und Wehmut. Erleichterung darüber, dass es Überlebende der Sippe gibt, dass alles doch nicht so schrecklich ist, wie man dachte. Eine leise Trauer darüber, dass man vielleicht (wer weiß?) schon vor Jahren einen Besuch in der alten Heimat hätte wagen können, ohne sein Leben zu gefährden ...

Inwiefern die **Verschiedenheit der kulturellen Traditionen** ihrer Eltern und der von ihnen selbst erlebten Realität in Deutschland für diese jungen Vietnamesen eher Belastung oder aber Bereicherung darstellen, hängt in hohem Maße vom jeweiligen Elternhaus ab. Fast durchgängig gilt, dass die Elterngeneration mit Sorge auf die Freiheiten reagiert, die den jungen Leuten hierzulande eingeräumt werden. Sie vermissen die ihnen vertrauten Elternrechte und fragen sich z. B., wie es sein kann, dass der Staat zwar per Gesetz verbietet, Kinder zu schlagen, dabei aber kein Wort über die Pflichten der Kinder ihren Eltern gegenüber verliert!

„Mit den Füßen in Deutschland – mit dem Herzen in Vietnam" – Arbeitskräfte „mit Rückfahrkarte"

Die vietnamesischen **Vertragsarbeiter** leben unter ganz anderen Voraussetzungen in Deutschland, als die boat people. Die „Gastarbeiter" kamen in der Regel allein und für einen begrenzten Zeitraum von drei bis fünf Jahren. Sie wurden in Arbeiterwohnheimen untergebracht und nach ein paar Wochen Deutschunterricht in DDR-Betrieben eingesetzt, wo sie oftmals wenig attraktive und körperlich schwere Arbeit leisteten (z. B. in der Lederverarbeitung, der Textilindustrie, im Gleisbau ...).

Nach der deutschen **Wiedervereinigung** wurden die vietnamesischen Arbeitskräfte in diesen Betrieben nicht mehr gebraucht und viele kehrten vorzeitig und nicht ganz freiwillig in die Heimat zurück. Andere suchten nach Wegen, ihren Aufenthalt in Deutschland zu verlängern oder sich dauerhaft niederzulassen. Manche waren gleich nach dem Fall der Mauer in den Westteil des Landes geflüchtet, andere meldeten sich später aus Angst vor einer erzwungenen Rückkehr als Asylbewerber. Nicht wenige suchten sich nach ihrer Entlassung aus dem volkseigenen Betrieb selbstständig eine neue Arbeit und konnten sich einen Aufenthaltstitel buchstäblich „erschuften" – auf dem Bau, in Reinigungsfirmen und Wäschereien, als Küchenhilfen oder beim Sortieren von Recyclingmüll.

Das typische „Erfolgsmodell" ehemaliger Vertragsarbeiter sieht etwa so aus: Auf dem Bau geschuftet, bis der Rücken kaputt war, Gemüseladen aufgemacht, Kinder aufs Gymnasium geschickt, in Vietnam Land gekauft und Haus gebaut. Nun wird weiter Obst verkauft und Gemüse geschleppt, bis die Kinder das Abitur geschafft haben. Dann geht ein Ehepartner zurück nach Vietnam, während der andere hier dafür sorgt, dass die Kinder auch das Studium noch schaffen ... Wo die Kinder einmal leben werden? Man wird sehen ...

Asylbewerber und „schwarze" Vietnamesen

Die dritte große Gruppe bilden die **Asylbewerber.** Da Deutschland kein klassisches Einwanderungsland mit entsprechenden Bestimmungen ist, die Unterschiede im Lebensniveau aber eine immense Sogwirkung ausüben, kommt man auf allen möglichen Wegen nach Deutschland. In der Regel geht es nicht um politisches Asyl, sondern um die Möglichkeit, hier **Geld zu verdienen** und sei es auch nur für eine begrenzte Zeit.

Der Weg nach Deutschland ist beschwerlich und nicht eben billig. Oft verkauft die Familie ihr Häuschen und macht zusätzlich Schulden, um wenigstens einem Kind die Reise zu ermöglichen. Mit einem Reisepass und

Zweckehen

In Vietnam betrachten viele Familien die Ehe mit einem Ausländer auch heute noch mit wenig Begeisterung. Man sieht es lieber, wenn der Schwiegersohn/die Schwiegertochter auch Vietnamese/-in ist. Eine nicht geringe Rolle spielt dabei der Gedanke, sich vom Kind trennen zu müssen und kaum Zugriff auf die Enkelkinder zu haben. Die Lockungen des Geldes haben jedoch dazu geführt, dass in manchen Kreisen die Heirat mit einem Ausländer als begrüßenswerte ***Möglichkeit sozialen Aufstieges*** *betrachtet wird. Wie teuer ein solcher Aufstieg in der Regel erkauft wird, können dabei weder ehrgeizige Mütter noch naive Töchter und Söhne voraussehen.*

Eheschließungen mit dem Ziel, ins reiche Ausland zu kommen, gehören allmählich immer mehr zum Alltag, obwohl ein solcher Schritt von der Mehrzahl der Vietnamesen nicht eben mit Hochachtung bedacht wird. Meist sind es sehr junge Frauen, die durch einen solchen Schritt den sozialen Aufstieg erzwingen wollen. Neben Europäern, Amerikanern, Australiern sind auch Exilvietnamesen sowie Taiwanesen und Südkoreaner gefragte Kandidaten. Eines sollten sie aber in jedem Fall mitbringen: ***Geld*** *– je mehr, desto besser. Arm verheiraten kann sich eine junge Vietnamesin schließlich auch in der Heimat.*

Besonders in Ho-Chi-Minh-Stadt gibt es zahlreiche Eheanbahnungsinstitute, die oft von Taiwanesen, Hongkong-Chinesen oder Südkoreanern gegründet wurden. Die vietnamesischen Behörden sehen solche Aktivitäten nicht gern, deshalb werden meist Vietnamesen als Strohmänner eingesetzt. Diese leiten dann Unternehmen, die mit Sprüchen wie „Freunde in den vier Himmelsrichtungen gesucht“ oder „Heiratsvermittlung mit ausländischen Partnern“ junge Mädchen anlocken. Kommen nicht genug Bewerberinnen, so gehen die Mitarbeiter von Haus zu Haus und werben

einem Touristenvisum geht es z. B. zunächst nach Russland. Dort beginnt eine wochenlange, riskante Tour, die schließlich **illegal über die „grüne Grenze“** bis nach Deutschland führt. Vietnamesen berichten von Hunger, Kälte, wochenlangem Ausharren in Zwischenstationen, Erpressungen durch die Schleuser, Vergewaltigungen und Todesfällen.

Wer es bis nach Deutschland geschafft hat, ist wohl oder übel bereit, sehr viel dafür zu tun, wenigstens so lange hierbleiben zu können, bis die Schulden zurückgezahlt sind und die Familie zu Hause finanziell unterstützt werden kann. Wozu hätte man sonst alle diese Gefahren auf sich

ganz unverblümt: „Möchtest du einen Taiwanesen heiraten? Er zahlt 3000 Dollar Prämie."

Für die materielle Sicherheit oder sogar einen gewissen Wohlstand gehen manche Frauen **Kompromisse** *ein, deren Unzumutbarkeit ihnen erst im Nachhinein richtig klar wird. Glück im Unglück haben diejenigen, die sich lediglich mit ihrem Ehemann nicht verstehen. Entweder sie beweisen ihre sprichwörtliche Leidensfähigkeit, indem sie inklusive Schläge und Demütigungen alles erdulden, was der Mann ihnen zumutet, oder sie entschließen sich endlich zur Trennung. Danach stehen sie oft wirtschaftlich und persönlich vor dem Nichts. Ihr Alter und die Tatsache, dass sie schon einmal - und auch noch mit einem Ausländer! - verheiratet waren, lassen ihre Chancen, noch einmal einen Partner in Vietnam zu finden, gegen Null gehen.*

Ganz übel ergeht es jedoch denjenigen, die für die 3000-Dollar-Prämie nicht an einen Mann, sondern an ein **Bordell** *verkauft wurden. Das geschieht häufiger, als man denken sollte. Es kommt immer wieder vor, dass vietnamesische Vermittler/-innen ehrgeizige oder gierige Eltern überreden, ihre Tochter an einen „chinesischen Geschäftsmann" zu geben. Dieser Geschäftsmann stellt sich vielleicht sogar persönlich vor. Sitzt die Braut erst im Flieger nach Hongkong, ist der Herr Gemahl entweder verschwunden oder erweist sich als Zwischenhändler im „Frischfleischgeschäft". Auch der Naivsten wird klar, dass sie in die Falle getappt ist, wenn man ihr den Pass wegnimmt und sie zu ihrem „Arbeitsplatz" bringt. Wenn sie sich nicht in ihr Schicksal fügt, hat sie vielleicht die Chance, sich freizukaufen. Die Behörden können gegen solchen Menschenhandel nur dann vorgehen, wenn konkrete Anhaltspunkte vorliegen. Die werden jedoch nur in Einzelfällen gegeben, meist von reuigen Eltern, die ihr Kind zurückkaufen und mithilfe der Behörden nach Hause holen wollen.*

genommen? Da die Einreise bereits illegal erfolgte und Asylbewerber erst einmal keine Arbeitserlaubnis erhalten, bleiben oftmals nur weitere **nicht legale Wege,** um sich durchzuschlagen: Man verkauft Schmuggelzigaretten, Hehlerware oder den eigenen Körper; man arbeitet „schwarz" in der Küche eines Restaurants oder als Kindermädchen in Familien „legaler" Vietnamesen. Manche betätigen sich auch als „Steuereintreiber", „verwalten" Zigarettenverkaufsplätze oder gehen „Dinge nehmen" (stehlen) ...

Ganz besonders **rechtlos** sind diejenigen, die nicht einmal Asyl beantragt haben, also eigentlich „gar nicht hier sind". Die Angst vor Entdeckung durch deutsche Behörden macht sie in hohem Maße abhängig von zwielichtigen Leuten, die von dem Elend dieser „schwarz" hier lebenden Vietnamesen profitieren.

Angesichts solcher Perspektiven ist eine Ehe mit einem deutschen oder einem „legalen" vietnamesischen Partner fast so etwas wie ein Sechser im Lotto, denn sie bietet die reale Chance auf ein Bleiberecht.

Ehen zwischen Vietnamesen und Deutschen

Ehen zwischen Vietnamesen und Europäern waren in den letzten Jahrzehnten **eher die Ausnahme** und sind auch heute keine Massenerscheinung. Meist lernen sich die Partner in Europa kennen. Es gibt zwar kaum statistische Erhebungen über die Dauerhaftigkeit von deutsch-vietnamesischen Ehen, die in den 1960er und 1970er Jahren geschlossen wurden, doch ist von Betroffenen zu hören, dass die Trennungsrate extrem hoch sei. Auffällig ist die Tatsache, dass sich die Partner einer geschiedenen binationalen Ehe im zweiten Anlauf meist einen Partner ihrer eigenen Nationalität wählen. Es ist nicht ausgeschlossen, dass das mit einer vorausgegangenen Überforderung beider Partner durch die jeweils andere Kultur im Zusammenhang steht.

Viele der vietnamesischen Vertragsarbeiter hatten bereits eine eigene Familie gegründet, bevor sie in die DDR kamen, andere waren noch ledig. Alle hatten sich vertraglich verpflichtet, drei oder auch fünf Jahre in einem bestimmten Betrieb zu arbeiten, um danach in die Heimat zurückzukehren. Für Privates war kein Raum vorgesehen, allzu intensive Kontakte zu den deutschen Kollegen standen nicht auf dem Plan. Natürlich fanden sich trotzdem deutsch-vietnamesische Paare. Diese hatten zahlreiche **bürokratische Hürden** zu überwinden, die ihnen von beiden Staaten in den Weg gestellt wurden. Prinzipiell gab es zwar Regelungen für solche Fälle, aber ohne viel Geduld und Beharrlichkeit war es auch nicht getan. Waren sie schließlich doch ein Ehepaar geworden, lief das Leben in vergleichsweise normalen Bahnen weiter.

Heute leben ca. **100.000 Vietnamesen in Deutschland,** davon allein 20.000 in Berlin (offiziell gemeldet sind 11.000, weitere 9000 halten sich Schätzungen der Polizei zufolge ohne Anmeldung in der Hauptstadt auf). Die genaue Anzahl der tatsächlich in Deutschland lebenden Vietnamesen lässt sich nicht zuverlässig angeben, da z. B. alle diejenigen, die die deutsche Staatsangehörigkeit erworben haben, aus der „Ausländerstatistik" herausfallen. Dann kann auch nicht mehr festgestellt werden, wie viele von ihnen in welche Stadt umgezogen sind, mit Deutschen oder Nicht-

Deutschen verheiratet sind usw. ... (Aus genau diesem Grund gibt es keine statistischen Angaben darüber, was aus den Ende der 1980er Jahre in der DDR geschlossenen Ehen zwischen Deutschen und Vertragsarbeitern aus Vietnam inzwischen geworden ist.)

Der Trend, nach Deutschland zu gehen, um hier „sein Glück zu machen", hält an. Trotz aller damit verbundenen Schwierigkeiten wächst die Zahl der in Deutschland lebenden Vietnamesen und auch die Zahl der deutsch-vietnamesischen Ehen nimmt zu.

Die Ehepartner leben in Vietnam ...

„Trans Mutter ist eine alte Frau, die ihre Familie mit wenig durchbringen muss. Wenn immer sie mich alleine sieht, zupft sie mich am Ärmel und sagt: Heirate meinen Sohn. Jeder Ausländer hat ihrer Meinung nach viel Geld. Eine Heirat mit ihrem Sohn wäre eine Verpflichtung, für die ganze Familie zu sorgen."

(*Della Rossa*)

Europäerin und Vietnamese

Es gibt nur ganz wenige Fälle, in denen die Eheleute in Vietnam bleiben. Für eine Europäerin ist es auf die Dauer meist schwierig, den viel härteren Alltag zu bewältigen, sich in die Familienstrukturen einzufügen und vor allem der Schwiegermutter ohne Widerspruch zu gehorchen. Vietnamesische Familien sind zwar sehr modern eingestellt, was die Berufstätigkeit der Frau angeht. Schließlich gibt es unter den Vietnamesinnen kaum „Hausfrauen". Das heißt jedoch nicht, dass die junge Frau deshalb automatisch von den traditionellen **Pflichten einer Schwiegertochter** befreit wäre. Zwar verlangt heute niemand mehr, dass sie drei Jahre im Haus der Schwiegereltern dienen soll, doch die Pflege der Eltern des Mannes bleibt trotzdem überwiegend auf der Frau hängen. Hinzu kommen bestimmte – wenn auch oft eher symbolische – Gesten der Unterordnung und des Gehorsams, die einer Mitteleuropäerin nicht unbedingt leicht fallen dürften.

Nicht zuletzt trägt die Sprachbarriere zu zahlreichen Missverständnissen bei, die oft erst nach großen Mühen – manchmal auch gar nicht – geklärt werden können, wie folgendes Beispiel zeigt: Eine junge deutsche Ehefrau besucht zum ersten Mal Vietnam. Die Familie ihres Mannes heißt sie freudig in gebrochenem Englisch willkommen. Nach dem fröhlichen Durcheinander der Begrüßung wird es plötzlich feierlich: Mit Gesten und ihr unverständlichen Erklärungen wird die junge Frau hinunter in die Küche gebeten, die sich als kleiner Anbau hinten am Haus befindet. Das dabei ertönende Gelächter bringt sie, die von der Reise und den vielen Eindrücken erschöpft und durcheinander ist, in Rage: Was wollen diese Machos ihr sagen? Dass sie jetzt Küchendienst hat? Dass sie als Frau in die Küche gehört und nicht ins Wohnzimmer? Sie will nicht und sie geht nicht mit. Verlegenes Schweigen breitet sich aus, man versucht die Situation zu überspielen, doch Unsicherheit und Verkrampfung halten auf beiden Seiten an ... Erst lange Zeit später erfährt die junge Frau, dass man ihr symbolisch das Herdfeuer anvertrauen wollte, als Zeichen dafür, dass sie als „junge Herrin im Hause" von der Sippe anerkannt wird!

Europäer und Vietnamesin

Inzwischen gibt es einige europäische Männer, die – wenigstens zeitweise – mit ihrer vietnamesischen Gattin in deren Heimat leben. Meist arbeiten sie für eine ausländische Firma, sind dadurch finanziell abgesichert und können so für ihre Frau sorgen und deren Familie unterstützen. Ist der Schwiegersohn ein Ausländer, so hat er ungleich **mehr Freiräume** als eine weiße Schwiegertochter. Ihm wird – er ist ja ein Mann! – weitgehend gestattet, ein Leben zu führen wie er es gewohnt ist. Trotzdem bekommt auch er die suggestive Kraft des familiären Verhaltens zu spüren. Nur zu schnell wird man ihm klarmachen, dass er nicht nur eine Frau, sondern eine ganze Familie mit meist vielen Mitgliedern geheiratet hat.

Ein Problem betrifft in Vietnam lebende Ausländer mit vietnamesischem Partner besonders hart: Im Alltag wird der Europäer stets als reicher Tourist behandelt. Auch wenn er vielleicht zum Ortstarif arbeitet und genauso arm wie die Vietnamesen ist – man wird überall Ausländerpreise von ihm verlangen. Niemand wird ihm glauben, dass er genauso wenig Geld wie ein Vietnamese hat. Es wird ihm unmöglich gemacht, wie die Einheimischen zu leben, selbst wenn er es wollte.

Die Ehepartner leben in Europa ...

„Anschmiegsame Asiatin" und „reicher Europäer": Unterschiedliche Erwartungshaltungen

Diese Zeilen sind vor allem den Männern gewidmet, die sich – insbesondere nach Enttäuschungen mit europäischen Frauen – von der Partnerschaft mit einer Vietnamesin ein sicheres **Eheglück ohne Konflikte erhoffen.** In der Vorstellung der Männerwelt hält sich hartnäckig das Bild von einer zarten exotischen Schönheit, die gehorsam lächelnd zu ihrem „Herrn und Meister" aufschaut, ihm alle Wünsche erfüllt, nie widerspricht und stets mit dem Haushaltsgeld auskommt.

Doch die Vietnamesinnen, die das Wagnis einer Ehe mit einem Ausländer eingehen, sind meist **gerade nicht die besonders fügsamen,** sondern eher die mutigen, streitbaren, diejenigen, die gegen die bestehenden Unterordnungsverhältnisse in vietnamesischen Familien revoltieren. Diese Frauen haben entweder die vietnamesischen Männer und das ärmliche Leben satt oder/und sind durch frühere Auslandsaufenthalte geprägt und nicht mehr bereit, alles hinzunehmen, was man ihnen gemeinhin zumutet. Wenn sie sich zu einer Ehe mit einem *Tây* entschließen, dann wissen sie genau, was sie wollen: Ein Leben in Wohlstand, an der Seite eines Mannes, der sie weder schlägt noch anderweitig unterdrückt. Sie wollen ihre beruflichen Ziele verwirklichen und die Sippe in Vietnam unterstützen.

Oft werden dabei die realen **finanziellen Möglichkeiten** des Mannes völlig überschätzt. Das böse Erwachen folgt oft schon nach wenigen Monaten in Europa: *Er* kann ihr nicht das bieten, was sie sich erhoffte – *sie* verwandelt sich von einem anschmiegsamen Kätzchen in eine furchteinflößende Raubkatze!

„Vor ein paar Jahren haben uns Hai und Bang in Berlin besucht … Und sie haben erlebt, wie hart ich jeden Tag, und oftmals noch am Abend, für mein Geld arbeiten muß. In Vietnam denkt man doch, Deutschland sei das Schlaraffenland."

(Quilitzsch)

Einsam zu zweit

Der vietnamesische Partner lässt sein gesamtes **soziales Umfeld** in der Heimat zurück – Familie, Verwandte, Freunde und Kollegen. Was das für die sehr stark in die Gemeinschaft eingebundenen Vietnamesen bedeutet, ist für Nichtvietnamesen kaum vorstellbar. Der deutsche Ehepartner muss in vielen Fällen die Rolle der Bezugspersonen, die dem vietnamesischen Partner bisher Sicherheit und Halt gegeben haben, mit übernehmen. Dessen sind sich aber die wenigsten Deutschen bewusst. Sie gehen davon aus, dass es ausreicht, wenn sie Ehemann bzw. Ehefrau sind. Es kommt ihnen gar nicht in den Sinn, dass ihre Partner mit dem Zwang, Entscheidungen allein treffen zu müssen, oft psychisch überfordert sind.

Ein Beispiel: Ein deutscher Ehemann fährt für einige Wochen auf Dienstreise. Seine frisch angetraute vietnamesische Partnerin hütet die Wohnung. Als er zurückkommt, ist er entsetzt: Der Inhalt des Kühlschranks ist größtenteils verschimmelt. Er macht ihr schwere Vorwürfe. Sie fühlt sich zu Unrecht kritisiert. Schließlich hat sie nicht nur die Zimmer sauber gehalten und die Wäsche gewaschen, sondern sogar kürzlich eine Arbeit gefunden, sodass sie nun auch zum Einkommen beitragen kann. Der Kühlschrank? Da stehen doch nur Sachen drin, die er zu essen pflegt, damit weiß sie gar nicht Bescheid. Sie hat sich immer ihren Reis gemacht …

Sprache und Alltag

In der Heimat des Partners muss sich ein Vietnamese alles erst neu erschließen: Sprache, neue Verwandtschaft, Arbeit, Bewältigung des Alltags. Das ist eine sehr starke **emotionale und geistige Belastung.** In der Heimat war man souverän in der Bewältigung des Lebens, hatte in der Regel einen Beruf und konnte sich artikulieren. In der neuen Umgebung hat der vietnamesische Partner häufig anfangs keine Arbeit. Die mangelnde Sprachbeherrschung macht auch den besten Fachmann plötzlich hilflos. In Vietnam vielleicht Arzt oder Ingenieur, muss er/sie in der „fremden Heimat" plötzlich wie ein kleines Kind mit gestammelten Drei-Wort-Sätzen versuchen, die **Alltagskommunikation** zu bewältigen. Vietnamesen sind tatkräftig und wollen zeigen, dass sie das Leben meistern können. Deshalb sollte der europäische Partner unbedingt für Betätigungsmöglichkeiten sorgen. Je schneller die anfängliche Sprach- und Hilflosigkeit überwunden wird, desto größer ist die Chance, sich in der fremden Umgebung einzuleben.

Interkulturelle Kommunikation in der Familie

In Vietnam ist es nicht die Regel, dass Eheleute alle Probleme miteinander besprechen. Der **Mann** diskutiert zwar mit seiner Frau die Anschaffung eines neuen Kühlschranks oder die Zensuren der Kinder. Gefühlsdinge, Sorgen und Ängste vertraut er jedoch lieber Freunden oder Brüdern an. Ein gebildeter junger Vietnamese sagte mir einmal mit unverkennbarem Stolz in der Stimme: *„Đàn ông không bao giờ tâm sự với đàn bà!"* („Ein Mann schüttet niemals einer Frau gegenüber sein Herz aus!")

Entsprechendes gilt auch für die **Frau.** Delikate Themen wie Verhütungsmethoden oder auch seelischen Kummer muten viele Frauen ihren Männern gar nicht erst zu. Für Herzensangelegenheiten sind **Freundinnen,** Schwestern oder die Mutter da. Viele Vietnamesinnen mit deutschem Partner wollen auch die Beziehung nicht gefährden und hüten sich daher, Dinge auf den Tisch zu bringen, deren Diskussion konfliktgeladen ist. Je mehr die Partner „hinunterschlucken", desto nötiger werden dann in der Ehe die Freunde und Freundinnen. Die bleiben immer häufiger stunden- oder tagelang zu Gast, um den vietnamesischen Partner zu trösten, und tragen damit nicht selten dazu bei, dass der deutsche Partner eine Krise nach der anderen bekommt.

Als besonders ehegefährdend haben sich in diesem Zusammenhang folgende häufig anzutreffenden Haltungen erwiesen:

„Das brauchst Du nicht zu wissen!" (Beliebter Standardsatz von Vietnames/-innen, wenn der/die deutsche Partner/-in gern mehr über „vietnamesische Angelegenheiten" lernen möchte ...)

„Du bist hier in Deutschland, da musst du dich halt anpassen!" (Standardsatz der deutschen Seite ...)

Teure Familienbande

Für die meisten Vietnamesen ist es schwer vorstellbar, dass in Europa nicht alle Menschen im Geld schwimmen. Sie überschlagen, welche Unsumme von vietnamesischen *Dong* das Gehalt eines kleinen deutschen Angestellten darstellt und rechnen so, als könnte man in Deutschland so billig wie in Vietnam leben. Die **Zusammensetzung der Lebenshaltungskosten** in Deutschland ist ihnen unbekannt. Mit dem Wort Miete können sie kaum etwas anfangen, denn die meisten Vietnamesen wohnen in ihrem eigenen Haus, so bescheiden es auch immer sein mag. Wenn man Vietnamesen erklärt, dass die Hälfte des Einkommens für Steuern und Abgaben, Sozialversicherungsbeiträge usw. aufgewendet werden muss, dann glauben sie es meist gar nicht. Sie wissen nur, dass die Menschen in Deutschland reich sind und erwarten deshalb, dass die deutsche Verwandtschaft einen kleinen **Teil ihres Reichtums an die Familie in Vietnam** abgibt.

„Weißt du, worum mich mein Vater vorhin ... gebeten hat? Ich soll für ihn einen Mercedesbus kaufen. Meine Neffen könnten in Nha Trang ein Fuhrunternehmen eröffnen und das Leben für die Familie würde leichter ... Einen Mercedes! Ich habe versucht, meinem Vater klarzumachen, dass ich soviel Geld niemals zusammensparen kann. Und dass ich in Deutschland selbst kein Auto besitze ..."

(Quilitzsch)

Die Kosten einer Heimreise ...

Oft sagen in Deutschland lebende Vietnamesen, wenn man sie nach ihrer nächsten Reise in die Heimat fragt: „Dieses Jahr wird es nichts. Es ist finanziell nicht drin." Fragt man dann weiter, so stellt sich heraus, dass das Geld für ein Ticket sehr wohl da wäre. Wer nach Hause fährt, muss aber Geschenke mitbringen. Die ganze Verwandtschaft setzt Hoffnungen in ihren „deutschen Außenposten". Alle erwarten, dass er an sie denkt. Es sind aber nicht nur die Geschenke, die Kopfzerbrechen bereiten. Die Verwandtschaft hat oft irrationale Hoffnungen und erwartet nicht selten, dass weiteren Familienmitgliedern der Weg nach Deutschland geebnet wird.

Interkulturelles Konfliktpotenzial

„Meine Schwester hat auch gemerkt, dass es für einen Vietnamesen nicht unbedingt schwierig ist, eine deutsche Frau oder einen deutschen Mann zu heiraten. Dass aber viel Verständnis und Toleranz nötig sind, damit eine solche Beziehung auf Dauer hält."
(Quilitzsch)

Alltagskonflikte, die es in jeder Partnerschaft gibt, werden in binationalen Ehen nur zu gern mit der unterschiedlichen Herkunft der Partner erklärt; wirklich kulturell bedingte Konflikte hingegen oft als solche nicht erkannt. Die folgende Auswahl soll den Blick für derartige Problemfelder schärfen:

Ernährung: Obwohl Vietnamesen insgesamt härter und leidensfähiger sind als wir verhätschelten Mitteleuropäer, gibt es einen Punkt, in dem sie empfindlicher sind: das Essen. Mit Kartoffelgerichten, Marmeladenbrot, Käse oder saurem Hering kann man Vietnamesen foltern. Ihr Wohlbefinden hängt nicht unwesentlich davon ab, ob und inwieweit sie in der fremden Umgebung wenigstens ihre Ernährungsgewohnheiten beibehalten können. Deutsche Partner sollten das berücksichtigen und die damit verbundene „Matscherei" in der Küche, den zäh in den Räumen hängenden Geruch nach Fischsoße und die aufwendigen Fahrten zu asiatischen Lebensmittelmärkten tolerieren.

Das gelegentliche Auslassen oder Verschieben einer Mahlzeit (in Deutschland leider für viele Berufsgruppen ungesunder Alltag) wird als Zumutung betrachtet. Bei Anruf schnell ins Auto springen, eine Arbeit erledigen (und sei sie noch so gut bezahlt ...) und dafür das Essen stehen lassen? Soooo dringend kann gar nichts sein! Ein Vietnamese isst erst einmal zu Ende, dann kann es losgehen ...

Gastfreundschaft: Vietnamesen kommen gern als „Überraschungsgäste" und setzen sich dann nicht selten fest. Deutsche Partner können schon mal verzweifeln angesichts einer Gruppe junger Leute, die erst bis in die Nacht kocht, dann im Wohnzimmer nächtigt und am nächsten Morgen das Badezimmer besetzt hält, ohne zu verstehen, dass die Gastgeber pünktlich zur Arbeit müssen.

Geschäfte und Geldverwaltung der Vietnamesen werden von Deutschen oft als „schlampig" eingeschätzt. Wo Deutsche Verträge aufsetzen oder Quittungen ausstellen, geht es unter Vietnamesen viel formloser zu. Da werden schon mal größere Summen verborgt, Gelder zusammengelegt für eine wichtige Anschaffung oder gemeinsame Investitionen getätigt ohne irgendeine schriftliche Vereinbarung über Rückzahlung oder eingebrachte Anteile. Hat man Pech, ist das Geld weg – immer noch weniger peinlich, als von einem Freund einen Schuldschein zu verlangen!

Gleichberechtigung: Auch ein im deutschen Alltag für Gleichberechtigung eintretender Vietnamese, der seine Familie bekocht, klaglos Wäsche wäscht und Kinder hütet, verwandelt sich spätestens dann in einen „Pascha", wenn Besuch aus Vietnam anreist. Die schockierte Partnerin muss möglicherweise erleben, wie ihr Gatte nur noch bei den Gästen sitzt, Nachschub ordert wie im Restaurant, seine Frau nicht in das Gespräch einbezieht, aber erwartet, dass sie alles stehen und liegen lässt, um ein Festmahl für alle zu zaubern.

„Mongolenfleck": Oft geraten in Europa lebende Eltern von kleinen Deutsch-Vietnamesen in große Erklärungsnot, wenn es um diese bläulichgraue Verfärbung in der Steißgegend ihrer Babys geht. Schon verschiedentlich haben Erzieherinnen oder selbst Ärzte (die es besser wissen sollten) die Eltern verdächtigt, ihr Kind zu schlagen! Dabei handelt es sich um ein (auch Sakral- oder Steißfleck genanntes) Phänomen, das vor allem bei Neugeborenen asiatischer Herkunft auftritt. Dieser Fleck ist keineswegs so klein wie ein Leberfleck, sondern zieht sich oft über Po und den halben Rücken hin (daher auch die entsetzten Reaktionen). Er verschwindet innerhalb der ersten Lebensjahre und hat absolut nichts mit Kindesmisshandlung zu tun.

Museen: Eher als Trimmpfade und Sportstudios sind Museen, Galerien oder Ausstellungen aller Art geeignet, Vietnamesen „auf Trab" zu bringen! Im Alltag dem Hetzen und Jagen eher abgeneigt, sind sie in der Lage, innerhalb von maximal 20 Minuten durch die genannten Einrichtungen zu sprinten. Wer es liebt, etwas in Ruhe zu betrachten, der geht besser ohne seine vietnamesische „Ehehälfte" in Kultureinrichtungen der „langweiligeren" Art.

Schönheitsideale: Blass ist vornehm, braun bäurisch – davon wird sich keine Vietnamesin abbringen lassen. Auch vietnamesische Männer mögen an ihrer deutschen Frau eher helle Haut als das, was wir unter „gesunder Hautfarbe" verstehen. Auch ein muskulöser Körper ist für Vietnamesen nur beim Mann schön. Eine Vietnamesin wird deshalb kaum Interesse für Fitnessstudios aufbringen und ein Vietnamese mag an seiner deutschen Partnerin auch eher zarte Rundungen als harte Muskulatur!

Statussymbole sind für Vietnamesen in Deutschland doppelt wichtig: Sie wollen der deutschen Umgebung und der Familie in Vietnam beweisen, dass sie erfolgreich sind. Gute Bekleidung, teure PKWs und „vorzeigbare" Wohnungseinrichtungen werden als Zeichen für Erfolg betrachtet, weshalb auch jede Vietnamesin ihren Partner am liebsten täglich im Anzug „mit Schlips und Kragen" sehen würde und sich an saloppe Kleidung kaum gewöhnen kann.

Töchter und ... Söhne: Deutsche Partnerinnen sind häufig mit einer Tochter völlig zufrieden und sehen nicht ein, warum der Partner unbedingt noch einen „zweiten Versuch" starten will, um zum ersehnten Sohn zu kommen. Wie stark der Traditionsdruck selbst auf modern eingestellte Vietnamesen wirkt, wird ihr oft erst klar, nachdem er seinen Sohn gezeugt hat – mit einer anderen Partnerin.

Umweltbewusstsein haben erst wenige Vietnamesen entwickelt. Die meisten betrachten es als unnötigen Aufwand, Glas zu sortieren oder gelbe Säcke zu füllen, wenn es doch die Mülltonne gibt ... Der bedachtsame Umgang mit Ressourcen erscheint angesichts des Überflusses in den westlichen Konsumgesellschaften sinnlos und funktioniert höchstens bei sichtbarer Beziehung zwischen Wiederverwertung und finanziellem Nutzen (Pfandflaschen, Müllkosten).

Vietnamesische Kleidung, speziell den *Ao dai,* sehen vietnamesische Ehemänner gern auch einmal an ihrer deutschen Partnerin, besonders zu vietnamesischen Feiertagen. Es bedeutet ihnen viel, wenn eine Weiße die Tracht trägt, die weltweit ein Symbol für vietnamesische Kultur und Tradition ist. Das heißt aber nicht, dass man sich als Europäerin auch die Haare schwarz färben und die Augen zur Mandelform korrigieren lassen sollte, denn schließlich war es ja das „exotisch Weiße", das den Partner einmal angezogen hatte ...

Wandern und Radfahren sind in Vietnam kein Freizeitsport. Gehen und Rad fahren muss man, wenn man sich kein Moped leisten kann – schlimm genug! Überreden kann man Vietnamesen bestenfalls zu einem „Spaziergang", der jedoch nicht anstrengen und ohne Bergstiefel zu bewältigen sein sollte. Beliebt sind Jogging, Federball, Volleyball, Schwimmen und Tennis.

Der deutsche Winter ist für Vietnamesen eine arge Herausforderung. Sie leiden unter der Kälte, der Dunkelheit und dem scharfen Wind. Frauen verabscheuen zudem die Tatsache, sich so dick „einmummeln" zu müssen, dass ihre grazile Figur nicht mehr zur Geltung kommt! Vietnamesische Männer glauben oft, der Kälte nur mit einem gewissen Quantum an hochprozentigem „Brennstoff" trotzen zu können. Wer kann, fährt lieber in warme Gegenden - am besten in die Heimat zum Tet-Fest!

Bei allen Schwierigkeiten, vor die sich binationale Partnerschaften gestellt sehen, sollte man einen Aspekt nicht außer Acht lassen: Kulturelle Unterschiede bereichern das Leben, sie machen den Alltag interessant und die Partnerschaft zu etwas Besonderem - vorausgesetzt, man betrachtet sie nicht als Bürde, sondern als Chance und Herausforderung.

„Die Blüte der Toleranz, kulturelle Unterschiede zu sehen und zu schätzen, gehört zu den Blumen, die wir für die Kinder des einundzwanzigsten Jahrhunderts ziehen können."

(Thich Nhat Hanh)

011vi Foto: jb

ANHANG

Vietnamesische Geschichte im Überblick

3. Jt.	Zeit der legendären Hung-Könige, nicht exakt belegt.
bis 1. Jt. v. Chr.	Vor- und frühgeschichtliche Zeit (Đồng-Sơn-Kultur)
111 v. Chr bis 968 n. Chr.	Chinesisches Protektorat
seit 3. Jh.	Buddhismus und Konfuzianismus gelangen bis nach Vietnam.
939	Unabhängigkeit von China
1070	*Văn Miếu* („Literaturtempel") in Hanoi
11.–12. Jh.	Blüte des Buddhismus
1471	Eroberung von *Vijaya* (Hauptstadt des Champa-Reiches), Hồng-Đức-Gesetze
1540	Erste Europäer in Vietnam
1812	Gia-Long-Kodex
1862	Ostprovinzen Südvietnams (Cochinchinas) gehen an Frankreich.
1867–1954	Cochinchina wird französische Kolonie.
1884–1945	Frankreich errichtet Protektorat über Mittelvietnam (Annam) und Nordvietnam (Tongking).
1940–1945	Japanische Truppen dringen ein; japanisch-französische Doppelherrschaft.
1941	Gründung der Viet Minh
1944	Beginn des Partisanenkrieges
1945	Augustrevolution, Sturz des Kolonialregimes
2.9.1945	Unabhängigkeitserklärung, Gründung der Demokratischen Republik Vietnam (DRV). Kaiser *Bảo Đại* dankt ab, übergibt Insignien der Macht an *Hồ Chí Minh.*
1946–1954	Krieg Frankreichs gegen die DRV
1954	Sieg der Vietnamesen bei *Điện Biên Phủ;* Genfer Abkommen mit Frankreich; provisorische Teilung des Landes (17. Breitengrad) zur Entflechtung der Truppen
1955	*Diệm* lehnt im Süden freie Wahlen für Wiedervereinigung ab.
1960	Gründung der Nationalen Befreiungsfront (FNL) im Süden
1961	Ausweitung der US-Militärhilfe für Saigon. Offener Guerillakrieg im Süden beginnt.
1962	Direkte Militärintervention der USA in Vietnam
1964	Beginnn der Bombardierung der DRV

1968	Tet-Offensive der FNL; Beginn der Friedensverhandlungen USA – DRV
1973	Waffenstillstandsabkommen mit den USA
1975	Beendigung des Krieges
1976	Wiedervereinigung des Landes. Gründung der Sozialistischen Republik Vietnam. IV. Parteitag der KPV beschließt Aufbau des Sozialismus.
1977	Vietnam wird Mitglied der Vereinten Nationen. Grenzverletzungen durch Khmer Rouge eskalieren.
1978	Verstaatlichung des privaten Handels; Exodus Hunderttausender chinesischstämmiger Vietnamesen.
1979	Vietnamesische Truppen marschieren in Kambodscha ein und beenden den Völkermord des Pol-Rot-Regimes. Chinesischer Einfall in den vietnamesischen Norden
1986	VI. Parteitag der KPV beschließt Erneuerungspolitik.
1989	Die letzten vietnamesischen Soldaten werden aus Kambodscha abgezogen.
1991	Beziehungen zu China weitgehend normalisiert. VII. Parteitag beschließt Recht auf Privateigentum.
1992	Rekordernte (24 Mio. t Reis), Vietnam wird drittgrößter Reisexporteur der Erde.
1993	Neues Bodengesetz: Kauf, Verkauf und Pacht von Boden sind erlaubt, Währungsfonds sehen Vietnam als kreditwürdig an. Wirtschaftsabkommen mit Japan.
1994	Sonderparteitag der KPV: Fortsetzung der Erneuerung, Kampf gegen Korruption. USA beenden Embargo. Vietnam hat Beobachterstatus bei der ASEAN.
1995	Vietnam wird ASEAN-Mitglied. Wiederaufnahme voller diplomatischer Beziehungen mit den USA.
1996	VIII. Parteitag der KPV bestätigt die prinzipielle Fortsetzung der Reformpolitik.
1997	Wahlen zur Nationalversammlung, 384 Abgeordnete sind Mitglied der KP Vietnams.
1999	Wiederaufnahme des direkten Postverkehrs zwischen der SR Vietnam und der VR China.
2000	Schwerste Überschwemmungen im Mekongdelta; Besuch des US-Präsidenten *Clinton* – ohne Entschuldigung für die den Vietnamesen zugefügten Leiden; Abkommen zwischen SR Vietnam und VR China über Seegrenze und Fischereirechte.

2001	Besuch des russischen Präsidenten *Putin* – Abkommen über Zusammenarbeit. *Nông Đức Mạnh*, Angehöriger der Tay-Minderheit, wird neuer Generalsekretär der KP.
2002	Die Parteiführung wird bei Parlamentswahlen im Mai mit beinahe 90 % bestätigt und setzt einen vorsichtigen Reformkurs in Richtung Marktwirtschaft fort.
2003	Bundeskanzler *Schröder* besucht Vietnam. Erstmals nach 28 Jahren besucht ein vietnamesischer Verteidigungsminister die USA.
2004	Generalsekretär der KPV *Nông Đức Mạnh* zu Besuch in Deutschland; Chinesisch-vietnamesische Gespräche über Schaffung eines Wirtschaftskorridors Kunming – Hanoi – Haiphong.
2006	X. Parteitag der KP beschließt Fortsetzung des Reformkurses. Neues Investitionsgesetz stellt in- und ausländische Investoren gleich.
Januar 2007	Vietnam wird offizielles Mitglied der WTO (Welthandelsorganisation).
25. 01. 2007	Premierminister *Nguyen Tan Dung* trifft Papst *Benedikt XVI.* in Rom.
Juni 2007	Präsident *Nguyen Minh Triet* reist zum Staatsbesuch in die USA.
Oktober 2007	Vietnam wird erstmalig nicht-ständiges Mitglied des UN-Sicherheitsrates.
2008	Der erste vietnamesische Nachrichtensatellit VINASAT 1 wird stationiert. Vietnam wird ASEAN-Fußballmeister.
2009	Als Zeichen wachsenden Umweltbewusstseins beteiligen sich vietnamesische Großstädte erstmals an der „Stunde der Erde".
2010	Das 1000-jährige Bestehen der Hauptstadt Hanoi wird feierlich begangen. Vietnam übernimmt den Vorsitz der ASEAN. Rekord bei Reisexport: 6 Mio. t Reis bringen fast 2,4 Mrd. US$ ein.
Januar 2011	Der XI. Parteitag der KP Vietnams beschließt ehrgeizige sozialökonomische Ziele sowie die Fortführung des politischen Kurses.

Lesetipps

- Alshut, E./Nespethal, J./Thomas, A.: **Beruflich in Vietnam.** Trainingsprogramm für Manager, Fach- und Führungskräfte. Vandenhoeck & Ruprecht, Göttingen 2007. Vietnamesische Lebensweisen verkürzt auf acht „Kulturstandards" – ein Buch für Leute, die es formelhaft und „rational" mögen.
- Duong Thu Huong: **Liebesgeschichte, vor der Morgendämmerung erzählt.** Bad Honnef 1992. Eine der wenigen deutschen Übersetzungen zeitgenössischer vietnamesischer Literatur.
- Fallaci, O.: **Wir, Engel und Bestien.** Ein Bericht aus dem Vietnamkrieg. TB, München1991. Der Vietnamkrieg aus der Sicht einer italienischen Kriegsberichterstatterin.
- Freytag, Mirjam: **Die „Moritzburger" in Vietnam.** Lebenswege nach einem Schul- und Ausbildungsaufenthalt in der DDR – Vermitteln in interkulturellen Beziehungen. Frankfurt 1998.
- Krüger, Hans u. Weigt, Mario: **Faszinierendes Vietnam.** Würzburg 2009. Viele schöne, typische Vietnambilder mit Texten von Hans Krüger.
- Lies, Ursula (Hrsg.): **Weiße Orchidee.** Vietnamesische Literatur des 20. Jahrhunderts. München 2010. (Themenheft der Reihe Orientierungen – Zeitschrift zur Kultur Asiens). Erstmals ins Deutsche übersetzte Texte ermöglichen überraschende Einblicke in die „vietnamesische Seele".
- Macchietto Della Rossa, Elle: **Frühlingsrollen auf dem Ahnenaltar.** Vietnamesische Aufbrüche. Wien 2006. Die Fotojournalistin lebte längere Zeit in Vietnam und beschreibt ihre ganz persönlichen Eindrücke vom vietnamesischen Alltag um die Jahrtausendwende.
- McNamara, Robert S. u. VanDeMark, Brian: **Vietnam. Das Trauma einer Weltmacht.** Hamburg 1997. Einblick in die Sichtweise der für den Krieg der USA gegen Vietnam Verantwortlichen, die bis heute kein Wort des Bedauerns für millionenfaches Leid der Vietnamesen fanden, um stattdessen festzustellen: „Wir müssen aus Vietnam lernen, wie begrenzte Kriege wirklich zu führen sind."
- Nguyen Du: **Das Mädchen Kieu.** Rütten & Loening, Berlin 1980. Das vietnamesische Nationalepos in der sehr einfühlsamen Übertragung von Irene und Franz Faber. Leider nur antiquarisch erhältlich.
- Picasso, Marina: **Die vergessenen Kinder.** Bergisch Gladbach 1998 (deutsche Ausgabe). Die Autorin adoptierte drei Waisenkinder und baut Kinderdörfer in Vietnam auf.
- Quilitzsch, Frank: **Hanoi, Berlin, Nha Trang.** Vietnamesische Lebenslinien. P. Kirchheim Verlag, München 2002. Berührende Einblicke in ein halbes Jahrhundert Familiengeschichte. Lesenswert!

- Radulovic, Veronica: **Sicherheitsabstand: Vietnam. Kunst. Politik. Freundschaften.** Eine Annäherung. Kerber Verlag, Bielefeld 2006. Vietnam aus der Sicht einer Künstlerin, die ein gutes Jahrzehnt lang versuchte, eine freie Kunstszene in Vietnam zu entwickeln.
- Sager, Dirk: **Berlin – Saigon.** Berlin 2007. Vier Monate lang bereiste der ZDF-Korrespondent u. a. China und Vietnam. Lesenswert!
- Schütte, Heinz: **Zwischen den Fronten.** Deutsche und österreichische Überläufer zum Viet Minh. Berlin 2006. Lebenswege ehemaliger Fremdenlegionäre werden nachgezeichnet.
- **Vietnam – Küche und Kultur.** München 2004. Wunderschön gestaltetes Kochbuch mit Reise-Eindrücken (und vielen Fotos) als „Dessert".
- Weiss, Karin u. Dennis, Mike (Hrsg.): **Erfolg in der Nische?** Die Vietnamesen in der DDR und in Ostdeutschland. Münster 2005. Die bisher umfassendste Materialsammlung zu Vietnamesen in Ostdeutschland.
- Wier, N. u. Yogerst, J. R.: **Le Vietnam aujourd'hui.** Editions Abbeville, Paris 1993. Schöner Bildband mit ausführlichen Kommentaren (in frz.)
- Wulf, A.: Vietnam: **Pagoden und Tempel im Reisfeld** – im Fokus chinesischer und indischer Kultur. Köln 1998. Kompetenter Kunstreiseführer mit ausführlichen Informationen zur Kulturgeschichte.

Quellennachweis

(Quellen in vietnamesischer Sprache wurden nicht angegeben.)

- **Atlas du Viêt Nam.** RECLUS – la Documentation Française, 1993.
- Debris, J.-P. u. Menras, A.: **In den Bagnos von Saigon.** Ein Erlebnisbericht. Volk und Welt, Berlin 1973.
- Dirr, A.: **Theoretisch-praktische Grammatik der Annamitischen Sprache.** Wien, Pest, Leipzig, O. J. (ca. 1893).
- Fessen, Helmut: **Unterwegs in Asien.** Begegnungen und Erkundungen. Berlin 2003.
- Gottschalk, Gerd: **Vietnam 1998** sowie: **Randnotizen zum Alltag in Vinh 1974.** Beide Titel als Typoskript im Selbstverlag (Berlin 1998 bzw. 1976) erschienen.
- Hecht-El Minshawi, Béatrice: **Schönes Land, armes Land. Viêt Nam im Aufbruch.** Erfahrungen mit einer anderen Welt. Donat Verlag, Bremen 1996.
- Heynowski & Scheumann: **Phoenix. Inside CIA.** Verlag der Nation, Berlin 1980.
- Hürlimann, Martin: **Ceylon und Indochina. Baukunst, Landschaft und Volksleben.** Atlantis-Verlag, Berlin/Zürich 1929.

- Sack, John: **Ich war gestern in Vietnam. Leutnant Calley berichtet.** Fischer Taschenbuch Verlag, Frankfurt/M 1972.
- Illner, Hans: **Reiseland Vietnam.** edition aragon. 3. Auflage 1993.
- Landmann, Herbert und Paul, Ina: **Trotz Taifun wächst der Bambus.** In Vietnam erlebt. F. A. Brockhaus Verlag, Leipzig 1968.
- Laudse: **Daudedsching.** Philipp Reclam jun., Leipzig 1981.
- Lê Thành Khôi: **3000 Jahre Vietnam.** Schicksal und Kultur eines Landes. München 1969.
- Lidman, Sara: **Gespräche in Hanoi.** Volk und Welt. Berlin 1967.
- Lulei, W.: **Die nationalen Einheitsfrontorganisationen in Vietnam.** Historische Entwicklung und aktuelle Bedeutung. Berlin 1979.
- Moritz, Ralf: **Konfuzius. Gespräche** (Übersetzung und Erläuterung). Verlag Philipp Reclam jun., Leipzig 1982, 6. Aufl. Stuttgart 1998.
- Mylius, Klaus (Hrsg.): **Die vier edlen Wahrheiten.** Texte des ursprünglichen Buddhismus. Philipp Reclam jun., Leipzig 1983.
- Nevermann, Hans: **Die Reiskugel.** Erich-Röth-Verlag, Eisenach (1951?).
- Nguyễn Văn Huyên: **La civilisation ancienne du Vietnam.** Hanoi 1994.
- Riffaud, Madeleine: **Unsichtbare Brücken.** Neues Leben, Berlin 1968.
- Scholl-Latour, Peter: **Der Tod im Reisfeld.** Dreißig Jahre Krieg in Indochina. Deutsche Verlags-Anstalt, Stuttgart 1979.
- Schwarz, Ernst (Hrsg.): **So sprach der Weise.** Chinesisches Gedankengut aus drei Jahrtausenden. Berlin 1986 (2. Aufl.).
- Siebert, Rüdiger u. Kotte, Heinz: **Vietnam hautnah.** Ein Land im Umbruch. Bad Honnef 2006.
- Sontag, Susan: **Reise nach Hanoi.** Rowohlt Verlag GmbH, Reinbek bei Hamburg 1969.
- Stern, Kurt und Jeanne: **Reisfelder – Schlachtfelder.** Augenzeugenbericht über Vietnam im Krieg. Mitteldeutscher Verlag, Halle (Saale) 1967.
- Stieglitz, Joseph: **Die Schatten der Globalisierung.** München 2004.
- The Quyen Vu: **Die vietnamesische Gesellschaft im Wandel.** Kolonialismus und gesellschaftliche Entwicklung in Vietnam. Wiesbaden 1978.
- Thich Nhat Hanh: **Ich pflanze ein Lächeln.** Der Weg der Achtsamkeit. München 1992.
- **Verfassung der Sozialistischen Republik Vietnam** (1992). Inoffizielle Übersetzung. Hrsg.: Deutsch-Vietnamesische Gesellschaft e.V. und Südostasien-Institut der Humboldt-Universität zu Berlin.
- **vietnam magazin.** Hrsg.: Botschaft der SRV in der BRD. Berlin 2005
- Wencker, Friedrich u. Gleichen-Rußwurm, Alexander v.: **Die Kulturwelt des Fernen Ostens.** Band 22: Japan und Indochina. In: Kultur- und Sittengeschichte aller Zeiten und Völker. Gutenberg-Verlag Christensen & Co., Wien, Hamburg, Zürich. O. J.

Internettipps

- **www.cms.vietnam-infothek.de** – Kompetente und vielseitige Informationen zu Vietnam und Vietnamesen in und außerhalb des Landes, inkl. Pressespiegel
- **www.gso.gov.vn** (englisch)– aktuelle statistische Daten zu Wirtschaft, Bevölkerung etc.
- **www.vietnambotschaft.org** – für Visumfragen etc.
- **www.vietnam-dvg.de** (deutsch) – Homepage der Deutsch-Vietnamesischen Gesellschaft e. V.
- **www.vietnam-freunde.de** (deutsch) – Insiderberichte, Rezensionen ...
- **www.vietnamtourism.com** (englisch) – sehr informativ, besonders für Individualtouristen (von Wetterbericht über Hotelbuchung bis zu Volksfesten ...)
- **http://www.arbeit-und-leben-hochtaunus.de/Studienreise_Vietnam-Kambodscha_2008.Zusatzinformationen_Vietnam.htm** – Gesammelte Links zum Thema Vietnam-Reise, auf Grundlage der bildungspolitischen Studienreise Vietnam 2008

Kauderwelsch?
Kauderwelsch!

Die **Sprachführer der Reihe Kauderwelsch** helfen dem Reisenden, wirklich zu sprechen und die Leute zu verstehen. Wie wird das gemacht?

- Die **Grammatik** wird in einfacher Sprache so weit erklärt, dass es möglich wird, ohne viel Paukerei mit dem Sprechen zu beginnen, wenn auch nicht gerade druckreif.
- Alle Beispielsätze werden doppelt ins Deutsche übertragen: zum einen **Wort-für-Wort,** zum anderen in „ordentliches“ Hochdeutsch. So wird das fremde Sprachsystem sehr gut durchschaubar. Ohne eine Wort-für-Wort-Übersetzung ist es so gut wie unmöglich, einzelne Wörter in einem Satz auszutauschen.
- Die **Autorinnen und Autoren** der Reihe sind Globetrotter, die die Sprache im Lande gelernt haben. Sie wissen daher genau, wie und was die Leute auf der Straße sprechen. Deren Ausdrucksweise ist häufig viel einfacher und direkter als z.B. die Sprache der Literatur. Außer der Sprache vermitteln die Autoren Verhaltenstipps und erklären Besonderheiten des Landes.
- **Jeder Band** hat 96 bis 160 Seiten. Zu jedem Titel ist ein begleitendes **Tonmaterial** erhältlich.
- **Kauderwelsch-Sprachführer** gibt es für rund 120 Sprachen in **mehr als 220 Bänden,** z.B.:

Khmer – Wort für Wort

Laotisch – Wort für Wort

Thai – Wort für Wort

Vietnamesisch – Wort für Wort

Reise Know-How Verlag, Bielefeld

wmp indochina · vietnam, laos, cambodia 1:1,2 Mill.
1:1 200 000
indochina
vietnam, laos, cambodia
viêt nam, laos, cambodge
vietnam, laos, camboya
wmp kambodscha · cambodia 1:500 000
1:500 000
kambodscha
+ phnom penh, siem reap & angkor
cambodia
cambodge
camboya
world mapping project thailand 1:1,2 Mill.
1:1 200 000
thailand
thailande
tailandia
thailand 1:1,2 Mill.

Register

A

Abwarten 275
Achtung 257, 271
Adoption 201
Ahnen 19
Ahnenaltar 20, 122
Ahnentempel 122
Ahnenverehrung 13, 18, 51, 220
AIDS 209
Alkohol 173
Alter 152
Altersheim 152
Amerikaner 240
Animismus 13
antifranzösische Haltung 103
áo dài 158
Arbeit 71, 151, 184
Arbeitskräfte 239
Arbeitslosigkeit 133, 184
Arbeitsmarkt 133
Arbeitstag 71, 226
Armeemuseum 100
Armut 66, 75, 114
Asylbewerber 297
Auseinandersetzungen 282
Ausgehen 180
Ausländer 75, 179, 197, 201, 233, 239, 266, 285
Ausschnauben 246
Ausstellungen 179

B

Bauarbeiter 185
Bauern 91
Bäume 15
Beamte 205, 206
Begrüßung 257
Benehmen 234
Berechenbarkeit 279
Berufsausbildung 187
Berührungen 249, 258
Bescheidenheit 74, 259
Betel 173
Bettler 109, 199, 259
Bevölkerung 65
Bezahlen 260
Beziehungen 260
Bier 172
Bildung 36, 108, 113, 133, 191, 238
Billard 180, 190
Blumen 220
boat people 296
Bodenreform 107, 190
Bordell 299
Bräuche 219, 231
Braut 138
Bräutigam 146
Buddha 33, 57
Buddhismus 30, 53

C

Cao Đài 41
Cham 48, 79
China 36, 97, 111
Christentum 45, 50, 53
Clan 120

D

Daoismus 27
DDR 101, 297, 300
DDR-Bonus 280
Deutsche 300
Deutschland 295
Dialekte 86
Đinh Diệm 94

Distanz 246
Dorffeste 190, 227
Dorfjugend 190
DRV 92
Duftpagode 15, 226
Duftpagode, Fest der 228

E

Ehe 134, 144, 300, 302
Ehepartner 144
Einheit, nationale 83
Einladungen 261
Einzelkinder 143
Eltern 141, 149
Ernährung 306
Erneuerungspolitik 112, 117, 133
Essen 166, 170, 261
Ess-Stäbchen 265
Europäer 82, 302
Europäerin 301
Exil 296

F

Familie 37, 119, 186, 267
Familienbande 206, 305
Familienhierarchie 124
Familiennamen 154
Familienwirtschaft 208
Federball 179
Feiertage 214
Feilschen 267
Fernsehen 180, 190
Fertiggerichte 167
Feste 214
Feste, regionale 225, 229
Feste, traditionelle 215
Feuerwerk 222
Feuerwerkskörper 221, 230
Fingerknacken 247
Fingernägel 164
FKK 267
Fleiß 152
Frankreich 92, 94
Franzosen 46, 82, 103, 238
Französisch 70
Frauen 129
Frauenfreundlichkeit 30
Frauenkleidung 158
Freizeit 179, 308
Fremde 233
Freundinnen 304
Frisur 163
Fruchtbarkeitsgottheiten 16
Fürsorge 252
Fußball 190

G

Garküchen 171
Gastfreundschaft 243, 306
Geduld 78
Gefühle 268
Gefühlsäußerungen 250
Gehorsam 141
Gehwege 178
Geister 13, 50, 56
Geister, böse 25, 59
Gemeinschaft 120, 144
Gemüse 168
Generationskonflikte 148
Genfer Abkommen 82, 93
Genügsamkeit 74
Genussmittel 172
Geschäfte 306
Geschenke 269
Geschichte 312
Geschlechter 37
Geschwister 142
Gesicht wahren 280, 284
Gespräche 262, 278

Gesundheit 133, 248
Getränke 172
Glaubensfragen 48
Glaubensvorstellungen 11
Gleichberechtigung 131, 307
Gleichgewicht 76
Glücksspiel 183
Götter 13, 50
Gottheiten 14, 28
Gottheiten, weibliche 30
Großfamilie 123

H

Haare 163, 246
Händler 194
Handy 254
Hanoi 176, 199, 221
Harmoniestreben 271
Haustiere 181
Hauptfrau 127
Hautfarbe 234
Heilige 15
Heimarbeit 185
Heimat 296
Heimreise 305
Heirat 133, 145
Heldinnen 130
Herkunft, soziale 195
Hierarchiebewusstsein 204, 271
Hồ Chí Minh 103, 131
Hòa Hảo 43, 55
Homosexualität 139
Horoskop 61
Humor 245
Hundefleisch 263
Hunger 166
Hüpfspiele 182
Hut 163
Hygiene 247

I

Illegalität 298
Improvisationsfähigkeit 193
innere Stabilität 115
Internettipps 318
Islam 48

J

Jadekaiser 28
Jeans 162
Jungle Food 265

K

Kaffee 263
Kalender 213
Käse 171
Kampfstoffe, chemische 100
Katholiken 54
Katzen 181
Kinder 141, 236, 249, 255
Kinderarbeit 187
Kinderhandel 201
Kinderlosigkeit 147
Kinderprostitution 211
Kindespflicht 36, 44, 144
Kindestötungen 153
Kinh 66
Kino 182
Kirche, evangelische 47
Kirche, katholische 45
Kleiderordnung 40, 273
Kleidung 157, 287, 308
Kleidung, traditionell 158
Kleinfamilie 123
Klima 80
Klöster 34
Kolonialherrschaft 130, 238
Kommunikation 275, 280, 304

Kommunismus 102
Kommunistische Partei 110, 115
Konfession 50
Konfliktlösung 281
Konfliktpotenzial 306
Konfuzianismus 35, 129
Kopf 282
Kopfbedeckung 163
Koran 48
Körperbehaarung 283
Körpersprache 282
Korruption 203, 207
Kraftfahrer 284
Krieg 94, 100, 109
Kriegsfolgen 99, 109
Kriminalität 196
Krisen 246
Krüppel 200
Kultur 190
Kulturschock 244

L

Lächeln 284
Land 89, 188
Landhäuser 191
Landwirtschaft 189
Lärm 250
Laudse (Laotse) 28
Lebenserwartung 108
Leistungen, soziale 113
Lendenschurz 158
Lesetipps 315
Literaturtempel 39
Löffel 265
Luftkrieg 96

M

Magie 55
Mahayana-Buddhismus 30
Mahlzeiten 166
Mam-Soße 168
Maniok 167
Männerhose 158
Marktwirtschaft 114
Medien 116, 217
Meinung 273
Mentalität 70, 78
Milchprodukte 171
Minderheiten 66
Minirock 159
Mischlingskinder 195
Missionare 45
Misstrauen 285
Mittelvietnam 78, 87
Mode 160
Modenschauen 183
Mönche 32, 286
Mondkalender 213
Mongolenfleck 307
Moral 18, 36, 210
Moralkodex, konfuzianischer 157, 135
Motorrad 180
Müll 249
Mütterkult 17
Mütter, ledige 138

N

Nachbarn 224
Nachwuchs 128, 146
Nahrung 166
Nahrungsmittel 81
Namen 154
Nationale Befreiungsfront 94
Naturgottheiten 13
Nebenfrau 125, 127, 141
Neugier 251
Neujahr 216, 223
Nom-Schrift 70

Nordvietnam 78, 84, 97, 196, 205, 225, 263

O

Ohren 247
Oktoberrevolution 103
Omen 59
Opfergaben 20, 228, 286
Opfergaben, buddhistische 34
Opium 174
Osteuropa 101, 241

P

Pagoden 34, 286
Pagodenfest 228
Pariser Abkommen 98
Partei 208
Patriotismus 73
Personengottheiten 15
Pflichten 37
Polygamie 127
Pragmatismus 49, 75
Privatsphäre 251
Prostitution 208
Pünktlichkeit 293

R

Rassismus 195
Rauchen 252
Räucherstäbchen 21, 286
Rechtsstaat 116
Reformpolitik 113, 115
Reichtum 287
Reis 167
Reisanbau 70
Reisschnaps 172
Religion 11, 26, 41, 49, 52, 77
Religionsfreiheit 50
Restaurant 169, 260
Rikscha 178
Rituale 18
Rote Khmer 111

S

Saigon 89, 199
Saigoner Bettlergilde 199
Sauberkeit 247
Schaulust 253
Schichtarbeit 292
Schicksal 76
Schmerzen 287
Schock 245
Schönheitsideal 307
Schrift 69
Schuhe 288
Schulden 222
Schulkleidung 161
Schwiegereltern 127
Schwiegertochter 301
Schwitzen 288
Seele 15, 18
Seelenvorstellungen 24
Sexualität 140
Söhne 146
Sojabohnen 169
Sowjets 241
Sowjetunion 97
Sparsamkeit 72, 192
Spiele 182
Spottlust 253
Sprache 68, 304
Spucken 253
Stadt 89, 175
Stadthaus 176
Stadtplanung 177
Stände 194
Straßen 177

Südvietnam 78, 87, 97, 196, 205, 226, 263
Süßigkeiten 223

T

Tabak 174
Tabus 57, 224
Tây 233
Tee, grüner 263
Teezeremonie 275
Tempel 286
Temperatur 254
Tet-Bilder 224
Tet-Fest 216
Tet-Kuchen 218
Theater 183, 254
Theravada-Buddhismus 30
Tiere 181
Tierkreis 214
Tierpark 184
Tisch 170
Tischsitten 266
Töchter 146
Todestag 22
Tofu 169
Toleranz 52, 151
Totenehrung 23
Touristen 235, 242, 285
Trauer 290
Treue 134
Trinken 261
Trinkgeld 291
Tropfsteine 230
Tuch 163
Tugenden 37

U

Uhrzeit 292
Umfeld, soziales 303
Umstrukturierung 115
Umweltbewusstsein 198, 308
Unabhängigkeit 105, 109
Unsicherheit 256
USA 96, 98, 196

V

Verbeugung 257
Verehrung 17
Vertragsarbeiter 297
Verwandtschaft 120, 123
Vielvölkerstaat 65
Vietcong 97
Vietnamkrieg 92
Visitenkarten 291
Volksdemokratie 107
Volksfeste 227
Volkslieder, deutsche 261
Vorfahren 121
Vornamen 154
Vorurteile 236

W

Wachstum 116
Wahrsagerei 56
Waisen 122
Wallfahrtsort 228
Wassermarionettentheater 183
Westler 233
Widerstandsbewegung 98, 105
Wiedergeburt 32
Winter 308
Wirtschaft 190
Wirtschaftspolitik 112
Wochentage 214
Wohlstand 188
Wohnraum 175

Z

Zähneschwärzen 165
Zärtlichkeiten 249
Zauber 55, 56
Zeit 275, 292
Zoo 184
Zopf 164
Zuhälter 210
Zusammengehörigkeitsgefühl 72
Zweckehen 298
Zweiter Weltkrieg 107
Zwischenname 154

Bildnachweis
Die Kürzel an den Abbildungen stehen für folgende Personen, Firmen und Einrichtungen. Wir bedanken uns für ihre freundliche Abdruckgenehmigung.

jb	Jutta Berrang
kk	Karlis Kruminš
mh	Monika Heyder (die Autorin)
ph	Philipp Harmuth
un	Ursula Nguyen
fo	Fotolia.de

Umschlagfotos: Hella Kothmann, Wolf-Eckart Bühler

Vietnam – Norden
C H I N A
L A O S
T H A I L A N D
Lai Chau
1
Lao Cai
3
Ha Giang
4
5
Cao Bang
2
Dien Bien Phu
Yen Bai
7
8
Bac Can
9
Tuyen Quang
10
11
Lang Son
Son La
6
Thai Nguyen
12
Viet Tri
18
15
14
Bac Ninh
Bac Giang
13
Hanoi
20
21
Ha Dong
19
Hoa Binh
17
26
Hon Gai
Hai Duong
16
Ha Nam
25
Hung Yen
Hai Phong
Thai Binh
Nam Dinh
27
22
23
24
Ninh Binh
Thanh Hoa
28
Vinh
Ha Tinh
29
Dong Hoi
30
Dong Ha
31
Hue
32
33
Da Nang
34
36 Quang Ngai
37 Gia Lai
38 Binh Dinh
39 Dak Lak
40 Dak Nong
41 Phu Yen
42 Lam Dong
43 Khanh Hoa
44 Binh Phuoc
45 Binh Duong
46 Dong Nai
47 Ninh Thuan
48 Binh Thuan
49 Tay Ninh
50 Thanh Pho Ho Chi Minh
51 Ba Ria – Vung Tau
52 Long An
53 Dong Thap
54 Tien Giang
55 Ben Tre
56 An Giang
57 Vinh Long
58 Tra Vinh
59 Kien Giang
60 Thanh Pho Can Tho
61 Hau Giang
62 Soc Trang
63 Bac Lieu
64 Ca Mau
Anschluss rechts oben

Provinzen
1 Lai Chau
2 Dien Bien
3 Lao Cai
4 Ha Giang
5 Cao Bang
6 Son La
7 Yen Bai
8 Tuyen Quang
9 Bac Can
10 Bac Thai
11 Lang Son
12 Phu Tho
13 Vinh Phuc
14 Bac Giang
15 Bac Ninh
16 Hoa Binh
17 Ha Tay
18 Thanh Pho Ha Noi
19 Hai Duong
20 Hung Yen
21 Quang Ninh
22 Thanh Hoa
23 Ninh Binh
24 Nam Dinh
25 Ha Nam
26 Thanh Pho Hai Phong
27 Thai Binh
28 Nghe An
29 Ha Tinh
30 Quang Binh
31 Quang Tri
32 Thua Thien - Hue
33 Thanh Pho Da Nang
34 Quang Nam
35 Kon Tum
LAOS
KAMBODSCHA
Dong Ha
Hue
Da Nang
Tam Ky
Quang Ngai
Kon Tum
Pleiku
Qui Nhon
Tuy Hoa
Buon Ma Thuot
Nha Trang
Gia Nghia
Da Lat
Dong Xoai
Tay Ninh
Thu Dau Mot
Phan Rang
SAIGON
Tan An
Bien Hoa
Phan Thiet
Long Xuyen
My Tho
Sa Dec
Rach Gia
Ben Tre
Vung Tau
Vinh Long
Can Tho
Vi Thanh
Tra Vinh
Soc Trang
Bac Lieu
Ca Mau
0
150 km
© Reise Know-How 2011
Vietnam – Süden

Die Autorin

Monika Heyder (geb. 1963) studierte Vietnamistik an der Humboldt-Universität Berlin. Während eines einjährigen Auslandsstudiums an der Staatlichen Universität Hanoi lernte sie Vietnam aus der Nähe kennen und lieben.

Neun Jahre war sie Mitarbeiterin des Institutes für Südostasien-Studien der Humboldt-Universität, wo sie vietnamesische Sprache und Landeskunde unterrichtete.

Seit 1997 arbeitet sie als freiberufliche Dolmetscherin und Übersetzerin. Durch diese Arbeit sowie regelmäßige, längere Vietnam-Reisen steht sie in ständigem Kontakt mit Land und Leuten. Ihr besonderes Interesse gilt der Alltagsgeschichte der Vietnamesen, ihren Sitten und Bräuchen.

Danksagung

Die Autorin dankt ihren Lehrern, den Herren Prof. *Nguyen Lai* und Prof. *Huynh Khai Vinh* (†), Frau Prof. *Hoang Thi Chau* (Hanoi) sowie Herrn Prof. *Wilfried Lulei* und Frau Dr. *Nguyen Minh Ha* (Berlin) für ihre Ratschläge und sachliche Kritik.

Dank gilt auch den vielen an Vietnam interessierten Deutschen, deren Ansichten und Fragen nicht unwesentlich zur Entstehung dieses Buches beitrugen.

Vor allem sei jedoch den vielen namentlich bekannten und unbekannten Vietnamesen gedankt, die mir, der fremden *Tây*, ihr Herz öffneten, mir wichtige Einblicke in ihr Denken und Fühlen ermöglichten und manches Geheimnis „for vietnamese people only" mit mir teilten.

Für die bereitwillige Überlassung von Fotos gilt Frau *Jutta Berrang* (Saarbrücken) und Frau *Ursula Nguyen* (Nha Trang) von der Organisation Medizinische Hilfe für Vietnam e. V. herzlicher Dank.